Wenn Gott zur Sprache kommt

D1730625

Stephan Schmid-Keiser

Wenn Gott zur Sprache kommt

Zur Erschließung des Lesejahres B

Verlag Friedrich Pustet
Regensburg

Bibliografische Information der Deutschen Nationalbibliothek

Die Deutsche Nationalbibliothek verzeichnet diese Publikation
in der Deutschen Nationalbibliografie; detaillierte bibliografische Daten
sind im Internet über http://dnb.dnb.de abrufbar.

© 2020 Verlag Friedrich Pustet, Regensburg
Gutenbergstraße 8 | 93051 Regensburg
Tel. 0941/920220 | verlag@pustet.de

ISBN 978-3-7917-3204-6
Umschlaggestaltung: Martin Veicht, Regensburg
Satz: SATZstudio Josef Pieper, Bedburg-Hau
Druck und Bindung: Friedrich Pustet, Regensburg
Printed in Germany 2020

eISBN 978-3-7917-7315-5 (pdf)

Unser gesamtes Programm finden Sie im Webshop unter
www.verlag-pustet.de

„Wir werden durch eine Stimme
in einer bestimmten Geschichte
konfrontiert mit einem Freunde, –
mit dem ewigen Seinsgrunde
als unserem Freunde,
mit keinem geringeren Freunde
als dem ewigen Seinsgrunde ...“

„Weil es die Stimme
des letzten Seinsgrundes ist,
dem alles Seiende sich verdankt,
wird sie Wort Gottes, Wort des Herrn
und des Schöpfers genannt;
Weil in ihr die Freundlichkeit
des ewigen Seinsgrundes sich kundtut,
heißt die das Hören dieser Stimme
vermittelnde Botschaft
Euangelion-Freudenbotschaft.“

Helmut Gollwitzer:
Krummes Holz – aufrechter Gang.
Zur Frage nach dem Sinn des Lebens
München 1970, 71976, 349

Inhaltsverzeichnis

Teil 2

Die biblischen Texte im Lesejahr B

Teil 3

Reden von Gott auf dem Prüfstand
Das Böse und die Hoffnung auf Allversöhnung

Vorwort

Predigthilfen für den sonntäglichen Gottesdienst gibt es viele. Manche erschließen den Gehalt der Abschnitte aus der Hl. Schrift, die die Leseordnung für die Sonntage vorgibt, mithilfe einer Geschichte oder sie suchen einen Anknüpfungspunkt in der Lebenswelt der Mitfeiernden, die die Lesungen und die Predigt hören werden. Andere legen ihren Schwerpunkt darauf, die exegetischen Kommentare zu verarbeiten und stellen den Kontext der biblischen Bücher, aus denen die Verkündigungstexte gewählt sind, heraus. Wieder andere legen den Schwerpunkt ihrer Predigthilfen allein auf das Evangelium, vielleicht weil sie annehmen, dass dies für die Mitfeiernden am leichtesten verständlich wäre und ja ohnehin das Evangelium den Höhepunkt der Wortliturgie der Eucharistiefeier darstelle.

Das vorliegende Buch „Wenn Gott zur Sprache kommt. Zur Erschließung des Lesejahres B“ mutet auf den ersten Blick wie eine Vervielfältigung derartiger Predigthilfen an. Aber weit gefehlt, Stephan Schmid-Keiser bietet anderes. Er bringt Bibel und Liturgie zusammen. Das meint: Der Autor schaut mit den Augen der Liturgie auf die Passagen der Schrift, die an diesem Tag in der sonntäglichen Liturgie den Mitfeiernden verlautet werden wollen. Gleichzeitig aber schaut er aus der Schrift heraus auf die Liturgie. Das führt dazu, dass er nicht nur die Lesungstexte und das Evangelium des Tages wahrnimmt, sondern auch verschiedene andere Teile der Feier, in denen die Liturgie sich der Sprache der Bibel bedient, um vor Gott zu treten. Der Eröffnungsvers der Eucharistie, der so selten bis gar nie den Mitfeiernden zu Gehör gebracht wird, erfährt hier genauso Beachtung wie der Psalm, der als zweite alttestamentliche Lesung in der Leseordnung vorgesehen ist, und doch in der Praxis im deutschsprachigen Raum so selten erklingen darf. Alles ist darauf ausgerichtet, dass – ich formuliere etwas akademisch – das Ereignisgeschehen Wort Gottes sich entfalten kann.

Bibel und Liturgie zeichnet von Anbeginn der Kirche ein ganz besonderes Verhältnis zueinander aus. Für die Liturgie, die sich als Begegnungsgeschehen zwischen Gott und Mensch versteht, ist grundlegend, dass sie ganz aus dem Wort Gottes lebt. Diese enge Verbindung von Bibel und Liturgie ist von der Dynamik der Offenbarung Gottes her grundgelegt. Die Versammelten feiern in der Liturgie mit Worten und in Zeichen die Gegenwart des Gottes, dessen selbst gewähltes Wesen es ist, von sich Kunde zu geben, sich selbst auszusagen, sich mitzuteilen und von sich Anteil zu geben. Das Wort Gottes will für die Hörenden nährendes, verwandelndes Wort sein und keine Sammlung von Worten, die vor Urzeiten gesprochen wurden.

In einer Homilie zum Buch Ezechiel formuliert Gregor der Große: „Die göttlichen Worte wachsen, indem sie gelesen werden, denn jeder begreift sie umso tiefer, je mehr er sich in sie vertieft“ (Ez. hom. I,7,8 [CCL 142,87]). Für Gregor ist dieses beständige, den Worten der Bibel innewohnende Wachsen ein zutiefst geistlicher Prozess. Die Bibel ist nicht ein in sich abgeschlossenes Buch mit einer wichtigen Botschaft, sondern er sieht ein geistig-geistliches Wachstum des Wortes zusammen mit dem oder der, der oder die die Schrift liest (oder aus der Schrift hört). Kraft des in ihm wohnenden Gottesgeistes bezeichnet die Bibel für Gregor eine lebendige Realität, die sich täglich neu dynamisch weiterentwickelt und sich selbst fortwährend tiefer offenbart. Der herausragende Ort, an dem die Bibel diese lebendige, sich dynamisch weiterentwickelnde Realität annimmt, ist die Liturgie. Hier gibt Gott im Wort der Schrift in vielerlei Weise von sich Kunde, sagt sich selbst aus, teilt sich mit, gibt seinen Namen preis, gibt Anteil an sich.

Ohne Zweifel will diese Dimension des Wortes Gottes in der Liturgie (wieder neu) entdeckt werden. Der vorliegende Band will einen Beitrag dazu leisten.

Birgit Jeggle-Merz

Teil 1

Zur Suche nach Sinn und Transzendenz in gottesdienstlichen Versammlungen

Was wird angestoßen, wenn Gott zur Sprache kommt? Was in einer Zeit, da sich nicht wenige Menschen in Gottesdiensten einer Sprache gegenübersehen, die ihnen fremd geworden ist? Entfaltet beim Feiern des christlichen Glaubens immer noch das Bild vom strafenden Gott seine unselige Wirkung? Oder dominiert eine windelweiche Wohlfühldoktrin die zahnlosen Predigten, die nichts und niemanden mehr anstoßen können? Es sind solche Fragen, die mich als Seelsorger über lange Zeit bewegten. Umso mehr möchte auch ich Gottes fremdes Wort heute verstehen. Das war der Beweggrund für spannende Nachforschungen, die mich beim Vorbereiten von Predigten und beim periodischen Überdenken meines Tuns als Seelsorger bis heute leiten.

Im Zentrum steht die Erschließung der facettenreichen Sprachwelt der biblischen Texte eines Lesejahres. In immer neuen Zugängen geht es dabei um die Beziehungen zum transzendenten Gott, welche das eigentliche Leitmotiv der Texte sind, die in Gottesdiensten vorgetragen werden.

Der Durchgang durch ein Kirchenjahr soll die Sprachwelt der aus jüdischer und christlicher Tradition stammenden Bibeltexte erschließen, und zwar im Interesse lebensdienlicher Feiern.

1 Eine Hinführung in die Welt des Gottesdienstes

1.1 Gottesdienste als Orte der Suche nach Sinn und Transzendenz

„*Was ist Gott? Die Antwort.*" Dies war der Titel eines Wochenend-Magazins aus dem Hause des Zürcher „Tages-Anzeiger" vom 22. April 2000. Das Titelbild zierten Hände und behaarte Unterarme, die aus einer Anhäufung von Sandkörnern ragen. Unmittelbar erkennbar waren aneinander gelegte Hände, zur Gebetsgeste geformt, von dunkler Hautfarbe und umspielt von der Sonne oder dem Licht des Fotografen. Mit Bestimmtheit männliche Hände. Das Bild stammt von *Maurizio Cattelan*, ausgestellt unter dem Titel „MOTHER" bei der Biennale Venezia 1999.

Die genannte Publikation verhalf zu anregender Lektüre und zu interessanten Gesprächen. Zum Vorschein kamen je persönlich gefärbte Argumente und Begründungen eigenen Glaubens. Die einen deuteten an, ihr Glaube sei eher gewohnt zu fragen: „WER ist Gott?" Womit ausgesagt war, dass die Titel-Frage „WAS ist Gott?" nicht richtig gestellt sei. Die anderen erklärten zurückhaltend, ihren Begriff von Gott lieber offenzuhalten, um nicht in die Fallen von Äußerungen anderer zu geraten. Lieber beobachten sie scharf den Weg christlichen Gott-Glaubens und schlagen reflexartig kritische Brücken zu real existierenden Kirchen-Größen – vertreten in Personen und Institutionen – sowie deren Ringen um Glaubwürdigkeit. Andere meinten, Kritik üben sei das eine, in kritischer Loyalität unter den unterschiedlichen Rahmenbedingungen der Kirchen den Weg gehen das andere. Vielen in den christlichen Kirchen sind solche Gespräche nicht fremd und sei es in Begegnungen mit Menschen, die sich sporadisch zu gottesdienstlichen Feiern einfinden. Es sind mehr Frauen als Männer, die im liturgischen Geschehen ihrer Suche nach Transzendenz Ausdruck geben wollen und ihrem Bedürfnis, der Suche nach Sinn für dieses Leben, Stimme und Ton leihen möchten.

Wer oder *was* ist *Gott?* Nicht dies ist es, was hier beschrieben werden kann, weil die Bibel so nicht fragt. „Der Gott, von dem der Prophet Jesaja verkündet, dass Seine Gedanken nicht unsere Gedanken, Seine Wege nicht unsere Wege sind, ist ein unwissbarer Gott", schrieb *Leo Adler*.[1] Für den Basler Rabbiner war der Referenzpunkt des biblischen Denkens der Mensch: „Von Gott her sucht es den Menschen zu erfassen und zu leiten. Die Bibel schaut den Menschen im Lichte Gottes, nicht Gott im Lichte der Menschen." Diese Sicht zeigt das Judentum wie eine „Anthropologie aus der Perspektive Gottes", als „eine Religion, die nicht vom Menschen nach Gott fragt, sondern den Menschen vor Gott in Frage stellt. Der Gott der Bibel ist eine unerkennbare Person, keine halberkannte Idee".

Auszugehen ist – auch unter christlicher Perspektive – vom Menschen vor Gott, mithin von menschlichen Erfahrungen und allem, was im Verlauf eines Lebens einbricht in menschliches Bewusstsein und sich zu Gedanken formt. Auszugehen ist vom Hunger und vom Durst, vom Wunsch und von der Sehnsucht, von Verzweiflung und Lust und von dem, was aus der Mitte der einzelnen Menschen unbedingt heranwächst – aus dem, was Leben letztlich ausmacht: ein Lebenswille, der aus jedem Menschenwesen im erfahrungsreichen Alltag aller Breitengrade spricht. Gehe ich von solcher Lebenserfahrung aus, ist es keine in Begriffen eingesperrte Gottheit mehr, nach welcher Frau und Mann, Kind und Jugendliche suchen. Ehrlich gilt es in der geistigen Gemengelage einzugestehen, dass von einer Mehrheit der Menschen zumindest in Mitteleuropa mehr eine überpersönliche und alles umfassende Wesenheit als der in Jesus dem Christus Mensch gewordene Gott gesucht wird.[2] Dieser diffusen Grundeinstellung begegnet die in christlichen Gottesdiensten praktizierte Verkündigung als besonderer Herausforderung.

Wenn darum *Gott zur Sprache kommen* soll, muss die Verkündigung zunächst vom Bewusstsein der Menschen ausgehen, bevor sie den Auftrag, Jesus als „Herr" zu verkünden, erfüllen kann. Mit anderen Worten: Weil für nicht wenige, die sich zu einem Gottesdienst versammeln, die Überzeugung vorherrscht, an diesem besonderen Ort ausdrückliche Antworten auf die urmenschlichen Fragen nach Sinn, Glück und Hoffnung zu erhalten, sind die Mitfeiernden in ihrer Befindlichkeit ernst zu nehmen. Was also im Verlauf einer Feier des Glaubens aus den Schriften der Bibel und durch die vorgegebenen Texte von Liturgie-Formularen an ausdrücklichen Erfahrungen mit Gott hörbar wird, trifft zunächst auf ein Bewusstsein von Frauen und Männern, die auf *ihre* Weise ihrer Dialogpartnerin par excellence – der *Praesentia Dei* – begegnen wollen.

Eine traditionell männerzentrierte Theologie wird hier massiv herausgefordert durch die Erfahrungen von Frauen, wie *Dorothee Sölle* deutlich macht: „Das Leben selber ist von dieser Qualität, die wir Gott nennen, so durchdrungen, dass wir gar nicht umhinkönnen, von ihr zu zehren und nach ihr zu hungern. Nur wissen wir das oft nicht, weil wir sprachunfähig gemacht worden sind. Wir wagen nicht, das, was in der Tat ‚Gotteserfahrung' genannt zu werden verdiente, mit dem Gott der von Männern verwalteten Religion in Beziehung zu setzen. Sie haben so lange geredet, die Priester und Theologen, bis wir stumm wurden. Sie haben Gott in Bibel und Liturgie eingesperrt, statt Bibel und Liturgie als Brillen zum Verständnis unseres Alltags zu brauchen … Praesentia Dei – in der Fülle des Gott-Seins und in der Leere der Verlassenheit –, das sind Grunderfahrungen, die ohne Gottessprache stumm und hilflos bleiben, die wir dann nicht teilen können und die uns nicht verändern. Die Gottessprache macht uns sprachfähig, hilft uns beim Kommunizieren dessen, worauf es ankommt, und sie schafft in uns immer wieder ‚das neue Herz und einen neuen gewissen Geist' (Psalm 51,12)."[3]

Zeit ihres Lebens suchte *Dorothee Sölle* als Theologin und Brückenbauerin zur Literatur mittels sensibler Sprache die Nähe zur Lebenswirklichkeit, welche heutiges Gott-Erleben und Gott-Denken zusammenbringt. Damit forderte sie zu einer anderen Art auf, „Transzendenz zu denken, sie nicht mehr in der Unabhängigkeit von allem und in der Herrschaft über alles andere zu verstehen, sondern eingebunden in das Gewebe des Lebens".[4] Ähnliche Überlegungen sind jener Sicht von Frauen nicht fremd, die sich auch im Rahmen katholischer Liturgiewissenschaft geäußert haben. Man erfährt dies aus ihren Darlegungen, im unmittelbaren Gedankenaustausch wie auch im Rahmen gottesdienstlicher Feiern von Frauen. Die gottesdienstliche Wirklichkeit macht darum unterdessen eine neu gewonnene Frauen-Kultur und -Sprache sichtbar. Da und dort hat sie sich mit dem zeitgenössischen Verständnis des Feierns von Gottesdiensten näher abgestimmt oder ist in Auseinandersetzung damit getreten. Ziel dieser Bestrebungen war und ist es, Gottesdienste menschengerechter zu konturieren.[5]

Mein Anliegen ist es darum, den Sinn und die Orte des Liturgiefeierns aufzuzeigen, zu denen sich Frauen, Männer, Kinder und Jugendliche, mithin mehrere Generationen, weiterhin in kleinem oder größerem Kreis versammeln. Der Rede von den leeren Kirchen zum Trotz, stellen sich jene, die mitfeiern, der *Praesentia Dei* und erfahren: Gott kommt an, ereignet sich unter uns, bei uns, durch uns. Lasst uns ihn und ihre Kraft feiern! Sonntäglich steht dazu die Einladung an, um periodisch aus Schrifttexten zu schöpfen, die jüdisch-christlicher Quelle entspringen.[6]

Authentisches Feiern hängt damit ebenso ab vom Umgang mit Bibel und Liturgie, deren letzte Intention es ist, diese *Praesentia Dei* zur Sprache kommen zu lassen. Kommt nämlich in einer gottesdienstlichen Feier nicht zur Sprache, was ich hier zunächst als ‚umfassend anwesende Wesenheit' umschreibe, ist die Grundlage angemessener Feier christlichen Glaubens kaum gegeben. Zum christlichen Gottesdienst gehört nach der liturgischen Erneuerung durch das Zweite Vatikanische Konzil, dass alles zur Sprache kommen kann, was die Menschen im Leben erfahren: ihr Suchen und Sehnen; ihr Bedürfnis nach Antworten – *auch,* aber *nicht nur* in Verarbeitung von Schicksalsschlägen – und zugleich deren Suche nach Orientierung und Verankerung für das weitere Unterwegssein durch Alltag und Beruf. Deshalb folge ich hier nicht einem eng gefassten Liturgiebegriff, der sich definitorisch klar umreißen ließe und sich dadurch mancher Möglichkeit begibt, Freiräume zu zeitgemäßen Formen zu öffnen, die das Beten und Feiern der Menschen heute unterstützen. Mit dem Gedanken aus einem der neueren Hochgebete ist dies genügend ausgedrückt und bleibt eine jener Optionen, an welchen das Tun der römisch-katholischen Kirche gemessen sein will. Im Hochgebet IV *Jesus, der Bruder aller*, welches ursprünglich aus der Synode 72 der 1970er Jahre in der Schweiz stammt, heißt die entsprechende Bitte: *„Mache deine Kirche zu einem Ort der Wahrheit und der Freiheit, des Friedens und der Gerechtigkeit, damit die Menschen neue Hoffnung schöpfen.“* Die Bitte wird zum Maßstab, an dem alle angesichts des Glaubwürdigkeitsverlustes ihrer Kirche im gesellschaftlichen Leben gemessen werden. Wenn aber die Versammelten schon aus *einer* Feier diese Option mit in ihren Alltag tragen, wird eines der wichtigen Ziele erreicht sein können: Gottesdienste als Orte erfahren und verstehen zu lernen, in denen menschlicher Sinn gefunden, erlebt und darin eingebettet die Begegnung mit dem Transzendent-Göttlichen erfahren werden kann.

1.2 „Liturgie" und „Gottesdienst" – weit gefasste Begriffe

Liturgie, Gottesdienst, Kult, Ritus, Ritual …

Liturgie ist die Feier des Glaubens in geprägter Form. Damit waren Menschen innerhalb ihrer Glaubensgemeinschaft über längere Zeit in ihren kulturellen Räumen vertraut. Diese Kürzest-Umschreibung der Wirklichkeit „Liturgie“ ist auch auf andere Religionsgemeinschaften anwendbar. Nun sind die Menschen in den christlichen Kirchen des 21. Jahrhunderts mit den liturgischen Gewohnheiten und Umgangsformen ihrer eigenen Glaubensgemeinschaft nicht mehr selbstverständlich vertraut. Auch die Begriffe sind nicht mehr eindeutig. In der Umgangssprache ist mehr von „Gottesdienst“ als von „Liturgie“ die Rede. Die römische Kongregation für den Gottesdienst befasst sich mit allen liturgischen Fragen und trägt die lateinische Bezeichnung „Congregatio de Cultu Divino et Disciplina Sacramentorum“. Bis Mai 1969 lautete ihr Name „Sacra Rituum Congregatio“. Insofern lässt sich sagen: Auch die Begriffe „Kult“, „Sakrament“ und „Ritus“ stehen in einem inneren Zusammenhang mit den beiden Bezeichnungen „Liturgie“ bzw. „Gottesdienst“.

Dennoch kann das *gottesdienstliche* Handeln und Feiern der dazu Versammelten nur annähernd deckungsgleich mit den Begriffen *„Liturgie"*, *„Kult"* oder gar *„Ritual"* sein. Denn die ursprünglich antiken Begriffe waren im Verlauf der Geschichte einem größeren Wandel ausgesetzt. Sie fügten sich den laufenden Prozessen der Adaptation und Inkulturation christlicher Institutionsformen ein.

In jüngerer Zeit musste dies hinsichtlich der „Liturgie" zu einer überaus hohen Vielfalt auch kulturell angepasster Gebete, Gesten und weiterer Ausdrucksformen führen. Deshalb finden sich in der heutigen Realität kirchlicher Feiern eine Fülle weiterentwickelter Formen: Rituale mit Menschen, deren Vertrautheit und gewohnter Umgang mit standardisierten Gottesdienstformen nicht mehr gegeben ist, stehen neben klassischen Eucharistiefeiern und den sakramentalen Feiern des Glaubens in den christlichen Kirchen. Die Folge ist ein stark verändertes Verständnis von „Gottesdienst". Wer nämlich aus kulturanthropologischer Sicht gottesdienstliches Feiern in die Nähe menschlicher Bedürfnisse nach kultischer Inszenierung rückt, kann den Gebrauch des Begriffs „Liturgie" nicht mehr rein an von Vorschriften geprägten Riten festmachen. Zudem verleiht die theologische Sicht auf Gottes Dienst an den Menschen dem Miteinander in Gottes-Diensten eine grundlegende spirituelle Dynamik, die Raum schafft für eine lebensrelevante liturgische Ausdruckswelt.[7]

Ich werde nun die Begriffe „Liturgie" und „Gottesdienst" alternativ verwenden, nachdem der allgemeine Begriff „Liturgie" sich ausgeweitet hat. Ein großer Teil gegenwärtiger Liturgiewissenschaft beschreibt nämlich mit dem Haupt-Begriff „Liturgie" zumindest im katholischen Raum das Ganze des gottesdienstlichen Handelns und Mitfeierns. Kein geringerer als *Josef Andreas Jungmann* stellte im Gefolge der Liturgiekonstitution des Zweiten Vatikanischen Konzils fest: „Der Umkreis dessen, was als Liturgie in Betracht kommt, wird nicht eng bemessen."[8] Unser Interesse richtet sich auf einen weiteren Horizont: Wenn Gott zur Sprache kommt, geschieht dies in Liturgie und Gottesdienst vorwiegend über Worte und Ausdrucksweisen – gesprochene und nicht ausgesprochene, gesungene und gebetete, erhoffte und ersehnte, nicht direkt verständliche und provozierende. Dabei wird liturgischer Ausdruck insgesamt im christlichen Gottesdienst auf Jesus den Christus weisen. An seinem Wort werden die Menschen Maß nehmen und die Glaubwürdigkeit derer einfordern, die das Wort austeilen, dazu aber auch im gottesdienstlichen Handeln und Feiern über eine entsprechend eingeübte Geistesgegenwart verfügen sollen. Dieses letzte Interesse wird das theologische Nachdenken über Begriffe wie „Liturgie", „Gottesdienst", „Kult" und „Ritual" wesentlich beeinflussen.[9]

Dialogcharakter der Liturgie

Um der spezifischen Transzendenz-Rede in Lesetexten gerecht zu werden, gilt es auch, den Dialogcharakter christlicher Gottesdienst-Feiern knapp zu erläutern. Nach Bekanntwerden der konziliaren Liturgiekonstitution äußerte *Jungmann*: „Die Liturgie ist nach ihr nicht nur Anbetung Gottes; in der Liturgie ‚spricht Gott zu seinem Volk; in ihr verkündet Christus noch immer die frohe Botschaft. Das Volk aber antwortet mit Gesang und Gebet' (SC Nr. 33)".[10] Es ist dies die *katabatische* Seite der Feier, welche die Zuwendung des Transzendent-Göttlichen erkennen lässt. Damit wird die göttliche Inkarnation in Jesus Christus (seine *Katabasis*) zum theologischen Fundament jeder christlichen Feier. Die Existenz des Nazareners Jesus verdeutlicht, wie dieser in die Solidarität mit den Einfachen, Armen und Bescheidenen im Volk Israel trat – in aszetischer Haltung, der Entäußerung seiner selbst, die später vom biblischen Schriftsteller als herausragendes Merkmal Christi bezeichnet wird (Phil 2, 6–11). Diese Kenosis prägt von Grund auf die theologische Sicht der Liturgie: „Eine liturgische Askese kann als die Gesamtheit der Übungen verstanden werden, die ein Mensch benötigt, um für das Ostergeheimnis völlig durchlässig zu werden: von der Kenosis des Sohnes bis zur Theosis der ganzen Erde. Es ist eine Dynamik von Licht und Transparenz, die jeglichen Obskurantismus, jede Dunkelheit und jede Opazität vertreibt."[11]

Auf der anderen Seite verdeutlicht sich vom Menschen her die *anabatische* Seite gottesdienstlicher Feiern: Auf den göttlichen Anruf durch Christus antwortet der Mensch aus der Mitte seiner eigenen Wahrheit, seinem eigenen „Selbst", dem ‚soi-même', wie sich *Paul Ricœur* philosophisch ausdrückte.[12] Wenn demnach jemand nach einer Feier erklären kann, er oder sie habe wieder neues Leben empfangen dürfen, wird der Dienst Gottes am Menschen gleichzeitig mit der Haltung der Verehrung sichtbar, die *eine* der Antworten von Gläubigen auf die Zuwendung des transzendenten Göttlichen ist. So betrachtet ist christliches Feiern kein abstraktes Tun. Mit *Richard Schaeffler* gesagt: Es ist sinnlich wahrnehmbar, weil es „mit dem Lebensatem gesprochen" wird, „der aller Unterscheidung zwischen Verstand und Sinnlichkeit vorausliegt". Im Lebensatem sind „religiös verstandene Sinnlichkeit" und „religiös verstandenes Wort" zur Einheit gebracht. So erst kann Gottes Geistes-Gegenwart zu den Menschen kommen und diese – daraufhin disponiert – sich „einstimmen" bzw. eingestimmt werden.[13] Jeder Gottesdienst ist damit ein rituelles Geschehen, in dem Heil zugesprochen und Heilung erfahren wird. Diese biblisch konnotierten Begriffe zeigen ihre gegenseitige Nähe, sodass sich der rituell vollzogene Dienst aller Beteiligten als heiligendes und heilendes Handeln, als *munus sanctificandi* und *munus sanandi* gestaltet.[14] Nicht von ungefähr sind der mystische Charakter liturgischer Feiern und die entsprechende Sprache als Königsweg des Glaubens näher zu betrachten. Denn erst über das urmenschliche Mittel der Sprache kann die Brücke zur Erfahrung des Transzendent-Göttlichen geschlagen werden.

1.3 Gottesdienste als Ausdrucksräume für mystisch-religiöse Sprache

Die Frage brennt nicht nur kirchlichen Insidern auf der Seele: Lassen sich Wirklichkeiten, wie sie Rituale und Gottesdienste, Gebete und Liturgien in unterschiedlichen Ausdrucksformen darstellen, überhaupt erfassen? Ist dies genuin nur im Modus mystischen Verstehens möglich? Wie denn anders kann auf der Ebene geistlicher Erfahrung Transzendent-Göttliches benannt werden? Wo über Sprachgrenzen hinaus daran gearbeitet werden soll, den christlichen Glauben in heutiger Zeit und Kultur zu verstehen, ist das theologische Denken herausgefordert.[15] Im Kern bedeutet dies: *Gottes Sein atmet eine größere Weite, als wir sie je denken können!* Der Sprache im Gottesdienst korrespondiert ein mystisch-religiöser Charakter in den einzelnen rituell-kultischen Handlungen: Stille, Schweigen und längere Meditation zeugen davon. Zudem ist, wer im Gottesdienst Gebete spricht, herausgefordert, die Gottesdienst-Sprache so auszurichten, dass sie sowohl im Alltag geerdet wird wie auch im biblischen Glaubensgut verortet bleibt. Dazu einige Bemerkungen zur *Mystik* und den Herausforderungen einer *liturgischen Theologie*, die in den später vorgetragenen Untersuchungen der Texte des Lesejahres B mit zu bedenken bleiben.[16]

Lebenserfahrung und Transzendenzerfahrung

Es gilt, das *Erwachen der Sehnsucht nach Mystik* ernst zu nehmen, denn das Verlangen nach mystisch-religiösem Ausdruck ist menschlicher Existenz bis in die Geschichte einer Gegen-Theologie eingeschrieben.[17] Wo des Menschen Leben von Riten und Feiern begleitet ist, kommen darin Erfahrungen verschiedenster Färbung zum Ausdruck – darunter zustimmende wie: „Ich gehöre dazu und bestimme ehrlich und gut mit, was mit mir und meiner Familie gehen und geschehen soll, nicht zuletzt dort, wo ich eine uns gemäße kirchliche Feierform vermisse." Was steht hinter diesem hohen Anspruch, der eigenen religiösen Erfahrung selbstbestimmten Ausdruck geben zu wollen, gar zu müssen? Es könnte dies das letzte Aufbäumen der freien Entscheidung sein, die Menschen in ihrem Ritual-Bedürfnis und darin dem Bedürfnis nach eigenem religiösem Erleben drängt, sich auf die eingewurzelte eigene Wahrheit einzulassen. Als verborgener Antrieb erscheint darin die Suche nach ursprünglicher Erfahrung, nach dem Erleben dessen, was allgemein als Mystik bezeichnet wird. Dies ist dort festzustellen, wo sich die Gewohnheiten von Institutionen wandeln und sich die Ehrlichkeit und Selbstbestimmung hinsichtlich der Feier der Sakramente im kirchlichen Kontext radikal Gehör verschaffen. Man mag dies als radikale Introversion bezeichnen, die ihren Platz wie spiegelverkehrt aufgrund intensivster Extraversion in den Erfordernissen des Alltags und Berufslebens im Leben der Einzelnen und ihrer Gemeinschaften zurückverlangt.

Nun ist *Mystik* kein eindeutiger Begriff. Nicht die diffuse Art von mystischen Erlebnissen ist hier angesprochen. Vielmehr sind unsere Gottesdienste angewiesen auf „eine Mystik, die den Durst nach realer Befreiung nicht im Meer des Unbewussten absaufen lässt“, wie dies drastisch genug *Dorothee Sölle* ausdrückte. Es steht das Eins-Werden mit der Liebe im Mittelpunkt: „Die mystische Gewissheit, dass uns nichts von der Liebe Gottes trennen kann, wächst, indem wir selber eins mit der Liebe werden, als solche, die sich – in Freiheit und ohne Erfolgsgarantie – auf die Seite der Liebe stellen.“[18]

Was aber ist Mystik?[19] In den Zeiten des frühen Christentums waren es die Mönchsväter und die Seelenkenner unter ihnen, die über die Bibelworte nachsannen. Sie bezeichneten den verborgenen Sinn des biblischen Wortes als *‚mystikos‘*. Damit war Jesus aus Nazaret gemeint. *Mystisch* war demnach der im Sakrament verborgene Sinn und nachträglich allgemein der verborgen erfahrene Gott. Die sakramentale Erfahrung bringt nach *Sudbrack* folglich die Feiernden in Kontakt mit „der Gotteskraft unter sichtbarer Gestalt“. In der Erfahrung der Welt kommt die Begegnung mit dem unverfügbar-verborgenen Gott ins Spiel. Es ist jedoch immer der ganze Zusammenhang einer Existenz, welcher die spezifische Färbung einer mystischen Erfahrung ausmacht und in den verschiedenen Weltanschauungen an den Tag kommt. Erkenntnis Gottes durch Erfahrung – *„cognitio experimentalis de Deo“* nennen Thomas von Aquin und Bonaventura dies.[20] Für sie ist in der mystischen Erfahrung der Gott der Offenbarung gemeint, der dreifaltig-dynamisch – in Vater, Sohn und Geist – zu den Menschen spricht.

Nun ist mehr als auch schon der vom Geist durchwirkte Raum der Liturgie für das subjektive Miterleben offen und führt von Mal zu Mal hin zur dynamischen Erfahrung der Dreifaltigkeit. Darum ist im Gefolge von *Odo Casel* das Mysterium göttlicher Transzendenz nicht losgelöst vom liturgischen Vollzug der zu einem Gottesdienst Versammelten und ihrer inneren Zuwendung zum Einen zu sehen, wie auch im Vorfeld des Zweiten Vatikanischen Konzils bereits *Franz Xaver Arnold* den „gott-menschlichen Synergismus" beim Feiern des Glaubens anmahnte. Arnold war daran gelegen, den Widerstreit zwischen theozentrischer und anthropozentrischer Frömmigkeitsschau aus pastoraltheologischer Sicht durch das Inkarnationsprinzip zu überwinden. Darauf ist erneut hinzuweisen, nachdem sich heute die Theologie der Liturgie radikaler davon herausgefordert sieht. Mit *Constantin Andronikof* spricht nämlich *Joris Geldhof* – wie schon *Franz Xaver Arnold* – vom Synergismus der zwei Subjekte – Gott und Mensch –, der die Natur der Liturgie ausmache: „Die Berufung der Theologie der Liturgie, die in die Liturgie selbst eingeschrieben ist, besteht dann darin, ihre Bedeutung, ihre Relevanz und ihren Wert für das Verständnis der gottmenschlichen Dynamik zu klären und zu reflektieren. Dies impliziert, dass jeder Bruch zwischen Subjekt und Objekt ungehörig wird und dass der Liturgiewissenschaftler sich immer persönlich mit seiner Arbeit beschäftigt, von der er weiß, dass sie nicht seine eigene Arbeit ist, sondern die Frucht einer geheimnisvollen Zusammenarbeit …" (Und Andronikof zitierend:) „Die Natur der Liturgie besteht aus dieser operativen Konjugation (Synergismus) der beiden Subjekte: Gott und Mensch. Genau genommen gibt es daher in der Liturgie kein Subjekt, das einem oder mehreren Objekten entgegengesetzt ist. Es gibt eine Synergie von zwei Themen: dem Liturgen und dem trinitarischen Geist, die ihn als Beter agieren lassen. Wir können letztendlich sagen, dass ‚Gott zu Gott betet'. Dieses theologische Paradoxon ist die Grundlage aller Liturgie."[21]

In ihrer authentisch-subjektiven religiösen Erfahrung sind damit auch die einzelnen Mitfeiernden ernst zu nehmen. Geradezu entscheidend für die Feier des Glaubens ist es darum, dass sich in ihr für alle daran Beteiligten die Türen zu den verschiedenen Ebenen religiöser Erfahrung öffnen können. Für *Karl Rahner* sind dies die Selbst-Mystik, die kosmische Mystik und die Gottes-Mystik. Mit anderen Worten: Wo die Mitfeiernden in einer Liturgie Zeugnis ablegen, was für sie und ihre eigene Geschichte entscheidend ist, müssen dies in der Folge liturgische Ordnungen genügend berücksichtigen. Wo eine Einheitserfahrung durch gemeinschaftlichen Tanz oder künstlerischen Ausdruck geschehen kann, soll dies in Gottesdiensten angemessen Platz finden. Und wo die Erfahrung Raum greift, dass Transzendent-Göttliches ankommen kann, wird eine entsprechende Gestaltung gottesdienstlicher Feiern den sorgfältigen Umgang mit der Übung des Schweigens und der Stille pflegen. Atmosphärisch kann Letzteres jedem Gottesdienst nur guttun. Denn Stille schafft den Echo-Raum für den Mitvollzug jeder Feier.

Ein *rein abstraktes Gottesdienstverständnis* ist auf diesem Hintergrund wenig angemessen. Für ein inneres Mitgehen der Mitfeiernden sind der Wechsel von Bewegung und Innehalten gleichermaßen wichtig. Die Berücksichtigung dieser Dimensionen steht einer Liturgiepastoral gut an.

In meinen Augen pflegt die Liturgiewissenschaft seit geraumer Zeit ein stark disparates Selbstverständnis. Aus gutem Grund arbeitet sie weiterhin überwiegend historisch und theologisch-systematisch – wie schon in der Zeit vor dem letzten Konzil. Erst seit wenigen Jahren geht man daran, vom unmittelbaren Geschehen in der liturgischen Versammlung und von den Menschen her zu denken und deren Suchbewegungen beim Feiern des Glaubens theologisch angemessen zu verorten. Zudem ist aus Sicht des Seelsorgers zu vermerken, dass die liturgische Bildung im Verlauf der Grundausbildung im Theologie-Studium nicht genügend gewichtet wird. Dieses Fehlen systematischer Verstärkung der Praxisorientierung hat zur Folge, dass die Ausgebildeten nicht immer die nötige liturgische Kompetenz mitbringen. In der Folge erheischt dies von Seelsorge-Verantwortlichen eine stärkere Unterstützung und Förderung der Feier- und Verkündigungskompetenz während der ersten Jahre der Seelsorgepraxis. Äußerungen wie aus einem jüngeren Kirchencheck sind darum nicht singulär: „Ich hätte mir gewünscht, dass der Kirchenmann zumindest eine persönliche Erfahrung offenbart, wenn er zur Berufung des Menschenfischers Petrus predigt. Dafür sagte er: ‚So wie ich bin, so bin ich gut‘. Bravo! Mir ist das zu asketisch. Es ging ums Menschsein in diesem Gottesdienst, um den Mut, zu sich selbst zu stehen. Da will ich den Menschen spüren, der unter dem knöchellangen, weißen Gewand steckt.“[22]

Spannungsverhältnis von Theorie und Praxis

Als grundlegende Voraussetzung für eine angemessene Untersuchung der Texte eines Lesejahres soll nun ausführlicher auf das gewandelte Spannungsverhältnis von Theorie und Praxis eingegangen werden. Im Anschluss an die Spitzensätze der Fundamentaltheologie von *Johann Baptist Metz* und in Anlehnung an *Aloysius Pieris* legt sich mir nahe, hier den wenig gebräuchlichen Begriff *‚theopraktisch‘* ins Spiel zu bringen. Insgesamt nämlich ist gottesdienstliches *Handeln und Feiern* Grundstein für eine *Orthopraxie* des christlichen Lebens, ganz im Sinne des konziliaren Redens von der Liturgie als „Höhepunkt“ (culmen) und „Quelle“ (fons) des gesamten kirchlichen Tuns (SC 10), das damit unabdingbar vom liturgischen Tun geprägt ist. Aus ihm wird das Handeln der Kirchen gespeist, d. h. von der Liturgie als rotem Faden inhärent mitgetragen, ist jedoch nicht darauf selbst einzuschränken.

Bliebe nämlich kirchliches Tun auf „Liturgisches“ allein eingeschränkt, erläge es einem Trugschluss. Es erwiese sich angesichts der Lebensexistenz Jesu und der kreativen Kraft des Geistes als nicht angemessen für die Kirchen selbst und ihre Funktion in der Gesellschaft.

Mit dem Begriff *‚theopraktisch‘* wird ausgedrückt, dass sich eine gottesdienstliche Feier *im Tun* vollzieht, worin in jedem Falle die Beziehungen der daran beteiligten Menschen zur göttlichen Mitte wesentlich sind. Dabei ist ausdrücklich der Glaube an die lebendig machende Kraft der Ruach bzw. des Pneuma der eigentliche *point of no return* für die Wiedergewinnung der *Glaubens-Würdigkeit* und der *Glaub-Würdigkeit* jeder kirchlichen Identität in Geschichte und Gesellschaft.[23] Dies führt zu einer Pastoral-Liturgik, die eminent theopraktisch auszurichten bleibt. Ihre Primäraufgabe ist eine Theopraxie, die in der Ausbildung von Seelsorgerinnen und Seelsorgern anzustreben ist. Das Ziel ist eine *angewandte Theologie*, die sich der Entwicklung und Entfaltung positiv geprägter christlicher Identität verpflichtet sieht, welche durch das Zweite Vatikanische Konzil angestoßen wurde. Analog zur angewandten Psychologie ist dieser Weg, Theologie zu treiben, auf praktische Umsetzung hin ausgerichtet. Denn der konkrete Vollzug gottesdienstlicher Feiern bleibt der Ort, wo der persönlichen wie der kollektiven Glaubensfindung Ausdruck gegeben wird. Darauf aber ist angesichts der Suche nach neuer Standortbestimmung für die Liturgiewissenschaft wie der Sakramententheologie insgesamt[24] eindringlich hinzuweisen. Erst deren *theopraktische* Intention gibt einer angemessenen liturgisch-religiösen Bildung im Kontext zeitgenössischer Gesellschaften und ihrer Sinnsuche das nötige Fundament.

1.4 Alle Menschen sind vor Gott solidarische Subjekte

Johann Baptist Metz ist der Schöpfer einer bedeutenden praktischen Fundamentaltheologie, deren Grund-Impuls die mit viel Verve vorgetragene Aussage ist: Alle Menschen sind vor Gott solidarische Subjekte.[25] Nicht wenige Erkenntnisse dieser Theologie lassen sich in fruchtbare Nähe zur Realisierung liturgischer *und* nicht-liturgischer Glaubensvollzüge bringen. Unter dem *Stichwort Mystik (Politik)* ging es Metz insgesamt um die „Praxis des Glaubens in ihrer mystisch-politischen Doppelverfassung“ (11). Aus sich selbst sei der christliche *Gottesgedanke* ein praktischer Gedanke (47). Gegen eine reine Ideen-Christologie wollte Metz das Narrativ-Praktische der Christologie und Soteriologie betonen (52). Praxis hat darum bei diesem Theologen eine pathische Verfassung, nicht nur als Handeln, sondern als „Leiden“ (54). Auch Jesu erster Blick galt elementar dem fremden Leid. Nicht zuletzt darum wählte Metz das Wort „Compassion" als Schlüsselwort, welches das Christentum im globalen Pluralismus der Religionen und Kulturen eindeutig positioniert. Indirekt bestätigt Metz damit die Intention einer Theologie im Dialog mit der asiatischen Lebenswelt.[26] Metz versteht das Moment der Compassion ausdrücklich als „Mitleidenschaftlichkeit", „teilnehmende Wahrnehmung fremden Leids", „tätiges Eingedenken des Leids der andern". Diese aktivisch umschriebene Einstellung lässt mich schließen: Gott christlich zu denken, ist ein erfahrener Vollzug. Er trägt jene dramatische Grundfärbung, die von einer *theopraktischen Ausrichtung von Gottesdienst und Liturgie* sprechen lässt. Genau dies zeigen die im Gottesdienst zur Sprache kommenden Glaubensgeschichten des Ersten und Zweiten Testamentes, welche in den Worten von Metz „Geschichten der dramatischen Konstitution des Subjektseins der Menschen" sind … „Menschen werden herausgerufen aus den Zwängen und Ängsten archaischer Gesellschaften. Sie sollen zu Subjekten einer neuen Geschichte werden. Die Bestimmungen ihres Subjektseins haben dynamischen Charakter: Angerufen werden in der Gefahr, Herausgerufen werden aus der Angst, Exodus, Umkehr, Erheben des Hauptes, Nachfolge … Religion ist kein zusätzliches Phänomen, sondern ist am Aufbau des Subjektseins beteiligt" (58). Schmerzlich genug erfahren Menschen in ihrer Geschichte und ihrem Handeln, wie die Dialektik von Subjekt und Objekt nicht verschwindet, sondern ausgetragen werden muss (62/ Anm. 34).

Mit diesen Einsichten gelangte Metz zu einem theologischen Begriff des Subjektseins aller, in kritischer Differenz zur reinen Utopie. Metz führte aus, dass die Utopien eines Subjektes dieses selbst ändern. Subjekte handeln, leiden dabei auch, um zu etwas zu gelangen, was für sie noch nicht ‚auszumachen', ja nur zu erahnen ist. Sie handeln damit auch genuin utopisch. Auf dem Weg praktischer Erfahrung also ändern sich auch Vorstellungen und Bilder dessen, was noch nicht gesehen werden kann. Menschen werden dann letztlich vor Gott Subjekte. Dieses Subjektwerden ist es, welches mit dem Namen „Gott" konfrontiert. „Der Name Gott steht … dafür, dass die Utopie der Befreiung aller zu menschenwürdigen Subjekten nicht reine Projektion ist, was sie freilich wäre, wenn nur Utopie wäre und kein Gott" (64). Gleichzeitig diagnostizierte Metz einen „grassierenden Schwund an verinnerlichten, extrem belastbaren Glaubensüberzeugungen" (66). Man mag heute solche Analyse teilen, gar noch radikaler urteilen, wobei zu fragen bleibt, was hinsichtlich der „Befreiung aller zu menschenwürdigen Subjekten" im Fall der Liturgiepastoral getan wird. Der Ansatz von Metz reklamierte unwiderruflich die mystisch-politische Doppelverfassung der Praxis des Glaubens, die sich nicht zuletzt im gemeinsamen Beten von Subjekten in Gottesdiensten und Liturgien zeigt. „Versuchsweise" legte dann Metz eine

Definition des Glaubens der Christen vor, welche mit ihrer Positivität die von mir gemeinte Auslegungsoption liturgischer Vollzüge als theopraktisch stützt: „Der Glaube der Christen ist eine Praxis in Geschichte und Gesellschaft, die sich versteht als solidarische Hoffnung auf den Gott Jesu als den Gott der Lebenden und der Toten, der alle ins Subjektsein vor seinem Angesicht ruft“ (70).

Für Metz war ferner eine „Ausbildung kirchlicher Spiritualität als … Spiritualität befreiter Freiheit“ anzustreben, welche sich in der Ausbreitung gesellschafts-kritischer Freiheit bezeuge und bewähre (82). Solche Spiritualität lasse sich „nicht auf eine reine Kulterfahrung einschränken“, gewinne hingegen an Macht, „wenn die Bereitschaft wächst, am Leiden anderer zu leiden; wenn sich die Menschen nicht nur über das ein Gewissen bilden, was sie anderen tun oder nicht tun, sondern auch über das, was sie unbekümmert zulassen, dass es anderen geschieht; wenn sie nicht nur – nach den Regeln des Tauschs – in Gleichgesinnten ihre ‚Brüder‘ sehen und alle anderen zur augenlosen Masse degradieren“ (83).

Die von Metz im weiteren Verlauf seiner praktischen Fundamentaltheologie verstärkt reklamierte ‚Orthopraxie‘[27] bindet diese an die Frage nach Gott. Ihr stellen sich alle Subjekte durch ihr Mitwirken im gottesdienstlichen *Handeln und Feiern*. Im Hier und Jetzt finden sie sich solidarisch vor Gott und erfahren darin den Impuls des Geistes, der sie über das liturgische Tun hinaus befähigt, in die Nachfolge Jesu zu *treten* und dies angemessen in Kirche und Gesellschaft zu *vertreten*.

Unmittelbar von diesen Subjekten tangiert sind Seelsorgerinnen und Seelsorger in ihren Tätigkeitsfeldern. Ihre eigene und der Leute religiöse Erfahrung nötigt sie, ihre Rolle radikaler Änderung zu unterziehen. Zugespitzt fragte Metz: „Muss der Theologe nicht immer auch die Leute selber zur Sprache bringen? Hat er nicht kirchlicher Maieutiker des Volkes zu sein? Muss er nicht dafür einstehen, dass die Leute ‚dabei sein‘, ‚mitmachen‘ können, dass sie selbst zur Sprache finden, zum Subjekt in der Kirche werden? Und alles dies nicht etwa als bloße Aufklärungsarbeit, als Bildungs- und Informationshilfe, sondern um der Orthodoxie der Theologie willen? Kaum etwas nämlich braucht die Theologie m. E. mehr als die in den Symbolen und Erzählungen des Volkes sich niederschlagende religiöse Erfahrung. Nichts braucht sie mehr, wenn sie nicht an ihren eigenen Begriffen verhungern will, die so selten Ausdruck neuer religiöser Erfahrung sind und so oft bloß Begriffe früherer Erfahrungen reproduzieren“ (131).

Wenn es gilt, liturgische *und* nicht-liturgische Glaubensvollzüge als *theopraktische* zu erkennen, ist dem Dreiklang von *Erinnern, Erzählen* und der *Solidarität* Raum zu geben, für den diese Theologie steht. Es sind letztlich die Glaubenssubjekte, die diesen Dreiklang in ihrer je eigenen Geschichte akzentuiert leben. In gegenseitiger Verschränkung der Kategorien von *Erinnern, Erzählen* und *Solidarität* ereignet sich inmitten der umgebenden Gesellschaft ein lebensgeschichtlicher Prozess.[28] Der Ausgangspunkt für jedes Subjekt ist dabei die Erfahrung und Geschichte, welche die einzelnen Gläubigen als Frau oder Mann gemeinsam mit ihrem Gott *erinnern, erzählen* und in *solidarische* Beziehungen untereinander bringen. Wo denn anders als in liturgischen Glaubensvollzügen wird dies emotional erfasst und einsichtig erkannt werden können? Unter diesem Licht erscheinen die liturgische *Doxologie* (Theopraxie/Mystik) und die theologische *Doxographie* als unauflöslich miteinander verschränkt. Diese Verflechtung lässt sich an folgendem Abschnitt der Gedanken von J. B. Metz erkennen – dem eine europäische Option der „Theopraxie" nahekommt: „Lebensgeschichtliche Theologie erhebt ‚das Subjekt' ins dogmatische Bewusstsein der Theologie. Damit ist aber keineswegs einem neuen theologischen Subjektivismus das Wort geredet. ‚Subjekt' ist ja nicht eine beliebige, austauschbare Bestimmung. Subjekt ist der in seine Erfahrungen und Geschichte verstrickte und aus ihnen immer wieder sich neu identifizierende Mensch. Das Subjekt in die Dogmatik einführen, heißt deshalb auch, den Menschen in seiner religiösen Lebens- und Erfahrungsgeschichte zum objektiven Thema der Dogmatik erheben; heißt also Dogmatik und Lebensgeschichte miteinander versöhnen, heißt schließlich: theologische Doxographie und mystische Biographie zusammenbringen" (196).

Darum lässt sich einer *Liturgiepastoral* für heute grundsätzlich ins Stammbuch schreiben: Weil alle Menschen vor Gott solidarische Subjekte sind, werden ihre vielfältigen Erfahrungen in Gottesdiensten und Liturgien aufgenommen, ausgedeutet und in dialogischer Gebetssprache ebenso ausgedrückt sein müssen wie die Worte der Verkündigung, die auf die Versammelten treffen. Anders gesagt: Wenn Gott zur Sprache kommt, kommt seine Anwesenheit nicht unwesentlich über die versammelten Subjekte *vermittelt* zur Sprache. Was an Worten und kultischer Handlung hörbar und vollzogen wird, wird mit Menschen vollzogen – verknüpft mit ihren Erfahrungen, ihrer Zeit und Gesellschaft. Über die Köpfe der Menschen hinweg Liturgien und Rituale zu feiern, wird darum unmöglich.[29] Wird es dennoch lieblos getan, wird dem Virus der Unglaubwürdigkeit, der Kälte und Starre mehr Raum gegeben als der Nähe zu einem Gott, der sich den Menschen jeder Zeit zuwenden will. So betrachtet hat die pastorale Situation vor Ort das letzte Wort, weil sich hier bewähren muss, was von Bibel und Tradition her auf die Menschen zugesagt sein will. Auch die Vorgaben der Liturgiegeschichte sind dahingehend zu interpretieren. Schließlich steht und fällt der christliche Glaube mit seiner Nähe zum Dasein der Menschen und ihrer je unterschiedlichen Situation in Geschichte und Gegenwart.

1.5 Wie kommt im Gottesdienst Transzendenz zur Sprache?

Es ist eine Binsenweisheit: Man hat ihn nicht mehr zuoberst auf der Prioritäten-Liste eines gewöhnlichen Lebens in säkularer Zeit. In der offenen Gesellschaft kommt die Verpflichtung dazu nicht mehr an. Vielerlei Zwänge diktieren das Überleben. Trotzdem überlebt er dort, wo er sich den Menschen mit ihrem angeborenen religiösen Gespür anbietet, die sich auf ihrer Suche nach Sinn und Transzendenz unterschiedlichen Orientierungen gegenübersehen. Vom üblichen Gottesdienst ist hier die Rede, der sich auch in römisch-katholischen Kirchen vollzieht. Man kann sich grundsätzlich frei daran beteiligen, sofern ihn die örtlichen Gemeinden und Pfarreien entsprechend pflegen und sich beim Feiern des Glaubens das ereignen kann, was bei aller Kirchenkritik und daraus resultierender Kirchendistanz bei den Menschen weiterhin „unter die Haut" geht.

Im Gottesdienst zu sich selbst finden, neu beginnen, sich ansprechen lassen von Stille, Wort und Musik – diese Erwartungen zu stillen, dazu bewegen sich Zeitgenossen und Zeitgenossinnen in Gottesdienste – und sei es an den Lebenswenden, in denen sie sowohl Besinnlichkeit als auch eine Art von Feierlichkeit suchen, die ihnen entspricht. Diese Entsprechung vereinfachend als „Bastelreligiosität" bzw. „bricolage" zu bezeichnen, kann die Grundintention jeder pastoralen Tätigkeit gefährden, welche auf Menschen zuzugehen sucht. Die Erfahrung praktischer Seelsorge zeigt dies bei Tauffeiern, dem Feiern der Erstkommunion und der Firmung, der Eheschließung wie bei Übergangs-Ritualen in neue Kontexte des Lebens – von Abschiedsfeiern und der Bestattung erst am Ende zu sprechen. Auch in jüngeren Errungenschaften wie interreligiösen Feiern oder dem Wunsch, am Ende einer Biographie unter selbst ausgewählten Bäumen zur individuellen Grabesruhe zu gelangen, wird die Suche nach Sinn und Transzendenz greifbar. In allem spiegelt sich die Tatsache wider: Gottesdienste verdichten die Suche nach Sinn und Transzendenz für das individuelle Leben und Sterben. Der soziologische Blick auf dieses allgemeine Phänomen genügt jedoch nicht. Die Wahrnehmung fordert ein geweitetes Verständnis.[30]

Die Praxis der Seelsorge steht damit vor der Frage, wie zu verstehen ist, dass sich Menschen in kleineren und größeren Gruppen regelmäßig und motiviert zu Feiern begeben, welche von Anschaulichkeit, ansprechenden

Texten und Musik, entsprechender Ausgestaltung (Inszenierung) der jeweiligen Örtlichkeit und einem besinnlich-meditativen Charakter geprägt sind. Noch deutlicher in ritual-praktischem wie liturgietheologischem Sinne gefragt: Können die Suche nach religiöser Erfahrung und die liturgischen Feierformen näher aneinander gerückt werden, sodass authentische und im soziokulturellen Kontext eingebettete Feiern in größeren Versammlungen wie auch in kleineren Gruppen möglich werden?

Damit steht die These im Vordergrund: *Wenn in Form und Inhalt einer liturgischen Feier sowohl Raum und Zeit geöffnet werden, sodass sich Menschen innerlich über sich selbst hinaus ausrichten können und gleichzeitig diese Ausrichtung auf Transzendent-Göttliches ihren Ausdruck erhält, wird sich das gelegentlich (lieblos-)routinierte Feiern kirchlicher Liturgie wandeln können.* Verknüpft mit dieser These werbe ich für mehr Achtsamkeit gegenüber jedem Gottesdienst. Denn in christlichen Liturgien wird Glaube mit Menschen an einem konkreten Ort gefeiert, die – pastoral betrachtet – insofern im Zentrum zu stehen haben, als letztlich ihnen die Heilszusage des Transzendent-Göttlichen und in Jesus Mensch Gewordenen gilt. Mitten in pastoralen Prozessen, die sich vermehrt auch einem eigentlichen Gestrüpp diakonischer Ansprüche und gleichzeitig katechetischer Überbeanspruchung stellen müssen, verdichten Gottesdienste jene Sinnerfahrung, ohne welche menschliches Handeln transzendenzlos dahinleben würde. Es gilt heute vermehrt aufzuzeigen, was die Chance lebensnaher Liturgiefeier als Ort spiritueller Verankerung ist. Solches Feiern braucht nicht in Konkurrenz zu den anderen pastoralen Grunddimensionen der Diakonia, Martyria und Koinonia zu stehen, weil dieselben elementar mit ihr verknüpft sind.[31]

2 Vom Reden *über* und *zu* Gott in biblischen Texten der Liturgie-Ordnung

2.1 Ziel der Erschließung von Lesetexten

Wir fragten bereits danach, wie Inhalt und Sprache „Transzendenz-Geprägtes“ in einer gottesdienstlichen Feier vermitteln und wo sich Ansatzpunkte für eine besser zugängliche Liturgie finden, die dem Sinn eines jeden Gottesdienstes nahekommen. Im Gang des liturgischen Geschehens treten *Worte* und *symbolisch-rituelle Vollzüge* in enge Verbindung zueinander. Sie tragen zum Glaubensvollzug bei, mit welchem sich Menschen zur göttlichen Transzendenz in Beziehung setzen. Zudem eignet dem Ganzen des liturgischen Geschehens nicht nur eine *ästhetische,* sondern auch eine *ethische Dimension*. Die Untersuchung von Texten des Lesejahres B der katholischen Liturgie konzentriert sich nun auf die *kerygmatische Seite*. Es geht sinngemäß um eine Entdeckungsreise in die *breite Vielfalt an jüdisch-christlicher Gotteserkenntnis*. Denn die Texte eines Lesejahres sind es, welche die ‚geronnene' Gotteserfahrung biblischer Zeiten und Quellen widerspiegeln.[32] Sie sind seit der Liturgiereform im Gefolge des Zweiten Vatikanischen Konzils als Lese-Texte zur Verkündigung in eine Ordnung gebracht und vorgegeben. Auf diesem Weg wurde eine große Fülle biblischer Inhalte den Mitfeiernden von Gottesdiensten neu zugänglich. Damit kann an die im gesamten Text-Gut des Ersten und des Zweiten Testaments verborgenen Erfahrungen mit Gottes Transzendenz vertieft angeknüpft werden.

Die Überlegungen richten ihr Augenmerk auf die Situation der Gegenwart, was ein Hauptanliegen der letzten Liturgiereform war. Es galt, die alten Texte den heute Lebenden zugänglicher zu machen (SC 51).[33] Darum lässt sich fragen: Was intendieren die Lese-Texte in einer Zeit, da der Bedarf des Menschen nach Transzendenz und Göttlichem sich ändert; der Gottesbedarf anderer Zeiten – in der zurückliegenden Liturgiegeschichte – sich nicht mehr selbstverständlich wiederholt; gar Erfahrungen mit der „großen Transzendenz" aus dem Wege gegangen wird? Dies im Unterschied zu den „kleinen Transzendenzen des Alltags", als die etwa das Erleben von Musik, Liebeserfahrung, das „An-die-eigenen-Grenzen-Gehen" in der Erlebnis- und Risiko-Gesellschaft genannt werden können. Auf diese Fragestellung wird von Fall zu Fall Bezug zu nehmen sein. Ob der Versuch gelingt, auf Mustern der biblischen Gottesbeziehung aktualisierend aufzubauen, sei dem Urteil der Lesenden überlassen.

2.2 Schlüsselfragen und ein Kriterien-Vorschlag

Eine christliche Feier konfrontiert ausdrücklich durch ihre Lesetexte mit dem Transzendenten. Sie vermittelt religiöse Erfahrung, die auf ihre eigene Weise verständlich werden kann. Darum stellen sich bei der bevorstehenden Lektüre biblischer Texte eines Lesejahres präzise Schlüsselfragen. Es sind dies Fragen, die im römisch-katholischen Kontext seit den Zeiten des sogenannten Modernismusstreits virulent blieben.[34] Dessen Auslöser, Alfred Loisy, wurde leider missverstanden und verurteilt, nachdem er aus der Sicht der Verantwortlichen für die kirchliche Lehre stärker die Jesus-Botschaft vom Reich

Gottes akzentuierte als die institutionelle Verfassung der römisch-katholischen Kirche. Die Verkündigung des Reiches Gottes durch Jesus aus Nazaret war Loisy den Einsatz als Priester und Exeget wert. Im Grunde genommen nahm er dabei Stellung zu Problemen, die uns bis auf den heutigen Tag unter den Nägeln brennen – die Frage nach Gott, die Antworten der Kirchen und die Suche nach existenziellen Antworten im jüdisch-christlichen Reden *von* und *zu* ‚Gott'. Nicht zuletzt aufgrund dieses Erbes aus der Zeit des Modernismusstreits lernte man sich Fragen zu stellen wie den hier vorliegenden:

- Welcher „Gott" zeigt sich in den biblischen Texten?
- Wie agiert „Gott"?
- Ist seine bzw. ihre Existenz angefochten?
- Wann spricht und handelt „Gottes Kraft"?
- Tut sie Menschen Zwang an?

Vom Reich Gottes ausgehen und der *biblischen* Tradition – besonders der Kritik der Propheten – folgen, führt in zahlreiche Auseinandersetzungen in Kirchen und Gesellschaft, wie unterdessen die Geschichte der Befreiungstheologie oder der Feministischen Theologie aufzeigt. Umso mehr gilt es näher hinzuschauen, wie und ob das Reden von und zu Gott in glaubwürdiges, das Leben insgesamt förderndes Tun mündet oder in ritualistischen Gesten, in Willkür und Subjektivismus endet. So gesehen hätte liturgisches Verkünden und Handeln unabdingbar daran anzuknüpfen, was Einzelne und Gemeinschaften in ihrem Leben erfahren haben und wagen, als von ihnen Erfahrenes – Hoffnung und Angst, Freude und Leid – zum Ausdruck zu bringen. Menschliche Erfahrung und religiöse Glaubenssuche stehen dabei in innerster Beziehung. Man erinnere sich: Sprachkritische Untersuchungen zum christlichen Reden von Gott u. a. von *Joachim Track* gingen diesem Zusammenhang in einer Zeit (Mitte 1970er Jahre) nach, in welcher von katholischer Seite her die Verunsicherungen aus der Zeit des Modernismusstreits nochmals reflektiert und die Debatte der einst strittigen Fragen erneut ins Zentrum gerückt werden.[35] *Richard Schaeffler* nannte als weitere offene Sachfragen die Beziehung zwischen Wahrheit und Geschichte, Erfahrung und Reflexion, Subjektivität und Objektivität. Somit stehen zwei weitere gewichtige Fragen vor uns:

- Wie kommt in den Lesetexten die *Erfahrung* von Sinn und Transzendenz zur Sprache?
- Bietet sich dadurch *ein Ort spiritueller Verankerung* an, der in spezifischer Weise lebensdienliche Orientierung gibt?

Im Konzentrat erhärtet dieses Interesse der eben genannte *Joachim Track*: „Das Wort *Gott* will gelernt sein als ein Wort, das mit den Entscheidungen im Berufsleben, mit der Gestaltung des Familienlebens, mit Stellungnahmen zu Ereignissen und Strukturen etwas zu tun hat. Kinder können das Wort *Gott* nur lernen, wenn das Wort *Gott* etwas damit zu tun hat, wie Mann und Frau miteinander umgehen, wie Eltern mit Kindern umgehen, wie man mit seinen Freunden und Feinden umgeht. Kinder können das Wort *Gott* nur lernen, wenn Leiden und Gelingen von Gott und seiner Geschichte her gesehen werden, und das auch wieder gesagt, beim Namen genannt wird. Nur so werden – um mit Wittgenstein zu sprechen – die ‚Bilder' zu klaren Bildern."[36]

Mit Blick auf die kerygmatische Dimension in Gottesdiensten fragen wir deshalb danach, wie darin der *Raum für die Rede von Gott erschlossen und im Horizont heutiger Transzendenzerfahrung verstehbar werden* kann. Dass dies über raumtheoretische und systematische Überlegungen[37] hinausführt, hat in der Ausrichtung unserer Überlegungen Bedeutung, indem sie überzeugende Kriterien aus exegetisch-praktischer Perspektive aufnimmt, die ich *Hanspeter Ernst* verdanke. Dieser wirkte als Exeget mit Schwerpunkt Judaistik am „Zürcher Institut für interreligiösen Dialog" (vormals Zürcher Lehrhaus). Ernst empfahl einen für die Praxis hilfreichen Katalog, nachdem er die Chancen und Grenzen von Gottesbildern herausgearbeitet und ihre Funktion im Glauben der Gemeinschaft und Institution dargelegt hatte.[38] Folgende Kriterien dienen der Verkündigung im Gottesdienst und dessen Vorbereitung, indem sie Leitfragen auflisten, die unmittelbar an biblischen Sachverhalten geprüft werden können:

- In welcher Situation rede ich von Gott? Wie tue ich das? Das beste Bild von Gott wird sinnlos und gar zynisch, wenn das Anliegen von Menschen nicht ernst genommen wird. *(Jakob/Esau)*
- Jede Gottesbezeichnung, die ich verwende, muss die Situation ‚auftun'. Das Reden von Gott muss Raum auftun. Immer habe ich es mit konkreten Menschen zu tun. *(Erschaffung der Menschen)*
- Das Reden von Gott muss ‚aufdeckend' sein, Widersprüchliches aufzeigen; ist somit parteiisch – weil Gottes Gedächtnis auch den ‚Wiederaufbau' eines Täters will. *(Kain)*
- Wenn man von Gott redet, hat dies dem Leben zu dienen und nicht dem Tod. *(Abraham/Isaak)*
- Von Gott reden muss lebendig machen, weil Gott kein Götze ist. Zu fragen bleibt: Führt mein Gottesbild zu mehr Leben, oder wird dadurch negativ amputiert? *(Psalm 115)*
- Gott hängt immer mit dem guten Leben zusammen. *(Lazarus/Prasser)*

- Kein Gott ohne Mensch. *(Verlorener Sohn)*
- Das Reden von Gott macht nur dann Sinn, wenn es dem Leben Sinn gibt. Erst wenn über ein Leben erzählt wird, kommt Geschichte (Lebensgeschichte) zum Zug. Das Reden von Gott muss Geschichte erschließen. *(Heilung des Knaben durch Jesus)*
- Von Gott reden hat mit meinem Glauben zu tun. Ich reagiere als Betroffener. *(Haran)*

Ernst regte dazu an, *durch das direkte Sprechen liturgischer Texte wie durch Symbole* etwas vom „Vermissen des Göttlichen" durchschimmern zu lassen. Denn Gott ist nie ganz anwesend, er ist wesentlich „ein sich Zurückziehender".[39] Dies trifft eminent dort zu, wo es um Not geht und wo dieser Gott parteiisch macht. Denn der Rückzug des Transzendent-Göttlichen setzt seinerseits zu. Er verlangt nach der Verantwortung freier Personen. Gleichzeitig stehen diese gegenüber dem „Paradox vom Sinai"[40], welches *Abraham Joshua Heschel* (1907–1972) verdichtend erläutert hat: „Der Mensch der Bibel war sich immer der äußersten Verborgenheit Gottes bewusst. Dieses Bewusstsein macht den transzendenten Sinn des göttlichen Wortes deutlich: der klare, unzweideutige Gotteswille steht nicht unter, sondern über dem Mysterium. Es gibt einen Sinn hinter dem Mysterium", und der ist „der Grund für höchsten Jubel". Und im Blick auf die Gott-Mensch-Beziehung: „Offenbarung heißt, dass die undurchdringliche Stille, die den grenzenlosen Raum zwischen Gott und dem Menschengeist erfüllt, durchstoßen wurde, um den Menschen zu sagen, dass seine Belange Gott ein Anliegen sind; dass nicht nur der Mensch Gott, sondern Gott auch den Menschen braucht. Solches Wissen macht Israels Seele immun gegen Verzweiflung. Hier ist Wahrheit nicht zeitlos abgetrennt von der Welt, sondern sie ist eine Weise zu leben und in alles, was Gott und der Mensch tut, einbeschlossen. Das Wort Gottes ist kein Objekt der Kontemplation, das Wort Gottes muss Geschichte werden." So kann das Paradox der Prophetie verstanden werden: „Der Prophet steht mitten in einem göttlichen Ereignis, einem Ereignis im Leben Gottes. Denn wenn Gott sich an den Propheten wendet, tritt er aus seiner Nicht-Erfahrbarkeit heraus, um für den Menschen hörbar zu werden. Die volle Wucht des Geschehens zeigt sich nicht in der Tatsache, dass ‚der Mensch hört', sondern in der ‚Tatsache', dass ‚Gott spricht'. Mystisches Erleben ist Ekstase des Menschen; Offenbarung ist Ekstase Gottes." Wenn Gott zur Sprache kommt, gilt sein Interesse ganz den Menschen und ihrer Geschichte. Unmittelbar mit dem Wort der Bibel konfrontiert, hat *Fridolin Stier* dies in eine einmalige Erzählung gebracht, die hier als weitere Motivation vor dem späteren Bedenken der einzelnen Lesetexte eingestreut wird.

„Plötzlich war das Gerücht da, lief durch die Stadt, wollte nicht mehr verstummen. Die Kirchenblätter warnten: Niemand lasse sich täuschen! Das Wort Gottes kann gar nicht ‚kommen', es ist gekommen, vorzeiten ist es gekommen. Wir besitzen es in den heiligen Büchern, und wir haben ‚Experten', die es für die ‚Laien' auslegen, zurechtlegen, mundgerecht machen.
Aber das Wort Gottes kam doch in die Stadt .... Es war Sonntag. Das Wort Gottes kam in die Kirche der Stadt. Die Geistlichkeit bereitete ihm einen feierlichen Empfang. Ein Thron war bereitgestellt, und das Wort Gottes nahm Platz. Man brannte ihm Weihrauch. Und dann hob der Prediger an, das Wort Gottes zu preisen, und sagte, das Wort Gottes rede in einer alten Sprache und habe sich die Zunge der Prediger geliehen, um sich allen verständlich zu machen. Und so sprach er darüber, aber das Wort Gottes selbst kam nicht zu Worte. Die Leute merkten es. Sie fanden die Rede des Predigers schal und fingen an, nach dem Wort zu rufen. Das Wort, schrien sie, das Wort! Aber das Wort Gottes war nicht mehr in der Kirche. Es war weitergegangen. Auf dem Thron lag ein altes Buch …
Und dann kam das Wort Gottes zu einem namhaften Bibelgelehrten, dessen Buch vom Wesen und Wirken des Wortes Gottes demnächst erscheinen sollte. ‚Sie kommen mir höchst gelegen', sagte der Professor, ‚von meinem Buch haben sie wohl gehört? Ich läse ihnen gern einiges vor'. Das Wort Gottes nickte: ‚Lesen, sie, Herr Professor, ich bin ganz Ohr'. Er las, es schwieg. Als er zu Ende gelesen, das Manuskript weggelegt hatte, sah er auf, und da sah er den Blick … Er wagte nicht zu fragen. Endlich sprach das Wort Gottes: ‚Meisterhaft, Herr Professor, mein Kompliment! Aber – ob sie es wohl verstehen? Wissen Sie, als Objekt betrachtet, besprochen, beschrieben, wird mir seltsam zumute, grad, als ob ich meine eigene Leiche sähe … Einmal schreiben Sie, und das finde ich sehr treffend, ich wollte primär nicht Wahrheiten offenbaren (für wahr zu haltende Wahrheiten, sagten Sie), ich wolle vielmehr den Menschen selbst. Das wär's, Herr Professor, das!' Und da war wieder dieser Blick. Das Wort Gottes erhob sich und schritt zur Tür. ‚Was wollen Sie von mir?', schrie der Professor ihm nach. ‚Sie will ich', sagte das Wort Gottes, ‚Sie!' Die Tür schloss sich leise."[41]

2.3 Wort Gottes und Menschenwort

Als bedeutender Exeget hat Fridolin Stier seinen Schüler *Max Seckler* beeinflusst, der auf ihn gestützt das Verhältnis von Gottes Wort und Menschenwort näher bedacht und in Kernaussagen brachte.[42] Diese seien hier referiert, um annähernd zu verstehen, *wie* Gott zur Sprache kommen kann. Als

„prophetisches Wort“ ist Wort Gottes das „oraculum Dei“ und tritt „gleichsam als zitierbares Stück in einer menschlichen Sprechsprache auf“. Als „Wort der Weisung, der Führung und der Verheißung“ enthält es eine „Sachaussage“. Biblisch auffallend ist das „Eintauchen in das Wort Gottes“, etwa Abrahams, der dem „sprechenden Ich Gottes“ als Stimme folgt. Wort Gottes wird schließlich zum „Grundwort des christlichen Glaubens. Hebr 1,1–3 und Joh 1,1–18 nennen als „Wort“ den „Sohn“, der alles „durch die Sprache seiner Kraft“ trägt, bzw. nennen „Gott selbst und eine menschliche Person (Jesus)“. Im Sprachgebrauch der Kirche weitete sich das Verständnis zum verbum aeternum, incarnatum, bzw. visibile, verbum creans, scriptum und praedicatum. Näher betrachtet eignet dem Begriff ‚Wort Gottes‘ eine performative Qualität. Indem die Gottheit ihr Wort „spricht“, ist sie „sprechendes Subjekt“, das mit der „Stimme des Unbedingten in der sprachlichen Erfahrungswelt des Menschen“ hörbar wird. Aus der biblischen Gotteserfahrung und ihrem Wortgeschehen resultiert nach *M. Seckler* eine „konsequente Radikalisierung: *Das Wort Gottes ist Gott selbst im Ereignis seiner Offenbarung und im Akt seiner Selbstmitteilung*“. Belanglos sind diese formalen Umschreibungen nicht, weil sachgerecht nur das als Wort Gottes gelten kann, „was *Gott allein* sagen kann“. In diesem Wort suchen Menschen „die alles und alle bestimmende, richtende und erlösende Macht“.

Dann verhilft die sprachphilosophische Unterscheidung zwischen ‚verbum‘ und ‚vox verbi‘ – ‚Wort‘ und ‚Stimmlaut des Wortes‘ –, zwischen dem Wort von Gott her und seinen Formen des Ausdrucks und des Bezeugens zu unterscheiden. Theologisch bedeutsam ist dies, weil nach Thomas von Aquin der Glaube selbst sich „letztlich nicht auf das Sprechwort, sondern auf die von ihm gemeinte Sache“ bezieht. Der Glaube kommt so im Akt der Zustimmung zustande, die sich personal durch Hinwendung zum Göttlichen ereignet bzw. durch die Zuwendung seines „worthaften Wesens“: Gott spricht – „linguistisch gesehen, keine Sprache“ – greift aber „nicht von außerhalb der Sprachlichkeit der Wirklichkeit“ ein. Diese „gründet in der Sprachlichkeit Gottes. Sein Wesen ist worthaft, und in seiner Worthaftigkeit ist er in der Tiefe unserer sprachlichen Wirklichkeit. In dem Sprachgeschehen, das uns umfängt und in dem wir uns bewegen, spricht eine ‚Stimme‘ mit, die linguistisch nicht unterscheidbar ist und die dennoch ganz anders und anderes sagt, als Menschen zu sagen wissen“.[43] Darum auch lässt sich das Wort Gottes und dessen Bezeugung nicht „auf die Ebene der Sprechsprachen“ verlagern, ebenso nicht intellektualistisch missverstehen, indem es rein „kognitiv oder doktrinell“ aufgefasst wird. „Es beleuchtet nicht nur das Leben, es *ist* das Leben. Das schöpferische, richtende und erlösende Tun Gottes liegt nicht außerhalb seines Wortes, um durch das Wort nur gedeutet und erschlossen zu werden, sondern in seinem Wort bringt er, der mehr ist als Licht und Lehre, sich selbst in unser Dasein." Die Zusage im schöpferischen Wort Gottes wird zum ‚verbum efficax' gemäß Hebr 4,12: „... lebendig ist das Wort Gottes, kraftvoll und schärfer als jedes zweischneidige Schwert ...".

Der nächste Schritt führt nach *M. Seckler* zu den Menschen, die in ihrer Sprache Gott zur Sprache bringen. Indem sie Gottes Wort ihre Stimme leihen etwa in ihren Feiern des Glaubens, soll dieses Wort zu Hörerinnen und Hörern gelangen. Das „Wort das Gott spricht" ist hier zugleich „Wort über Gott". *Seckler* verlangt, nicht „zu gering von den Möglichkeiten der Menschensprache" zu denken, da sie fähig sei, „je konkrete Grenzen zu übersteigen". Beim späten *Wittgenstein* finde man, dass „bestimmte Sprechhandlungen der Philosophie und Theologie ... in die Gegenwart des Unsagbaren" versetzen. Die menschliche Sprache ist darum auch fähig, „durch *ansagende* Rede" in die Gegenwart des Unsagbaren zu versetzen. Wo ihr dies gelingt, „bringt sie das Unfassliche so zur Sprache und ins Wort, dass es *wirkmächtig* da ist, ohne indessen *sprachlich dingfest* gemacht zu sein". Inwiefern sich darin eine Brücke zur religiösen Lyrik öffnen kann, wird uns noch beschäftigen. Zusammenfassend gesagt kann das Wort Gottes „nur im menschlichen Sprechen von Gott zur Sprache kommen", und „im Bereich der Sprechsprache nicht anders zu Wort kommen als im menschlichen Sprechen von Gott" – genauer hin den „Verlautbarungssystemen (langues) und in den Sprachhandlungen (paroles)".

2.4 „Wort aus Gottes Kraft" – Varianten im Anschluss an den Vortrag von Lesungen

Das Bezeugen des Wortes Gottes selbst also realisiert ein umfassendes Geschehen und ist als ‚ansagende Rede' ein wirksames Bezeugen. Umso mehr ist es Wort aus Gottes Kraft und Leben mit den Menschen. Auf diesem Hintergrund legen sich Varianten des Nachsatzes zum Vortrag von biblischen Lesungen in Gottesdiensten nahe. Statt mit ‚*Wort des lebendigen Gottes*' zu schließen, könnte der Sachverhalt deutlicher hervorgehoben werden mit ‚*Wort aus dem Leben Gottes mit den Menschen*' oder ‚*Wort aus Gottes Kraft*'. Dies auch darum, weil nicht wenige mir bekannte Lektorinnen und Lektoren vom bisherigen Nach-Satz wenig überzeugt sind, ihn merkwürdig bis unverständlich finden. Näherhin erweist sich die ‚Stimme' eines ‚lebendigen Gottes' als zu sehr in eine manipulierbare Sprechsprache eingegangene Aussage. Die vorgeschlagene Ansage ‚*Wort aus dem Leben Gottes*' lässt dagegen zu, die oft vermisste Anwesenheit wie auch die Erfahrung bestürzender Abwesenheit der ‚Stimme Gottes' aufzufangen. Denn beide, erfahrene Anwesenheit und Abwesenheit Gottes, lassen nicht magisch direkt auf einen ‚lebendigen Gott' schließen. Sich nach dem Vortragen einer Schriftlesung mit der Aussage *‚Wort des lebendigen Gottes'* an die Versammelten zu wenden, entlastet zudem Vortragende leider nicht vom unguten Gefühl, man müsse hier ‚den lebendigen Gott' durch den Vortrag gleich selbst imitieren. Die Aussagen *‚Wort aus dem Leben Gottes mit den Menschen'*, oder *‚Wort aus Gottes Kraft'* lassen denn auch das *‚pro nobis'* einer primär im ‚Wort aus Gott' verankerten, ansagenden Rede offen. Darauf können die Hörenden des Wortes sinnvoll und direkter ‚Dank sei Gott' antworten. Die biblischen Hinweise zur Ferne und Nähe Gottes durch die ganze Heils- und Unheilsgeschichte begründen diese Sicht und lassen weniger die ‚Stimme' seiner/ihrer göttlichen Wirklichkeit der Manipulation oder Instrumentalisierung aussetzen. Nicht zuletzt liegt im kurz sprechbaren *‚Wort aus Gottes Kraft'* eine spezifisch liturgische Performanz, indem darin aus Gottes Leben mit den Menschen erfahrbar wird, wie seine Kraft wirkt. So kommt beim Hören der Worte in den Feiern des Glaubens die Heilswirklichkeit nahe, indem die Teilnehmenden im Hören selbst Gottes Dienst an den Menschen als sie heiligendes und heilendes Handeln mitvollziehen können. Der Vorschlag, die an sich fakultative Antwort vollständig wegzulassen[44], überzeugt darum nicht, weil im antwortenden Mitvollzug die Aufmerksamkeit der Mitfeiernden stärker gebündelt bleibt.

2.5 Leitendes Interesse beim Durchgang der Texte des Lesejahres B

Wird nun endlich eingestiegen in den Durchgang von Lesetexten eines Kirchenjahres, lässt sich erkennen: Die Gottesrede ist so facettenreich wie das Leben, das sich in den Schriften des Ersten und des Zweiten Testaments widerspiegelt. Dabei steht „hinter den biblischen Charakteren … ein biblischer Realismus, in welchem die Bibel ihrer Zeit um Jahrtausende voraus ist".[45] Das leitende Interesse unserer Lektüre richtet sich damit auf die Sinn- und Aussage-Mitte der vorliegenden Text-Auswahl und verknüpft sie mit einer Optik, die für die Mitfeiernden als Basis zum aktuellen Ausdruck ihres Glaubens dienen kann. Nicht immer kann dabei die vorgegebene Perikopen-Wahl den Kriterien genügen, die sich bei der Gestaltung einer Liturgiefeier aufdrängen. Im Bereich der Eucharistiefeier ist eine bestimmte Geschlossenheit in der Intention der Texte verlangt, um dem Ritus und der Einheit der ganzen Feier in ihren Teilen (Wortgottesdienst / Eucharistiefeier) zu dienen. Ebenfalls ist Acht zu geben auf den gegenseitigen Bezug zwischen Lesungen aus dem Ersten und Lesungen sowie Evangelien aus dem Zweiten Testament. Dies lässt nicht davon abhalten, die bestehende Ordnung als Ausgangspunkt zu nehmen und in verantworteter Freiheit neue Wege zu gehen, welche die dienliche Vorgabe eines Lesejahres letztlich nicht sprengen – vielmehr neu anreichern können.[46] Zudem sind Wort und Handlung im Miteinander-Feiern eines Gottesdienstes auf eine Bibellektüre ‚einzustellen', welche die Worte „wie Feuer"[47] zu neuer Lebendigkeit bringen lässt. Mit dieser letzten Bemerkung ist auch der von mir bevorzugte Weg in der Liturgie-Praxis angedeutet.

Teil 2

Die biblischen Texte im Lesejahr B

Entlang der *Bezeichnungen* und *Bilder für* bzw. *von ‚Gott‘* konturieren sich die Textinhalte im Verlauf eines Lesejahres. Diese reflektieren wir hier in meist skizzierender Sprache, kommentieren, fragen weiter und zielen auf die symbolisch-rituelle Ausgestaltung der Feiern des Glaubens. Dabei leitet uns ein eminent praktisches Interesse als Hilfestellung in der Vorbereitung lebensrelevanter Gottesdienste – sei es der Feier der Eucharistie oder der Feier des Wortes Gottes. Ich lade zur Lektüre dieser Handreichungen ein, die immer wieder ausgehen vom Hinhören auf den Kern biblischer Botschaft – darauf, wie Gott zur Sprache kommt.

1 Der Advent

Erster Adventssonntag

„Zu dir, HERR, erhebe ich meine Seele. Mein Gott, dir vertraue ich." (Ps 25,1 f.) Ein Mensch betet und bietet seine Seele dem Transzendenten an, seiner Gottheit, und zeigt ihr sein Grundvertrauen.

Der *Eröffnungsvers* kann nicht absehen von der Bitte: „Lass mich nicht zuschanden werden, lass meine Feinde nicht triumphieren! Es wird ja niemand, der auf dich hofft, zuschanden." (V 2 f.) Der Auftakt zur geprägten Zeit des Advents zeigt, wie ein Mensch seine gefährdete Existenz in seiner Beziehung zu Gott ausdrückt.

Die *erste Lesung* mit ausgewählten Versen aus Jesaja 63 und 64 spricht zum HERRN, Vater, Erlöser von alters her. Bittet: „Kehre zurück". Fleht: „Hättest du doch die Himmel zerrissen …". Außer diesem *einen* Gott gibt es keinen anderen, wird behauptet. Dies ist unerhört, und dieser Eine wurde nie gesehen: eine Gottheit, die ihr Antlitz verbirgt. „Niemand ruft deinen Namen an, keiner rafft sich auf, um sich an dir festzuhalten." Er bleibt Herr, Vater, Erlöser. Die Menschen sind wie Ton für ihn, den Töpfer. Die Distanz zum Gott, der von alters her Erlöser genannt wird, ist groß. Der Abwesende steht da. Unvermittelt ist der Herr *doch* unser Vater. Er ist gar Töpfer, aus dessen Hand Menschen als Werk geformt sind. Ist er der große Masseur? Über einen natural-meditativen Hinweg können diese Worte heutigen Menschen rituell veranschaulicht und zugänglich gemacht werden: mit den zur Schale geformten Händen eine Töpferscheibe andeutend, hebt eine langsam vollzogene Geste betend die Verborgenheit Gottes ins Wort. Worte, die auch der Klage Raum geben: „Niemand ruft deinen Namen an, keiner rafft sich dazu auf, festzuhalten an dir." (Jes 64,6)

Der *Antwortpsalm* bringt dazu den Kontrast. Die Verse aus Psalm 80 zeigen einen menschlichen Gott, dessen „Hand" schützend wirken soll über dem „Spross, den du dir gezogen" hast, über dem „Menschensohn", „dem Mann zu deiner Rechten". Und dennoch bleibt die Atmosphäre dieses Psalms geprägt vom Eindruck des Pendelns zwischen abwesendem und nahem Gott.

Die *zweite Lesung* (1 Kor 1,3–9) scheint auf diesem Hintergrund die tragenden Kräfte unter denen, die Zeugnis über den Kyrios Jesus Christus geben, stärken zu wollen.[1] Denn „Friede von Gott", dem „Vater" und seine

„Gnade“, die in Christus als Geschenk da ist, werden nicht zuletzt in Rede und Erkenntnis durchdringen und „keine Gnadengaben“ fehlen lassen. Die Verzahnung dieser grundlegenden Zumutung mit der Treue Gottes wird die davon Berührten zu Beteiligten einer Gemeinschaft mit Jesus Christus machen. So kann gelesen werden: An allen Gaben wird es euch nicht fehlen. Darum erkennt: Ihr seid ermächtigt, das zu tun, was Betroffene brauchen, was allen an der Gemeinschaft Beteiligten nützlich ist und sie derart im Grundvertrauen zu Gott und dessen Treue *(emuna)* festigt. „Diese die Lebenspraxis bezeichnende biblische emuna macht die menschliche Tat zum Maßstab der Religion“, bestätigt *Leo Adler*, nach welchem der Mensch „zu Gott gehen“ muss, „selbst zu seiner Erlösung beitragen; aus eigener Kraft, aus der Freiheit der Entscheidung den Weg der Gerechtigkeit und der Frömmigkeit beschreiten, das ist das ideale Wesen des bibelgeforderten Menschen in der jüdischen Sicht“.[2]

Mit dem *Evangelium* (Mk 13,33–37) vom Nicht-Wissen, „wann der Hausherr kommt“, breitet sich gefühlsmäßig das Warten auf die wirkliche Begegnung aus. Es ist eine Begegnung, die nicht erzwungen werden kann und die in starkem Kontrast zu den Zwängen des Freizeitverhaltens gegenwärtiger Lebenswelt steht, wo Menschen sich unverantwortlichen Risiken aussetzen. Dagegen mag der Beginn des Advents auf Beschränkung und Ermutigung zugleich hinweisen, innerhalb derer sich achtsame Menschlichkeit und neue Verantwortlichkeit entfalten können.[3] Sich darauf einzustellen, helfen Worte aus dem Gedankengut von *Meister Eckhart*:

> *Du brauchst Gott weder hier noch dort suchen;/ er ist nicht ferner als vor der Tür des Herzens. / Da steht er und harrt und wartet, / wen er bereit finde, / der ihm auftue und ihn einlasse. / Du brauchst ihn nicht von weit her herbeizurufen; er kann es weniger erwarten als du, / dass du ihm auftust. / Es ist ein Zeitpunkt: / Das Auftun und das Eingehen.*

Zweiter Adventssonntag

Schon im *Eröffnungsvers* klingt eine Dimension an, die über das Persönliche hinausgreift: Gott, der kommt, und ein Volk, das zu Gott gehört (Jes 30,19.30).

Ein Gott also, im Kollektiv erfahren?

Göttliches Geheimnis, erfahren von jenen, die immer neu getröstet werden sollen, wie die *erste Lesung* (Jes 40,1–5.9–11) anhebt und ein alle frohmachendes „Netzwerk der Empathie“[4] entstehen lässt? Und eine Stimme fordert die Menschen auf: „Bahnt einen Weg für den HERRN!“; „was krumm ist, soll gerade werden, und was hügelig ist, werde eben.“ (vgl. V 3 f.) Dann wird sich die „Herrlichkeit des HERRN“ offenbaren, alle Sterblichen werden sie sehen, kein Hindernis wird mehr da sein, der Zugang zu ihr ist direkt vorhanden.[5] Erneut meldet sich eine kritische Stimme (V 6 ff.), welche aus dieser Perikope nicht herausgeschnitten sein sollte, weil sie die prägnante Stimme Gottes der Vergänglichkeit gegenüberstellt:[6] „Eine Stimme sagte: Rufe! Und jemand sagte: Was soll ich rufen? Alles Fleisch ist wie das Gras, und all seine Treue ist wie die Blume auf dem Feld. Das Gras verdorrt, die Blume verwelkt, wenn der Atem des HERRN darüber weht. Wahrhaftig, Gras ist das Volk ... doch das Wort unseres Gottes bleibt in Ewigkeit“. Erst zum Schluss folgt das erdnahe und bis zum Christkönigssonntag greifende Bild dieses Gottes: „Wie ein Hirt weidet er seine Herde“, sammelt sie mit seinem Arm, trägt Lämmer an seiner Brust, führt behutsam die Muttertiere.

Im *Antwortpsalm* (Ps 85) begegnet ein Gott, der spricht und mit großen Begriffen von Gerechtigkeit und Frieden Visionen auslöst und Ansprüche erhebt. Überpersönlich auch dies; man erinnere sich an die Dynamik der ökumenischen Versammlungen Ende der 80er und Anfang der 90er Jahre des 20. Jahrhunderts, als um wesentlich sozialethische Themen gerungen wurde. Seither hat sich das Bild gewandelt. Nur sporadisch kann sich die Sozialethik der Kirche(n) in der Gesellschaft Gehör verschaffen. Die Debatten kreisen näher um die Erfahrung von Einschränkungen der persönlichen Freiheiten, die bei zunehmender gesellschaftlicher Komplexität fast täglich neu erkämpft sein wollen. Nach Jahrhunderten der ‚Beobachtung‘ durch das Auge Gottes, leben die Menschen unterdessen in einer Überwachungsgesellschaft. Sie sehen sich ‚fremdem Blick‘ ausgesetzt, ohne eigene Privatsphäre mehr.[7]

Ist dann der *zweiten Lesung* (2 Petr 3,8–14) die Wegweisung überlassen, um wahrnehmen zu können, was jetzt ansteht, und Geduld zu üben? Beim Herrn sei ein Tag wie tausend Jahre und tausend Jahre wie ein Tag. Zwei überzeitliche Ebenen sind hier angesprochen: die Froschperspektive des Alltags gegenüber der Perspektive absoluter Zukunft. In der naherwartenden Haltung der ersten Christengemeinden ist die Verheißung des Herrn nicht zögerlich, und doch geduldig, weil er nicht will, dass „jemand zugrunde geht, sondern, dass alle zur Umkehr gelangen" (V 9). Was bleibt zu tun? Den Tag Gottes erwarten und bei höchster Dringlichkeit, wenn er kommt „wie ein Dieb", die „Ankunft beschleunigen". Vorbehalten bleibt jedoch der eschatologische Einbruch eines neuen Himmels und einer neuen Erde, in denen die Gerechtigkeit (V 13) wohnen wird. Vorbehalten ebenso, dass sich jede religiöse Organisation mit der Gefährdung vor eigener Gettoisierung und Machtmissbrauch nach innen und außen auseinandersetzen muss. Ansonsten mutieren Kirchen in Sekten, in denen religiöses Leben sich der Zivilgesellschaft entfremdet und dem tätigen Wort in jeweiliger Zeit durch sozialkritischen Einsatz und konkrete Hilfestellungen nicht mehr entsprochen wird.

Das *Evangelium* (Mk 1,1–8) mit seiner Aufforderung: „Bereitet den Weg des Herrn …" ist ein Plädoyer für überlegtes Reden und Tun und will aktiv in die Jetzt-Zeit hinein verkündet sein. Und dies, ohne die Zusage Johannes des Täufers auszublenden, die dieser prophetisch in seiner Zeit anspricht und zur Neuorientierung an IHM, der nach ihm kommt, herausfordert: „… er aber wird euch mit dem Heiligen Geist taufen". Der Kraft des Geistes wird so am meisten zugemutet. Sie wird sich bis in die Unterscheidung der Geister bewähren müssen.

Dritter Adventssonntag

Im *Eröffnungsvers* klingt erste Vorfreude auf das Nahen des Erwarteten an. Nahe sei der Herr (Phil 4,4 f.).

Im Wiederaufbau nach dem Exil – dahin geht die *erste Lesung* (Jes 61) zurück – spricht die prophetische Stimme vom „Geist Gottes", der auf einem Menschen ruht und diesen gesalbt hat; gesandt zu den Armen mit einer heilenden Botschaft, auch für gebrochene Herzen; Gefangene zu entlassen, Gefesselte zu befreien. Der Akzent wechselt – unvermittelt[8] – auf ein Individuum, das sich „am Herrn freuen" will. Weiter gar personalisierend ausruft: „Meine Seele jubelt über meinen Gott." Und die Einkleidung in „Gewänder des Heils", in den „Mantel der Gerechtigkeit" treibt das Bild eines Gottes voran, der Gerechtigkeit hervorbringt. Man sieht es förmlich vor sich, wie diese Gewänder ihre Wirkung entfalten – sodass sich hier eine liturgische Performance empfiehlt. Denn in diesen Bildern ereignet sich gleichzeitig eine tiefe Personalisierung und Sozialisierung, die öffentlich-politisches Tun und Denken durchwirken kann. Der Gott Israels ist „kein Gott, bei dem alles immer einfach nur beim Alten bleibt. Wo Menschen Unrecht geschieht, tritt er auf den Plan."[9]

Der *Antwortgesang* schließt entsprechend an und weist ins Magnificat (Lk 1,46 ff.), die Verstärkung prophetischer Stimme durch die Person der Frau Maria, die in ihrer konkreten Lebenswirklichkeit die Bereitschaft für eine Mitwirkung in der Heilsgeschichte erklärt und die Vorstellungen aller Zeiten übersteigt.

Die freudige Stimmung nimmt die *zweite Lesung* auf: Gott will Dank für alles, als Gott des Friedens, der treu ist und beruft. (1 Thess 5,16–24) Die nächste *Antwort* verwendet Jes 61,1 in christologischer Verdichtung. In dieser Reihenfolge treibt die Dramaturgie der Tagesliturgie in eindeutige Richtung.

Noch ist aber der zu nennen, der mit dem *Evangelium* (Joh 1,6–8.19–28) zunächst gemeint ist, auch ein Mensch. Er tritt auf, von Gott gesandt: Johannes, Wegmacher, Wegbereiter, Ausrufer. Bei so viel Dynamik drängt es sich auf, der ritualisierenden Veranschaulichung noch mehr Platz einzuräumen. Zum Beispiel mit schlichten Farbtüchern einen Weg darstellend, darauf einfache Schuhe oder ein, zwei ‚Läufer' aus einem großen Schachspiel. Mittels solcher Ausdrucksgestalten bleiben wichtige Kriterien gewahrt: Identität der Liturgie, Wiedererkennbarkeit des Ritus, Beheimatung des Menschen. Gleichwohl sind für diesen Tag *(Gaudete)* Kargheit in den Zeichen und in den Worten angesagt – im Kontrast zum gesteigerten Konsumismus der Vorweihnacht.[10] Angesichts weltweiter Armut und Globalisierungskontrasten bleibt das Ziel: Gott strebt für alle ein gutes Leben an. In dessen Dienst steht der Rufer in der Wüste, Johannes der Täufer. Zu dessen Gedenktag am 24. Juni fand *Peter Gerloff* einen auffrischenden Text zur Melodie ‚Kommt herbei, singt dem Herrn …' (GL 270 KG 43):

Vorläufer sein, / fremd und allein, / Zeichen am Weg, aber nicht das Ziel, / Kommendes sehn, / Wüsten begehn, / Läufer, nicht König im großen Spiel: / dazu rief der Herr der Welten / dich, Johannes, in seinen Dienst, / und du ließest sein Wort gelten, / als du mahnend am Fluss erschienst. //
Vorläufer sein, / machtlos und klein / vor dem, der handelt an Gottes statt, / nur ein Prophet, / der wieder geht, / wenn er den Auftrag beendet hat: / unbeirrter Wüstenrufer, / treu erfülltest du deinen Teil, / tauftest dort am Jordanufer / und bezeugtest das nahe Heil. //
Vorläufer sein, / Gott lädt euch ein, / werdet Propheten mit Wort und Tat! / Gebt, was ihr seid, / ihm, der befreit, / er braucht zur Ernte auch eure Saat. / Dieser Ruf geht um die Erde – / du, Johannes, bist sein Gesicht. / Mit prophetischer Gebärde / zeig uns Christus, das wahre Licht![11]

Vierter Adventssonntag

Naturalistisch drückt der *Eröffnungsvers* (Jer 45,8) aus: Wolken mögen den Gerechten herabregnen. Erde sprosse den Heiland hervor. Weitere, aus der Erinnerung der Geschichte bekannte Ankunftsorte für diesen Heiland sind zu finden.

Das bestätigen die Verse der *ersten Lesung* aus 2 Sam 7. König David hat durch den Herrn Ruhe vor seinen Feinden erhalten und „wohnt in einem Haus aus Zedernholz, die Lade Gottes aber wohnt in einem Zelt" (V 2). Der Text spiegelt einen Kulturwandel „am Übergang vom Zelt zum Haus" wie auch die Einbindung des Städters Natan, der am Rand stehend dennoch souverän wirkt.[12] Denn ihm und nicht David gegenüber ergeht das „Wort des HERRN". Im Dialog zwischen Gott und Natan kommt ein radikal offenes Bild Gottes zum Tragen. Ein Haus soll entstehen als Raum, in dem Gottes Anwesenheit den Menschen bewusst werden kann. Der Brauch, die Lade Gottes in Zelten weiterzutragen, wird einmal enden. Was bleibt, ist der offene Raum als Ort der Anwesenheit Gottes *(Schechinah)*. Ist es zu weit interpretiert, den persönlichen Gott als Raumschaffenden zu erkennen, der David ausrichten lässt: „Ich habe dich von der Weide hinter der Herde weggenommen … Ich bin mit dir gewesen …"? Ein Gott wird sichtbar, der selbstbewusst in die Geschichte einwirkt. Ein Reden von Gott kann in Fluss kommen, in welchem gespannte Situationen wie die späteren Auseinandersetzungen des ehemaligen Hirten David am Königshof ebenso Platz finden wie die Klärung der Bedrohungen durch den Pharao. Ist dies zu viel an Gottesrede? Die Gottesbotschaft kommt nicht direkt bei David an. Sie braucht differenziertes Zuhören, auch wo sie sich verflüchtigt und die Selbstverständlichkeit sich verändert, mit der man – ob in beweglichen Zelten oder festen Gebäuden – *durch* und *im* Wort GOTT liturgisch feiert und einen auch nach außen sichtbaren Halt findet.

Es ist Zeit, Wanderschuhe anzuziehen und sich von Dichtern, Schriftstellern und den Armen das Nötige sagen und helfen zu lassen. So, dass Ehre dem sei, „der die Macht hat, euch Kraft zu geben" – gemäß der „Botschaft von Jesus Christus" (*Zweite Lesung* Röm 16,25–27).

Auch derart, dass es der immer wiederkehrenden Ansage des *Evangeliums* (Lk 1,26–38) dienen kann. Der „Engel Gabriel, von Gott gesandt" wird Menschen grüßen, welche „vor Gott Gnade gefunden" haben und schließlich zugesagt bekommen: „Bei Gott ist nichts unmöglich." Denn da war schon immer ein Mensch Ansatzpunkt für Gott. Es ist Maria. Warum dies nicht auch interkulturell verstärken mit einer Kontrast-Lesung aus den Heiligen Schriften einer anderen Religion? Dies zu begrüßen, heißt gleichzeitig, die entsprechende Kommentierung und Einbettung in den Verkündigungsteil der christlichen Liturgie ermöglichen, wie sich an folgendem Beispiel mystischer Reflexion auf die Geburt Jesu in der Seele und dem dabei empfundenen Schmerz zeigen lässt. Wo sich Christen nämlich mit Maria in der islamischen Mystik bekannt machen, begegnen sie dem persischen Dichter *Dschalaluddin Rumi*. In seiner Prosa drückt er die „Notwendigkeit des Schmerzes" aus und prägte „ein halbes Jahrhundert vor Meister Eckhart das Gleichnis von der Geburt Jesu in der Seele: ‚*Der Leib ist wie Maria. Jeder von uns hat einen Jesus, aber ehe in uns kein Schmerz sich zeigt, wird unser Jesus nicht geboren. Wenn der Schmerz niemals kommt, geht Jesus zu seinem Ursprung zurück auf demselben Weg, wie er gekommen war, und wir bleiben beraubt und ohne Anteil an ihm zurück*'."[13] So kommt Gott in Jesus durch Maria zur Sprache, wird konfrontiert mit dem realen Schmerz jeder Person, die um ihren Zugang zur eigenen Seele ringt, darüber eigene Schmerzen empfindet und durch ihre Selbstfindung zu ihrem persönlichen Glauben findet.

2 Die Weihnachtszeit

Weihnachten – Am Heiligen Abend

Weit zurück geht der *Eröffnungsvers*. Ziel der Ankunft des Herrn ist es „uns zu erlösen" und am kommenden Tag „seine Herrlichkeit zu schauen" (Ex 16,6 f.)

Und ebenso die *erste Lesung* mit den Anfangsversen aus Jesaja 62 (1–5). Jerusalem als prächtige Krone in der Hand des HERRN, königliches Diadem in der Rechten dieses Gottes. Ein Gott, der an seiner Stadt „seine Wonne" hat, sich spielerisch freut.

Gegenseitige Verbindlichkeit baut sich auf, verstärkt im *Antwortgesang* (Ps 89): „mein Vater bist du, mein Gott, der Fels meines Heils!"

Gerät man danach mit der *zweiten Lesung* (Apg 13,16 f.22–25) in Verbindung mit dem Gott der Patriarchenzeit, der alles bestimmt, zeugt, lenkt? Allerdings wird hier von Paulus in Antiochien bis zum Täufer Johannes verdeutlicht: Jesus ist der eigentliche Zielpunkt dieser Glaubensgeschichte und Entwicklung.

Darum kann als *Evangelium* der Stammbaum Jesu (Mt 1,1–25) Geltung reklamieren, weil Jesu Herkunft in Maria „vom heiligen Geist" bestimmt und gewollt ist. Und Marias Mann, Josef, begegnet im Traum dem „Engel des HERRN". Vorhergesagt sei sein Name „Immanuel" / „Gott mit uns". Josef tut, was dieser Engel ihm befohlen hatte. Ein natürlicher Gehorsam, der durch eine Tiefenschichten-Erfahrung angestachelt und mit entschiedener Bestimmtheit sich entwickelt. Und die *Anderen* in der Zeit werden nicht vergessen: „denn er wird sein Volk … erlösen".

Das bekräftigt der *Kommunionvers* dieses Abends, denn die „Herrlichkeit des HERRN wird offenbar und alle Menschen erfahren Gottes Heil" (Jes 40,5).

Mit Blick auf die Realität gegenwärtiger Heilig-Abend-Feiern, die sich mehr mit dem Hirten- oder Geburtsgeschehen (Lk oder Mt) befassen, kann diese eben referierte große heilsgeschichtliche Verbindung mit dem Transzendenten nur schwer vermittelt werden. Außer man setzte kreativ und mit äußerst wenigen Worten – dafür erkennbar ritualisiert an: lässt die Personen aus den Texten auftreten, durchbricht die Hirten- und Krippen-Romantik, wird wieder herber und kommt dadurch näher zu den Wurzeln des Glaubensgeschehens. Dies bräuchte erweiterte Regieanweisungen *und* die Vergewisserung, dass sich in gegenwärtiger Zeit die Großorganisation Kirche der eigenen Armut zu erinnern hat. Mit den Armen dieser Zeit ist sie konfrontiert. Wird sie sich selber ändern und an bereits begangene Wege anknüpfen lernen, wie es ein *Joseph Wresinski* vorgelebt und gefordert hat: „Jesus Christus hat durch seine Geburt und seinen Tod gezeigt, wer er ist, und wahrscheinlich zeigt sich dies bei jedem Menschen so. Auch seine Botschaft und sein Leben werden dadurch bestimmt. Bei der Geburt des Herrn waren die ersten Zeugen der Liebe Gottes die Hirten. Verachtete Menschen, Asoziale, deren Lebensweise rückständig und bei der sesshaft gewordenen Bauernbevölkerung Israels schlecht angeschrieben war. … Wir können in der Kirche keine gesunde Theologie treiben, ohne Gebrauch zu machen von dem, was die Ärmsten uns über den erniedrigten Menschen, über den gekreuzigten Christus gesagt haben. Dass ihre Worte oft nur ein Gestammel sind, ändert daran nichts; dass es nur ein Schrei, ein Hilferuf ist, ändert daran nichts … Je weniger ausgearbeitet der Schrei ist, desto nüchterner ist das Wort, und desto mehr ist es Wahrheit, ist es Reichtum für alle Menschen. *Je elementarer die Botschaft ist, desto mehr ist sie mit Lebenserfahrung befrachtet, und desto unentbehrlicher ist sie auch für die Kirche.* Die Kirche kann ohne diese Botschaft keine Theologie, keine Spiritualität und auch keine Liturgie entwickeln.“[14]

Weihnachten – In der Heiligen Nacht

Es ist ein stolzer Vater, der im *Eröffnungsvers* kundtut: „Mein Sohn bist du, heute habe ich dich gezeugt“ (Ps 2,7).

Es ist die lange Erinnerung der Schriften (*erste Lesung* Jes 9,1–6), die auf „ein Kind“, den „Sohn“, verweisen, dem man Namen gibt wie „Wunderrat, Gottheld, Ewiger Vater, Friedensfürst“ (V 5), hinaufgehoben auf den Thron Davids, dessen Reich er durch Recht und Gerechtigkeit festigt. Die prophetische Rede angesichts der Geburt des Kindes ist erfüllt vom Pianissimo des aufstrahlenden Lichts, dem Forte des lauten Jubels und großer Freude an der Nähe eines zuerst unbestimmbaren Du bis zur Bekanntgabe, dass durch IHN alles Bedrückende zerbrochen, alles mit Blut befleckte verbrannt sein wird (V 1–4). Nun kommt das Kind aus einer Beziehung, kommt „aus dem Wir hervor“ und „die ganze Fürsorge und Pflege, die jedes Kind nötig hat, wird dem Wir in der Funktion des Vaters übertragen“.[15] Hinter dem Geschehen steht „der Eifer des Herrn der Heere“ (V 6).

Die *Antwort* darauf kann nicht anders als jubelnd sein: „Singet dem Herrn …“ (Ps 96) Eindeutig damit die Botschaft: Das ist ein Gott, der das Geschick von Menschen bestimmen will, der mit unerschöpflicher Kraft schafft, zeugt. Ein alter Gott in dieser Zeit? Ein Wegweiser? Jemand, der ablenkt? Ein Entlastungsmoment? Ein Stück Freiheit? Ein Stück Geborgenheit?

Die *zweite Lesung* (Titus 2) zeigt klärend: Die Gnade Gottes ist zugunsten aller Menschen erschienen; erzieht dazu, „unsere Gottlosigkeit“ und unsere „irdischen Begierden“ aufzugeben, „besonnen, gerecht und fromm in dieser Welt zu leben“; wartend auf das „Erscheinen der Herrlichkeit unseres großen Gottes und Retters Christus Jesus“. Selbst die Heilige Nacht unterbricht das Warten auf ihn, der am Ende der Zeiten wiederkommt, letztlich nicht. Hier dürfte auch der Ort der sechsten Vaterunser-Bitte sein: „Führe uns – als Gemeinschaft der Kirche und als einzelne Christinnen und Christen – nicht so in diese am Ende der Zeiten auf die Welt zukommende Erprobung hinein, dass wir nicht bestehen können. Die frohe Botschaft als fremde Botschaft. Was ernst, ja düster klingt, ist immer schon ins Licht gestellt, denn die Güte und Menschenliebe Gottes ist erschienen (vgl. Tit 2,11; 3,4 in den Lesungen von Weihnachten).“[16]

Unter der Zeugenschaft der Hirten *von unten* begann dies (*Evangelium* Lk 2), als „der Glanz des Herrn“ sie umstrahlte und sie „große Furcht befiehl“. Ein Neugeborenes in Windeln, in einem Futtertrog liegend, sollte ihnen als Zeichen dienen. Zum Engel, der dies *von oben* übermittelt, gesellt sich schließlich eine „große himmlische Schar", die lobt: „Ehre sei Gott in der Höhe und Frieden auf der Erde den Menschen seines Wohlgefallens."

Die Nacht-Liturgie schafft mit dem *Kommunionvers* den weiten Schritt zum Prolog des Johannes-Evangeliums (Joh 1,14), zum „Wort, das Fleisch geworden ist, und wir haben seine Herrlichkeit geschaut". Hirten und die späteren Gefolgsleute des Nazareners bezeugen durch Wort und Tat, was sie sahen. Glauben und Denken werden von dieser Geburt beflügelt. Deshalb ist es besonders sinnvoll, mit *Ina Praetorius* von dieser Nacht her verstärkt die ‚Geburtlichkeit' in den Vordergrund zu stellen und den Transzendenten in seinem Geheimnis radikal vom Geborenen her zu erkennen.[17]

Weihnachten – Am Morgen

Mit der *Eröffnung* (Jes 9,1.5; Lk 1,33) reiben sich am Weihnachtsmorgen Menschen ihre Augen! „Licht strahlt über uns auf, denn geboren ist uns der Herr. Und man nennt ihn: Starker Gott, Friedensfürst, Vater der kommenden Welt …" Es spricht reinste Überzeugung und alle Bilder versagen vor der Glaubenstatsache: Da ist er nun, der Erwartete.

Die *erste Lesung* (Jes 62,11 f.) zeigt einen Gott, der wirbt, die Seinen sucht, die Verlassenen erlösen will. Zu empfehlen ist, die Verse 1–12 vollständig vorzutragen.[18] Bestenfalls kann solches Vortragen auf drei Stimmen aus drei Richtungen im Raum erfolgen, um das äußerst bewegende Moment des heilsgeschichtlichen Geschehens performativ zur Wirkung zu bringen.

Die *zweite Lesung* (Tit 3,4–7) benennt Mitte und Grund dieser Feier: Die „Güte und Menschenliebe Gottes" hat „uns gerettet", infolge „seines Erbarmens – durch das Bad der Wiedergeburt und der Erneuerung im heiligen Geist". Verwurzelt darin kann eine Kultur des Erbarmens wachsen und die Faszination des Glaubens Menschen neu ergreifen, woraus eine einfachere und bescheidene Kirche entstünde.[19]

Der *Antwortgesang* wiederholt den Jubel der Nacht (Lk 2,14) und das *Evangelium* (Lk 2,15–20) zeigt die Hirten, einander drängend, in erregter Bewegung, um „dieses Ereignis zu sehen, das uns der Herr verkünden ließ" (V 15), sie gelangen zu einem kurzen Gespräch an der Krippe und kehren schließlich zurück, rühmen und loben Gott für alles. So klingt Glaube in Reinkultur: auf ein Wort hin *hingehen*, *sehen*, *miteinander sprechen* und *zurückkehren*, um vom Ereignis *weiterzuerzählen*. Auffällig wirkt das selbstverständliche Zusammengehören der Hirten. Die Tatsache, dass in unserer Zeit Fluglotsen aller Nationen einen Weltumrundungsflug in einem Heißluftballon unterstützen und ein Zusammengehörigkeitsgefühl generieren, verflüchtigt sich nach wenigen Tagen wieder. Analog zu dieser medialen Zusammengehörigkeit ist das Ereignis, das die Hirten in der Geburtsnacht des Erlösers erfahren, zunächst auf der Ebene der Innerlichkeit als ‚unglaubliche Botschaft' erfassbar.[20] In drei Nächten, dieser eben vergangenen, dann der Nacht des Karfreitags und der Osternacht wird die Grunderfahrung christlichen Glaubens sichtbar, in dem sich einfachen Menschen Transzendenz in der eigenen Lebensgeschichte öffnet und zugemutet wird. Die Zumutung des Glaubens an den Menschgewordenen, den Gekreuzigten und Auferstandenen stellt, so verstanden, ein Wagnis dar, auf das sich Menschen einlassen, wodurch Türen zwischen Mensch und Gott aufgehen.

Wo sich göttliche Weite einfachen Menschen eröffnet, wird auch kosmisches Beten und Loben möglich[21], und in der *Kommunion* mit dem Auferstandenen kann die Weihnachtsbotschaft königlich gepriesen werden: „Dein König kommt zu dir, der Heilige, der Heiland der Welt“ (Sach 9,9).

Weihnachten – Am Tag

Die *erste Lesung* aus Jes 52 knüpft erneut an den durch die Geschichte mitziehenden Gott an: „Dein Gott ist König!" Seinen „heiligen Arm" entblößte er „vor den Augen aller Völker". Das Bild lässt erahnen, dass sich Gott in die Geschichte hineingibt und dem Leben Sinn vermittelt.

Dies lässt mit dem *Antwortgesang* (Ps 98,3) sinnvoll von einem Gott sprechen, der „alle Enden der Erde" an seinem Heil teilhaben lassen will.

Auf der anderen Seite der Geschichte reflektiert die *zweite Lesung* das Geschehen (Hebr 1,1–6): „Viele Male und auf vielerlei Weise hat Gott einst zu den Vätern gesprochen durch die Propheten". Der Sohn wird „Erbe des Alls". Durch ihn sei im Zusammenwirken mit dem Vater auch die Welt erschaffen, er sei eben „Abglanz seiner Herrlichkeit", „Abbild seines Wesens". Kann Konkreteres gesagt werden? Schaut das Kind, den Sohn an und erkennt darin den Vater, die Mutter!? Die *Antwort* wird nicht anders sein: Betet an!

Als *Evangelium* folgt Joh 1,1–18, die wohl dichteste Betrachtung des Geheimnisses von Weihnachten: „Im Anfang war das Wort …" Darin ist in mystischer Sprache derart vieles angesprochen, dass es überfließend wirkt und für manchen dieser Sprachfluss ins Überflüssige kippt. Die Worte bedürfen deshalb sorgfältigster Deutung und ritualisierender Vergegenwärtigung. „Niemand hat Gott je geschaut", ist einer der gewichtigen Sätze, der in die Aussage mündet: „Der Einzige, der Gott ist und am Herzen des Vaters ruht, er hat Kunde gebracht."[22]

Dies darstellend kann die Enthüllung einer in farbiges Tuch eingeschlagenen *Johannes-Prolog-Tafel* als Ritual bei der Ansage des Evangeliums und später in der Homilie entsprechend Aufmerksamkeit wecken. Die eingehüllte Tafel selbst wird beim Einzug der Feier mitsamt dem Evangeliar in den Raum getragen.

Auch die *Kommunion* an diesem Tag prägt der Psalm 98, singend von der „rettenden Tat unseres Gottes", die „alle Enden der Erde sahen". Nicht zuletzt darum bietet diese Feier von Weihnachten am Tag die Gelegenheit, unter einheimischen Gemeinden und Migrationsgemeinden Brücken zu bauen.

Sonntag in der Weihnachtsoktav – Fest der Heiligen Familie

Die *erste Lesung* aus der Weisheitsliteratur erinnert an den Anspruch des HERRN, Vater und Mutter zu ehren (Sir 3).

Die *Antwort* verknüpft die Furcht Gottes mit den je zeitgebundenen Bestimmungen für Frau, Kinder und Mann, Glieder einer Familie (Ps 128).

Die alternative *erste Lesung* (Gen 15,1–6; 21,1–3) erzählt von der Kinderlosigkeit Abrams und Saras. Die im Lesetext unterbrochene spannungsreiche Geschichte von Erwartung, Angst, Verrat, Verzagen und Verzweiflung – das Ringen von Hagar und Ismael – kann nicht ausgeklammert werden.[23] Denn dem biblischen Realismus eigen ist hier die Schilderung einer verflochtenen Familienentwicklung fast modernen Zuschnitts.

Nun sind familiale Formen im menschlichen Zusammenleben von jeher durch ideale Bilder geprägt, wie es die *zweite Lesung* aus Kol 3 vermittelt. Ein Gedankengut, das an die damaligen Sitten gebunden bleibt und die erst in neuerer Zeit angestrebte Partnerschaftlichkeit und Gleichberechtigung vermissen lässt. Dennoch klingt richtungsgebend als theologischer Leitgedanke an: „Ihr seid von Gott geliebt …" und „Wie der HERR euch vergeben hat, so vergebt auch ihr!"

Die alternative *zweite Lesung* aus Hebr 11 schildert nochmals im Rückblick die Haltung Saras und Abrams gegenüber Gott, der „sogar die Macht hat, Tote zum Leben zu erwecken". Dass sie Isaak darum auch zurückerhielten, taxiert der Briefschreiber überdeutlich: „Das ist ein Sinnbild" (V 19).

Im *Evangelium* (Lk 2,22–40) kommt mir die Figur des greisen Simeon ebenso näher wie die intergenerationelle Wahrnehmung: Ich, Simeon, musste diesen noch gesehen haben, zu meinem ganz persönlichen Heil. Dieses Kind hier wird ein „Zeichen sein, dem widersprochen wird". Mit diesem Text ist die heile Welt einer besonders mit dem göttlichen Geheimnis verbundenen Familie als vermeintliches Ideal aller Zeiten bereits verabschiedet. Zwar wird dem Kind noch Zeit gelassen: Es „wuchs und Gott erfüllte es mit Weisheit, seine Gnade ruhte auf ihm".

Der *Kommunionvers* bestätigt die ermutigende Erfahrung: Dieser Gott ist auf der Erde erschienen „als Mensch unter Menschen" (Bar 3,38). Daher gilt, dass bis heute Familien schlicht als Orte von Menschen unter Menschen zu sehen sind, in denen sich diese zu gemeinsamem Wohl gegenseitig zuordnen.[24]

Oktav von Weihnachten – Hochfest der Gottesmutter Maria – Neujahr

Die *Eröffnungsverse* von Sedulius bzw. Jes 9 lenken den Blick auf Maria und das Licht, das aus ihr geboren ist.

Über der Feier soll gemäß der *ersten Lesung* (Num 6,22–27) Segen stehen, hier der bedeutende aaronitische Segen. Des Herrn Angesicht soll „über dir leuchten und sei dir gnädig" (V 25). Damit ist (vielleicht) „ausgedrückt, dass Menschen diese Barmherzigkeit spüren mögen. Denn eine der schwierigsten religiösen Haltungen ist für viele Menschen das Annehmen des Schenkens Gottes, ohne dafür etwas zu tun, ohne es zu verdienen, ohne göttliche Zuwendung als Belohnung zu verstehen, sondern eben als ‚Gnade'."[25]

Mit den Versen aus dem *Antwortpsalm* (Ps 67) wird dies erneut verstärkt und darum gebeten: „Gott sei uns gnädig und segne uns".

Die *zweite Lesung* (Gal 4) weist auf die Zeit, die erfüllt war, als Gott seinen Sohn (V 4) wie dann auch den Geist seines Sohnes in unser Herz sandte, den Geist, der ruft: Abba, Vater. Darum ist nicht mehr das Selbstbewusstsein eines Sklaven, sondern eines „Sohnes" im Blickfeld, eines durch Gott eingesetzten „Erben".

Der *Ruf vor dem Evangelium* stellt nochmals klar: Einst hat Gott gesprochen. Jetzt in dieser Endzeit durch den Sohn (Hebr 1,1 f.).

Mit dem *Evangelium* (Lk 2,16–21) schließt sich der Kreis. Maria bewegt alle Erfahrung in ihrem Herzen. Und am Ende wiederum die Hirten! Sie bleiben in der Ausrichtung des Lukas die Armen und Asozialen und sind nach Maria und Josef die ersten Würdenträger eines weltbewegenden Geschehens. Das durch die Jahrhunderte weitergegebene Narrativ gilt nicht einer Person allein. Die Inkarnation Gottes bewegt einfache Menschen am Rande der Gesellschaft zuerst!

Zweiter Sonntag nach Weihnachten

Ein tiefentheologischer Raum tut sich mit dem *Eröffnungsvers* aus dem Buch der Weisheit (18,14 f.) auf. Schweigen umfängt das All. In der Mitte der Nacht geschieht der Abstieg des Wortes vom Himmel herab. Das *muss* gesprochen werden.

So folgen eine Auswahl von Versen aus Sirach 24 in der *ersten Lesung* mit der eindrücklichen Selbst-Rede der Weisheit: Sie lobt sich selbst und „öffnet ihren Mund in der Versammlung Gottes". Ein Wort gibt das andere und die Weisheit in Person steht mitten im Raum der Zeit, eröffnet eine frische Lebendigkeit. Kann das Geheimnis von Weihnachten erst an diesem Tag umfassender ankommen? Ist etwa die Weisheit in Person Echo-Raum Gottes?

Eine liturgiepraktische Anregung könnte sein, sich an diesem Tag musikalisch den Klängen eines Mehrfach-Gongs auszusetzen. Das hieße, das Spielerisch-Tänzerische einzubeziehen und das Leben Fördernde in der religiösen Erfahrung nachhaltiger zu feiern.

Die *zweite Lesung* mit dem Christus-Hymnus (Eph 1,3–6.15–18) und der im *Evangelium* aufgenommene Johannesprolog (1,1–18) verdichten auf ihre Weise in feierlichen Worten die Botschaft von Weihnachten. Eine rein rationale Theologie wird hier, will sie sich in den Dienst der Verkündigung und Liturgie stellen, nicht weiterkommen. Sie hat sich anderen Erkenntnisformen zu öffnen, um den Menschen gerechter zu werden. Mit anderen Worten: An den Texten besonders dieses Sonntages wird erkenntlich, dass sich in Verkündigung und Liturgie jene Form von Theo-Praxis aufdrängt, die Herz und Verstand verknüpfen lernt und in verantwortlichen Umgang mit den verschiedenen Gottesbildern tritt. Das kann z. B. konkret bedeuten, dass der aus feministischer Bibel-Lektüre erwachsenen Weisheitstradition gebührend Rechnung zu tragen ist.[26]

Hier bleiben Fragen offen. Etwa inwieweit die Gleichwertigkeit von Frau und Mann liturgiepraktisch ausgefaltet und realisiert werden kann. Wenn etwa bei der vorgeschlagenen Kurzfassung des Johannesprologs (1,1–5.9–14) der Auftritt des Wüstenmannes Johannes ausgeblendet wird, geschieht dann nicht ebenso eine Geschlechterverdrängung? Inwieweit könnte auch eine Sophiologie wie diejenige bei Jakob Böhme und deren spirituelle Tiefenschichten in die Gebets- und Liederwelt katholischer Liturgien Eingang finden? Zugänge zur Erkenntnis, Kirche sei die „kollektive menschgewordene Sophia"[27], würden sich auftun und mit den in Frauen-Liturgien entfalteten Erfahrungen verbinden. Realisieren sich diese Zugänge auch in Gemeinde-Liturgien?

Eine knappe Antwort darauf: Wo immer ‚Orte Gottes' sind, realisieren sie sich in den Spuren der Weisheitsliteratur[28] stets im Bezug von Frauen und Männern zur ‚himmlischen Sphäre', zur ‚Wolkensäule', dem ‚Tempel Jerusalem', der ‚Thora' im Ganzen. Wenn wir uns Gott vorstellen, befinden wir uns im Spannungsfeld zwischen Widerspruch und Vielfalt, wie *Hanno Loewy* zum Ersten Testament bemerkt – und zur Gegenüberstellung von Eva und Lilith erläutert: „Lilith verlangte von Gott Flügel und flog davon – und wurde je nach Interpretation zum Dämon. Dieser wird in dem Augenblick brisant, als der Tempel zerstört wurde. Damit einher geht die Frage, wo sich ab jetzt der Sitz des Göttlichen befindet. Die hebräische Sprache hat hierfür einen Platzhalter gefunden: ‚schechina'. Der Begriff bezeichnet im Judentum die Anwesenheit, ‚Einwohnung' oder ‚Wohnstatt' Gottes in Israel, die als Inbegriff der Gegenwart Gottes bei seinem Volk verstanden werden kann. Das Weibliche im Göttlichen – ein Schöpfungsmoment, das sich daher auch in der heiligen Sprache niederschlägt. Sowohl ‚schechi-na' – als auch ‚elohim', ein Wortkonstrukt aus einem weiblichen Wortstamm und einer männlichen Pluralendung (wörtlich übersetzt die ‚Götter-innen') spielen mit dieser … Aporie."[29]

Zudem ist die Bedeutung von Gottesbildern für die Heranbildung der Identität von Frau und Mann genügend erhärtet wie auch deren Einfluss auf Herrschaftsverhältnisse.[30] Durch Verkündigung und Liturgie könnte darum der Raum noch stärker geöffnet werden, einengende, ängstigende, krankmachende Funktionen von Gottesbildern aufzulösen und vermehrt dem lebensfördernden Schatz religiöser Erfahrung Aufmerksamkeit zu schenken.

Dies bedeutet, auch akzentuierte zeitgenössische Klagen zu hören wie sie sich etwa in den Strophen eines Gedichtes von *Ursula Krechel* (*1947) durchsetzt von biblisch anklingender Sprache finden:

> *Jetzt ist es nicht mehr so / dass wir am Schnitt der Haare / am Lachen der Genossen erkennen / uns auf die Schultern klopfen, öffentlich / wir könnten uns verändert haben. // Jetzt ist es nicht mehr so / dass da, wo zwei oder drei versammelt / sind / in meinem Namen, ich mitten unter / ihnen bin / belehre, stärke, unterstütze / ganz ohne Fragen.*[31]

Es ist solcher Protest, der nach neuem Rückhalt ruft, nach Versöhnung mit sich selbst und der Mitwelt, die in Gottesdiensten in Gang kommen kann. Dies jedoch nicht in belehrendem Ton, sondern im Vollzug liturgischen Geschehens, bei welchem drei Momente sich entfalten wollen: ein Ethos der Betroffenheit, eine Stärkung der Verbindlichkeit und die Förderung spiritueller Wachsamkeit.

Erscheinung des Herrn

Bei der *Eröffnung* dieser Feier wird ein kräftiger Ton angeschlagen, wenn da von „Herrscher“, „Herr“, „Macht“ und „Reich“ (Mal 3,1 / 1 Chr 19,12) die Rede ist.

Und die Atmosphäre der *ersten Lesung* (Völkerwallfahrt Jes 60,1–6) durchwirkt die Aufforderung: „Steh auf, werde licht, denn es kommt dein Licht.“ Über Zion erstrahlt der HERR, und seine Herrlichkeit erscheint über ihr. Sind dies dem Verstehen zugängliche Worte, wo die Werktätigen und Freizeit-Geselligen der Gegenwart sich herrlich-lichte Sonnentage erträumen, befreit von des Alltags Müh’ und Last? Man mag sich bei der redundanten Bilder-Dichte des Propheten innerlich zurückziehen. Doch geht es hier um „den neuen Zustand für Israel und die Völker“ und nach *Rabbi Abarbanel* um die „Schechina, die Einwohnung Gottes, die jetzt wieder in Jerusalem ihren Sitz nimmt“.[32] In spiritueller Hinsicht qualifiziert darum die tiefentheologische Schau des jüdischen Religionsphilosophen *Abraham J. Heschel* sowohl das spezifische „Pathos Gottes“ wie die Deutung „prophetischen Bewusstseins“[33].

In der Auslegung durch *Richard Blättel* ist bei Heschel „Gott in seiner erfahrbaren Gegenwart“ ins Zentrum des chassidischen Denkens gerückt. Die Transzendenz Gottes sei „theologisch nicht zu erklären, aber seine Immanenz – kabbalistisch als göttliche Einwohnung der *Shekhina* verstanden – lässt sich als tiefentheologische Spur der Verwunderung und des Staunens vor der Präsenz Gottes erspüren“. Und: „Indem sich Gott mit und in der Welt vermischt, entsteht eine Brüchigkeit, die blasphemisch anmutet, aber einen tiefreligiösen Kern besitzt: Die Fragilität Gottes widerspricht seiner Allmacht, aber verleiht dem Menschen die höchste Würde, echter Partner Gottes zu sein, weil Gott mit seiner *Shekhina* den Menschen als Partner braucht, weil der Mensch bis in die Etymologie hinein – *Shakhen* – mit Gott benachbart ist.“ Gott habe sich „beim Schöpfungsakt selbst entäußert, was zur Folge hat, dass sich ein Teil seines Wesens im Exil befindet und erlösungsbedürftig ist“. Die *Shekhina* Gottes erleide eine Trennung. „Dieses Widerfahrnis bildet die Urform des Pathos als Pathos Gottes: Als sein Leiden. Dieser Bruch, als eine Gebrochenheit verstanden, schafft gleichzeitig ein Dispositiv für gegenseitige Betroffenheit … als Dimension eines Pathos, die einerseits zwischen Gott und Mensch wirksam ist, andererseits die fundamentale ethische Grundausrichtung menschlichen Mitfühlens und Mitverstehens prägt“.

Unter solchen Vorzeichen gibt der *Antwortpsalm* (Ps 72) zum Schluss die Herausforderungen bekannt: Der Gebeugte, der um Hilfe schreit; der Arme und der, der keinen Helfer hat, werden von diesem Herrn ernstgenommen sein, von Meer zu Meer.

Mit diesen Worten erhält die *zweite Lesung* (Eph 3,2–3a.5–6) bereits ihre Einstimmung. Denn alle werden Miterben dieses übernationalen Gottes sein, alle werden demselben Leib zugehörig.

Deshalb auch verbietet sich eine allzu romantische Lektüre des nachfolgenden *Evangeliums*. Die drei Weisen möchten dem neu geborenen König ihre Reverenz erweisen (Mt 2,1–12). Und nur mittelbar ist hier vom transzendenten Gott die Rede, mehr dagegen vom erwarteten Messias als dem Durchbruch von Hoffnung, neuem Frieden, neuer Gerechtigkeit – einem Durchbruch in Person. Denn *diese* wird nach ihrem Beginnen im Abseits den eigenen Weg erst noch suchen und finden, zur eigenen Persönlichkeit heranreifen müssen, wird dabei auch an Grenzen stoßen und zur Entscheidung fordern. Dieser heilsgeschichtliche Fortsetzungsroman, in welcher von Anfang an Gottes Einwohnung geschehen ist, überschreitet endgültig alle Grenzen von Herkunft, Sprache, Religion und ist geprägt von Solidarität im Mitgehen und Mitverstehen.

Taufe des Herrn

Jesus lässt sich als Erwachsener taufen und sieht „den Geist Gottes wie eine Taube auf sich herabkommen“ (Mt 3,16 f.)

Was die *Eröffnung* der Feier einleitet, bindet die *erste Lesung* (Jes 42,1–7) weit zurück. Der leider nicht vorgesehene Vers 5 ist nun die eigentliche Klammer dieses Textes. Er argumentiert mit der Erschaffung des Himmels und der Erde und dem Geschenk des Atems und Geistes an alle Menschen auf der Erde. Diesen wird die Gestalt des Gottesknechts als Mildtätiger und nicht als Held proklamiert. Seine Kräfte sind nicht begrenzt, er wird weder verglimmen noch einknicken.[34] Und wo die Inseln auf sein Gesetz warten (V 4), weitet sich nach dem schöpfungstheologischen Rückblick auch der Blick ins Konkrete: „Ich, der HERR, habe dich aus Gerechtigkeit gerufen, ich fasse dich an der Hand. Ich schaffe und mache dich zum Bund mit dem Volk“, dazu bestimmt, das Licht für die Völker zu sein: blinde Augen zu öffnen, Gefangene aus dem Kerker zu holen und alle, die im Dunkel sitzen, aus ihrer Haft zu befreien. (V 6 f.) Im Licht dieser eigentlichen Sprengsätze des Propheten wird später das Evangelium zu hören sein.

Als *Alternative* zur *ersten Lesung* ist an diesem Tag Jes 55,1–11 in die Nähe der Taufe des Herrn gerückt. Die Aufforderung des Herrn auch an jene ohne Geld: „Auf, ihr Durstigen, kommt alle zum Wasser!“, öffnet den Horizont auf die absolute Gratuität Gottes und einer Welt, in welcher Gottes Gedanken über menschlichen Gedanken stehen.[35]

Nicht ganz unvermittelt dazu drückt die *zweite Lesung* (Apg 10,34–38) aus, dass Gott nicht auf die Person sieht, sondern in jedem Volk diejenigen willkommen sind, die ihn „fürchten“, d. h. auf ihren Gott eingehen, Göttlichkeit respektieren und Gerechtigkeit üben.

Die *alternative zweite Lesung* (1 Joh 5,1–9) verdeutlicht im Kern, dass im Geist, den Jesus auf seinem Weg im Glauben empfängt, Wahrheit ist (V 6). Die Glaubensrede unterscheidet die personale *(fides qua)* und inhaltliche Dimension *(fides quae)*. Diese bewähren sich im Kontext des einzelnen Glaubensvollzugs, den Jesus selbst, bestärkt durch die Kraft des Geistes, in seinem Leben bezeugt. Darum auch spiegelt sich die Weite und Vielfalt der Glaubenserfahrungen in der Vielfalt von Orten der Theologie *(loci theologici)* wider, die zuallererst ihren Ankerpunkt in der Bibel finden – vor den Traditionen, Konzilien, dogmengeschichtlichen Entwicklungen, der natürlichen Vernunft in Philosophie und Geschichte. Die Weite des Geistes bestimmt somit die Signatur jüdisch-christlich geprägter und darum pluraler Glaubenswege. Eine uniform einengende Lehre wird dieser Weite nicht gerecht.

Der *Ruf vor dem Evangelium* (Mk 9,7) besingt, den „geliebten Sohn“, an dem das göttliche ICH seine Freude hat.

Damit ist der Raum für die Taufperikope des *Evangeliums* (Mk 1,7–11) geschaffen. Werden in der Feier dieses Tages eine oder mehrere Taufen integriert, so wird der Kern der Botschaft lauten können: Wem immer der Geist Gottes zugesagt wird, der oder die wird sich unterstützt sehen, selber Leben zu schaffen, zu schützen und zu stützen. Denn der Sinn der Taufe ist es, dass sich Menschen in ihrer Lebenswelt ermutigt und ermächtigt erleben, an den Lebensprozessen von Individuen, Gemeinschaften und der jeweiligen Gesellschaft nicht herumzuhantieren, sondern sie vielmehr zu schützen und zu entfalten. Folgerichtig ist die Suche nach der Realisierung eigener, auch weiblicher Gottesbilder in der Gemeindeliturgie zu verstärken. Verknüpfungen zwischen der neueren Sophia-Spiritualität und der neueren Sicht Marias als Mutter Jesu sind möglich. Jedenfalls gilt es, sie unterschiedlich zu akzentuieren. Denn das für die Exegese nicht mehr ausgesprochen rätselhafte Symbol der „Taube“[36] kann zwei Wahrheiten benennen: Zum einen wird mit der Geist-Gabe eine den ganzen Menschen bewegende Seelenkraft angesprochen. Dies verweist auf die für jeden Menschen zu entfaltende Individualität als Frau oder Mann. Zum anderen ist am erwachsenen Jesus erkennbar, dass er für seine öffentliche Tätigkeit vorbereitet sein will und einer Beglaubigung und Ermächtigung bedarf. Die Zusage des Geistes (Weisheit/Sophia) wird ihn als von Grund auf geliebten und zu kraftvoll-befreiender Liebe fähigen Menschen offenbar werden lassen.[37]

3 Die Fastenzeit – Österliche Busszeit

Erster Fastensonntag

Was widerfährt dem Psalmbeter, der geprüft wird und stumm alles zu ertragen scheint? *Eröffnend* nimmt Psalm 91,15 f. die Stimme des HERRN auf: „Wenn er mich anruft, dann will ich ihn erhören. Ich bin bei ihm in der Not, befreie ihn und bringe ihn zu Ehren. Ich sättige ihn mit langem Leben und lasse ihn mein Heil schauen". Hat hier einer nochmals Glück gehabt?

In der *ersten Lesung* (Gen 9,8–15) erhält Noah am Ende die entsprechende Zusage. Die eben geschehene Urkatastrophe hätte ihn zum bitteren Klagen bringen können. Doch er bringt keine Silbe über seine Lippen. Hatte ihn der Zorn Gottes verwirrt? Oder zeigt sich an Noah ein verändertes Bewusstsein? Offenbart sich die Treue Gottes gegenüber ihm als dem einzig (!) Gerechten, mit dem in biblisch hohem Alter von 600 Jahren ein urzeitlich-globales Ritual der Errettung von Mensch und Natur, symbolisiert in der genau definierten Ordnung der mitgeretteten Lebewesen, vollzogen wird? Dem Bösen in der Welt ist kein Kraut gewachsen, da den menschlichen Lebensbedingungen mit der geschenkten Freiheit ein eigentliches Drama eingeschrieben bleibt. Gleichzeitig ist der Schöpfung neues Kraut gewachsen im Horizont der neuen Zusage Gottes an die Vielfalt auf der Erde.

Nun lässt sich der elementare Zorn aus den Zeilen der Bibel nicht verbannen. Zumindest hellhörig macht diese Urgeschichte, dass Zorngefühle mit ins Spiel gelangen bis in den Widerstand gegen Resignation, sinnlose Mächte und Gewalten, bis zum Einsatz für Solidarität mit den von Ungerechtigkeit Betroffenen.[38] Ist Noah damit der Prototyp eines Menschen, der vor dem Elend der Welt zu verstummen scheint? Da ist es die Treue dieses Gottes ihm gegenüber, die Noah als Prototyp eines Glaubenden dennoch bewegt. In jüdischen Kommentaren wird auch betont, dass Noah einiges unterlassen, einiges verpasst habe. Als Fürsprecher vor Gott aufzutreten, lag ihm nicht. Dazu kommt, dass sich unter seinen Söhnen und Nachkommen die Geister scheiden werden und eine große Anzahl verschiedenster Völker entsteht, die sich untereinander werden vertragen müssen. Ist darum das Zeichen des Regenbogens gesetzt? Wo man darauf zurückgreift, setzt man auf die Vielfarbigkeit des Lebens und auf einen Neuaufbruch. Deutlich genug bleibt zu unterscheiden, dass Gott dem Menschen nicht gegeben ist *„wie ein Gegenstand"*. Die Flüchtigkeit des Regenbogens deutet an, dass die Gewissheit über einen Gott, den *es* gibt, nicht gibt. „Die Erkenntnis Gottes als Gott verlangt vielmehr eine Veränderung im Menschen, der Gott erkennt. Er muss vom erkennenden Menschen zum liebenden Menschen werden".[39] Definitiv zeigt dieser Gott in der Noah-Erzählung menschliche Züge, weil seine Barmherzigkeit durchbricht, wider den totalen Bankrott der Schöpfung: „Der Talmud mahnt, den Bogen nicht anzuschauen, weil er die Herrlichkeit Gottes widerspiegelt. Parallel und im Widerspruch dazu wird gelehrt, dass man den Bogen als Bundeszeichen bewusst ansehen soll, denn Gottes Zorn ist zu Ende."[40] Als theologisch begründete neue Weltdeutung und als Kontrastprogramm werden hier urmenschliche Hoffnungen auf erfülltes Leben sichtbar, an welche über alle religiösen Grenzen hinweg das Entstehen von Menschenrechten und Menschenpflichten anknüpfen wird.

Der *Antwortpsalm* (Ps 25) drückt Vertrauen aus: „Ach, lass mich den Weg begreifen, den DU mit mir im Sinn hast, zeige du mir, wo es hingeht und begleite mich mit deiner Wahrheit. Lehre mich darauf achten, dann werde ich ganz", liest sich in einer Übertragung direkt aus dem Hebräischen.[41] Die Bundeszusage Gottes vermittelt neu zu erlangenden Sinn und eine Lebensfreude, die durch Achtsamkeit gegenüber der ganzen Schöpfung erreicht werden kann.

Die *zweite Lesung* (1 Petr 3,18–22) erinnert an den Durchgang Jesu Christi vom Leben durch den Tod in die Auferstehung und parallelisiert die Rettung Noahs mit der Rettung durch die Taufe, welche eine „Bitte an Gott um ein reines Gewissen aufgrund der Auferstehung Jesu Christi" (V 21) ist. Wo Menschen um die Taufe bitten, tun sie dies öfters mit der einfachen Bitte um den Segen Gottes. Dies seitens der Seelsorge nicht zu beachten und stattdessen die Verpflichtungen in der Gemeinschaft von Glaubenden mit übermäßigem Nachdruck zu betonen, ist wenig hilfreich. Stattdessen ist geduldiges Anbieten altersgemäßer Glaubens- und Gewissensbildung die konstruktive Alternative.

Der *Ruf vor dem Evangelium* (Mt 4,4ab) erhält daher besondere Bedeutung: „Nicht nur von Brot lebt der Mensch, sondern von jedem Wort aus Gottes Mund". Die Freiheit des Menschen, der als Getaufter seine Zustimmung zum Glauben durch seine Lebenspraxis bewährt, steht höher als pastoral enge Vorgaben. Noah, Abraham und alle, die zu neuen Horizonten gerufen werden, werden ebenso auf Herz und Nieren geprüft.

Das *Evangelium* (Mk 1,12–15) zeigt Jesus, gedrängt vom Geist (!), vierzig Tage in der Wüste. Er widersteht dem diábolos, dem großen Verwirrer. Er hält dem Reich Gottes gleichsam ‚die Stange' und gelangt durch Prüfungen hindurch zu neuer innerer Stärke. Ein Zweikampf, der als Prüfung Kräfte wachsen lässt und Hilfe an sich geschehen lässt – nicht unähnlich der Praxis im Mittelalter, wo ein Vertrauter mit einer Holzstange rettend hat eingreifen dürfen, dem Kämpfenden und seinem Ziel beistehend ‚die Stange hielt'. Reich-Gottes-Arbeit nennen es Solidaritätsgruppen heute, die sich dem Kampf gegen den Bankrott von Glauben, geistigen Kräften und menschlicher Motivation verschrieben haben.[42] Anregend darum auch das Bild von der Nadelspitze, die ein anderer jüdischer Kommentar aufnimmt: „Der Heilige – gesegnet sei er – sprach zu Israel: Meine Kinder, macht mir eine Öffnung für die Umkehr so groß wie eine Nadelspitze, und ich öffne euch ein Tor, durch das ihr mit Karren und Wagen hineinfahren könnt." Die Umkehr während der 40 Tage Fastenzeit hält Menschen tausend Möglichkeiten offen für solche nadelspitzengroße Öffnungen.

Zweiter Fastensonntag

Der *Eröffnungsvers* aus Ps 27 ist für den *Tag des Judentums*, der in der Schweiz am zweiten Fastensonntag gefeiert wird, ein emotional bemerkenswerter Auftakt: „Mein Herz denkt an dein Wort: Sucht mein Angesicht!" Das Angesicht dessen suchen, der von Anfang an zu Wort kommen soll, gefunden von einem Herz, das denkt! Dies ist ein sinnliches Wort, das die innerste Mitte des Menschen ins Denken einbezieht. Das Herz ist für den Hebräer das Organ des Denkens, das so auch für den jüdisch-christlichen Dialog hohe Bedeutung erhält.[43]

In der *ersten Lesung* (Gen 22,1–18), die ohne Auslassung von Versen besonders Erwachsenen zur Provokation werden kann, rührt die Geschichte von der „Bindung Isaaks", wie sie *Verena Lenzen*[44] nennt, an das allgemeine Ringen um ein Gottesbild in akutester Grenzerfahrung. Würde der einzige Nachkomme als Brandopfer getötet werden, wäre die „Zusage einer großen Volkswerdung radikal in Frage" gestellt. Folgt man mit M. Buber und F. Rosenzweig dem „ursprachlichen Wortlaut", lautet die Stelle Gen 22,2, den Auftrag nachdichtend: „und höhe ihn dort zur Dahöhung". Dagegen seien die klassischen Übersetzungen durch die Septuaginta, Vulgata und bei Luther bis zur Einheitsübersetzung „eindeutig zum göttlich befohlenen Sohnesopfer" verdichtet und fassten den Vers „opfertechnisch".

Gemäß dem Midrasch Tanchuma (zu Gen 23,1 f.) ist auch Sara, die Frau und Mutter, betroffen: „Sie stirbt aus Verzweiflung, nach der Fehlnachricht über Isaaks Tod, die ihr der Satan unterbreitet … „Aus dieser erzählerischen Perspektive gerät nicht Abraham und nicht Isaak, sondern Sara zum eigentlichen Opfer des Geschehens … Als eine der Stammmütter des Judentums wird Sara zur Ahnin jüdischer Frauen, die in der Sorge um ihre Männer, Söhne, Väter und Brüder litten … zur Mutter all jener Jüdinnen, denen die Nationalsozialisten 1938 den Beinamen ‚Sara' sarkastisch diktierten." Sara und Abraham sind je selbst gelähmt vom Geschick, das ihrem Sohn bevorsteht, und haben in unterschiedlicher Weise ihr Herz sprechen lassen. Es mag dennoch ein Trost sein, im Bemühen um Verständigung unter Völkern, Kulturen und Religionen heute, zurückgreifen zu können auf dieses Geschehen und dieses mit einer im Judentum pseudepigrafischen Geschichte anzureichern, wie sie im Islam für Kinder sinngemäß erzählt wird:

Abraham (Ibrahim) ist ein großer Prophet. In seiner Familie beten die Menschen nicht zu seinem Gott (Allah). Abraham weiß tief in seinem Herzen, dass es nur einen Gott gibt. Mit Gott kann man reden, doch ist er nicht zu sehen. Abrahams Vater und das Volk denken: Gott ist ein Stern oder der Mond oder die Sonne. Sie beten die Gestirne an und haben Bilder, Götzen davon gemacht. Abraham sieht, dass Sonne, Mond und Sterne untergehen. Er glaubt, Gott ist derjenige, der alles erschaffen hat. Abraham bittet seinen Vater und die Menschen: „Glaubt an den einzigen Gott, vergesst eure Götzen, die ihr anbetet." Die Menschen hören nicht auf Abraham. Abraham zerschlägt die Götzen. Nun wird er bestraft und in ein Feuer geworfen. Doch Gott macht das Feuer kalt, Abraham verbrennt nicht.[45]

Wenige, in der offiziellen Vorlage leider verkürzte Teile aus dem Psalm 116 bilden den *Antwortpsalm*. Es sei hier vorgeschlagen, die Verse 8–13 zu deklamieren oder zu singen.

„Ja, DU hast mir das Leben gerettet vom Tod, die Augen vor den Tränen verschont und die Füße vor dem Straucheln. / Jetzt darf ich nochmals anfangen zu leben mit DIR und mit allen, die leben. / Ich will sein Vertrauen nicht mehr verlieren, auch wenn ich sagen müsste: ‚Mir geht es schlecht'. / Und wenn ich geknickt, für mich denken würde: ‚Alle miteinander täuschen, man kann sich auf niemanden verlassen', / IHM könnte ich ja nie Gleiches vergelten, was er für mich getan hat. / Darum halte ich den Kelch meiner Rettung fest in der Hand und trinke davon, und danke ihm für SEINE Nähe."[46]

Die *zweite Lesung* (Röm 8,31–34) überträgt Abrahams Hingabe des Sohnes auf Gottes Hingabe. „Wie Abraham, so Gott! … Abraham hängt Gott ganz an, auch in der tiefsten Nacht seiner unverständlichen Forderung."[47] Für Abraham ist es eine äußerste Grenzerfahrung, für alle, die wie er um ein Verstehen Gottes ringen, eine starke Provokation – nicht zuletzt im Versuch, selbst Gottes Hingabe am Kreuz zu verstehen.

Dem *Evangelium* dieses Tages kommt darum eine besondere Rolle zu. Mk 9,2–10 schildert das Gipfelerlebnis der kleinen Gruppe um Jesus, zu der sich Mose und Elja gesellen: „Was sich in der Offenbarung des Messias Jesus ereignet, wird … auf die Ebene der Sinaioffenbarung gehoben, gleichzeitig mit Mose und Elija eng mit diesem verbunden und mit einer weisheitlichen Note versehen."[48] Hier kommt eine „reiche biblische Tradition zum Tragen, die um die Verwandlung der Menschen im göttlichen Glanz weiß". Der verklärte Christus in der Begegnung mit Mose und Elija wird heute zum „Bild für den Dialog zwischen jüdischer und christlicher Tradition", welche beide aufgerufen sind, einander vom Reich Gottes zu erzählen, von der „Befreiung, Heilung und Gerechtigkeit" – von der „Überwindung aller Todeskräfte und letztlich von der Auferstehung der Toten".[49] Das heute erfahrene Ringen um gegenseitige Verständigung im „Durcheinandertal" der Kulturen und Religionen ist darum je auf die neue Verwandlung der Todeskräfte angewiesen. Als Friedrich Dürrenmatt seinem letzten Roman seinen Titel gab, hatte er einem Tal im Gebirge schon diesen Namen gegeben. Dort führt ein Theologe ein Kurhaus. Im Sommer als Treffpunkt für Großindustrielle, Banker und Top-Manager, im Winter als eine Zuflucht für organisierte Verbrecher und Mörder. Sein Ziel ist es, die Reichen zur Armut zu erziehen und jene, die dem Teufel vom Karren gefallen sind, vor Verfolgung zu schützen. Die Sache missrät, schließlich geht das Kurhaus in Flammen auf. Im fiktiven Dorf geht es auf Weihnachten zu. Bald wird die Frau des Gemeindepräsidenten ihr Kind auf die Welt bringen. So bleibt am Ende in diesem Durcheinandertal dennoch ein Stück Hoffnung auf einen Neuanfang.

Ein verklärter Augenblick allein derjenigen, die ihre Verbindung zum göttlichen Geheimnis suchen und darin ihr abgehobenes Spitzenerlebnis wie Petrus auf dem Berg einfordern, kann nun nicht das angestrebte Ziel bleiben. Im „Durcheinandertal" der Welt, in älterer Frömmigkeit ‚Jammertal' genannt, braucht es zupackende, befreiende, heilende Hände. Die tiefere Voraussetzung dazu klingt als mutiges, herzhaft neues Ausschreiten im Gedicht *Zukunft*[50] von *Marie-Luise Kaschnitz* an: *„Ehe noch des Unheils Ende / Und ein neuer Stern erschien / Muss im Herzen sich die Wende / Muss ein Wille sich vollziehn. …"*

Dritter Fastensonntag

Der alternative *Eingangsvers* aus Ez 36,22–26 könnte für einmal durch ein betontes und stilisierend wiederholtes Deklamieren von ungewohntem Ort aus – am besten gemeinsam mit rituellem Austeilen von Taufwasser von einem erhöhten Ort inmitten der Feiergemeinschaft von Einheimischen, Migrantinnen und Migranten – realisiert werden: „Wort Gottes des HERRN: Ich werde euch beweisen, dass ich heilig bin. Ich sammle euch aus allen Ländern. Ich gieße reines Wasser über euch, damit ihr rein werdet, und gebe euch einen neuen Geist."

Dann kommt mit der *ersten Lesung* (Ex 20,1–17) dieser Geist zum Zug, der wegkommen hilft vom ewigen Drang und Zwang, sich von allem ein eigenes ‚Götzenbild' zu basteln und abgrenzende Verbotstafeln aufzustellen. Die neuere Lesart folgt der Einsicht, dass das sogenannte „Zehnwort" weder ein „bevormundendes Moralgesetz" oder eine „Erziehungshilfe für widerspenstige Heranwachsende" ist, sondern das „Angebot Gottes, in befreiten Beziehungen zu leben". „Gottes befreiendes Handeln soll seine Entsprechung finden im Handeln von Menschen. Es geht um den Schutz des Lebens und um gute, gelingende Beziehungen …" Die Zehn Weisungen liegen darum „nicht hinter uns". Eher sind sie „Zukunftsmusik".[51]

Die *zweite Lesung* (1 Kor 1,22–25) schärft die Verkündigung des Gekreuzigten. Wobei sich hier fragen lässt, ob dieser Christus über alle Zeiten hinweg „für Juden ein empörendes Ärgernis, für Heiden eine Torheit" (V 23) bleibt. Die Anzeige von Paulus provoziert umgekehrt zu einer positiven Antwort, da in seinen Augen „das Schwache an Gott stärker als die Menschen" (V 25) ist. Ist damit doch noch von Paulus her eine Auflösung des Antijudaismus im Blick? Die Bestrebungen zur Verständigung durch eine ‚Kultur der Begegnung' werden dazu ihren Beitrag leisten. Wie dies 2010 Kardinal *Jose Maria Bergoglio* und Rabbiner *Abraham Skorka* im Gespräch taten, ermutigt geradezu überdeutlich.[52] Die Shoa betreffend meinte der nachmalige Papst Franziskus: „Jeder getötete Jude war eine Ohrfeige für den lebendigen Gott", und Skorka verglich die in den Todeslagern ermordeten sechs Millionen Juden mit der sechsmillionenfachen Ermordung Jesu. Wegweisend meinte *Jan-Heiner Tück* dazu: „Dadurch rückt er nicht nur die von Christen oft verdrängte jüdische Identität Jesu neu ins Bewusstsein, auch deutet er ein verborgenes Mitleiden des Gekreuzigten mit den jüdischen Opfern an – eine Andeutung, die Kardinal Bergoglio zustimmend aufgreift." Die neue Zeit, die im christlich-jüdischen Verhältnis angebrochen ist, müsste darum auch in der Bewusstseinsbildung kirchlicher Medien, von Hilfswerken und Pfarreien nicht allein in der österlichen Bußzeit stärker beachtet werden. Die Schwäche Gottes für jeden Menschen schließt menschliche Selbstkritik in der Solidaritätsarbeit nicht aus.

Dem *Evangelium* (Joh 2,13–25) eignet dann ein umstürzender Inhalt. Jesu Tempelkritik antijüdisch zu deuten, verbietet sich dabei ebenso, wie auch das umstürzlerische Tun draußen vor dem Heiligtum als Moralkeule zu verstehen. Denn Jesus selbst stand in der Tradition des Zehnworts, davon überzeugt, dass „das jüdische Volk zur Freiheit und nicht zur Knechtschaft berufen sei".[53] Im „Vorhof der Heiden" traf er auf Käufer und Verkäufer. Diese machten die kultischen Handlungen mit den Opfertieren möglich. Doch Jesu prophetischer Eifer führte ihn dazu, die Menschen vor dem Paschafest zu provozieren. Herodes der Große hatte den Tempel in Jerusalem zu einem der größten im Reich der Römer ausbauen lassen als ein wichtiges „Wallfahrtszentrum" und eine Art „Großbank". 70 Jahre nach Beginn unserer Zeitzählung war der Tempel zerstört. Nicht zerstört aber war der Glaube an Jesus, den Auferstandenen, der am „Rüsttag des Paschafestes" (Joh 19,14) zusammen mit den Paschalämmern starb und dadurch die Rettung (3,17) erwirkte. Jesus ist darum der personifizierte Beweis dafür, dass sein Vatergott „schon immer die Freiheit seines Volkes von jeder Form von Unterdrückung wollte, sei sie politischer oder ökonomischer Art". Jesus profiliert sich an dieser Stelle zeichenhaft zum unruhestiftenden Aufklärer, was an die Notiz von *Max Horkheimer* und *Theodor W. Adorno* in der Vorrede zu ihren philosophischen Fragmenten *Dialektik der Aufklärung* denken lässt: „… die Aufklärung muss sich auf sich selbst besinnen, wenn die Menschen nicht vollends verraten werden sollen. Nicht um die Konservierung der Vergangenheit, sondern um die Einlösung der vergangenen Hoffnung ist es zu tun. Heute aber setzt die Vergangenheit sich fort als Zerstörung der Vergangenheit."[54] Sich selbstkritisch der eigenen Vergangenheit stellen und konstruktiv an gerechten Verhältnissen in Politik und Ökonomie mitzuwirken, gehört darum zum gemeinsamen Merkmal des Christentums und seiner älteren Geschwister im Judentum.

Vierter Fastensonntag

Der *eröffnende Vers* Jes 66,10 f. hebt an mit „Freue dich, Stadt Jerusalem! Seid fröhlich zusammen mit ihr, alle, die ihr traurig wart, freut euch und trinkt euch satt an der Quelle göttlicher Tröstung." Tröstung lässt Fröhlichkeit sprudeln? Das kann wohl nur geschehen, wenn diese Freude erzeugende göttliche Quelle zur Sprache kommt, auch wenn dabei die Rätsel der Gegenwart ungelöst bleiben. Die Kennzeichnung ‚Laetare' wird diesen Sonntag prägen.

So muss die Zeit, bis endlich Jubel ausbrechen kann, er*wartet* werden, wie die *erste Lesung* (2 Chr 36,14–16.19–23) zeigt. Die Katastrophe der Verbannung nach Babylon hatte ihre Ursachen. Was aber vermittelt die vorliegende Rückschau am Ende der hebräischen Bibel? Es ist angesichts der Mutlosigkeit der Rekurs auf das Wort des HERRN „durch den Mund Jeremias" (V 21).[55] Es ist ein Neuanfang, der nach 70 Jahren Exil am späteren Horizont versprochen ist. Die Lesung lässt zuerst nachdenken über die Verkettung in Sünde und Schuld wie auch die Einbettung des Volkes Israel in die machtpolitischen Verhältnisse in biblischer Zeit. Selbst der fremde König Kyrus (V 23) rekurriert auf den „Gott Israels", der in Jerusalem wohnt und wohin dieses Volk in seinen Augen gehört.

Umso prägnant-realistischer ist im *Antwortpsalm* (Ps 137) die Situation geschildert: Die Harfen an die Weiden in jenem Land hängen (V 2), das drückt große Depression aus. ‚Auf fremder Erde' kommt Sehnsucht nach der Heimat auf, was die „Zwingherren" und „Peiniger" dazu veranlasst, von den im Exil Lebenden das Singen ihrer Lieder zu verlangen. Diesem zynisch wirkenden Ansinnen eignet besonderer psychischer Druck, dem der Psalmist einzig sein Denken an den HERRN entgegenzusetzen vermag. Die Zunge müsste ihm am Gaumen kleben bleiben (V 16), also kein Ausdruck der Freude mehr von ihm vernehmbar werden. Ist alles Hoffen umsonst und die Katastrophe je zu verarbeiten?

Die *zweite Lesung* (Eph 2,4–10) rückt die Botschaft von der Gnade ins Zentrum. Sie kann in moderner Übertragung[56] nur gewinnen: „… aus Gnade seid ihr erlöst, durch Glauben habt ihr dazu ja gesagt. Dies kam nicht aus euch selbst, Gott wollte es schenken." (V 8). Denn „voll Güte begegnet er uns in Jesus Christus" (V 7).

Ausgehend von einer Einsicht *Simone Weils* wäre hier ein guter Ort, einmal das Thema Gnade in der Predigt aufzugreifen. Sie schreibt 1947 als Grenzgängerin zwischen Judentum und Christentum: „Man darf nicht vergessen, dass eine Pflanze von Licht und Wasser lebt, nicht von Licht allein. Es wäre also ein Irrtum, allein auf die Gnade zu zählen. Man braucht auch irdische Energie.“[57] Gottes Handeln und das Handeln des Menschen sind damit ineinander verschränkt. Diese Gnaden-Dynamik kennt keine Grenzen, weder in der Perspektive des Seins noch in der des Handelns.[58]

Auf diesem Hintergrund ist das *Evangelium* (Joh 3,14–21) Ansporn, sich mit dem großen ‚Umsonst' des menschgewordenen Gottes im Lebenszeugnis des Jesus aus Nazaret zu konfrontieren. Bereits die Auslegung, wir Menschen seien von Gott „total umsonst geliebt“, ist eine Provokation.[59] Näherhin braucht die Plausibilität dieses ‚Umsonst' eine Präzisierung. Sie zielt auf das große Umsonst, in welches Jesus hinein sterben musste, der hier zu Nikodemus sagt: „Wie Mose die Schlange in der Wüste erhöht hat, so muss der Menschensohn erhöht werden, damit jeder, der an ihn glaubt, in ihm das ewige Leben hat“. Es war *Gonsalv Mainberger*, der mit der Kurzformel ‚Jesus starb umsonst' den Finger auf den wunden Punkt des allgemein nicht mehr plausiblen Ritus der Passion Jesu legte und so eine „Umbesetzung theologischer Geltungsansprüche“ vornahm.[60]

Die Rettung der Welt durch den Sohn Gottes geschieht nicht als Heldentat. Sie hat kontrastreich genug zur Wirkung eine gelassen-freudige und eine aus der Kraft von Gottes Geist bewegte Dimension, wie im gleichen Kapitel (Joh 3) Jesus gegenüber Nikodemus mit Blick auf alle Formen des Lebens äußert: „Eine Kreatur bringt immer nur wieder Kreatur hervor. Der Heilige Geist dagegen bringt Heiligen Geist hervor.“ Und: „… ihr müsst von neuem geboren werden.“ „Denn der aus Geist geboren wurde, ist wie der Wind. Der weht, wo er will; man kann ihn hören. Doch woher er kommt und wohin er geht, das weiß keiner.“ (V 6 f.)

Fünfter Fastensonntag

Der *eröffnende Vers* (Ps 43,1 f.) lässt die betende Person ausrufen: „Verschaffe mir Recht, o Gott, und führe meine Sache gegen ein treuloses Volk!" Es ist ein starkes Stück, einem ganzen Volk Treulosigkeit zu unterstellen, ohne gleich nachzuweisen, wo sich dieses Volk untreu verhalten hat. Wird dieses Wort zu Beginn einer Feier ausgerufen, tendiert diese zu einer unverständlichen Beleidigung.

Darum wäre es hier zu ersetzen mit dem Vers aus der *ersten Lesung* (Jer 31,31–34): „Spruch des HERRN: Ich lege mein Gesetz in sie hinein und schreibe es auf ihr Herz. Ich werde ihr Gott sein, und sie werden mein Volk sein." (V 33) Das wirkt als motivierend-verheißungsvolles Ausrufezeichen in einer Feier, wo es um die im Alten und Neuen Bund, wenn auch in unterschiedlicher Identität, Verbundenen geht.[61] Es ist Jeremias Stunde der Wahrheit, der er schon im frühen Jahr seiner Berufung begegnete. Damals schlug er persönliche Töne an, als er vor dem Untergang warnen musste (Jer 4,13–20a). Jeremia litt unter Visionen, in denen er vor der drohenden Entwicklung warnte. Ein von *Otto Pankok* in bedrängter Zeitstunde 1936 gemaltes Prophetenbild[62] zeigt das Gesicht des Propheten tief durchfurcht, die Hände mahnend und zur Vorsicht aufrufend. Jeremia leidet doppelt, muss Unheil ankünden und geht durch eine lange Zeit persönlicher Versuchungen, muss sich in seine Rolle schicken. Er wird zum Gegenspieler des souveränen Volkes und ringt darum, sich selbst vor Gott besser zu erkennen. Jeremia hält Tuchfühlung zur Stimme in seinem Inneren und findet Worte, den Ewigen zur Sprache zu bringen: „Bin ich nur Gott, wenn ich nahe bin, – so ‚Gottes' Spruch – bin ich nicht auch Gott, wenn ich fern bin?", übersetzt die Bibel in gerechter Sprache. Eine aufrichtige Beziehung zum göttlichen Geheimnis wird zum Kriterium gegen falsche Propheten: „Der neue Bund, den ich dann mit dem Volk Israel schließen will, wird völlig anders sein: Ich werde ihnen mein Gesetz nicht auf Steintafeln, sondern in Herz und Gewissen schreiben. Ich werde ihr Gott sein und sie werden mein Volk sein", sagt der Herr (V 33). Aus der jedem Menschen eigenen inneren Wahrheit wird die neue Beziehung zu Gott wachsen und andere Verhältnisse entstehen, wo keiner mehr seinen Nachbarn oder seine Bekannten wird belehren müssen (V 34).

Die Wahl von Hebr 5,7–9 als *zweite Lesung* hat die bevorstehende Passionszeit im Blick. Der Verfasser steht u. a. vor dem Problem der bleibenden „Rätselhaftigkeit und Anstößigkeit des Todes Jesu am Kreuz. Im Hintergrund steht die Frage, welche Bedeutung die ‚erste Offenbarung', die Schrift, für Christen hat."[63] Theologisch bedeutsam wird dabei, dass „Jesu Tod …

mit dem Tun des Hohenpriesters am Versöhnungstag" verglichen wird. Im Tod Jesu jedoch ein Sühneopfer im Sinne einer Rechtfertigung von Gewalt zu sehen, verbietet sich angesichts der immer beschränkten Beurteilung aus rein menschlicher Perspektive. An dieser zentralen Fragestellung in der theologischen Diskussion heute bewahrheitet sich besonders, ob ein gewichtiges Kriterium unserer Bibellektüre Bestand hat: Wenn man von Gott redet, hat dies dem Leben zu dienen und nicht dem Tod.[64]

So kann und muss der Tod Jesu, wie *Klaus-Peter Jörns* ausführt[65], „heute frei von … letztlich im Gedanken der blutigen Sühne sowie im Opfer- und Märtyrerkult verankerten, theologischen Denkfiguren interpretiert werden. Der Tod Jesu ist der letzte Schritt der Inkarnation und der unbeirrbaren Bezeugung der Liebe Gottes durch Jesus." Kritisch gegenüber der Verkündigung eines Sühne fordernden Gottes bei Paulus, dem Hebräerbrief und der ihnen folgenden kirchlichen Tradition meint Jörns, es sei dadurch die „Liebe Gottes wieder zu etwas Bedingtem gemacht und die Liebespredigt Jesu durch eine Gnadentheologie ersetzt". Alles hänge wieder „von dem als Opfer- oder Märtyrertod verstandenen Tod Jesu ab, als hätte es die Revolution des lebenden Jesus nicht gegeben"; es sei „Jesu Botschaft von der unbedingten Liebe Gottes auf den Kopf gestellt und ihr auch in der kirchlichen Liturgie nie wirklich Raum gegeben. Nur im Johannesevangelium, das die mit der Mahlfeier verbundene Sühnetheologie nicht übernommen hat (Joh 1,36), und in Gemeinden, die nach dem Modell von Didache 9 und 10 die Eucharistie ohne Bezug zu Jesu Tod feierten, kann man von einer Nähe zu Jesu Mahlpraxis reden." Als Seelsorger habe er oft erlebt, „dass die internalisierte Vorstellung von einem auf Sühne bestehenden Gott traumatisierte Menschen langfristig daran gehindert hat, zu glauben, dass Gott Liebe ist", aber selber eines Tages … „mit tiefer Freude begriffen, dass jener Satz ‚Was ihr getan habt einem meiner geringsten Brüder, das habt ihr mir getan' im Gleichnis Jesu (Mt 25,31–45) uns einen ganz anderen Gott vor Augen und Herz stellt: Einen Gott, der sich, gerade wenn wir leiden, so sehr mit uns Menschen verbindet, dass er selbst der liebevollen Zuwendung bedarf, wenn Menschen hungern, dürsten, schuldig im Gefängnis oder aus anderen Gründen verlassen sind oder leiden."

Das *Evangelium* (Joh 12,20–33) legt dieses Bild Gottes und des mit ihm eng verbundenen Jesus aus Nazaret in einer Weise aus, die einen weiteren Umsturz der Sichtweisen um das Geschehen des Durchgangs vom Leben durch den Tod in die Auferstehung akzentuiert. Es ist die Stunde der Wahrheit, die zur Selbsterkenntnis ruft und zum Lernprozess, sich, vergleichbar dem Samenkorn, selbst zu verschenken. Sie verlangt erhöhte Aufmerksamkeit, und ist mehr eine stille als laute Revolution, ähnlich dem Heranwachsen des Samenkorns. Wie bei Jeremia wird es geschehen: Aus tiefer Erschütterung wird Neues heranwachsen. Es ist im Kern die Botschaft der Vorbereitung auf die kommenden Festtage: „Traue dich, in die Erde zu fallen, sagt Jesus, dort zu sterben und du wirst Früchte hervorbringen, Früchte des ewigen Lebens. Gott garantiert dafür, dass du den Tod überlebst und du leben wirst wie nie zuvor!“[66]

4 Heilige Woche und Ostern

Palmsonntag

Die Karwoche wirft Jahr für Jahr provokative Fragen auf. Wenn Gott zur Sprache kommt, dann nicht zuletzt in dieser Woche. Sie lässt einen Zeitgenossen, *Christoph Stender*, ein *Unentschiedenes Gebet zum Palmsonntag* sprechen:

> *Ich war ein Kind, / meine Erinnerung reicht noch aus. / Ich hielt Palmzweige in den Händen. / Warum wusste ich nicht. / Alle sangen sie dieses Lied: „Singt dem König". / Ich auch. / Warum wusste ich nicht. / Wir zogen in die Kirche ein, Ihm folgend. / Ich auch. / Warum wusste ich nicht. / Nach dem Gottesdienst nahm jeder einen Palmzweig mit nach Hause. / Ich auch. / Warum wusste ich nicht. / Heute halte ich keinen Palmzweig in der Hand. / Warum? / Ich wüsste nicht, warum! / Heute singe ich nicht mehr dieses Lied. / Warum? / Ich brauche keinen König! / Heute ziehe ich nicht in die Kirche ein. / Warum? / Dein Weg ist nicht mein Weg! / Heute habe ich keinen Palmzweig mehr zu Hause. / Warum? / Weil Du mich in Ruhe lassen sollst. / In meiner Kindheit wusste ich nicht, warum! / Heute weiß ich, warum nicht! / Doch eines möchte ich: Dich immer noch fragen: / „Warum"?*[67]

Nicht nur diesem „Warum?" folgt in seinem innersten Kern die Vorbereitung der Liturgien dieser zentralen Woche, beginnend mit dem *Lobpreis* „Hosanna dem Sohne Davids, Gepriesen, der kommt im Namen des HERRN, der König von Israel. Hosanna in der Höhe!" (Mt 21,9) Auf eine andere Ebene wird durch solches Loben und Preisen derjenige genommen, der „im Namen des HERRN" kommt. Das birgt je neuen Anlass, sich in der Gegenwart dem großen „Warum?" und dem Aufbruch in die nahe Zukunft zu stellen. Die Stellungnahme beginnt im *Hier und Heute*, wo sich Menschen nicht mehr bewusst sind, warum sie sich blind mächtigen Königen oder Herrschaftssystemen unterwerfen.

Es braucht darum *neue Kontraste* zum vorgesehenen rituellen Geschehen an Palmsonntag. *Noch vor dem Lobpreis* werden die alten dürren Palmzweige des vergangenen Jahres aus dem Aufbewahrungsort der Kirche und von Zuhause mitgebracht, um hier ein besonderes Zeichen zu setzen.[68] Allen Anwesenden werden vor der Feier die grünenden Zweige – als Immergrün oder in einfachen Gestecken – in die Hände gegeben. Vor aller Augen können sie – so dürr und staubig sie sind – an gut sichtbarem Ort hingebracht werden, bevor eine Stimme den Mitfeiernden verkündet:

Die Ehrenzeichen dieser Welt – alle Medaillen und Lorbeerkränze auf den Stirnen der Siegerinnen und Sieger verbleichen und verdorren wieder schnell. Die verdorrten Zweige hier zeigen es auf ihre Weise. Wir werden sie in wenigen Tagen ins Feuer werfen, Zeichen dafür, dass der alternative Weg, den Jesus geht, der Königsweg in das aus Gottes Geheimnis neugeschenkte Leben ist. Die grünenden Zweige in unseren Händen, singen wir den Lobpreis dieser Stunde.

Es folgt ohne weitere Worte ein Bekenntnis-Dialog mit viermaligem Erklingen einer Klangschale:

Unser Leben spielt sich zwischen Palmsonntag und Karfreitag ab. Heute Jubel, morgen Verzweiflung. Heute Liebe, morgen Hass. Heute Treue, morgen Verrat. (Gong) // *Zwischen Hosanna und „Kreuzige ihn" spielt sich unser Leben ab. Heute Lob, morgen Tadel. Heute Freundschaft, morgen Verachtung.* (Gong) // *Zwischen Freud und Leid spielt sich unser Leben ab. Heute fest im Glauben, morgen verzweifelt. Heute gütig, morgen verbittert. Heute alles, morgen nichts.* (Gong) // *Zwischen Passion und Auferstehung spielt sich unser Leben ab. Heute grausam, morgen zärtlich. Heute verwirrt, morgen entschlossen. Heute bankrott, morgen erfolgreich.* (Gong)

Es schließt eine *Vergebungsbitte* in Anlehnung an ein Kirchenlied an:

Wir kennen dein Gebot einander beizustehen, und können oft nur uns und unsre Nöte sehen. O, Herr, nimm' unsre Schuld, die Dinge, die uns binden, und hilf, dass wir durch dich den Weg zum andern finden. Das gewähre uns der dreieinige Gott, Vater, Sohn und Heiliger Geist. Amen.

Vor dem Einzug in den Kirchenraum nimmt das *Evangelium* (Mk 11,1–11) das Geschehen auf, in welchem Jesus zu seinem eigenartig-alternativen Weg seiner letzten Tage ansetzt. Als sei er ein König, reitet er in Jerusalem ein. Auf einem Esel wirkt er wie eine Karikatur der Großen und Mächtigen aller Zeiten, die an allen Ecken und Enden sich selbst feiern. Das ist sein Königsweg, der unter den Randständigen viel Jubel auslöst und am Ölberg beginnt, am selben Ort, wo er vom Ende aller Zeiten gesprochen hatte, wo er aber auch gefangen genommen wird. Die Erinnerung an ihn als andersartigen König auf einem Esel wird bleiben, demütig, gerecht und hilfreich (Sach 9,9).

Die *erste Lesung* (Jes 50,4–7) lässt den Gottesknecht in einem persönlichen Zeugnis zu Wort kommen.[69] Es ist die Leidensgeschichte seines Volkes, da im Judentum der Gottesknecht als Verkörperung des Volkes Israel verstanden wird. Gegen die Deutung, Gott habe sein Volk für seine Sünden bestraft, schließt der in der Leseordnung nicht vorgesehene Vers 8: „Er, der mich freispricht, ist nahe … Seht her, Gott, der Herr, wird mir helfen. Wer kann mich für schuldig erklären?" Die Gottesknechtstexte wurden in der frühen Kirche auf Jesus Christus bezogen und deuteten damit aus, dass Jesus seinem Lebenssinn treu blieb bis in den Tod. Dass er dies als ganz in jüdischer Gläubigkeit Verwurzelter tat, hat die Tradition schnell verdrängt und im Aufrechnen eigener Gläubigkeit die Verwurzelung im gemeinsamen jüdisch-christlich verbundenen Volk Gottes mehr als verdrängt. Es lässt sich darum das Markusevangelium lesen „als Widerspruch dagegen", auch als „ein tastender Versuch, nach dieser Katastrophe (im Jahr 70) noch von Gott zu sprechen". Ohnmacht machte sich breit, was sich im von „Angst und Entsetzen" erzählenden Epilog dieses Evangeliums niederschlägt. Es geht weiterhin darum, „nach Auschwitz von Gott und miteinander" zu reden.

Die Solidarität mit den Opfern der Geschichte zu bezeugen, bietet sich an dieser Stelle an. Inwiefern darum hier der vorgeschlagene und leider stark zerstückelte *Antwortpsalm* (Ps 22) gesungen oder gebetet werden kann, ist fraglich. Außerdem wird in der Dichte der Botschaften dieser Feier auch mit einem verknappten Psalm die Aufnahmefähigkeit deutlich strapaziert.[70]

Gleich danach folgt die *zweite Lesung* (Phil 2,6–11) mit ihrem gewichtigen Christushymnus. Nicht unwesentlich ist der vorausgehende Vers 5: „So seid untereinander gesinnt, wie es in Jesus Christus sein soll", womit die innergemeindliche Kommunikation angesprochen ist. *Gerd Theissen*[71] nennt es das „Lied des gefangenen Paulus" und dessen „poetisches Testament", das angesichts von Konflikten in der Gemeinde zum Statusverzicht mahnt. Es gehe um „unsere Menschwerdung in extremen Situationen". Als ein „Lied von Gott" antizipiere es universale Zustimmung zu dem einen und einzigen Gott – ermöglicht durch Jesus Christus. Zudem enthalte der Hymnus eine soziale Botschaft. In der Gemeinde streitet man um Status und Rang. „Jeder will mehr sein als der andere. Paulus mahnt zum freiwilligen Statusverzicht … Wenn Menschen eine Gesellschaft bejahen können, ohne zu wissen, welche Rolle ihnen zugeteilt wird, dann ist sie gerecht. In einer gerechten Gesellschaft müssten hochstehende Menschen im Prinzip bereit sein, auch die niedrigste Position zu übernehmen. Entdecken wir Rollen, die wir auf keinen Fall zu übernehmen bereit wären, dann sind wir dazu verpflichtet, diese Rollen verschwinden zu lassen." Gott sei auch bereit, in der Gesellschaft „die niedrigste Position zu übernehmen". Generell gelte wohl: „In Gesellschaften, wo Oben und Unten sich immer mehr auseinander entwickeln, steigt der Druck auf alle, wächst die Lebensangst, nehmen psychische Probleme zu, füllen sich die Gefängnisse, wird es schwerer, Probleme demokratisch zu lösen. Statusverzicht und Demut tun einer Gesellschaft und jeder Gemeinschaft gut." Akzentuiert übersetzt *Theissen* den Vers 6: „Er, der das *Ebenbild* Gottes war, klammerte sich nicht daran, Gott gleich zu sein." Nicht wie die Kaiser – gegen deren Anspruch, gottgleich zu sein, sei dieser Hymnus zu lesen. Es könne „auch in einem fragmentarischen Leben … Gott anwesend sein und es mit Sinn und Wert erfüllen".

Der *Ruf vor der Passion* (Phil 2,8b–9) nimmt das eben Erläuterte auf und führt hin zum *Vortrag der Passion* (Mk 14,1–15,47 od. Mk 15,1–39). Einführend kann erläutert werden:

Bald nach seinem Einzug in die Stadt stehen für Jesus die Zeichen auf Sturm. Zwar kennt er sich in Jerusalem aus, hier weiß er um Friedvolles und um Ungerechtes. Er hat Hunger und will vom Feigenbaum essen, doch die Zeit zum Ernten ist nicht da. Er schockiert seine Jünger, weil er den Feigenbaum verflucht (Mk 11,21). Kurz darauf jagt er die Geschäftemacher vom Vorhof des Tempels. Das ist nicht das Bild einer friedlichen Welt, das mit Jesus in Verbindung gebracht wird. Das Bild zeigt seine Provokationen ebenso wie die Entschlossenheit, die Konsequenzen daraus auf sich zu nehmen. Vor aller Welt steht ein Mensch als Außenseiter, der sich keiner demokratischen Mehrheit unterwirft, vielmehr seine tiefe Überzeugung lebt, seine Haut hergibt und schließlich sein Gesicht mit der Dornenkrone zeigen wird. Zu ihm wird sich auch der Hauptmann aus einem anderen Volk bekennen: ‚Wahrhaftig, dieser Mensch war Gottes Sohn' (Mk 15,39).

Es drängt sich auf, *im Nachgang* zu dieser Passion, die Befindlichkeit der Anwesenden in besonderer Weise aufzufangen. Dies kann – noch vor der etwas abrupt anschließenden Gabenbereitung – mit dem Beten oder Singen des *zweiten Teils* von *Psalm* 22,20–31 in Szene gesetzt werden, da dieser Teil trotz des Passionsgeschehens neues Vertrauen aufbaut. Zwar geht der Trend der Zeit dahin: *„Nimm die sanfte Gottheit sie braucht kein Kreuz kein Blut sie schwebt dich lächelnd fort in das Land ohne Angst"*, wie *Dorothee Sölle* festhielt und früher bemerkt hatte, wie das Gebet als eine der traditionellen Möglichkeiten der Selbstformulierung der Menschen „heute wie verschüttet" sei.[72] Darum lässt das Beten dieses Psalms weiterführendes Fragen zu angesichts der Haltung, die Jesus an den Tag brachte: „Was tut er eigentlich? Kämpft er? Sicher gibt er nichts preis. Bis zuletzt hält er seinen Anspruch aufrecht. Bis zuletzt sogar die Möglichkeit, dass er gehört werden könne. Immer noch kann das Reich kommen … Er bringt das Aufgetragene zu Ende. Immer wieder sagt er, was gesagt werden muss."[73]

Hoher Donnerstag

Eine Abendfeier mit besonderem Charakter ist die *Messe vom Letzten Abendmahl.* Sie in schlichter Form zu feiern, ist unter den Vorgaben der Leseordnung in säkularer Zeit nicht ganz einfach. Denn sie rückt als Schwelle zum Triduum Sacrum, den drei österlichen Tagen vom Leiden, vom Tod und von der Auferstehung des Herrn, zunächst den Gedenktag des „hastigen Essens" (Ex 12,11)[74] beim dramatischen Aufbruch aus Ägypten in den Vordergrund. Bis zur Perikope aus dem Johannesevangelium (Joh 13,1–15) werden noch weitere biblische Brücken gebaut, um schließlich in einer symbolträchtigen Feier das erinnerte Geschehen an das Letzte Abendmahl zu begehen. Angesichts der pastoralen Situation im 21. Jahrhundert bietet sich an, den unterschiedlichen Prämissen in lokalen Gemeinden besondere Formen und Varianten beim Mitfeiern zuzugestehen.

Der *eröffnende Vers* (Gal 6,14) markiert die Rühmung im „Kreuz unseres Herrn Jesus Christus. In ihm ist uns Heil geworden und Auferstehung und Leben". Darum folgt mit dem Gloria die Ehrbezeugung ‚Gottes in der Höhe', die zusammenklingt mit dem Zuruf ‚Friede den Menschen seiner Gnade'. Dies ist ein Gestus der Verbindung zur göttlichen Transzendenz mit der Hoffnung auf Frieden in extremer, gnadenloser Situation. Der knappe Auftakt lässt in die Gedächtnisfeier eintreten.

Die *erste Lesung* (Ex 12,1–8.11–14) führt legendenhaft[75] zurück zum Weg aus der Knechtschaft Ägyptens und dem nächtlich-hastigen Mahl, dem Pessach, als keine Macht mehr den Auszug des Volkes aufhalten sollte. „Es ist ein Pessach für den Herrn – das heißt: der Vorübergang des Herrn" (V 11). Nicht zuletzt gilt die Weisung: „Für eure kommenden Generationen wird es eine ewige Satzung sein!" (V 14) Genauer besehen vertritt nun nach Ansicht von *Clemens Leonhard* diese Lesung „ein christliches, allegorisierendes (zum Teil massiv antijüdisches) Interesse an diesem Text seit dem 2. Jahrhundert. Sie repräsentiert keine alte christliche oder jüdische Praxis. Als Ätiologie der Pesachliturgie am Zweiten Tempel ist sie nicht geeignet, Riten des letzten Abendmahls zu illustrieren." Dennoch bewegt sich der festliche Abend von diesem Punkt aus, mit den starken Erschütterungen beim Aufbruch eines ganzen Volkes. Man kommt nicht umhin, diesem Geschehen im christlichen Kontext den Charakter einer zittrigen, aber auch spezifisch freudigen Begehung beizumessen. Diesen Ton nimmt der Antwortpsalm (Ps 116,12–18) auf: „Wie kann ich dem Herrn all das vergelten, was er mir Gutes getan hat?"

Die *zweite Lesung* (1 Kor 11,23–26) begründet die von Paulus mitgetragene Überlieferung der Mahlhandlung mit der auffordernden Aussage:

„… sooft ihr von diesem Brot esst und aus dem Kelch trinkt, verkündet ihr den Tod des HERRN, bis er kommt." (V 26) Das gefeierte Geschehen soll in die Verkündigung des Todes des HERRN einfließen, „bis er kommt". Also geht es um eine periodisch-provisorische Haltung derjenigen, die sich durch alle Zeiten in ihren Gemeinschaften zu diesem Mahl versammeln werden. Dabei gilt es zu berücksichtigen, dass dieses Provisorium des Gedächtnismahles eine soziale Gestalt voranbringt, in welcher den Gemeinden nicht nur das Vollziehen einer Zeichenhandlung aufgetragen wurde, sondern auch ein Gemeinschaftsethos abverlangt war und ist.[76] Das Brot essend und den Kelch trinkend, verbanden sich die Gemeinden mit Jesus als Brot des Lebens. Konkretisierend bedeutet dies: Jesus teilt sich Menschen selbst mit als Brot des Lebens und erfüllt Leib und Seele mit seiner Gegenwart. Menschen nehmen dadurch teil an seinem ganzen Sein, dem Leib Christi. Im Teilen beider Gestalten von Brot und Wein vollzieht sich dynamisch die Gegenwart Christi und stärkt das Miteinander unter Menschen, die sich zur Feier der Eucharistie, der großen Danksagung, versammelt haben und so im doppelten Sinn des Wortes kommunizieren. Sie empfangen das Brot des Lebens und den Kelch der Freude, kommunizieren mit Christus ebenso, wie sie untereinander und mit der Welt in neue Kommunikation treten. Christliche Religion kann nicht anders, als nach innen und außen zu kommunizieren. Nimmt man die Zeilen des Zweiten Vatikanischen Konzils aus LG 34 mit dazu, sehen diese alle Christen als *hostiae spiritualis*. Das kleine Stück Brot ist Brot des Lebens und nimmt hinein in die Fülle der Existenzweise, die Christus schenkt, der sich selbst mit seinem Leben hingegeben hat. Das spezielle Markenzeichen der ersten Christen waren darum regelmäßige Zusammenkünfte in ihren Häusern, wo sie an die Praxis der Mahlfeiern Jesu anknüpften.

Die Paulus-Stelle am Hohen Donnerstag ist nun nicht unabhängig von ihrem Kontext zu verstehen. Die in Korinth herrschenden Missstände waren dem Briefschreiber nicht egal. Darum muss aus der von *Matthias Konradt* erarbeiteten Gesamtperspektive gefolgert werden, dass auf dem Hintergrund von Gal 3,(26–)28 das Abendmahl „die Vergegenwärtigung der – in der Taufe grundlegend geschehenen – Eingliederung in die eschatologische Heilsordnung (bedeutet), in der die traditionellen gesellschaftlichen Differenzierungen und Hierarchisierungen aufgehoben sind und, positiv gewendet, Menschen unterschiedlicher religiöser Herkunft, sozialen Standes und unterschiedlichen Geschlechts ‚eins in Jesus Christus' sind". Und im Anschluss an die weiteren Verse derselben Stelle 1 Kor 11,17–34: „Die Feier des Mahls erscheint bei Paulus als die Quelle für die Etablierung bzw. Einübung des neuen Gemeinschaftsethos."[77] Diese Schlussfolgerung müsste im Kontext jeder christlichen Konfession deutliche Konsequenzen zeitigen.

Mit viel Bodenhaftung unterstreicht darum das *Evangelium* (Joh 13,1–15) dieses zentrale Geschehen des Abendmahls. Wichtig ist, dass das hier geschilderte Mahl kein Pessach-Mahl ist, wie *Hanspeter Ernst* begründet. Vielmehr erinnere es „an das andere von Johannes erzählte Mahl, an dem Jesus sechs Tage vor Pessach in Bethanien … zu Tisch lag. Während dieses Mahls salbte ihm Maria die Füße und trocknete sie mit ihrem Haar (12,1–11).“[78] Ebenso ist das Wissen Jesu (Joh 13,1) um seine Stunde in dieser „Welt“ bedeutsam, der je ihre Weltordnung eingeschrieben ist. „Jesus … bringt seine Solidarität mit … den Menschen, die unter dieser Weltordnung leben, zum Ziel.“ Diese Ordnung der Weltmacht (Rom) ist es aus der Sicht des Johannes, welche „nicht nur Jesus ans Kreuz gebracht (hat), sie hat auch den Tempel von Jerusalem zerstört und ein entsetzliches Gemetzel unter der Bevölkerung ausgelöst“. Judas sei als Überläufer „einer, der mit dem Feind gemeinsame Sache macht und damit die Solidarität, die Jesus mit den Seinen zum Ziel bringt, unterläuft“. Unter diesen Vorzeichen kommt es zur Fußwaschung, die mehr als ein Tischdienst ist. Als Sklavendienst wird sie zur „Einleitung zum ganzen Passionsgeschehen“: „Im Licht der Auferstehung … offenbart sich bereits in der Fußwaschung Jesu die in der Passion bis zum Äußersten gehende Liebe Jesu zu den Seinen, die überall dort, wo der einzelne sich ihren Dienst gefallen lässt (V 8), eine Gemeinschaft begründet, die in eben dieser dienenden Liebe ihr neues Lebensgesetz hat …“[79] Die Reaktion des Simon Petrus zeigt diesen als Prototyp für alle, die sich in ihrem Stolz von ‚niederen‘ Diensten abwenden und diesen wenig bis keine Bedeutung zumessen.

Welche *rituelle Ausgestaltung* an diesem Abend im christlichen Kontext gewählt wird, ist auf dem biblischen Hintergrund sorgfältig zu entscheiden. Es ist kaum möglich, alle Texte in einer schlichten Eucharistiefeier aufzunehmen, nachdem diese hinsichtlich ihres theologischen Gehaltes anspruchsvolle Kost darstellen. Hingegen könnte ein Wechsel der gewählten Perikopen alle zwei Jahre je andere Akzente setzen. Das eine Mal ist der Fußwaschung (die bereits achtsam erprobt sein will) besondere Aufmerksamkeit geschenkt, das andere Mal kann in entsprechendem räumlichen Rahmen das Mahlgeschehen an Stelle der nicht vorgesehenen Predigt mit einer Bildmeditation vorbereitet werden.[80] Möglichkeiten bieten sich aufgrund neuerer Ikonographie durchaus. So zeigt das Bild *‚Urgemeinde‘* (1985) von *Ge Gessler* eine die Abendmahlszene verdichtende Darstellung.[81] Es erzählt den Moment der Urgemeinde: In der Mitte steht ein runder leuchtend gelber Tisch, umgeben von zwölf Personen mit roten Gewändern. Im Hintergrund grüne, violette, blaue Flächen. So kann Gemeinschaft sein, eine leuchtend-wärmende Welt. Das strahlend goldene Gelb als Zeichen für den gegenwärtigen Gott. Auf dem Tisch ein dreiarmiger Leuchter, vielleicht Symbol für die nun folgenden drei Tage oder gar für den Drei-Einigen. Die wärmenden Strahlen bewegen sich von innen nach außen. Im Kreis sitzen Menschen mit wachen Gesichtern, vereinigt zum Leib Christi. Ihre Kleider verschmelzen zu einem leuchtend roten Ring. Göttliche Liebe schafft eine neue Menschheit. Niemand ragt hervor. Die lebendigen Köpfe könnten Frauen und Männern gehören. Brot und Becher, Zeit und Gedanke, Lebenschancen und Arbeit, alles wird an diesem Tisch geteilt. Dahinter im grünen Geviert wird die Erde sichtbar, dem Paradies ähnlich, im violetten Rund die leidende Mitwelt. Im Raum dieser Erde spielt sich das Leben ab. Ob diese Menschen, die hinter Jesus hergehen, sein Reich aufrichten helfen? Die Tür am rechten Bildrand geht nach außen. Die Nächsten beginnen zu begreifen und brechen hinaus in die Nacht dieser Welt, tragen Licht heraus, Licht der Liebe, der Gerechtigkeit und Wahrheit. Über das ganze Bildgeschehen ist das Kreuz gelegt, wächst heran als Symbol des äußersten Wagnisses durch Leiden und Tod hindurch.

Manchenorts versammeln sich an diesem Abend nur mehr *kleinere Gruppen* zur Feier. Die Mitfeiernden können dann stärker bei der *Bereitung der Gaben* engagiert werden. Der letzte Abend, den Jesus mit seinen Freunden teilt, wird zum Anlass besonderer Ausgestaltung, ausgehend vom Wort Jesu, das später eindringlich erinnert wurde: „Ich habe euch ein Beispiel gegeben, damit auch ihr so handelt, wie ich an euch gehandelt habe." (Joh 13,15) In folgender Variante wird die Bereitung der Gaben möglich: Die Schale, das Brot, der Kelch, die Trauben und der Wein, das Wasser, die Blumen und Kerzen, sie alle werden, von einem kurzen Kommentar begleitet, von Mitfeiernden zum Altartisch gebracht.[82] Wo, wie in jüngerer Zeit, vermehrt die *Kinder des Kommunion-Jahrgangs* mit ihren Familien diesen prägenden Abend mitfeiern und in intimerem Rahmen ihre erste Kommunion erleben können, kann der Hauptfokus auf die Gestaltung der Fußwaschung gelegt werden. Nach einer sprachlich kindgerechten Hinführung und dem Vortrag des Evangeliums ist dies in schlichter Form realisierbar. Nötig wird dabei, die Atmosphäre vorgängig vorzubereiten. Am besten gelingt dies mittels der Erlebnisgestalten eines Kruges und einer Schale, welche spirituell kommentierend ‚aufgeladen' und später als Utensilien für die Waschung verwendet werden. Die Schlichtheit beim Vollzug dieser Feier bleibt zu empfehlen.

Karfreitag

Selbst der Gegenwart bleibt bewusst, dass der „Karfreitag ein Skandalon (ist), das sich nicht beseitigen lässt".[83] Gleichwohl lässt sich beobachten, wie es in säkularer Zeit verdrängt wird. Die Feier vom Leiden und Sterben Christi ist zur Randnotiz geworden. Dabei geht es nicht um wenig: „Der Tod Jesu muss ernst genommen werden. Mit ihm bricht auch die Offenbarung ab, eine Auferstehung ist nicht absehbar. ‚Die Apostel warten in der Leere'. Am Kreuz stirbt nicht nur Jesus von Nazareth, sondern Gott. Es ist eine Zeit der Gottlosigkeit."[84] In Wort und Zeichen nimmt dies die *Karfreitagsliturgie* im römisch-katholischen Ritus auf. Sie ist eine provozierende Einladung zur Achtsamkeit für das Leiden in und an dieser Welt. Denn die in Ritus und Wort vollzogene Feier spiegelt die Gottverlassenheit Jesu ebenso, wie sie zum berührenden Moment für die von den Anwesenden erfahrene eigene und in der Welt erlittene Ohnmacht wird. Wenn dies am Anfang die betont in absoluter Stille vollzogene *Prostratio* ausdrückt, verwehrt sich jeder wortreiche Kommentar.

Erst im Anschluss ist eine Ausdeutung möglich. Sie kann sich exemplarisch für ähnliche Glaubenswege an wenige Notizen von *Simone Weil*, ihre Haltung der Achtsamkeit und ihre gelebte Solidarität zur entwurzelten Arbeiterschaft halten.[85] Als Grenzgängerin in ihrem Umfeld hielt Weil Distanz zu Gesellschaft und Religion, erlebte aber in einer ihrer mystischen Erfahrungen 1938 während der Kar- und Ostertage in Solesmes eine besondere Nähe zu Christus. Aus ihrer Notiz *„Christus selbst ist herniedergestiegen und hat mich ergriffen"* leitet sich ein Lebensmotto ab: *„Wer steigen will, muss sich erniedrigen"*, welches als Leitwort für die Feier des Karfreitags dienlich bleibt. Wenn immer möglich, sollte er ohne das Austeilen der Kommunion begangen werden. Es kann dies ein solidarischer Akt gegenüber Menschen wie Simone Weil werden, die in ihren letzten Lebensjahren regelmäßig zur katholischen Messfeier kam, dabei aber auf die Kommunion verzichtete. Ihre Begründung: *„Die Zeit ist das Warten Gottes, der um unsere Liebe bettelt."* Durch die Jahrhunderte hat die radikale Hingabe Jesu am Kreuz die Menschen ergriffen. Die Art des Menschen ist es, in anderer Richtung zu gehen, den eigenen Aufstieg in titanischer Versuchung zu propagieren und der Solidarität den Rücken zu kehren. Den Karfreitag aktuell feiern, verbunden mit dem Lebenszeugnis von Menschen wie Simone Weil, dem Leiden ihres jüdischen Volkes und vieler weiterer Völker, ist eine Entscheidung für ein von Hoffnung wider alle Hoffnung geprägtes Warten, wie diese in aller Freiheit das Kreuz bezeugende Frau vorschlug: „Die kostbarsten Güter soll man nicht suchen, sondern erwarten."[86] Und: „Unter allen Leiden, die uns zustoßen können, ist das Unglück etwas Besonderes, etwas Einzigartiges und Unvergleichliches … Es bemächtigt sich der Seele und prägt ihr bis ins Innerste einen Stempel auf, der nur ihm allein gehört: den Stempel der Sklaverei … Das Unglück ist eine Entwurzelung des Lebens … Das Unglück hat Christus gezwungen, um Schonung zu flehen, bei den Menschen Trost zu suchen, sich von seinem Vater verlassen zu glauben. – Es hat einen Gerechten gezwungen, gegen Gott aufzuschreien. Einen Gerechten, der so vollkommen war, wie die nur menschliche Natur dies zulässt, ja mehr noch vielleicht, falls Hiob weniger eine geschichtliche Person als eine Figur Christi ist … Die Menschen, die das Unglück getroffen hat, sind am Fuß des Kreuzes, beinahe in der größtmöglichen Entfernung von Gott. Man soll nicht glauben, die Sünde sei eine größere Entfernung. Die Sünde ist keine Entfernung. Sie ist eine falsche Blickrichtung." Simone Weil bleibt in ihrem Denken ausgerichtet auf die soziale Realität ihrer Zeit und nimmt diese mit bis an den Fuß des Kreuzes: „… das Kreuz (ist) eine Waage, auf der ein schmächtiger und leichter Körper, der aber Gott war, das Gewicht der ganzen Welt gehoben hat. ‚Gib mir einen Stützpunkt, und ich werde die Welt aufheben.' Dieser Stützpunkt ist das Kreuz. Es kann keinen anderen geben. Er muss dort sein, wo die Welt und das, was nicht die Welt ist, sich überschneiden. Dieser Schnittpunkt ist das Kreuz."

Das Vierte Gottesknechtslied (Jes 52,13–53,12) bringt als *erste Lesung* am Karfreitag ein weit zurückgreifendes Drama ins Spiel. Es lenkt den Blick provokativ auf einen von vielen verachteten Menschen voller Schmerzen, der sich als Knecht Gottes ausweist.[87] Er werde groß sein, wird angekündigt, auch wenn er entstellt aussah und „nicht mehr wie ein Mensch". Vor den Augen des Herrn sei er „wie ein Wurzeltrieb aus trockenem Boden" gewachsen, hatte aber „keine schöne und edle Gestalt". Die hier sprechende Gruppe bekennt: „Wir schätzten ihn nicht". Es ist ein berührendes Moment, wie der Selbsterkenntnis das Schuldeingeständnis folgt: Der Mensch der Schmerzen „wurde durchbohrt wegen unserer Verbrechen". Dennoch können sie sagen: „… durch seine Wunden sind wir geheilt", und erkennen, dass sie sich wie Schafe verirrt hatten, jeder für sich seinen Weg ging. Gelebte Solidarität wurde ihnen zum Fremdwort. Das Drama erfährt kaum eine lichtvolle Wendung, wie der Herr „die Schuld von uns allen" auf ihn lädt. Als dann der schwer Misshandelte selbst schweigt, wie er, „obwohl er kein Unrecht getan hat", bei den Verbrechern bestattet wird und dennoch vor dem Herrn Gefallen findet und durch ihn gerettet wird, erwacht die sprechende Gruppe wie aus einem Albtraum: „Nachdem er vieles ertrug, erblickt er das Licht. Er sättigt sich an Erkenntnis. Mein Knecht, der gerechte, macht die Vielen gerecht; er lädt ihre Schuld auf sich". Das vorliegende Lied wirkt wie eine archaische Schmerz-Kulisse, die das Scheitern von Menschen, die fehlende Solidarität untereinander wie auch die Scham über die Schuldverstrickungen zum Ausdruck bringt. Dass innerhalb der Geschichte Gottes mit den Menschen die verschiedenen Völker – eingeschlossen das Volk Jesu – der Dramatik unendlichen Leids bis heute ausgesetzt sind, kann das Gottesknechtslied am Karfreitag nicht auslöschen. Wenn diese Provokation zur jährlichen Überprüfung des eigenen Potentials von Konflikten mit Ausgeschlossenen, Abgestempelten und von übler Rede Verfolgten und Fertiggemachten führt, hat sie ihren reinigenden Effekt erreicht.

Mit der *zweiten Lesung* (Hebr 4,14–16; 5,7–9) tritt vor Augen, wie heilsam der „erhabene Hohepriester ..., der die Himmel durchschritten hat, Jesus, der Sohn Gottes" ist und sich mitfühlend zeigt „mit unserer Schwäche", als einer, „der in allem wie wir versucht worden ist". Nicht unerheblich ist, dass der Verfasser dieses Briefes „all seine Überlegungen zum Trost und Aufbau der Gemeinde entwickelt".[88] Auch ist hier Christus „nicht von uns ausgegrenzt" und teilt „unsere ganzen Existenzbedingungen". Sein Leiden, „das Menschen so sehr belastet, wird ihm in seiner irdischen Existenz auch auf sein flehentliches Bittgebet nicht abgenommen, auch nicht die Angst (!), vielmehr lernte er im Leiden den Gehorsam und wurde so den Gehorchenden Ursache ewigen Heiles (5,7–10)".

Die *Passion nach Johannes* (Joh 18,1–19,42) memoriert die Stunden der Gefangennahme Jesu, der Verhöre durch die Behörden, der Verleugnung durch Petrus, der Hinrichtung Jesu und der Bestattung des Leichnams. Sie ist pointiert „nachösterliche Christusverkündigung"[89] und zeigt, wie Jesus zwar an den Nullpunkt seiner menschlichen Existenz gelangt ist, dennoch mit „offenem Blick auf die Vollendung seiner Sendung, die er nun dem Vater zurückgibt"[90]. Seinen Geist in die Hände seines Vaters legend (Ps 31,6), geht sein irdisches Leben zu Ende.

Die letzten Stunden Jesu prägen sich beim Zuhören als beschämende Momente ein. Ein Mensch geht Schritt für Schritt seinen Weg, wird schließlich ans Kreuz genagelt und aufgehängt. Immer mehr Zuschauende verlassen den Ort, können die unwürdige Quälerei nicht mit ansehen. Sie schämen sich. Hat er es nicht gut gemeint? Jetzt wird er selbst beschämt und klein gemacht. Durch sein Leiden aber durchbricht er die Spirale der zerstörenden Scham und Wut.[91] Zuerst gelte es, von dieser Scham zu reden und erst danach von Schuld, meint der Psychiater *Daniel Hell*. Der Individualismus sei „zur sozialen Norm geworden" und mache „viele Menschen verletzlicher für Beschämungen". Hell regt an:

> „Ich lese das Evangelium als eine große Geschichte der Entschämung. Die Bergpredigt ist eine einzige Seligpreisung der Beschämten jener Zeit. Jesus stellte sich konsequent an die Seite jener, die beschämt wurden, ob sie nun Zöllner oder Ehebrecherinnen waren. Mit seinem Handeln durchbrach Jesus den damals üblichen Diskurs von Ehre und Schande. Er zeigte, dass Menschen zu Unrecht beschämt und damit verurteilt werden können. Und am Ende nahm er die größte denkbare Schande auf sich .... Die Passionsgeschichte, wie sie die Evangelien erzählen, verstehe ich nicht in erster Linie als Schuldgeschichte. Ich lese sie als eine Beschämungsgeschichte par excellence. Jesus wird verraten und verleugnet, verspottet und geschlagen, er wird auf dem Kreuzweg zur Schau gestellt und erleidet den schändlichsten Tod am Kreuz. Und wenn Christus in der christlichen Kunst am Kreuz und als Auferstandener dargestellt wird, so trägt er die Stigmata der Beschämung am eigenen Körper ... Ich glaube, Jesus zeigt exemplarisch auf, dass die systematische Beschämung durchbrochen werden muss. Jene, die er zu sich rief, hatten kein hohes Prestige. Aber er gab ihnen Würde. Das war vielleicht wichtiger als Schuldenerlass. In der Behandlung depressiver Menschen beobachte ich, wie sie um ihren Selbstwert kämpfen. Da hätte die christliche Lehre durchaus Antworten ... In der Passionsgeschichte verleugnet Petrus Jesus dreimal, und er schämt sich dafür. Gerade als Mensch, der sich schämt, erfährt er Gnade, Rechtfertigung. Beschämung ist immer ein Urteil und Abwertung. Scham hingegen bedeutet Auseinandersetzung mit sich selbst und oft ein Stück Selbsterkenntnis."

Als Alternative lässt sich der Vortrag der Passion sinnvoll aufteilen und mit den einzelnen Kreuzwegstationen unterbrechen.[92] Dies kommt einer Adaptation der erneuerten Karfreitagsliturgie nahe, welche auf viele Menschen rituell und theologisch zu anspruchsvoll wirkt und aufgrund hoher Textlastigkeit den meditierenden Nachvollzug des Geschehens schmälern kann. Mit der Alternative werden die Anwesenden mit auf den Kreuzweg genommen und können anschließend bei der Verehrung des Kreuzes ihre Nähe und Solidarität mit dem von Gott Verlassenen bezeugen.

Ostersonntag – Die Feier der Osternacht

In allen Teilen einer Osternacht – von der Lichtfeier bis zur Feier der Eucharistie – kommt in Wort und Zeichen zur Sprache, was durch das Wirken der Kraft aus Gottes Geist unter den Menschen aus der Sicht ihres Glaubens an neuem Leben entstanden, erlitten und errungen wurde.[93] Wer hier mitfeiert, ist zum Wachsein und zur Geduld herausgefordert. Zwar sprechen die dichten Zeichen auf Anhieb für sich, bedürfen jedoch der spirituellen Deutung. Unruhigen Geistern der Gegenwart unter den Anwesenden kommt ein lebendig gestaltetes Ritual entgegen, dem in der Abfolge der Lesejahre fassliche Akzente durch Wort und Musik sorgfältig beigemischt sein können.

Erstes und *Zweites Testament* finden in den Lesetexten dieser Nacht nah zueinander, sodass deren Vortrag doppelt herausfordert. Der große Bogen, der durch das Erinnern an die mythischen Anfänge bis zum Entsetzen der Frauen am Grab geschlagen wird, hat den Charakter eines langen Eintauchens in den Kosmos jüdisch-christlicher Glaubenswelt. Zugleich ist der Modus der Annäherung an diese Welt, in der Gott hier zur Sprache kommt, zu beachten. In den erzählten Ereignissen werden nämlich nicht historische Fakten festgemacht, sondern es wird eine „andere Ebene der Wirklichkeitswahrnehmung berührt".[94] Darum ist auch im christlichen Kontext die markante Frage, an entsprechenden Orten dieser Osternacht eingeflochten, sinnvoll: „Warum ist diese Nacht ganz anders als alle anderen Nächte?"

Die Taxierung der *Sieben Lesungen* als ein „Glaubenskurs an der Seite Israels"[95] und ihre hohe Nähe zum „Gedicht der vier heiligen Nächte", einer jüdischen Pessach-Auslegung, ist bemerkenswert. Ob die Texte alle vollständig (oder in Kurzfassung) in der Feier so gestaltet werden können, dass sie „tatsächlich zu Lern-Orten des Glaubens werden", ist fraglich, weil letztlich eine die Liturgie überfordernde Zumutung. Man sollte hier wie in anderen Fällen über die Jahre wechselweise andere Akzente setzen. Umso mehr ist anzustreben, dass in dieser Nacht die „Bekenntnistexte aus dem Ersten Testament" zu einem je neuen An-denken und zur Adaption im christlichen Leben beitragen, wie sie es bereits durch die österliche Bußzeit taten.

Die *erste Lesung* (Gen 1) hat in ihrer theologischen Spitze und durch Integration in das nächtliche Ritual das Potential eines widerständigen Stachels gegen allen Mangel an Beziehung zu den Wundern der Schöpfung. Befeuert durch die Kontraste von Dunkel und Licht im ersten Teil der Feier nimmt das An-denken an das göttliche Handeln im Eröffnungsritual seinen Platz. Wenn draußen beim Feuer oder drinnen in der dunklen Kirche[96] nach Entzünden der Osterkerze die ersten Worte „Im Anfang erschuf Gott Himmel und Erde …" (V 1–5) hörbar werden, nehmen die Anwesenden eine Verdichtung wahr, die sie ins Mitfeiern hineinzieht. Man kann es gleich danach vor dem Einzug mit der Osterkerze wagen, das *Evangelium* dieser Nacht (Mk 16,1–8!) zu verkünden. Der große Raum für ein neues An-denken, in welcher Gottes Schöpferkraft, die Kraft des Geistes, freigesetzt wird, ist geöffnet und spannt den Bogen bis zum zentralen Ereignis der Auferstehung, die die Frauen im leeren Grab erschrecken lässt. Es ist ein ‚Zittern und Entsetzen' (tromos)[97], weshalb die Streichung des Verses Mk 16, 8 keinen Sinn gibt, da dies bedeutet, „die Erfahrung der Überwältigung und des Wunders zu streichen".[98]

Die überwältigenden Erfahrungen sind im Fortgang der Feier in den weiteren Lesungen tief eingebrannt und verlangen zugleich nach Veranschaulichung. Besonders die einzelnen Abschnitte aus dem Pentateuch lassen sich mit ausgewählten Bildprojektionen illustrieren.[99]

Die *zweite Lesung* (aus Gen 22) nimmt, wie schon am zweiten Fastensonntag, die Bindung Isaaks in den Blick und erzählt die unergründliche Treue einer Gottheit, der das Ringen der Menschen um ihren Glauben letztlich nicht gleichgültig ist.

Die *dritte Lesung* (Ex 14,15–15,1) bringt Akzente ins Spiel, über die regelmäßig wegen der geschilderten gewaltsamen Erfahrungen beim Auszug aus Ägypten Diskussionen aufkommen. Auch die jüdische Rezeption ringt mit diesen Erfahrungen.[100]

Die *vierte Lesung* (Jes 54,5–14) nimmt Bezug auf die Tage Noahs und die (neue) Treue Gottes, wie bereits am ersten Fastensonntag angeklungen.

Die *fünfte Lesung* (Jes 55,1–11) lädt alle ein zum ewigen Bund: Durstige, auch die ohne Geld, sollen dazukommen, essen und Wein und Milch ohne Bezahlung (V 1) kaufen, was geradezu antiökonomisch schließen lässt: „Hier stellt sich die biblische Botschaft von einer schon jetzt das menschliche Leben bestimmenden Gotteswirklichkeit diametral gegen den Totalitarismus marktwirtschaftlichen Denkens."[101] Die reine Gratuität liegt im „Wort, das meinen Mund verlässt: Es kehrt nicht leer zu mir zurück, ohne zu bewirken, was ich will, und erreicht all das, wozu ich es ausgesandt habe" (V 11).

Die *sechste Lesung* (Bar 3,9–15.32–4.4) lädt ein, den Weg im Licht der Weisheit Gottes zu gehen, nochmals die Schöpfungskraft erinnernd.

Die *siebte Lesung* (Ez 36, 36,16–17a.18–28), größtenteils bereits am 3. Fastensonntag gelesen, führt zur Ausgießung reinen Wassers und der Reinigung „von aller Unreinheit und von allen euren Götzen" (V 25).

Nach dem langen Eintauchen in den Kosmos jüdischer Glaubenswelt erfolgt die Hinwendung zur paulinischen Sicht. Die *Epistel* (Röm 6,3–11) fokussiert, zwar nochmals an die Anfänge erinnernd, markant auf die neue

Verbindung mit Christus: „Wir wurden mit ihm begraben durch die Taufe auf den Tod“ (V 4a). Paulus setzt den deutlichen Akzent auf das Gleichwerden mit Christus: „Wenn wir nämlich mit der Gestalt seines Todes verbunden werden, dann werden wir es auch mit seiner Auferstehung sein.“ (V 5). Dieser neue Auferstehungsglaube verbindet mit Christus, der „ein für alle Mal gestorben für die Sünde, sein Leben … für Gott“ lebt. Dies bestätigend, kann im rituellen Geschehen unmittelbar das Taufgedächtnis folgen.

Im Begehen der Osternacht gelangen die Mitfeiernden zum Kernpunkt christlicher Erfahrung. Nach der Letzthingabe Jesu am Kreuz und dem Höllenabstieg Christi[102] beginnt wider alle Hoffnung ein neuer Aufbruch durch das Wunder der Auferweckung. Darauf reagieren die Frauen am Grab mit Erschrecken und sind nicht etwa mit einer „unumkehrbaren Selbstaufgabe Gottes“[103] konfrontiert. Vielmehr dürfen sie bald „aufgrund der Offenbarung und des Bekenntnisses der ersten Jüngerschaft Jesu darauf hoffen, dass sie durch Gottes freie Erweckungstat zum ewigen Leben berufen sind“. Es ist dies das Aufbrechen eines neuen Horizontes, einer globalen und nicht eindimensionalen Transzendenz. Im Wunder dieser Erweckung kommt die Gnade Gottes als solidarischer Akt in Gott selbst zur Wirkung, die, mitgetragen von der göttlichen Weisheit, zu neuer Hoffnung, zu Glaube und Liebe einlädt. Damit werden in der Osternacht die Versammelten durch den Mitvollzug des Geschehens am Grab in diese Solidarität mit hineingenommen. Sie sind dazu eingeladen, im solidarischen Akt mit den Frauen am Grab zu ihrer eigenen Berufung zu finden.

Beim Versuch einer Ausdeutung der Osternacht ist aber nicht nur systematisch und exegetisch der Weg zu finden. Die erinnerten Erfahrungen berühren und sind von jeher unaussprechlich, können ebenso beengend wirken. Noch vor dem Ostermorgen erzählt diese Nacht davon, dass es den Frauen die Sprache verschlagen hat. Die Wellentäler der Angst, welchen Menschen in Engpässen oder unerlöst dem eigenen Schatten gegenüberstehend begegnen, lassen sich nicht verdrängen. Mit den Worten *Franz Kafkas*:

> *„Wir sind, mit dem irdisch befleckten Auge gesehn, in der Situation von Eisenbahnreisenden, die in einem langen Tunnel verunglückt sind, und zwar an einer Stelle, wo man das Licht des Anfangs nicht mehr sieht, das Licht des Endes aber nur so winzig, dass der Blick es immerfort suchen muss und immerfort verliert, wobei Anfang und Ende nicht einmal sicher sind.“*

Kafka fragt weiter: *„Was soll ich tun? Oder: Wozu soll ich es tun?“*, und meint, dies seien keine Fragen dieser Gegenden.[104] Man kann an diesen Fragen zerbrechen. Im jüdisch-christlichen Zusammen-Denken sind sie realistisch und dennoch geheimnisvoll aufgehoben, wie ein Gedicht von *Nelly Sachs* offenbart: *Der Himmel übt an dir / Zerbrechen. / Du bist in der Gnade.*“[105]

Und im Blick des indischen Mystikers *Gopal Singh* wird das Bild Christi auf dem Hintergrund dieser Nacht auf eine weitere Weise gezeichnet: „*Ich bin die Zukunft der Menschen. / Für mich war Sein und Nicht-Sein immer eines. Ich war immer, und ich war nie!*“[106]

Ostersonntag – Am Tag

Der vorgeschlagene *Eröffnungsvers* (Ps 139,18.5–6) verdichtet die Atmosphäre an Ostern auf eine Person, die spricht: „Ich bin erstanden und bin immer bei dir …" Dem Psalm 139 eignet von jeher der Charakter des Aufgehobenseins menschlicher Existenz im göttlichen Geheimnis. In allen Lebensphasen – „ob ich sitze oder stehe, du weißt von mir" (V 1) / „bette ich mich in der Unterwelt, bist du zugegen" (V 8) – erfährt diese Person, wie sie aufgehoben ist von göttlicher Kraft, sodass es für sie nicht zu begreifen ist (V 6). So gesehen ist das Zeugnis von der Auferweckung Jesu ein durch und durch persönliches, verursacht durch Erfahrungen, wie die *Lesungen* dieses Tages zeigen. Petrus, Paulus, Maria von Magdala treten in den Zeugenstand für das „außergewöhnliche Geschehen"[107].

Petrus bekräftigt es in der *ersten Lesung* (Apg 10,37–41) mit der alten „Glaubensformel". Als ein von Gott vorherbestimmter Zeuge hat er mit Jesus „nach seiner Auferstehung von den Toten gegessen und getrunken" (V 41), war ihm gemeinsam mit anderen nahe. Ihm liegt sehr an dieser Rückbindung bis zu allen Propheten (V 43).

Paulinisch geprägt ist das Zeugnis in der *zweiten Lesung* (Kol 3,1–4). Sie hebt an: „Ihr seid mit Christus auferweckt". Und ermahnt: „darum strebt nach dem, was oben ist, wo Christus zur Rechten Gottes sitzt" (V 1). Die zukünftige Auferstehung bzw. Verwandlung der Menschen dank der Auferstehung Christi hat also bereits ihren Anfang genommen, wodurch mit ihm für immer eine „Lebensgemeinschaft"[108] entsteht, ein Leben „mit Christus verborgen in Gott" (V 3). Eine neue Ebene der Wahrnehmung und des Selbstverständnisses der von der Auferweckung berührten Zeuginnen und Zeugen ist die Folge.

Die *Alternativlesung* (1 Kor 5,6b–8) konkretisiert den neuen Anfang am Beispiel des Brotbackens. Dabei kontrastieren je schon das Gestern und das Heute: Am Pessach-Fest war der alte Teig nicht mehr gefragt. Was dem neuen Teig im Wege ist, alles Verdorbene, muss weg. Die neue Leitschnur für ein aufrichtiges und lauteres Leben wird nun Christus „als unser Paschalamm" (V 7), was gleich anschließend die *Tagessequenz* bekräftigt.

Mit der Geschichte vom leeren Grab rückt schließlich das *Evangelium* (Joh 20,1–18) Maria von Magdala und ihre Zeugenschaft ins Zentrum. Es ist um diese (legendenhafte) Schilderung geschehen, wenn das ‚leere Grab' allein zum Gegenstand der Zustimmung bzw. Ablehnung des Glaubens an die Auferweckung gemacht wird. Es geht nicht um die Kategorie ‚Wissen': „Wir *wissen* weder, ob das Grab leer, noch, ob es doch nicht leer gewesen ist.

Abgesehen davon, dass es darauf ganz und gar nicht ankommt."[109] Vielmehr steht im Zentrum, dass Gott seinem Sohn die Fülle endzeitlichen Lebens gibt, „die über das Sein auf dieser Welt entscheidend – weil ohne Ende – hinausreicht".[110] Der österliche Wendepunkt markiert eincn eigentlichen Machtwechsel zwischen Tod und Leben, der die Sprache darüber gründlich erschüttert.[111] Maria Magdalena trägt ihre Trauer an diesen Ort und erinnert sich des Ermordeten. Sie wird jedoch enttäuscht, dazu noch von den beiden Jüngern, die sich gleich wieder auf den Heimweg machen. Dabei versagt allen die Sprache. Dann aber erscheint im dichtesten Moment der Resignation Jesus und „verändert die Art, wie der Getötete in Mirjams Leben vorkommt. War er bisher als Toter gegenwärtig, der ihr Leben gefährdet, wird er nun als Auferstandener präsent, in dessen Abwesenheit ein Zeichen der Hoffnung aufscheint. Maria hat Jesus zunächst für den Gärtner gehalten. Unscheinbar meldet sich in der Anrede des Auferstandenen eine Lebensmacht zu Wort, die Maria aus dem Zugriff des Todes entlässt. Hier findet ein unspektakulärer, aber folgenreicher Machtwechsel statt … Die Auferstehung, die Mirjam in Jesus Christus vor Augen geführt wird, erfährt sie am eigenen Leib. Ihr wird selbst die Gnade der Auferstehung zuteil." Sie findet wieder zur Sprache, die „zuvor blinde Frau, die sich orientierungslos hin und her wendet, wird sehend und ergreift das Wort. Sie wird zur ersten Zeugin dessen, was später im Glaubensbekenntnis benannt wird". Diesen Szenen am Grab eingeprägt ist das Ringen um Worte, die ich in johanneischer Mystik lese. Maria *sieht* zwei Engel in weißen Gewändern, *benennt* den Verlust ihres Herrn, *weiß nicht*, dass (nachdem sie sich umgewendet hat) Jesu dasteht, *erkennt* schließlich Jesus, dem sie aber *nicht mehr nahetreten* kann. Jesus *macht sie aufmerksam* für ihre *Sendung* und die *Botschaft*, dass er nun *zu seinem und ihrem Gott hinaufgehen* werde. Es bleibt einzig der „Gottesrede der Mystik" möglich, Unsagbares in Metaphern auszudrücken: „… die Erfahrung der Auferstehung wirft aus den gewohnten Sprachbahnen hinaus und verweist auf das, was unsagbar ist".

Die wenigen Worte, die hier fallen – Maria! Rabbuni! Halte mich nicht fest! – bringen eine Bewegung in Gang. Obwohl Maria der Rückzug in die Resignation droht, obwohl die beiden Jünger tendenziell den Auszug aus lebensdienlicher Solidarität in Gang setzen, sie zeigen dennoch neue Bereitwilligkeit. Es kommt zum Aufbruch unter denen, die vom Geschehen berührt sind, und schließlich wird Jesus zum „gemeinsamen Bezugspunkt, gemeinsamer Sprache in der Vielfältigkeit der Ausdrucksformen von Auferstehung".[112] Im Hier und Jetzt angestoßen durch die Kraft Gottes werden die ersten Zeuginnen und Zeugen in eine grundlegende Neuorientierung ihres ganzen Lebens hineingezogen. Vorerst noch ohne Orientierung, bezeugt eine Frau als erste, was sie gesehen hat, dass Jesus gestorben, begraben und von den Toten auferstanden ist. Neues entsteht, weil dies eine Frau am Beginn der Christenheit gesagt hat: „Ich habe ihn gesehen." Darüber konnte sie und können davon Berührte nicht schweigen.

Geh in dein eigenes Herz, und wälze den Stein von der Türe des Grabesdunkels: Du selbst musst auferstehen – Christus ist erstanden. (Gertrud von Le Fort).

5 Die Osterzeit

Umstürzend sind die Ereignisse um Ostern. Darum wird die christliche Existenz im Zwischenraum von österlichem Erschrecken und pfingstlicher Vision erst richtig herausgefordert. Vom Erwachen aus erlebtem Erschrecken bis zum Aufbruch in die Geistes-Gegenwart geht der Weg in jedem Lesejahr durch fünfzig Tage. Sie sind letztlich eine radikale Aufforderung, sich bis in den Alltag von der Kraft des Geistes durchdringen zu lassen und dem Geist einer ‚ecclesia semper reformanda' nachzuleben.

Zweiter Sonntag der Osterzeit – Weißer Sonntag

Der *Eröffnungsvers* (1 Petr 2,2) legt an die Adresse der jungen Gemeinde den Finger auf den wunden Punkt: „Wie neugeborene Kinder verlangt nach der unverfälschten Milch des Wortes, damit ihr durch sie heranwachst und das Heil erlangt". Die Rede von der unverfälschten Milch des Wortes ist dienlich als überzeitliche Metapher für Projekte des Glauben-Lernens. Sie lässt sich an einem Weißen Sonntag aufnehmen – indem die Mitfeiernden daran erinnert werden, wie sie selbst als Neugeborene einst unverfälschte Nahrung zu sich nahmen und heute ihr Vertrauen darauf erneuern.

Gleich mit der *ersten Lesung* (Apg 4,32–35) trifft eine Erzählung auf ihr Ohr, die von der eklatanten Wirkung berichtet, welche das kraftvolle Auferstehungszeugnis der Apostel (V 33) auslöste: Dass die Mitglieder der Gemeinde keine Not leiden mussten, jedem „so viel zugeteilt (wurde), wie er nötig hatte" (V. 35), weist dabei auf den spezifisch frühchristlichen Kommunismus.[113]

Unter diesem Horizont formuliert die *zweite Lesung* (1 Joh 5,1–6) die enge Verbindung zu Jesus, der „der Christus ist", die jeden Gläubigen in direkte Abstammung von Gott bringt. Daraus folgt eine starke Abgrenzung gegenüber der Welt, sowohl durch die gegenseitige Liebe in der Gemeinde wie auch das Halten der Gebote. Hier findet sich ein Anhaltspunkt zur Arkandisziplin, die in späteren Jahrhunderten die mönchischen Traditionen beeinflusst hat. V 6 erläutert dann, dass Jesus Christus „im Wasser und im Blut gekommen" sei. Verständlicher lautet eine alternative Übertragung: „Jesus Christus wird wirksam in Wasser und Blut. Denn er hat Blut vergossen bei seinem Tod, und dieses wird wirksam im Wasser der Taufe, das uns wäscht. Der Heilige Geist gibt Zeugnis von dem, was in der Taufe geschieht: Wir werden Kinder Gottes. Und der Heilige Geist ist Gottes Wirklichkeit im Wort. So gibt es drei Zeugen: Geist, Wasser und Blut. Und diese stimmen überein."[114]

Wie also das Wasser der Taufe spürbar sinnenhaft wäscht, lenkt die Begegnung mit dem Auferstandenen, im *Evangelium* (Joh 20,19–31) geschildert, alle Aufmerksamkeit auf die Sinne des Sehens und Ertastens. Die als kleine Gruppe verängstigt hinter Türen sich verschanzen, müssen sich die Augen reiben und erst ertasten, was IHM geschehen ist, der durch Beschämung und gewaltsamen Tod ging und jetzt in anderer Gegenwart begegnet. Er haucht sie an, vermittelt ihnen Heiligen Geist, Kraft für neue Begegnungen mit Menschen. Sie werden erst noch ihren Glauben tastend erlernen müssen. Solches Glauben-wollen-und-es-doch-nicht-Können ist wie die schwelende Wunde auf menschlicher Suche nach Sinn. Thomas, dem diese Suche auf den Leib geschrieben ist, erlebt acht Tage später seine Stunde der Wahrheit. Aus seiner eigenen Scham befreit ihn die sinnenhafte Begegnung mit seinem ‚Herrn' und ‚Gott' (V 28). Er hatte erst gezögert, „sich dem Leben in die Arme zu werfen"[115]. Denn in umgekehrter Richtung, mit dem Auferstandenen im Rücken, ist Wundheilung hier und jetzt angesagt, den Blick nicht mehr allein auf das Kreuz gerichtet. Den Weg mit den Verwundeten gehen, mit den von Zwängen, auch von zwanghaft-religiösen Schatten Betroffenen, mit allen, die ihren Verwundungen, Brüchen, dem Unheil- und Ausgestoßen-Sein ausgesetzt unterwegs sind. Seither kommt Glaubenspraxis nicht aus, ohne die Verwundungen der Geschichte ins Auge zu fassen und die Finger auf wunde Punkte der Zeit zu legen.

Dritter Sonntag der Osterzeit

„Jauchzt vor Gott, alle Menschen der Erde!", hebt *der eröffnende Vers* (Ps 66,1 f.) an. Der Volksmund in der Schweiz spricht von ‚Aufgestellt-Sein' und meint damit unmittelbar Lebensfreude. Man könnte sie auch ‚heitere Grundstimmung' nennen, welche die Zeit nach Ostern prägt, indem sie die Zeugnisse der Auferweckung Jesu aufnimmt und seine Gegenwart „in mythisch-narrativer Sprache" verdichtet. Diesem Umstand ist besonders Rechnung zu tragen, nachdem die ‚Auferweckung' als Theoriegröße wenig Zuspruch mehr findet. Die von Theologinnen länger schon betonte „mystisch-ekstatische Erfahrung", die mit der Auferstehung verbunden gewesen sein muss, ist darum hilfreich. Derart akzentuiert, transformiert sie die Wahrnehmung von Glaubenden. Statt den Glaubensvollzug einzig auf ein jenseitiges Dasein bei Gott zu richten, ist dieser transformierte Glaube auf den konkreten Alltag ausgerichtet.

Vor einer ähnlichen Transformation standen die Leute um Petrus, wie die *erste Lesung* (Apg 3,12a.13–15,17–19) erahnen lässt. Petrus formuliert harte Vorwürfe an die Adresse jener, die „den Urheber des Lebens" (V 15) getötet hätten, auch wenn sie es „aus Unwissenheit" getan hätten. Die Perikope spiegelt die schwierigen Auseinandersetzungen wider, denen die ersten Zeugen mit ihrer Botschaft ausgesetzt waren. Mit Blick auf die hinter ihnen liegenden Ereignisse bestätigten sie: „… aber Gott hat ihn von den Toten auferweckt".

Zwei Verse des *Antwortpsalms* (Ps 4,8f) überlassen diese fast ‚heitere' Gewissheit vertrauensvoll Gott: „Du legst mir größere Freude ins Herz, als andere haben bei Korn und Wein in Fülle. In Frieden leg' ich mich nieder und schlafe; denn du allein, HERR, lässt mich sorglos wohnen."

Die *zweite Lesung* (1 Joh 2,1–6) sieht in Jesus Christus, dem Gerechten, „einen Beistand beim Vater" und die Sühne für unsere und der ganzen Welt Sünden (V 1 f.). Die hier wirksame Sühnetheologie[116] bindet die Begegnung mit Jesus, dem Gerechten, an das Halten seiner Gebote (V 3). In strenger Auslegung folgt hieraus eine Ethik eines geschlossenen, von der Welt abgegrenzten Zirkels. Doch auch Menschen außerhalb des Zirkels erleben Scham und Schuld und werden sich dessen unterschiedlich bewusst. Hellhörigen unter jenen, die sich mit Christus verbinden, sollte dennoch der V 6 mit seinem mahnenden Ton nicht vorenthalten werden: „Wer sagt, dass er in ihm bleibt, muss auch leben, wie er gelebt hat." Problematisch wird jedoch das Anstreben dieses Zieles dort, wo Sühne-Praktiken, die Lebenshingabe Jesu ersetzend, eigenes oder fremdes Leiden zum Ausgleich Gott anbieten wollen und statt durch Übereignung des eigenen Willens an die befreiende Versöhnungstat Jesu kein Vertrauen mehr entfalten und unterschwellig weiter einer Sündenbock-Mechanik frönen.[117]

Eben diese Dynamik des Vertrauens ist dem *Evangelium* Lk 24,(35)36–49 (!) eingeschrieben. Daran lässt der Auferweckte keinen Zweifel, als er nochmals bei seinen Gefolgsleuten, in ihrer Mitte ist und sie fragt: „Was seid ihr so bestürzt? Warum lasst ihr in eurem Herzen solche Zweifel aufkommen?" (V 38) Ihre Situation ist verständlich. Gleichzeitig berührt sie die Frage des Auferstandenen, lässt sie staunen und zusehen, wie er ein Stück gebratenen Fisch vor ihren Augen isst. Das sind mehr als vertrauensbildende Maßnahmen. Vielmehr vermittelt der Auferweckte die Gewissheit, dass ihr Einstehen als Zeugen allen Völkern neue Perspektiven schenken wird. Auch mit dieser nachösterlichen Begegnung wurde ein neuer Grundstein gelegt für das Vertrauen in die Zukunft. Was bisher zu gelten schien – nach dem Tod bleibt endgültig alles traurig und finster – konnte nun nicht mehr fraglos stehen bleiben. Wer den Augen- und Ohrenzeugen zuhörte, spürte das in ihnen wirksame Vertrauen als Glaubenskraft mit umstürzender und das Leben insgesamt tragender Wirkung.

Auch im Hier und Jetzt kommt dem Faktor ‚Vertrauen' im gesamtgesellschaftlichen Kontext hohe Bedeutung zu.[118] Die Gesellschaft der Zukunft sei zum Vertrauen verurteilt, zitierte *Reinhard K. Sprenger* den Philosophen Peter Sloterdijk. Das Niveau des Vertrauens steigt und sinkt gelegentlich heftig, bis heute weniger in den Ländern Skandinaviens als in Ländern mit tiefem Lebensstandard, wo sich vor allem arbeitslose Jugendliche ausgegrenzt fühlen. Manche Menschengruppen in Wirtschaft und Gesellschaft bewegten sich nach Sprenger wie in „einem unsichtbaren Gefängnis". Auch gehöre zum Vertrauen laut dem Soziologen *Niklas Luhmann* das „Gesetz des Wiedersehens". Im Kern enthielten die Momente des Wiedersehens, wie sie die Gefolgsleute Jesu mit dem Auferweckten erlebten, dieses lebensnotwendige Vertrauen. Ohne sie sind menschliche Beziehungen auch im Wirtschaftsleben auf Dauer nicht möglich. Ernüchternd darum die Feststellung Sprengers, dass die niedrigsten Werte hinsichtlich des Vertrauen-Könnens in Ländern mit hierarchischen Religionen liegen und „wir alles haben, nur kein Vertrauen". Zurück zur Geste des Auferstandenen, die ihn allein oder mit anderen beim Essen sieht. Eingangs des Evangeliums (V 35) erzählen die aus Emmaus Zurückgekehrten, „wie sie Jesus erkannt hatten, als er das Brot brach", ein unglaublicher Moment, in welchem Jesus seine Gegenwart und die Zusage seines Vertrauens real verdeutlichte. Mit diesem Wissen über das Wunder der Realpräsenz des Auferstandenen im Geschehen des Herrenmahls sollten die Begrenzungen unter den christlichen Konfessionen aufgehoben sein. Dies erkennend, meinte 1999 der evangelisch-reformierte Theologe *Frank Jehle*: „Im Anschluss an den nach Zwingli wichtigsten ‚Vater' der evangelischen-reformierten Kirchen, Johannes Calvin, betont die moderne reformierte Theologie, dass Jesus Christus im Abendmahl real gegenwärtig ist – auch wenn in geheimnisvoller Weise, die sich gegen allzu zupackende theologische Definitionsversuche sträubt. Emil Brunner, der die evangelisch-reformierten Schweizer Kirchen wie wenige im 20. Jahrhundert prägte, sagte: ‚Gott tut etwas im Abendmahl, nicht bloß der Pfarrer und die Zudiener. Christus ist gegenwärtig im Abendmahl, nicht bloß Brot und Wein. … Es geht wirklich um ein Wunder …'"[119] Diese durch Emil Brunner vor über 70 Jahren gemachte Aussage sät viel Vertrauen und lässt nicht zu, die Türen zur gegenseitigen eucharistischen Gastfreundschaft weiterhin mit Erklärungen zu verstellen, die die Glaubenden entmündigen.

Vierter Sonntag der Osterzeit

Die *Verse zur Eröffnung* (Ps 33,5 f.) spannen den Bogen weit: „Durch das Wort des HERRN wurden die Himmel geschaffen." Der Psalm malt ein Bild von Gott, das die ganze Wirklichkeit des Kosmos und der Lebensrealität von Menschen in guten und schlechten Zeiten umfasst. Er wirbt für ein nicht nur still verinnerlichtes Verhältnis der Menschen zur Nähe Gottes und stellt fehlgeleiteten Projekten von Menschen die Beständigkeit göttlichen Wirkens gegenüber.

Von solcher Beständigkeit erzählt auch die *erste Lesung* (Apg 4,8–12). Petrus muss sich darin vor Gericht für die Heilung eines Gelähmten verantworten. Er und Johannes hätten dies im Namen Jesu, des von Gott aus den Toten Auferweckten getan (V 10). Jesus sei der Stein, der zwar verworfen, jetzt aber zum Eckstein geworden sei. Die Apostel erfahren ihre erste Prüfung, rücken aber nicht von ihrer Überzeugung ab, im Namen Jesu predigen und heilen zu dürfen. Die Gemeinden erhalten dadurch Zulauf von Menschen, die sich in der Verankerung im Geist des Auferstandenen und der Beständigkeit göttlichen Wirkens mit ihnen verbinden. Markant zeigt sich, wie die junge Gemeinde auf entsprechend überzeugtes Personal zählen kann.

Der *Antwortpsalm* (Ps 118) nimmt dies auf: Besser sei es, sich beim Herrn zu bergen, „als zu vertrauen auf Menschen". Entsprechend wertvoll ist der Eckstein (V 22), auf dem Beständiges gebaut werden kann.

Die *zweite Lesung* (1 Joh 3,1–2) zeigt, wie sich die „Kinder Gottes" von der „Welt" nicht erkannt sehen, jetzt aber schon wissen, dass sie „ihm ähnlich sein werden". Das Programm dieser Botschaft fokussiert sowohl auf die prekäre Lage der jungen Gemeinde um die ehemaligen Gefolgsleute Jesu wie auch auf die enge Verbundenheit mit dem Auferstandenen.

Man kann sich einmal vorstellen, den Inhalt des *Evangeliums* (Joh 10,11–18) als dreiteiliges Leporello darzustellen. Inhaltlich erinnert die Rede Jesu mit seiner Selbstdarstellung als „dem guten Hirten" an drei Einstellungen, die sich in der Gesellschaft vorfinden. Man kann sich je nach Situation selbst als Hirt mit seinen Schafen sehen oder als bezahlter Knecht, der sich mit dem Wolf herumschlagen muss. Die dritte Einstellung – wo man sich mal der einen, mal der anderen Schafherde zugehörig fühlt – provoziert zur Entscheidung für einen Weg, der in Zukunft zur *einen* Herde und zu *einem* Hirten führen wird (V 16). Nichts weniger enthält als Anspruch diese in sich provozierende Botschaft. Sie weist weit über das archaische Bild des Hirten und seiner Schafe hinaus. Dieser Hirte geht nicht in Distanz – weder zu seinem Umfeld, noch zu seiner Aufgabe – ganz im Kontrast zu ungleichen Verhältnissen in der Gesellschaft. Denn ‚Schafe reißende Wölfe' bilden Menschen ab, die anderen Menschen zum Wolf werden. Und dieser Hirte gibt sich nicht als Privatier, dem an Vermögen bzw. Raub[120] viel zugefallen ist. Im Gegenteil zeigt sich Jesus als echter Hirte, der für seine Herde sein Leben aufs Spiel setzt, mit der Begründung: „Der Vater liebt mich, weil ich mein Leben meinen Schafen schenke. Ich werde es wiederbekommen … So erfülle ich den Auftrag meines Vaters." (V 17 f.)[121] Mit der Situation der Erfüllung ihres Auftrags durch kirchlich Berufene heute hat dieser beschränkte Ausschnitt aus dem Johannesevangelium zunächst wenig zu tun. Gleichwohl wird zu häufig darauf rekurriert, um angesichts fehlenden Personals die Figuren von Hirt und Herde archaisch zu beschwören.

IHM ein neues Lied zu singen, weil er „wunderbare Taten vollbracht und sein gerechtes Wirken" vor den Völkern zeigt (Ps 98,1 f.), fordert der *Eröffnungsvers* auf. Solches Singen mag in frühchristlicher Zeit verbreitet gewesen sein, wiewohl die Gemeinden eigentlich Wechselbäder der Gefühle erlebten.

Ihr Kreis in Jerusalem – *erste Lesung* (Apg 9,26–31) – musste durch Auseinandersetzungen gehen: Integration des eben umgekehrten Saulus, seine Streitgespräche mit den Hellenisten, sein Weggang nach Tarsus. Und Paulus erfuhr, was Menschen überall erfahren: Anerkennung für neue Konzepte erhalten, gar für einen die eigene Existenz durch und durch prägenden Glaubensweg, ist nicht selbstverständlich. Es führen die Wege nicht einfach nach Rom. Umso erfreulicher zu hören, dass in der ‚alten Heimat' („ganz Judäa, Galiläa und Samarien" V 31), die Gemeinde gefestigt wird und wächst „durch die Hilfe des Heiligen Geistes". Diese galt es an neuen Orten ebenso zu erbeten.

Im *Antwortpsalm* (Ps 22) finden sich zu diesem Vorgang treffende Worte: „Die Armen sollen essen und sich sättigen; den HERRN sollen preisen, die ihn suchen. Aufleben soll euer Herz für immer … Vor ihm allein sollen niederfallen die Mächtigen der Erde …" (V 27 u. 30). Ob Arme oder Reiche, alle sind eingeladen, Gott als Grund und Ziel ihres Lebens zu erkennen.

Die *zweite Lesung* (1 Joh 3,16–24) nennt die konkrete Liebe als Grundkriterium christlicher Existenz. Daher kann eine moderne Übertragung der Verse lauten: „Wir wollen nicht nur mit Worten und Sprüchen lieben, sondern mit konkreten und verlässlichen Taten. Daran werden wir merken können, ob wir auf der Seite des verlässlichen und treuen Gottes stehen und vor seinem Angesicht Ruhe für unser Herz finden können."[122]

Das *Evangelium* (Joh 15,1–8) beginnt mit dem letzten der Ich-bin-Worte: „Ich bin der wahre Weinstock, und mein Vater ist der Winzer. Jede Rebe an mir, die keine Frucht bringt, schneidet er ab …" (V 1 u. 2a) Das starke Wort nimmt das natürliche Geschehen an einem Rebstock auf. Seine Lebensdauer von 20 bis 30 Jahren lässt das wiederholte Heranreifen verschiedenster Früchte zu. Dieses (einmal mehr) mystische Wort vom ‚wahren Weinstock', der Jesus ist, und seinem Vater als Winzer, erfordert einige Erläuterung. Zunächst reift die Verbundenheit von Menschen mit Jesus und seinem Vater nicht von selbst. Die Sicht dieses Evangelisten zeigt durch die Abschiedsreden hindurch viel Nähe zur Realität der frühen Gemeinden – hier mit einem handfesten Bild. Denn die ersehnte Verbundenheit mit Jesus erfährt ihre natürlichen Einschnitte. Rebzweige ohne Trauben werden abgeschnitten, weggeworfen und verbrannt. Die Symbolik dieses Schriftwortes ist zeitlos. Der johanneische Jesus lädt ein, im Glauben heranzureifen. Bis ins junge Erwachsenenalter geschieht dies heute und vollzieht sich als eigentliche Wandlung – aus der Abhängigkeit von den Eltern und ihrer Lebenskraft bis zur Selbstfindung und dem Auffinden von Quellen erneuerter Lebenskraft. Dies ist ein grundsätzlich freiheitlicher Vorgang, der nicht Abhängigkeiten von Menschen und starren Regelungen in Institutionen zur Grundlage hat, sondern einzig das Aufgehoben-Sein der persönlichen Existenz wie auch der Würde der Mitmenschen jeder Herkunft in der göttlichen Gnade. Denn die Schriften der Bibel sehen den Menschen nicht „als Produzenten des Guten, sondern vielmehr Gott, der in den Menschen sowohl das Wollen als auch das Vollbringen bewirkt (vgl. Phil 2,13)“.[123] Für die Bibel ist nicht „das Wissen um das Gute der Ursprung des guten Handelns, sondern dieses (das Gute) wird verstanden als Frucht einer fremden Kraft. Solange die Rebe an die fremde Kraft des Weinstocks angeschlossen ist, reift die Frucht des Guten (vgl. Joh 15) Die gute Tat erwächst zwar durch den Menschen hindurch, verdankt sich aber dennoch nicht seinen eigenen Kräften.“

Sechster Sonntag der Osterzeit

Erneut ist mit dem *Eröffnungsvers* Singen angesagt: Jauchzend soll man es verkünden, „damit man es hört … bis ans Ende der Erde … Ruft: Der HERR hat sein Volk befreit“ (Jes 48,20). Die Zeit nach Ostern ist gleichzeitig freudige Zeit wie Zeit der Spurensuche nach dem Gesicht Gottes auf der ganzen Erde.

Dazu setzt die *erste Lesung* (Apg 10,25 f. 34 f. 44–48) in ihren Ausschnitten aus Apg 10 erste Akzente, wo vom grenzüberschreitenden Wirken des Petrus erzählt wird. Nach seiner Begegnung mit dem Hauptmann Cornelius kommt er zum Schluss: „Wahrhaftig, jetzt begreife ich, dass Gott nicht auf die Person sieht, sondern dass ihm in jedem Volk willkommen ist, wer ihn fürchtet und tut, was recht ist.“ (V 34 f.)

Dies vollzieht gemäß der *zweiten Lesung* (1 Joh 4,7–10) die gegenseitige Liebe, denn sie „ist aus Gott, und jeder, der liebt, stammt von Gott und erkennt Gott“ (V 7). Wie Menschen einander zugewandt sind, einander kennen und erkennen, davon ist in der Literatur zu lesen. Zwischen einer Amour fou, der nach dem Duden verhängnisvoll leidenschaftlichen, rasenden Liebe, und dem Mangel nicht empfundener Liebe wechseln eigenartig die Farben. Dies macht ein Gedicht von *Ursula Krechel* deutlich:

> *Nachtrag / In den alten Büchern / sind die Liebenden vor Liebe / oft wahnsinnig geworden. / Ihr Haar wurde grau / ihr Kopf leer / ihre Haut fahl / vor Liebe, lese ich. / Aber nie ist jemand wahnsinnig geworden / aus Mangel an Liebe / die er nicht empfand. / Auch das steht / in den alten Büchern. / So hätte denn der Mangel einmal sein Gutes.*[124]

Liebe zu empfinden ist demnach eine herausragende Qualität. Darüber kann in alten Büchern realistisch gelesen und abgewogen werden zwischen dem Übermaß an Liebe und dem Mangel an empfundener Liebe. Also ist nüchternes Einschätzen im Diskurs über die Qualität menschlicher Liebesbeziehung kaum möglich. Dennoch: Das lebensnotwendige Bedürfnis nach Zuwendung und Anerkennung bleibt vordringlich in einer das Ego vergötzenden Gesellschaft, die mit der Selfie-Kultur[125] das Angesicht der Anderen mehr als verdeckt und die Schreie nach Gerechtigkeit überhört.

Auf der Spurensuche nach dem Gesicht Gottes ist darum das *Evangelium* (Joh 15,9–17) ein starker Kontrast dazu. Wie Jesus bei Johannes von der Liebe seines Vaters spricht, die ihn in seiner Zuwendung zu seinen Freunden beflügelt, gibt er den Stab seiner Verbindung zum Vater weiter an sie: „… ich habe euch alles mitgeteilt, was ich von meinem Vater gehört habe" (V 15). Alles wird darauf ankommen, in dieser Verbindung zu bleiben und Frucht zu bringen. Denn seit Jesus hat diese Liebe aus Gott ein menschliches Gesicht – das nach mehr Gerechtigkeit sucht, da Jesus als Jude selbst schon in dieser Tradition stand.[126]

Christi Himmelfahrt

„Was steht ihr da und schaut zum Himmel? Der HERR wird wiederkommen …" (Apg 1,11). Die angespannte Situation, in der die „Männer von Galiläa" stecken, wird abrupt mit einer Frage und einem starken Impuls aufgelöst.[127] Ein *Eröffnungsvers* wie dieser hat das Potential zu einer liturgischen Eingangsperformance: Die Frage in großen Lettern an eine Chorwand projiziert oder mit starker Stimme mehrmals ansetzend – die Zusage, dass der Herr wiederkommen wird, je als Echo hörbar angefügt oder in Lettern an einer weiteren Wand sichtbar gemacht.

Der *ersten Lesung* (Apg 1,1–11) ist damit der Teppich gelegt. Sie erinnert an den Auferstandenen, der den Jüngern geboten hatte, zu warten „auf die Verheißung des Vaters" (V 4). Es stehe ihnen aber „nicht zu, Zeiten und Fristen zu erfahren, die der Vater in seiner Macht festgesetzt hat" (V 7). Wenn sie dann die Kraft des Heiligen Geistes empfangen haben, werden sie seine Zeugen sein bis an die Grenzen der Erde.

In eigentlich kosmische Dimensionen führt die *zweite Lesung* (Eph 1,17–23) in Form eines Gebetes. Der Gott Jesu Christi, „Vater der Herrlichkeit", möge ihnen den Geist der Weisheit und Offenbarung schenken, um ihn zu erkennen; die Augen der Herzen erleuchten, um zu verstehen, zu welcher Hoffnung sie durch ihn berufen sind. An Christus habe er seine Kraft und Stärke gezeigt, den er von den Toten auferweckt, im Himmel hoch über alle Fürsten und Gewalten, Mächte und Herrschaften auf den Platz zu seiner Rechten erhoben hat. Als alles überragendes Haupt sei er über die Kirche gesetzt, die sein Leib ist und von ihm erfüllt – das All ganz und gar beherrschend.

Diese visionären Aussagen sind auch in der *alternativen zweiten Lesung* (Eph 4,1–13) aufgenommen, die kritisch zum Frieden mahnt, „der euch zusammenhält" (V 3) und dies in einer Aussagekette zusätzlich verstärkt: *Ein* Leib, *ein* Geist, *eine* gemeinsame Hoffnung, *ein* Herr, *ein* Glaube, *eine* Taufe, *ein* Gott und Vater aller – über allem und durch alles und in allem (V 4 ff.). Trommelschlägen gleich wird die Einheit der Gemeinschaft angemahnt.

Das *Evangelium* mit dem sogenannten sekundären Markusschluss (Mk 16,9–20) verdeutlicht nochmals, wie ambivalent die Wirkung des Todes Jesu war. Dem Schwanken zwischen Glauben und Nicht-Glauben unter der Jüngerschaft begegnet Jesus erneut im gemeinsamen Mahl und mit den Ansagen, dass sie in ihrer Begegnung mit Menschen künftig Zeichen und Wunder erfahren werden.

Geraten deswegen Erde und Himmel ins Gleichgewicht? Theologisches Rätseln macht an Christi Himmelfahrt keinen Sinn. Im Unterschied zu den

Rätseln des Kosmos, welche eine Generation um die andere tiefer erforscht, vergegenwärtigt dieser Tag der Himmelfahrt Christi Möglichkeiten für Erzählungen und Neuanfänge in den Beziehungen zum Gottgeheimnis. Durchsichtiger wird dieses Geheimnis nicht durch Rätseln über die Weiten des Kosmos. Hilfreich ist die Passage im Brief an die Epheser: „Wenn es heißt: Er stieg aber hinauf, was bedeutet dies anderes, als dass er zur Erde herabstieg? Derselbe, der hinabstieg, ist auch hinaufgestiegen über alle Himmel, um das All zu erfüllen." (Eph 4,9 f.) Privatisierende oder auch triumphale Vorstellungen vom Himmel finden hier wenig Platz. Jesus Christus stieg sein Leben lang hinunter in den Staub der Straßen. Früh in der Geschichte des Glaubens wird die Allgegenwart Gottes als eine ewig sprudelnde Quelle in allem Sein angesehen. Bei *Gregor von Nyssa* lautet die Devise: Es gibt „nichts Leeres außerhalb" von Gott und seiner Allgegenwart.[128] Bis in die bedrückende „Gestalt der Ohnmacht" *(Bonhoeffer)* wird der Beistand des Herrn reichen und seine Bekräftigung der „Verkündigung durch die Zeichen, die er geschehen ließ" (Mk 16,20). Und da Misstrauen, Angst und Lieblosigkeit nach Gen 3,4 f.7 die Oberhand haben, schwächt dies vieles, was von Gott her menschenmöglich ist. ‚Erde' und ‚Himmel' kann man besingen, leicht in ein Gleichgewicht bringen lassen sie sich nicht. In Christus, der vom Tode auferstand, setzt sich göttliches Leben durch als Protest gegen jede zerstörerische Gewalt, als Weg zu neuem Menschsein.

In Abwandlung des Antikriegsliedes von Marlene Dietrich „Sag mir, wo die Blumen sind. Wo sind sie geblieben?" könnte Singen an Christi Himmelfahrt nachfragen: „Sag mir wo die Menschen sind, wo sind sie geblieben …? Sag mir, *wo* ihr Himmel ist!"[129]

Den gottgeschenkten Himmel im Rücken, leben Frauen, Männer, Alt und Jung aus neuem Urvertrauen heraus und gestalten die Welt und die Kirche in ihr.

Siebter Sonntag in der Osterzeit

Eröffnend: „Mein Herz denkt an dein Wort: Sucht mein Angesicht! Dein Angesicht, Herr, will ich suchen." (Ps 27,8).

Aus der personalen Mitte kommt dieser Wille, das göttliche Angesicht zu suchen, konkret in den Vorgängen der ersten Gemeinde in Jerusalem, so die *erste Lesung* (Apg 1,15–17, 20a.c–26). Die Wahl des Matthias durch das Los wird vorbereitet mit dem Gebet: „Herr, du kennst die Herzen aller, zeige, wen von diesen beiden du erwählt hast …" (V 24) Im engagierten Kreis der langsam wachsenden Gemeinde nimmt das Christusereignis historisch seinen Fortgang. Dies bedeutete, dass die Botschaft vom Reich Gottes nicht zuletzt durch Personalentscheide Eingang in die soziale Form der Kirche finden musste. Ein zum Teil enthusiastischer Lernprozess begann, ausgerichtet an der Verbindung zum Glaubensgrund, dem Auferstandenen und dem Potential der versprochenen Geist-Kraft. Ein durch und durch von den patriarchalen Bedingungen der Zeit und Umwelt mitgeprägter Vorgang ist zu beobachten, um Probleme aller Art zu lösen, wie etwa neue Dienste in die Organisation einzubauen (Apg 6,1–7). Auffallend ist dabei, dass keine näheren Hinweise auf Frauen zu vernehmen sind, die sich göttlicher Geistkraft ebenso verbunden wussten.

Die *zweite Lesung* (1 Joh 4,11–16) betont gleich einem Refrain die Liebe Gottes und die Liebe untereinander. Obwohl niemand Gott je geschaut hat (V 12), zeige die Zuwendung zueinander, dass Gott in den Menschen bleibe und „seine Liebe in uns vollendet" ist. Dieses Kriterium ist in seiner Dominanz das Präge-Mal der Gemeinde, die von Beginn weg der Welt in ihrer Eigenart und Freiheit begegnet, was an diesem letzten Sonntag vor Pfingsten kräftiger als sonst erinnert wird.

Insgesamt spiegelt das *Evangelium* (Joh 17,6 f. 11–19) die Person Jesu in ihrer geradezu mystischen Gemeinschaft mit dem göttlichen Vater. Sie prägt das sogenannte hohepriesterliche Gebet (Joh 17). In dichter Innen-Schau verdeutlicht das Bittgebet Jesu den Standort der Menschen, „die du mir aus der Welt gegeben hast" (V 6). Sie alle „haben geglaubt, dass du mich gesandt hast". (V 8b) Abrupt wirkt die Fortsetzung: „Für sie bitte ich; für die Welt bitte ich nicht, sondern für alle, die du mir gegeben hast; denn sie sind dein" (V 9). Wortreich ist dieses Bitten und zeigt, wie sich Jesus bei Johannes der Welt gegenüber in einem eigentlich zerrissenen Verhältnis sieht. Seine ihm durch den Vater Anvertrauten sind „nicht aus der Welt, wie auch ich nicht aus der Welt bin", denn ihnen hatte er des Vaters „Wort gegeben, und die Welt hat sie gehasst" (V 14. 16). Jesus nimmt sich nochmals seiner Anvertrauten an, in starker Sorge um die Einheit untereinander, aber auch um ihre Sendung in die Welt, die sie werden übernehmen müssen. Anschließend an die Perikope lautet der „ohne Schnörkel" umschriebene „Zweckparagraph der Kirche: ‚Damit die Welt erkennt, dass du mich gesandt hast'."[130] Und weil die Paradoxie – gleichzeitig von der Welt und nicht von der Welt zu sein – für die Selbstbeschreibung der Liturgie in jeder Zeit der Geschichte ihre Bedeutung hat, soll hier nochmals an ihre radikale Unzeitgemäßheit erinnert werden: „Die Liturgie zeigt, dass es einen anderen Weg gibt, in der Welt zu existieren: Sie ist von der Welt, ohne in ihr zu sein … Sie ist in einer Gemeinde, sie verweilt, sie ist immer unzeitgemäss. Sie bietet also die Möglichkeit, in eine andere Welt einzutreten, die nicht von Ideologien beherrscht wird, die alle wissen, was für die Welt und ihre Bewohner am besten ist. Die Art und Weise, die Welt der Liturgie zu bewohnen, ist von der gleichen Natur wie die Inkarnation desjenigen, der zu uns gekommen ist (vgl. Joh 1,14), aber der die Normalität durch seine Auferstehung und die Aussendung seines Geistes umgestürzt hat … Die Liturgie verändert die Gesellschaft, aber nicht wie die Politik und ihre ideologische Taktik."[131]

Alles in allem zeigt das Bittgebet Jesu die Dynamik der Sammlung der Gemeinde durch Jesus selbst und ihrer Sendung in die Welt. Nun sind die mystischen Worte dieses Gebets derart dicht, dass sie kaum auf Anhieb mehr verstanden werden. Tatsächlich sendet dieses Evangelium mit seinem Welt-Begriff akzentuiert dualistische Signale, in dem sich die konkrete Menschen-Welt (Kosmos) und Gott bzw. Christus gegenüberstehen.[132] Nähere ich mich jedoch konkreter Menschen-Welt und Weltzuständen, fächern sich diese auf in die Welt der Sprache, der Kleidung, des Alltags, des Geldes ebenso wie in die Welt der Armen und der Reichen, die Welt vielfacher Verdrängungen, der ‚Mächte und Gewalten', die Welt als Menschheit wie als Weltzeit, den allgemeinen Lauf der Welt, den Weltschmerz ebenso wie die vergängliche Welt. Theologisch findet sich bei Johannes solch umfassend umschriebene Welt zum dreifaltigen Geheimnis im Gegensatz und geht, insofern sie von Schuld geprägt ist, durch ihre Geschichte und steht bis tief in den materiellen Bereich gegen ihre eigenen letzten Bestimmungen. Derart bezieht der Evangelist mit seinem Zugang zur Botschaft Jesu einen konsequenten *unzeitgemäßen* Standpunkt. Es geht ihm um Evangelisierung, die dazu drängt, alle Lebenssituationen mit der Botschaft in ein kritisches Gespräch zu bringen – immer im Dienst des Lebens und der Menschen. Dabei bleibt diese Botschaft weit gespannt und spannend ihre Schau: Die Welt wurde durch das Wort, sie ist Gottes Schöpfung (Joh 1,1–3); ist von Gott geliebt, liebt aber mehr die Finsternis als das Licht (Joh 3,16.19); weist das Lebenswasser und Lebensbrot von sich (Joh 4,10; 6,35); wird zur Welt unter dem Gericht Gottes (u. a. Joh 12,31). In diesem großen Zusammenhang ist die Mission der Gemeinde, die Sendung Jesu in die Welt hinein nachzuvollziehen (Joh 17,18; 20,21). Es wird für sie darum gehen, in seinem Wort zu bleiben und dadurch die Wahrheit zu erkennen, die sie befreien wird (Joh 8,32).

Gottes Wirklichkeit, welche diese Wahrheit ist, wird sie leiten und den Zusammenhang der Welt als Ganzer, *ob in politischer* oder *religiöser Hinsicht,* heilsam unterbrechen. Das steht in seiner Macht, wobei nach *Eberhard Jüngel* die „dynamis" (Röm 1,16) für die alten Griechen nicht nur eine Kraft Gottes, sondern auch „Möglichkeit" bedeutete.[133] So sei es „interessant, dass die ‚Möglichkeit Gottes' die eigentliche *Macht* ist, mit der er innerhalb unserer Wirklichkeit einbricht, mit der er unsere Wirklichkeit *unterbricht.*" Und mit Blick auf die Auferstehung der Toten: „Dass Jesus von Nazareth von den Toten auferweckt worden war, ist eine fremde Möglichkeit." Hier sei das „*Urdatum* des christlichen Glaubens ... Das ist *die* elementare Unterbrechung des Weltzusammenhangs, ... von Grund auf eine ganz neue Möglichkeit – Auferstehung von den Toten – und mit dieser, die Wirklichkeit der Welt, den Wirklichkeitszusammenhang unterbrechenden Möglichkeit ist schon die politische Dimension des Christentums zur Stelle." Jüngels Perspektive berührt zudem die in Joh 17 vorgetragenen Bitten Jesu und gibt weiterhin aktuell den Rahmen für eine *authentische Praxis der Fürbitte* vor dem unverfügbaren Geheimnis. Es ist Paulus, der sagt, „so bitten wir nun an Christi statt" (2 Kor 5,20). „Diese Autorität der Bitte, an Christi Stelle zu bitten, ist das eigentliche politische Mandat des Glaubens gegenüber der Weltwirklichkeit. Sie bittet um Gerechtigkeit, sie bittet um Frieden, sie bittet um alles das, was von der Auferstehung Jesu her an Menschenrechten formulierbar wird, und versucht mit dieser Bitte dem Glauben politische Relevanz zu geben. Sage niemand, eine solche Bitte sei etwas Sentimentales, sei etwa harmlos, sei etwa bedeutungslos – das ist falsch. Ich weiß aus eigener Erfahrung, was ein penetrantes Bitten der Kirche für eine enorme politische Wirkung haben kann. Sie muss nun nicht unbedingt darin bestehen, dass die Bitte erfüllt wird; sie kann darin bestehen, dass die Gebetenen, die Machthaber, aufs Tiefste irritiert werden, zur Besinnung kommen. Es ist eine genuine christliche Form, die politische Dimension des Glaubens zur Geltung zu bringen. Wollte man hingegen sagen, der christliche Glaube müsste selber Gesetze machen, also selber gesetzgeberisch tätig werden, dann läuft das auf eine Theokratie hinaus und ob diese Theokratie nun konservativ ist oder marxistisch, das ist mir gleich. Beides ist vom Teufel. Ich möchte weder in der einen noch in der anderen leben."War es ein Wunschtraum Jesu, dass die Welt seiner Gefolgsleute in harmonischer Einheit aufgehen sollte und die natürlichen Gegensätze aufgelöst würden? Das Johannes-Evangelium ist weniger auf Harmonie aus, als dass es auf die großen bleibenden Gegensätze hinweist und Jesus für die Seinen bitten lässt: „Mach sie zu deinem Eigentum in deiner göttlichen Gegenwart. Dein Wort ist deine Gegenwart. Wie du mich in die Welt gesandt hast, so habe ich sie in die Welt gesandt" (V 17 f.).

6 Pfingsten

Fünfzig Tage danach … Jesus hat Abschied genommen und ist als Abwesender eingegangen in die ferne Nähe Gottes. Die Perikopen der letzten fünfzig Tage zeichneten, akzentuiert durch die Schau des Evangelisten Johannes, ein Bild dieses Abwesend-Anwesenden. Bereits zu Beginn der Osterzeit kam Jesus ihnen entgegen und schenkte ihnen seinen Geist (Joh 20,19–31). Am Fünfzigsten Tag wird nochmals darauf Bezug genommen. Das ist ein starker Hinweis, dass sich christliche Existenz im Zwischenraum von österlichem Zittern und Erschrecken und der Ansage versprochener Geisteskraft vollzieht und davon herausgefordert bleibt.[134]

Pfingsten – Am Vorabend

Bereits der *Eröffnungsvers* bestätigt die Zusage: „Die Liebe Gottes ist ausgegossen in unsere Herzen durch den Heiligen Geist, der uns gegeben ist." (Röm 5,5) Eine selbstbewusste Haltung des Paulus, dem die Kraft des Geistes wichtiger Ausgangspunkt ist.

Da ist mit der *ersten Lesung* (Gen 11,1–9) ein Exempel statuiert, wo die Menschen sich mit dem Turmbau einen Namen machen wollen, „damit wir uns nicht über die ganze Erde zerstreuen" (V 4). Angestachelt durch den Hochmut, steigt der Herr herab und verwirrt ihre Sprache, die sie eint. Die Kommunikation untereinander erhält eine Barriere. Die Zerstreuung der Menschen aus dem Wirrsal (Babel) über die ganze Erde wird dem Herrn zugeschrieben, der „die Sprache der ganzen Erde verwirrt" (V 9). So scheint Gott den Größenwahn der Menschen einzugrenzen und wird ihnen noch mehr zum Rätsel. Mit wachsender Erfahrung, dass es mehr als nur ein Volk gibt, mehr als eine Sprache, mehr als ein Glaube, muss Babylon nach *Jonathan Sacks* zum „Wendepunkt der biblischen Geschichte"[135] werden: „Gott, der Schöpfer der Menschheit, wendet sich, nachdem er einen Bund mit der ganzen Menschheit geschlossen hat, einem Volk zu und gebietet ihm verschieden zu sein, um auf diese Weise die Menschheit zu lehren, Platz für Differenz zu machen. Gott mag zuweilen in menschlichen Anderen gefunden werden, in denen, die nicht so sind wie wir." Denn: „Gott ist der Gott aller Menschen, aber zwischen Babylon und dem Ende aller Tage ist kein einziger

Glaube der Glaube der gesamten Menschheit." Und: „Gott, der Autor der Verschiedenheit, ist darin die vereinende Gegenwart." Diese ausgesprochen optimistische Sicht will der Globalisierung heute gerecht werden, enthebt jedoch nicht vom Gespräch über den jedem Menschen eigenen Weg zu seiner inneren Wahrheit und gelebten Religiosität. Wer am Vorabend von Pfingsten näher darauf eingeht, wird Schritte auf diesem Lehrgang machen können.

Die *alternativen Lesungen* (Ex 19,3–8a.16–20 / Ez 37,1–14) berichten neben dem Aufstieg von Mose „zu Gott hinauf", vom Zuspruch Gottes an die Gebeine in der Ebene, in die Ezechiel geführt wird – „Ich selbst bringe Geist in euch, dann werdet ihr lebendig" – dorthin, wo der Prophet den Auftrag der Wiederbelebung mitvollzieht. In einer weiteren Alternativlesung (Joël 3,1–5) erfolgt die Zusage Gottes, „dass ich meinen Geist ausgieße über alles Fleisch".

Im *Antwortpsalm* (Ps 104) ist nicht weniger angesagt, als dass die Geistsendung das Antlitz der Erde erneuert (V 30). Ein Psalm, der den Gesang während der Osternacht anklingen lässt – „Sende aus deinen Geist …", wodurch das Geschehen an Pfingsten eng mit dem Osterereignis verbunden ist, göttliches Heilshandeln als einstimmiges zur Geltung kommt.

Die *zweite Lesung* (Röm 8,22–27) setzt kontrastreich nach und zeichnet realistisch die Lebensumstände, unter welchen die Menschen auf ihrer Suche nach Gott unterwegs sind: „Noch stöhnt die ganze Schöpfung, alle Kreaturen gemeinsam, in Wehen, auch wir Christen. Aber weil Gott uns – gewissermaßen als Anzahlung – den Heiligen Geist geschenkt hat, können wir auch auf das Ganze hoffen … Auch der Heilige Geist in uns stöhnt. Mit Ausrufen des Stöhnens in unübersetzbarer himmlischer Sprache tritt er bei Gott für uns ein, um uns schwachen Menschen zu helfen … Der Heilige Geist tritt für alle Christen bei Gott als ihr Anwalt ein, und Gott, der unsere Herzen kennt und ihn als Liebe in sie hineingelegt hat, weiß, was der Heilige Geist will."[136] Von welcher Art dieser Geist ist, zeigt das *Evangelium* (Joh 7,37–39) mit der Ansage Jesu am besonderen Tag des Laubhüttenfestes. Für alle, die zum Fest kamen, galt es Wasser zu schöpfen. Darum macht Jesus klar: „… es trinke, wer an mich glaubt", mit der Schriftbegründung: „Aus seinem Inneren werden Ströme von lebendigem Wasser fließen" (V 38). Die Ansage war einer der Verweise auf „den Geist, den alle empfangen sollten, die an ihn glauben" (V 39). Die Elemente Wasser, Atem, Sturm und Feuer symbolisieren die Kraft des Heiligen Geistes. Damit diese in Fluss kommt, stemmt sich Jesus gegen verwirrende Kräfte, die ihn und seine Gefolgsleute umstellen. Das Ringen um Worte und das Nicht-(mehr-)beten-Können ist je auf den Geist, verborgen in einer Sprache aus anderer Welt, angewiesen. Am Vorabend der Pfingstfeier also insgesamt ein facettenreiches Eintauchen in die Welt der Geist-Kraft, um aufzutauchen unter den Menschen in ihrem vielfältigen Suchen nach Sinn.

Pfingsten – Am Tag

Der Auftakt mit dem *Eröffnungsvers* nimmt Bezug auf Weish 1,7: Im Geist des Herrn, der den Erdkreis erfüllt, hat alles Bestand. Nichts bleibt vor ihm verborgen. So wird ausgedrückt, was allem Halt gibt und dass vor Gott nichts verborgen bleibt. Dies mag beunruhigen, gehört jedoch unabdingbar zum Sinn des Festes.

Die *erste Lesung* (Apg 2,1–13) erzählt von dieser konstruktiven Beunruhigung, in der „der Fluch von Babel aufgehoben wird" und „trotz der Verschiedenheit der Sprachen … Verstehen möglich ist".[137]

Die Problematik dieses Verstehens im Alltag der christlichen Gemeinde konkretisiert dann die *zweite Lesung* (1 Kor 12,3b–7.12–13) nur indirekt. Der „*eine* Geist", „*eine* Herr", „*eine* Gott" wirke in verschiedenen Gnadengaben, Diensten und Kräften. In Korinth musste sich die Gemeinde handfesten Fragen stellen, etwa, ob es ein gemeindliches Schiedsgericht geben müsse; wie die Prostitution zu beurteilen sei, wie die Ehescheidung. Und ob man in den Sprachen der Engel reden können müsse, um in der Gemeinde zu Ansehen zu kommen. Oder ob Frauen in der Gemeinde öffentlich reden dürfen bis zur zentralen Frage, ob man an die Auferstehung glauben müsse, um Christ zu sein. Die einende Kraft des Geistes war gefragt bei der Festigung der Gemeinde in ihrem gesellschaftlichen Umfeld. Der Zusammenhalt aller, die in der Taufe durch den einen Geist „in einen einzigen Leib aufgenommen" wurden – Juden, Griechen, Sklaven, Freie – war verstärkt sichtbar, was Paulus noch verdeutlicht: „und alle wurden wir mit dem einen Geist getränkt". Dieses neue Sozialgefüge musste denn auch provozieren und zeitigte politische Spätfolgen.

Die *alternative Lesung* (Gal 5,16–25) wird noch deutlicher beim Umschreiben der „Werke des Fleisches" (V 19 ff.), die den Weg in das Reich Gottes verstellen – anders als die „Früchte des Geistes" (V 22 f.).

In der *Sequenz* (Veni, sancte Spiritus) ist nichts „beschönigt, doch alles … getragen von Zuversicht in den herbeigerufenen Geist"[138] – ein Erleben Gottes, das die ganze menschliche Existenz in einen Sog nimmt, wie auch in einer der Notizen von *Dag Hammarskjöld* sichtbar wird: „Der Wind weht, wo er will – So ist ein jeglicher, der aus dem Geist geboren ist."[139]

Das *Evangelium* (Joh 20,19–23) bindet das Pfingstereignis zurück an das Geschehen von Ostern. Jahre danach sieht diese johanneische Rückschau die ehemaligen Gefolgsleute am Abend des Ostertages hinter verschlossenen Türen. Als der Auferstandene zu ihnen tritt, begrüßt er sie mit „Friede sei mit euch!", zeigt ihnen seine Hände und seine Seite, was ihre Freude am Wiedersehen mit ihm auslöst. Mit seinem direkten Anhauchen vermittelt er ihnen: „Empfangt den Heiligen Geist!". Es ist dies wie eine Reanimation aus ohnmächtigem Zustand. Kräftigend darum auch der Auftrag bzw. die Kompetenzerteilung, Sünden zu erlassen. Exegetisch interessant sind hier Hinweise von *Hans Ulrich Weidemann*.[140] Sich hinter verschlossenen Türen zu treffen, deute den altkirchlichen Brauch an, die „christlichen Gottesdienste zumindest in ihren zentralen Teilen für Außenstehende, d. h. Nichtgetaufte, nicht zugänglich zu machen". In den österlich geprägten Liturgien werde der Geist erfahrbar. In gegenseitiger Balance dazu halte sich „die missionarische An-Feuerung durch den Geist zum Zeugnis in der Welt". Die Tendenz, die sich daraus ergeben kann, ist die Abschottung der Gemeinde vor der Welt. Wo sie diese ihrem eigenen Schicksal überlässt, steht sie diametral entgegen zur Menschwerdung Gottes und minimiert ihre befreiende Weltzuwendung.

Die *alternative Perikope des Evangeliums* (Joh 15,26 f.; 16,12–15) entfaltet weitere Elemente der johanneischen Perspektive, die atmosphärisch die Stunden des Abschieds Jesu umschreiben. Jesus betont, dass der Beistand, „den ich euch vom Vater aus senden werde, der Geist der Wahrheit, der vom Vater ausgeht, … Zeugnis für mich ablegen" wird. Weitere Aussagen überspringend folgt die diesen Moment prägende Kernaussage: „Ich hätte euch noch vieles zu sagen, aber dazu seid ihr jetzt noch nicht stark genug. Wenn der wahre Gottesgeist kommt, wird er euch die Augen öffnen für die ganze Wahrheit Gottes. Denn er wird nicht aus eigenem Antrieb reden, sondern weitersagen, was er vom Vater hört, und euch erklären, was dann sein wird." (Joh 16,12 f.) Die Dynamik dieser Passage ist in ihrer Art markant. Es verbirgt sich darin ein trinitarischer Akt. Der Geist der Wahrheit oder, in der Übertragung von Klaus Berger, der wahre Gottesgeist, ist von seinem Wesen her nicht mit menschlichen Sinnen fassbar, wird aber „in die ganze Wahrheit führen" bzw. die Augen öffnen für die ganze Wahrheit Gottes. Auch werde er „nicht aus sich selbst heraus reden" bzw. weitersagen, was er vom Vater hört, und erklären, was dann sein wird. Im Abschied schenkt Jesus die Gewissheit über diesen Helfer-Geist mit seiner Funktion als Seele der Kirche(n). In heutiger Perspektive gesprochen, ist die Bewegung dieser Botschaft eine stets vorwärtstreibende, vergleichbar einem Trainingsprogramm im Glauben-Lernen – wie denn auch in den Aussagen *Peter Sloterdijks* die Kirche eine Art „mentales Fitnesscenter" sei.[141] Den Begegnungen mit dem Auferstandenen folgt bis heute der Alltag, in welchem die Gemeinden vor aktuellen Bewährungsproben stehen, dabei ihre Entscheidungen zurückgebunden bleiben an die versprochene Kraft des Geistes. So drückt ein Pastoralplan aus: „Wer in Gott eintaucht, taucht neben dem Menschen auf. Dabei kann der Weg auch in der anderen Richtung verlaufen: Wer den Menschen begegnet, findet in diesen auch Gott."[142] Das Problem ist nur, dass unter freiheitlichen Prämissen dieser Glaube wenig Unterstützung erhält. Müsste darum nicht stärker betont werden, dass die Kraft aus Gottes Geheimnis die Menschen neu auf eigene Füße stellt, samt eigener Unvollkommenheit und dem Leiden an den Widersprüchen dieser Gegenwart? Angesichts ihrer Ansprüche meinte *Rüdiger Safranski,* zum 200. Todestag von Friedrich Schiller über die Freiheit nachdenkend: „Wir sind ohnmächtig, zappeln entweder an unseren Neuronen oder an den globalen Kapitalströmen."[143] Die Alternative dazu sind pfingstliche Begegnungen, bei denen die Glaubensgemeinschaften beherzt in neuer Sprache auftreten und mitten in der Öffentlichkeit konstruktiv miteinander neue Wege gehen. Kritisches Nachfragen hat dabei eine wesentliche Funktion. Dies zeigt *Adi Winiger* in wenigen Zeilen:

> *wo ist gottes geist / im wissen / selbstgerechter theologen / in befehlen / selbstbewusster kirchenführer / oder auch / oder viel mehr / oder meist nur / im aufschrei / aller erniedrigten / scheinbar hoffnungslos / nach brot / nach gerechtigkeit / nach liebe hungernden.*[144]

7 Die Zeit im Jahreskreis

Dreifaltigkeitssonntag

Dieser Tag hat seine besondere Note. Er betont mit der Einzigkeit Gottes in jüdisch-christlicher Tradition die monotheistische Ausrichtung ebenso, wie er die trinitarische Sichtweise des Christentums profiliert. So hebt der *Eröffnungsvers* an mit der trinitarischen Formel ‚Vater, Sohn und Geist'.

Die *erste Lesung* (Dtn 4,32–34.39–40) lässt Mose in einem kleinen rhetorischen Feuerwerk zu Wort kommen. Das Volk soll in früheren Zeiten seit dem Schöpfungstag nachforschen und sich fragen, ob sich je etwas Größeres ereignet habe: Hat je ein Volk einen Gott sprechen hören, hat je ein Gott versucht, eine Nation aus einer anderen herauszuholen? „Heute sollst du [das Volk] erkennen und es zuinnerst begreifen: Der HERR ist der Gott im Himmel droben und auf der Erde unten, keiner sonst" (V 39).[145]

Die Auswahl der Verse des *Antwortpsalms* (Ps 33,4 ff., 9,18 ff.) ist leider bruchstückhaft. Sie loben das wahrhaftige Wort des Herrn und die Verlässlichkeit seines Tuns (V 1), wie dann auch die Wirkung dieses Wortes in der ganzen Schöpfung und die Macht Gottes. Der Ausfall von V 8 aber, in welchem „allen Welten" die Gottesfurcht, der Respekt vor diesem Gott empfohlen wird, nimmt dem zu knappen Antwortpsalm die Würze. Das Bild Gottes wird amputiert, mit der Gottesfurcht wäre hingegen eine der sieben Gaben des Geistes benannt. Ihr besonderer Charakter ist die Einsicht in die menschliche Selbstbeschränkung.

Darauf zielt die äußerst dicht formulierte *zweite Lesung* (Röm 8,14–17). Sie bezeichnet alle, die sich vom Geist Gottes leiten lassen, als Söhne bzw. Töchter Gottes (V 14). Sie haben keinen versklavenden Geist empfangen, sondern einen aufrichtenden, indem sie rufen „Abba, Vater!" (V 15) Die enge Verbindung des Geistes mit „unserem Geist" (V 16) verknüpft sich spontan mit der Zusage, Christus nahe zu sein. Denn Paulus baut darauf, dass wir „Erben Gottes und Miterben Christi" sind, „wenn wir mit ihm leiden, um mit ihm auch verherrlicht zu werden" (V 17). Die paulinischen Gedanken bilden eine Leitschnur christlicher Existenz, die sich von der Kraft des göttlichen Geistes leiten und aufrichten lässt, mitleidet und widerständig wird, wo im Größenwahn menschliche Grenzen überschritten werden.

Das *Evangelium* (Mt 28,16–20) führt hin zur letzten Begegnung mit Jesus auf dem Berg in Galiläa und seiner Selbstbezeugung: „Mir ist alle Macht gegeben im Himmel und auf Erden" (V 18). Seine Aufforderung, zu allen Völkern und Menschen zu gehen, um sie zu seinen Gefolgsleuten zu machen, sie zu taufen auf den Namen des Dreieinigen und sie zu lehren, ist als zeitüberdauernde Weisung zu verstehen. Denn bis zum Ende der Welt werde er alle Tage nahe sein, schenkt er ihnen nochmals als Gewissheit.

Hier ist eine knappe *Skizze zum trinitarischen Denken* und der neueren *Trinitätsmystik* angebracht. Denn nach dem Zeugnis der Schriften lebte Jesus von Nazaret aus der Kraft des göttlichen Geistes. Er bezeugte damit Gottes Wirklichkeit in allumfassend prägender Weise. Sein Mitgehen und Mitfühlen mit dieser Menschenwelt, sein eigener Durchgang durch das Leben hinein in den erlittenen Tod und seine Auferweckung wurden zum göttlichen Zeugnis in Zeit und Raum, erfahrbar als befreiende Kraft. Damit wohnt göttlicher Wirklichkeit eine kenotische Dynamik inne, die in solidarischer Haltung von ihrer Macht abgibt, sich in Zuwendung zur Menschenwelt selbst entäußert und dennoch ihre unverfügbare Souveränität weiterbestehen lässt. Nicht risikolos ist es darum, die Trinitätslehre in praktischer Intention zu lesen, wo spekulative Auseinandersetzung äußerst abstrakt und wenig nachvollziehbar wirkt. Dennoch, die systematische Sicht will vorab vermitteln, was kirchliche Lehre ist, und ist sich seit dem Streit um die Korrelationsdidaktik der Religionspädagogik mehr bewusst geworden, dass die Aneignung der Glaubensinhalte im Vollzug christlicher Existenz mit zu berücksichtigen ist.[146] Die Trinität hat ihren Alleinstellungscharakter für den christlichen Glauben und bleibt nur durch Analogien und Metaphern annähernd vorstellbar. Keine mathematischen Kategorien erfassen sie. Religiöse Kategorien beinhalten einen umfassenderen Zugang und erhalten durch Abgleich mit biblischer Glaubensrede ihre eigene Farbigkeit und stärkende Wirkung.[147] Mit der erhöhten Notwendigkeit des interreligiösen Dialogs in der globalisierten Welt ist auch die Reflexion über das christliche Verständnis der Trinität weiter fortgeschritten. Dies zeigt ein kurzer Einblick in die neuere Diskussion um dieses Kernanliegen christlichen Glaubens.

Die Lehre der Trinität in praktischer Intention lesen bedeutet nämlich im Anschluss an Mt 28, schlicht und einfach die Taufformel zum Ausgangspunkt zu nehmen: „Die sog. trinitarischen Formeln des ‚Taufbefehls' (Mt 28,19) und des in der Liturgie lebendigen Grußes 2 Kor 13,13 lassen sich als ‚kleine Summen' urchristlicher Gotteserfahrung charakterisieren, die in Katechese und missionarischer Verkündigung theologischer Entfaltung bedurften."[148] Dies führte in den ersten Jahrhunderten zu etlichen Konzilien mit ihrem kontroversen und spekulativen Ringen um ein gemeinsames Bekenntnis zum Geheimnis der Dreieinigkeit. Die Weiterentwicklung war leider geprägt von gewalttätiger Abgrenzung jüdischer Denkweisen, sodass sich bis heute im christlichen Selbstverständnis eine vage Einstellung zur Einzigkeit Gottes mit stark tri-theistischem Einschlag vorfindet. In spiritueller Hinsicht können jedoch der Erfahrung des Fernnahen nicht zu enge Konzepte übergestülpt werden. Diese fixieren im Gegenteil mehr das Bild einer Art Dreier-Gottheit, als dass sie Annäherungen an das Geheimnis der Trinität und ihres Beziehungsgeschehens ermöglichen. Es ist nun besonders *Raimon Pannikar*, der seit den 1960ern durch interkulturelle und interreligiöse Annäherungen auf die spezifische Trinitätsvergessenheit hingewiesen und weiterführende Schritte gewagt hat. Er spricht von „radikaler Trinität", was konkretisierend z. B. bedeutet: „Die Eucharistie ohne die Trinität bleibt entweder Aberglaube oder eine moralische Gegenwart, eine bloß historische Erinnerung oder Gedächtnisfeier."[149] Denn im „Dreiklang der Wirklichkeit" von „Gott, Kosmos und Menschen" ist für *Pannikar* der „Glaube als Geschehen und Vollzug eines Vertrauens in die Wirklichkeit … Leben" und die christlichen Dogmen darum „wie Blätter des einzigen Baums des Lebens: den Stamm bildet die Christologie, aber Wurzel ist die Trinität". Zum Beispiel gehörten „Inkarnation, Auferstehung und Himmelfahrt (DH 167) … zusammen, und alle wurzeln in der Trinität". Christus erhält denn auch die Charakterisierung „kosmotheandrisch" und schließlich ist Gott „als Leben und Leben als mitgeteiltes Leben verstanden und erfahren". In allem liege ein ‚Fünklein' göttliches Leben. Wenn Pannikar in dieser Deutlichkeit zur Trinität schrieb, bezeichnete er diese als „Zentrum menschlicher Erfahrung" und befruchtete damit den interkulturellen und interreligiösen Austausch über die menschliche Erfahrungswelt insgesamt. Zu solcher Trinitätsmystik meinte in lexikalischer Kürzel-Sprache *Jürgen Werbick* im Anschluss an *Pannikar*, sie sei „als Schlüssel zu einer in versch. rel. Traditionen begegnenden, trinitarisch explizierbaren Erfahrung des Göttlichen zu aktualisieren: Erfahrung des unermessl. u. allumfassenden ‚ganz Anderen', der im Sohn eine ‚persönliche Beziehung' zu sich eröffnet und die Geschwister des Sohnes mit seinem und des Vaters gutem Geist erlösend durchatmet".[150] Es sind also mehr die *Erfahrungen* mit Gott als das abstrakte Denken, die die Menschen auf dem Glaubensweg berührend herausfordern.

Das klingt auch im Lob *Hildegards von Bingen* auf die Dreieinigkeit an:

Lob sei der Dreieinigkeit / Sie ist Klang und Leben, / Schöpferin des Alls, / Lebensquell von allem, / Lob der Engelscharen, / wunderbarer Glanz all des Geheimen, / das den Menschen unbekannt, / und in allem ist sie Leben

Fronleichnam

Ein Hochfest wie dieses, das Leib und Blut Christi als ‚Fronleichnam' feiert, ist mehr als andere Feste vorab eine spezifisch römisch-katholische Enklave im Alltag.[151] Weitere Fragen dazu drängen sich später auf. Fast erratisch steht der Tag im Festkalender und kommt wegen seines Ursprungs im Mittelalter einer Frömmigkeit entgegen, die weniger die Begegnung mit Christus „im Vollzug der aufgetragenen Feier" sucht als „im Schauen der eucharistischen Gestalten".[152] Aufgrund dieser schillernden Ausrichtung sind die für den Tag vorgesehenen Perikopen sorgfältig aufzunehmen.[153]

Wo die festliche Begehung des Tages Platz findet, lädt die Feier selbst mit ihrem geradezu schmackhaften *Eröffnungsvers* (Ps 81,17) überraschend zu einem den Alltag kontrastierenden Ereignis: „Er hat uns mit bestem Weizen genährt und mit Honig aus dem Felsen gesättigt".

Gemäß der *ersten Lesung* (Ex 24, 3–8) übermittelt Mose dem Volk „alle Worte und Rechtssatzungen des HERRN". Diese schreibt Mose auf und errichtet früh am Morgen danach „am Fuß des Berges einen Altar und zwölf Steinmale für die zwölf Stämme Israels". Dann rückt der Vollzug von „Heilsopfern für den HERRN" und die Ritualhandlung durch Mose in den Blick. Dem symbolischen Vorgang mit dem Eingießen der Hälfte des Blutes der jungen Stiere in eine Schüssel und dem Besprengen des Altars folgt die Verlesung der Bundesurkunde durch Mose und die Bestätigung durch das Volk: „Alles, was der HERR gesagt hat, wollen wir tun; und wir wollen es hören". Mose, der das Volk mit Blut besprengt, werden schließlich die Worte in den Mund gelegt: „Das ist das Blut des Bundes, den der HERR aufgrund all dieser Worte mit euch schließt". Man kann vom Ereignis einer eigentlichen biblischen Blutspende sprechen, mit welcher unabdingbar der göttliche Bundesschluss mit dem Volk verknüpft ist. In diesen Bund eingebunden wird der ganze Mensch mit Leib und Seele, biblisch gesprochen mit dem Sitz des Lebens (dem Blut). Folgerichtig eignet diesem Bund noch vor allem anderen das *Tun der Worte*. Gottes Zusage zu diesem Bund ist somit engstens mit dem Blut als der nicht etwa nur symbolisch aufgeladenen Lebensflüssigkeit verbunden. Es ist in meinen Augen erlebte Mystik des Ersten Testamentes, die in der Regel besonders realistische Züge zeigt. Symbole dagegen sind die zwölf Steinmale, mit welchen die Erfahrung am Fuße des Sinai zum Anlass für zeitübergreifende Erinnerung wird, die alle den Stämmen des Gottesvolkes zugehörigen Menschen in der Geschichte bewahren. Katholizität kann demnach nicht anders verstanden werden als die „Ausweitung" des Sinai-Bundes, in dessen Erinnerung gemeinsames Essen und Trinken (Ex 24,11) seinen wesentlichen Platz hat. Denn „der Bund ist der Raum dafür, mit allen in Beziehung zu blieben, die sich auf das gleiche Erbe beziehen, gehen sie auch noch so verschiedene Wege".[154]

Im *Antwortpsalm* (Ps 116,12–13.15–16.17–18) fragt die betende Person, wie sie „dem HERRN all das vergelten" kann, was er ihr Gutes getan hat, sie will den „Becher des Heils erheben" und seinen Namen anrufen. Ein dankbarer Mensch fühlt sich befreit und bereit zum großen Dank (am Sederabend). Auch dies ein Grund, einen Tag wie Fronleichnam gemeinsam zu feiern.

Um die *zweite Lesung* (Hebr 9,11–15) annähernd zu verstehen, ist weniger einer eucharistisch geprägten Frömmigkeit das Wort zur reden als einer Liebesmystik. Die bis an letzte Grenzen gehende Liebe dieser Gottheit, der Juden und Christen im gleichen Ausmaß und doch in unterschiedlicher Weise begegnen, verbindet beide – wie sie die beiden auch schmerzlich trennt. Ein neuer Bund ist beiden ins Herz geschrieben (Jer 31,31–34), wobei die Erneuerung der Annahme des göttlichen Bundesbeschlusses zentral ist. Und bedeutsam ebenso, dass nun die in Christus geformte Erneuerung des Bundes stets eine offene bleibt, da Christus „als Hohepriester der künftigen Güter" gekommen ist, „durch das größere und vollkommenere Zelt, das nicht von Menschenhand gemacht, das heißt nicht von dieser Schöpfung ist. … mit seinem eigenen Blut ist er ein für alle Mal in das Heiligtum hineingegangen und so hat er eine ewige Erlösung bewirkt". Lese ich diese ganzheitliche Blutspende, die der Existenz Christi inhärent ist, als leitendenden Beweggrund für den christlichen Glaubensweg, liegt viel daran, dass dieser sich nicht mehr antijüdischer Vorurteile bedienen kann. Der Bundesschlüsse Gottes mit den Menschen sind nicht wenige – warum sollten sie zu gegenseitiger Abwertung unter jenen führen, die sich darauf berufen?

Mit dem *Evangelium* (Mk 14,12–16.22–26) ist an Fronleichnam als dem Tag des Dankes für die Eucharistie noch einmal die Rückbindung an den letzten Abend mit Jesus gegeben. Die zentrale und provozierende Zusage Jesu – Nehmt, das ist mein Leib. Das ist mein Blut – ist dabei durch die Theologiegeschichte hindurch vielfach auf ihren inneren Gehalt angesprochen worden. Dass es dabei besonders um personale Zeichenwirkung der beiden Elemente Brot und Wein geht und darum auch in ökumenischer Hinsicht die gegenseitige Gastfreundschaft beim jeweiligen Mahlvollzug nicht ausgeschlossen werden kann, müsste die Kirchenverantwortlichen mehr als bisher leiten.[155] Nach wie vor werden menschlicher Vergemeinschaftung kultische Rituale beigemischt. Wo darum Erwachsene im Hinblick auf die Hinführung ihrer Kinder zur Kommunion an den Ritualen der Messfeier und des Abendmahls interessiert sind, sind sie dankbar für Erläuterungen wie diejenigen aus einem Fernkurs: „Noch in der bürgerlichen Sitte, dem Besucher ein Gläschen Likör, oder in der nachbürgerlichen, dem gerade Dabeistehenden eine Zigarette anzubieten, drückt sich ein dünner Rest des Wissens aus, dass dadurch eine Art Verbindung hergestellt wird. Je höher wir hinaufblicken in die Frühe der Menschheit, desto deutlicher wird nicht nur die Heiligkeit des Mahles, sondern auch der Grund, aus dem sie stammt. Mahl atmet immer kultische Nähe: Kult hat die Neigung, in Mahl überzugehen, Mahl in Kult. Die christliche Sitte des Tischgebetes hat heute größte Mühe, sich zu halten. In der griechisch-römischen Antike war kein Mahl denkbar, ohne dass durch einen kultischen Akt (Vergießung einer Weihespende) der Gottheit Ehre erwiesen worden wäre. Und wenn Kultfeiern in Mahle übergingen, so wurden als Speisen die Opfergaben verzehrt, die der Gottheit geschlachtet worden waren. Dabei war man vom Bewusstsein getragen, dass diese Speisen nun mit der Gottheit verbinden. Juden und Heiden sind in diesem Denken einig – wie uns auch Paulus bezeugt. ‚… *wir alle zusammen sind wie ein Brot und ein Leib und haben alle Anteil an dem einen Brot. So war es doch auch in der Geschichte des Volkes Israel: Wer von den Opfergaben isst, hat auch Anteil am Opferaltar. Heißt dies, dass fremden Göttern Geopfertes oder sogar die fremden Götter selbst religiöse Kraft und Bedeutung haben? Dazu ist zu sagen: Was die Leute fremden Göttern opfern, bringen sie Dämonen dar, nicht unserem Gott. Ich möchte aber auf keinen Fall, dass ihr euch mit Dämonen einlasst. Daher dürft ihr keinesfalls nacheinander den Becher der Dämonen und den Becher des Herrn trinken oder nacheinander mit beiden Mahlgemeinschaft halten*‘ (1 Kor 10,17–22). Paulus nimmt die ‚Kommunion‘ der Heiden ernst. Sie ist Vereinigung mit den Dämonen, wie unsere Kommunion Vereinigung ist mit Christus. Anders gesagt: Was wir Kommunion nennen, ist keine Erfindung des Christentums, wohl aber Erfüllung eines urmenschlichen und quasisakramentalen Verständnisses und Brauches mit der neuen Wirklichkeit Christi.“[156]

Zweiter Sonntag im Jahreskreis

Alle Welt bete Gott an (Ps 66,4). Damit beginnt eine Sonntagsfeier, welche in besonderer Weise der Suche nach Transzendenz durch Heranwachsende auf ihrem Glaubensweg nachgehen lässt. Denn die zwar gekürzte *erste Lesung* (1 Sam 3,3b–10.19) macht bekannt mit Samuel, der im Tempel bei der Gotteslade ruht, aber „den HERRN noch nicht kannte", genauer dem „das Wort des HERRN noch nicht offenbart" worden war. Dreimal muss Samuel zu Eli gehen. Ist Samuel der Transzendenzerfahrung nicht kundig, weil er erst am Übergang zur eigenen Mündigkeit steht? Auf den ersten Blick wird er sich seiner Verbindung mit dem Transzendenten erst bewusst, als er sich vom zurückhaltenden Eli freigegeben fühlt. Man kann an dieser Stelle nicht sagen, es herrsche bei Samuel reine Skepsis vor. Seine Geschichte verläuft verzahnt mit seiner Sinnsuche und entwickelt sich nach und nach zu einem etwas einseitigen Dialog, dessen Initiator der Herr ist. Eli spielt lediglich eine Nebenrolle, nachdem er selbst wegen der Gotteslästerung seiner Söhne vor Gott diskreditiert ist.[157] Dies zeigen die in der Leseordnung weggefallenen Verse 11–18, worin Samuel in das göttliche Urteil über das in Schuld gefallene Haus Elis eingeweiht wird, dieses dann aber gegenüber Eli nicht mehr verheimlichen kann. Eli als Repräsentant der Priester und Samuel als Repräsentant der Propheten stehen in spannungsvollem Mit- und Gegeneinander. Samuel befindet sich grundsätzlich auf der Suche, zwar als Einzelner mit seinen existentiellen Fragen, gleichwohl integriert in die Beziehungen des Tempels, mit denen er in Übereinstimmung zu gelangen sucht. Es lässt an Persönlichkeiten der Neuzeit wie *John Henry Newman* denken, die ihr Leben lang um den Glauben rangen, bis sie zur Zustimmung gelangten. Wie in unserer Zeit Sinnsuchende im gottesdienstlichen Ritual zu ihrer persönlichen Zustimmung gelangen können, bleibt eine drängende Frage. Entschiedenheit im Glauben geht in eins mit mündigem Gewissen und persönlicher Suchbewegung.[158]

Die mit der *zweiten Lesung* (1 Kor 6,13c–15a) konfrontierten Zuhörer*innen werden sich existenziellen Fragen wie dem Sexismus stellen müssen. Paulus macht bewusst, auch der Leib sei „für den HERRN" und „nicht für die Unzucht". Die ethische Weisung wird gesund integrierter Sexualität und deren Ausdruck in der ehelichen Partnerschaft keinen Riegel vorschieben wollen. So wie sich der Sucher Samuel schrittweise zur eigenen Antwort im Dialog mit dem ‚Transzendenten' hinbewegt, ist in jeder Lebensform der verantwortliche Umgang untereinander anzustreben. Die Sehnsucht und die Ahnung von Menschen, in Übereinstimmung miteinander und mit dem nie einzuholenden, weil immer über sie hinausweisenden Göttlichen zu gelangen, macht zutiefst den Sinn und das Glück menschlichen Lebens und seiner Geschlechtlichkeit aus. Liturgie ermöglicht dabei die Einstimmung auf Worte und Melodien, bis die alten erfahrungsgesättigten Texte in Übereinstimmung kommen mit dem Ahnen und Sehnen, dem Hoffen und Suchen von Menschen in Zeit und Gesellschaft.[159]

Ebenso spiegelt das *Evangelium* (Joh 1,35–42) die Suche zur Zeit des Johannes des Täufers wider, wo zwei seiner Jünger zu ihrem neuen Lebensziel aufbrechen. Sie sehen ihren jetzigen Meister, der auf den anderen weist: „Seht, das Lamm Gottes!" Als neue Jünger Jesu werden sie diesem ihre Zustimmung geben und fragen: „Wo wohnst du?" und finden auf ihrer Suche zu ihrer eigenen Beziehung zu ihm. Bis in die Ikonographie wurde hauptsächlich das ‚Lamm Gottes' (Joh 1,29) ins Zentrum gestellt. Das Symbol des stumm leidenden Lammes verwob sich mit der am Karfreitag erinnerten Botschaft vom Gottesknecht. Aufgrund der Auferweckung Jesu erhielt bis in die Bilderwelt der Kunst und des Volksbrauchtums das Lamm ein Kreuz als Würdezeichen.[160] Ohne dieses Wissen entscheiden sich die beiden Jünger des Johannes dazu, dem als ‚Lamm Gottes' bezeichneten Jesus zu folgen. Noch werden sie mit ihm ihre existenziellen Erfahrungen machen, bis sie selbst zu ihrer „Neuauslegung Gottes"[161] finden. Denn im Wort Jesu „Kommt und seht!" schwingt mit, was das Aufbrechen zu neuen Lebenszielen erforderlich macht: Aufbruch aus Trägheit und Bedächtigkeit, aus Intoleranz oder gar Gewaltbereitschaft. Dieses „Kommt und seht!" macht neugierig, bringt in Bewegung, verleiht Verbindung untereinander, drängt zu verbindlichem Engagement in der Zeit-Stunde. Unzählige Menschen der Jetzt-Zeit sind geprägt von solch persönlich-mündigen Glaubenserfahrungen – dies gilt es seitens der Kirchen anzuerkennen.

Dritter Sonntag im Jahreskreis

Viel Gewissheit liegt im *Eröffnungsvers* (Ps 96), wo dem HERRN ein neues Lied gesungen sein will.

Von anderer Art hingegen ist das Empfinden, welches bodenlose Ungewissheit in einem Menschenleben aufbrechen lassen kann. So macht die *erste Lesung* (Jona 3,1–5.10) bekannt mit Jona, der Ninive die Strafbotschaft bringen soll. Wie wird es dieser „großen Stadt vor Gott" ergehen? Die Leute von Ninive glauben diesem Gott, ändern sich und stimmen Gott um. Sie zeigen sich fähig zu grundlegender Wandlung. Die leicht ironische Brise, die das kleine Jona-Buch atmosphärisch umweht, macht bekannt mit einem absolut gütigen Gott, der die Abgründigkeit und Absurdität eines Menschenlebens begreift und ins Lot stellen will. Das Jona-Buch zeigt schließlich einen reuigen, barmherzigen Gott, dem Menschen in unterschiedlichster Haltung begegnen. Es lässt sich fragen: Ist Jona wie ein Don Quijote des Ersten Testaments?[162] Jedenfalls zeigt er sich bis in seine „frömmlerische Fehleinschätzung"[163] als äußerst skeptischer Mensch, dem noch die ironischste Anzeige Gottes mit dem schattenspendenden Rizinusstrauch und einem nagenden Wurm gleichgültig scheint.

Glaubenskraft wird hier nötig, um nicht in überfordernde Resignation zu sinken und mit dem heilsgewissen Psalmisten den *Antwortgesang* zu beten: „Zeige mir, HERR, deine Wege." (Ps 25)

Die *zweite Lesung* sieht die Gestalt dieser Welt vergehen (1 Kor 7,29–31) und wie sich Menschen auf Widersprüche einlassen müssen: eine Frau ‚haben' und so sein, wie keine zu ‚haben', weinen, als weine man nicht, sich freuen und dennoch nicht. Es sind – verständlich unter dem Blickwinkel der Naherwartung – trotz allem paradoxe Absurditäten.

Mit dem *Evangelium* (Mk 1,14–20) geht der Ruf an Fischer, die vor den Augen ihres Vaters beruflich umsatteln. Es ist wie ein Flüchten aus angestammten Gewohnheiten. Oder *müssen* sie einfach ihren Arbeitsplatz verlassen? Jesus steht da als einer, der sie zu ganz anderem, zum Menschenfischen motiviert. Diese irreal anmutende Ausgangssituation des unmittelbaren „In-die-Nachfolge-Tretens" der Jünger erscheint Menschen wie diesen zunächst ebenso absurd, die ihren Arbeitsplatz verlieren und ihre Familie damit erschrecken müssen. Der horror vacui, den eine langanhaltende Arbeitslosigkeit auslösen kann, trifft auf eine Botschaft, die andere Sinn-Ebenen jenseits überlebensnotwendiger Arbeit ins Zentrum rückt. Eine Botschaft mit Kontrastwirkung auf heutige Gesellschaften?

In der Feier der *Kommunion* kann im Gebet (Ps 34,6) mit Blick zum Herrn das Gesicht wieder „leuchten, und (ihr) braucht nicht zu erröten". So wurde – um ein Beispiel zu nennen – das Empfinden bodenloser Ungewissheit im Leben eines Mannes, dessen Langzeitarbeitslosigkeit ihn an absurde Grenzen führte, zur Prüfung des eigenen Glaubens. Danach bezeugte er mir gegenüber: „Ein anderes Wort gab mir Rückhalt in schwieriger Zeit: Du führst mich hinaus ins Weite und machst meine Finsternis hell." Auf diese Weise erlebte der Betroffene unmittelbar die Zuwendung göttlicher Transzendenz. Daraus nährt sich das Bild einer Gottheit, die sich mit Gefühl und Leidenschaft, Herz und Seele, Einsatz und Todesmut engagiert und schließlich in Jesus zum „handelnden Subjekt unserer Geschichte" wurde.[164] Ein Grund mehr, von Jesus zu reden und sich an seiner Haltung zu orientieren.

Vierter Sonntag im Jahreskreis

Die Bitte „Rette uns, HERR … führe uns aus den Völkern zusammen" formuliert der *Eröffnungsvers* (Ps 106,47).

Ihm folgt mit der *ersten Lesung* (Dtn 18,15–20) die Erinnerung Moses an die Zusage des Herrn, einen Propheten zu schicken. Donner und Feuer wie am Gottesberg waren zu extrem, da zu furchterregend, um sie nochmals zu hören und zu sehen. Nun lautet die Botschaft, die Mose vom Herrn zu sagen bekommt: „Einen Propheten wie dich will ich ihnen mitten unter ihren Brüdern erstehen lassen. Ich will ihm meine Worte in den Mund legen, und er wird ihnen alles sagen, was ich ihm gebiete" (V 18). So wird Prophetie durch alle Zeiten die Einwilligung der ganzen Person, gar die totale Offenheit für diesen Dienst brauchen – gelegen oder ungelegen. Zeichenhaft soll echte Prophetie sein, sonst verlöre sie jede Glaubwürdigkeit. Nur so wird er oder sie zu den Menschen reden können, wenn auch ungewohnt herausfordernd, gar irritierend. Der Menschheit ist die Gottesweisung vom Horeb zugemutet und gleichzeitig durch Machtanspruch und Verniedlichung permanent abhandengekommen. Wird darum das „Ohr der Menschheit" nach Auschwitz die prophetische Stimme hören? Dann, „wenn die Propheten einbrächen", wie *Nelly Sachs* 1946 flehend fragte:

> … *Wenn die Propheten aufständen / in der Nacht der Menschheit / wie Liebende, die das Herz des Geliebten suchen, / Nacht der Menschheit / würdest du ein Herz zu vergeben haben?*[165]

In der Nacht der Menschheit suchen Menschen nach einer neuen Kultur des Zuhörens in ihren Beziehungen, nach Formen des Widerstands, um dem Sterntod zu entgehen, nach neuen Formen des Dienstes in Gottes Volksversammlung.

Ein Stück weit verdeutlicht dies die *zweite Lesung*, auch wenn ihre Intention auf die Lebensformen der Unverheirateten und Verheirateten eingeht (1 Kor 7,32–35). Immer gilt es „in rechter Weise dem HERRN zu dienen". So kann etwa das letzte Wort darüber nicht gesprochen sein, dass nur ehelos lebende Männer in der Sozialgestalt der römisch-katholischen Kirche für heute in „rechter Weise" dem HERRN dienen können.

Im *Evangelium* (Mk 1,21–28) wird die öffentliche Wirkung der Predigt Jesu augenfällig und es kommt zum heißen Konflikt in der Synagoge. Jesus heilt denjenigen, der als Besessener in ihm den ‚Heiligen Gottes' erkannt hat.

Sagt dieser das, weil hier einer erfüllt von Vollmacht und innerer Freiheit tut, was er predigt? Die wirksame „neue Lehre“ wird die Geister scheiden müssen. Es bedarf hier keiner Schrift- und Traditionsbeweise. Hier wirkt allein die Person des öffentlich auftretenden Jesus. Es ist dics cin Kernstück der Botschaft, die weder privatisierend noch unpolitisch noch als einschränkend gelesen werden müsste, wenn es innerkirchlich z. B. um die Entwicklung neuer Formen des kirchlichen Dienstes geht – wo die sakramentale Vollmacht unter den Getauften weiterhin ungleich verteilt ausgeübt wird. Die Wirkung der Predigt Jesu in der Synagoge hallt darum nach bis in die innerkirchlichen Auseinandersetzungen der Gegenwart.

Fünfter Sonntag im Jahreskreis

Die Feiernden sind im *Eröffnungsvers* eingeladen, mit Ps 95,6 f. zu sprechen: „... lasst uns niederknien ... Denn er ist unser Gott."

Im Kontrast zu diesem Glauben an den Schöpfer steht die Verdichtung absolut horrender Kontingenzerfahrung in der *ersten Lesung* (Ijob 7,1–4.6–7). Das Leben des Menschen auf der Erde: Kriegsdienst? Tagelöhner-Dasein? Gesättigt allein mit Unrast? Schneller als das Weberschiffchen eilen die Tage. Pessimismus schlägt durch. Das Leben ist nur ein Hauch; nie mehr schaut das Auge Glück. Über allem Leben nur mehr Enttäuschung? Erfahrungen langjähriger Depressionen lassen einen Zeitgenossen einige Erkenntnisse aufschreiben. Zahlreiche Male fragt er: Wozu meine Krankheit? In sein Tagebuch notierte er: „Meine Seele liegt hart am Boden und sehnt sich nach Himmel." Über Jahre sucht er intensiv nach Gott. Vieles von seinem letzten Vertrauen ins Leben war ihm weggebrochen. Ijobs Leid-Erfahrungen gingen ihm nahe. Hart am Boden angekommen, gewinnt er mit der Zeit neues Vertrauen – gestützt durch Therapie und feinfühlige Mitmenschen. Längere Jahre dauert seine Genesung. Er lernt, für seine Seele Sorge zu tragen, sie regelmäßig Spazieren zu führen. Mit der Zeit kommt er heraus aus den Gitterstäben seiner eigenen Gefängniszelle. Die Ijob-Erzählung ist Mahnmal dafür, wie dem Glaubensweg abgründigste Erfahrungen zugemutet sind, die Suche nach Gott widersprüchlich bleibt und Menschen gut daran tun, sich keinen Wellness-Gott zu zimmern.

Die *zweite Lesung* (1 Kor 9,16–19.22–23) scheint auf derlei Erfahrungen zu antworten. Paulus, der im Dienst des Evangeliums stehen *muss*, bekräftigt schlicht, allen alles geworden zu sein, um „jedenfalls einige zu retten". Denn er tue alles, um „an der Heilsbotschaft teilzuhaben". Unwiderstehlich treibt ihn ein innerer Drang, gar Zwang.

Er tritt in die Fußstapfen Jesu, von dessen Wirken in Kafarnaum das *Evangelium* (Mk 1,29–39) berichtet. Die Kennzeichen des Wirkens sind im heilenden und befreienden Tun ebenso erkennbar wie im Beten an einem einsamen Ort. Die Kontemplation bleibt jedoch nicht am einsamen Ort, sie drängt zur Mitteilung, zur Kommunikation und zu erneut heilendem Tun. Diesen Impuls aus den Anfängen des Christentums nahm im 20. Jahrhundert eine ökumenische Bewegung mit europäischer Wurzel in Taizé/Burgund auf. Wem eine vertiefte und gleichzeitig herausfordernde Begegnung mit diesem Ort in Frankreich vergönnt war, erhielt nachhaltige spirituelle Förderung, die zur Begleitung von Menschen befähigte – sowohl im Blick auf die Stärkung Suchender wie auch auf die dem christlichen Weg inhärente Motivation zu sozialethischem Tun. In die Fußstapfen der frühen Kirche treten, führt ins „Anderswohin!". Anders als ins Gewohnte dessen, „was man als Kirche identifiziert", um an „anderen Orten unserer Kultur zu ermöglichen, dass das Evangelium Glauben weckt und neue Ausdrucksformen … generiert".[166]

Sechster Sonntag im Jahreskreis

„Schützender Fels“, „feste Burg“ (Ps 31,3 f.) sind die Bilder, die im Gebet des *Eröffnungsverses* genannt werden. Sie reflektieren die Suche des Menschen nach Halt und Geborgenheit. Gleichzeitig ist die Hoffnung ausgesprochen, dass der Angerufene um seines Namens willen den Bittenden führen und leiten möge.

Die *erste Lesung* (Lev 13,1–2.45–46) enthält konkrete Hinweise aus dem Mund des Herrn. Der Text konfrontiert mit der Verarbeitungsstrategie, welche von Gott her die Begrenzung des Lebens durch Krankheit und Tod verstehen lässt.[167] Die hier gemeinte „Unreinheit“ sondert wie eine Krankheit aus der konkreten Gemeinschaft aus, was weitere Fragen provoziert. Mit Israel gelesen, ist die Unreinheit (Aussatz), mit welcher z. B. Mose oder auch Mirjam geschlagen werden, Signal für die Auflehnung gegen Jahwe. Die „Wiederaufnahme in die Gemeinschaft wird durch Riten begleitet (Lev 14)“.

Die *zweite Lesung* (1 Kor 10,31–11,1) macht mit dem erneut werbenden Paulus bekannt: Alles, was man tut, tue man zur Verherrlichung Gottes; kein Anlass zu Vorwürfen von wem auch immer, untadelig und alles zum Nutzen aller. Vorbild sei Paulus, der selber Christus zum Vorbild nimmt.[168] Mit Haut und Haaren ist Paulus mit Christus verbunden.

Die totale Identifikation wird mit dem *Evangelium* (Mk 1,40–45) auf folgende Weise begründet: Jesus will, dass der Aussätzige rein wird und hält ihn an, sich ohne ein Wort zu sagen, dem vorgesehenen Reinigungsritus zu unterziehen. Es zeigt sich hier, wie Jesus sein „kristallklares Judentum“ lebt.[169] Der Geheilte durchbricht seine bisherige Absonderung und wird nicht zu halten sein; er wird davon anderen erzählen müssen, nachdem er sich mit der Person des heilenden Mannes aus Nazaret totalidentifiziert hat. Es geschieht wie eine Implosion in einem Menschen, der auf konkreteste Art Heil und Gesundheit erfährt.

Welche heilenden Momente könnten in heutiger Liturgie möglich werden? Wie könnte dies zum Ausdruck gelangen? Man möchte einen Gong, das Hörinstrument ‚par excellence‘, erklingen und seinen Nachhall über längere Momente in das Geschehen der Liturgie einfließen lassen. Oder das Ausklingen einer Klangschale vernehmen, die unterdessen an nicht wenigen Orten in kirchlichen Feiern genutzt wird. Es kann dies ein erstes Mal vor dem Tagesgebet geschehen als Endpunkt des langen Eröffnungsweges und Auftakt vor den Lesungen und später als Einschub in Eucharistiegebete, die vom Priester mit achtsam verkündender Stimme vorgetragen werden. Eucharistiegebete in dieser ästhetisch-musikalisch verdichteten Form können inneren Nachhall auslösen, vorausgesetzt, sie werden gut rhythmisiert gesprochen und stützen das Mitgehen der Gemeinde.

Siebter Sonntag im Jahreskreis

Wer mit dem Psalm 13 den *Eröffnungsvers* „Ich baue auf deine Huld" beten kann, beginnt den Gottesdienst aus starkem Vertrauen. Allerdings ist eine unbelastete Haltung des Vertrauens in säkularer Zeit kaum verbreitet, wie sich in der Seelsorge zeigt, die sich vorwiegend diffusen Lebensgefühlen gegenübersieht. Kommt die Rede beispielsweise auf Sünde oder Schuld, finden sich wenige zurecht beim Unterscheiden falscher von echten Schuldgefühlen.

Ebenfalls im Kontrast zur Alltagswelt steht die *erste Lesung* aus Jes 43, die bildlich Türen aufstößt: „Seht, ich schaffe Neues …" Ein „Weg in der Steppe", „Pfade in der Wüste" tun sich auf. Nicht der Blick auf Verfehlungen und Schwächen steht in der vollständigen Perikope (V 18–26) im Vordergrund. Der Transzendente will „deine Vergehen tilgen", „deiner Sünden"[170] nicht mehr gedenken. Folge ich der Diagnose, dass hier Gott wie ein Rapper als ‚Master of Ceremony' auftritt, der ironisch auf sein Volk schaut, ist es konsequent, dem biblischen Gott letzte Kompetenz bei der Sündenvergebung zuzuschreiben.[171] Loben und Preisen müsste die Folge sein, was in der Gegenwart nicht mehr selbstverständlich zu sein scheint. Aber: „Ein Übermaß von Kritik hindert Lob. Kritik ist nicht die einzige Haltung, dieser Gesellschaft und dieser Welt zu begegnen. Auch der Lobende muss die Welt aushalten und bestehen … Einzige Form eines wachen Bewusstseins ist Kritik nicht … Naiv kann Lob von wachen Zeitgenossen nicht mehr gesprochen werden … Geistig und materiell anspruchsvolle Menschen müssen aus heutigem Bewusstsein dem Lob Sprache suchen".[172]

Womit sich fragen lässt, wie im Gesamt einer Liturgie sinnvoll mit Loben und Preisen umgegangen werden kann. Denn in welcher Haltung sich Menschen zum Gottesdienst versammeln und sich auf die Feierhandlungen einlassen, ist nicht von vorneherein bestimmbar. Es bedarf stärkerer Wahrnehmung der Raum- und Zeit-Hülle, in der Menschen feiern ebenso wie das Eingehen auf Gewöhnung im kultischen Ablauf für alle, die unterschiedliche Erwartungen und Bedürfnisse nach gemeinschaftlich erfahrener Spiritualität haben. Je mehr für die Einzelnen in der Eröffnung der Versammlung ein persönlicher Zugang – und sei dies bei entsprechender Gelegenheit mit kräftigem Loben – gelingt, desto stärker ist den Anwesenden das Eintreten in den Gang der Feier möglich. Anders gesagt: Es gilt in jedem Kirchen-Raum die ‚innere Uhr' auf das Geschehen der Feier einzustellen.[173]

Mit der *zweiten Lesung* (2 Kor 1,18–22) wird eine Zusage gemacht, die das Ur-Vertrauen jedes Mitfeiernden stärkt: Gottes Sohn Jesus Christus ist „das JA zu allem, was Gott verheißen hat." Gott also festigt sowohl Paulus wie seine Adressaten, hat „alle gesalbt“, allen „sein Siegel aufgedrückt“ und den Geist in die Herzen gegeben. Diese Aussagen drängen danach, als Grundmotiv christlicher Existenz ausgelegt zu werden. Die Tagesliturgie wird versuchen, dies in symbolisch-ritueller Verwirklichung erfahrbar zu machen, sodass menschliches Suchen nach Vertrauen zu ihrem Ziel kommt.

Dieses Grundmotiv bestätigt das *Evangelium* (Mk 2,1–12), welches ebenso dem Thema der Sündenvergebung Raum gibt. Jesus kann sich dem Wunsch nach Heilung und Vergebung nicht entziehen. Ein unwahrscheinlicher Vorgang leitet atmosphärisch diese Szene ein – der unbändige Glaube derer, die einen Gelähmten zu Jesus bringen wollen und den Aufwand nicht scheuen, dafür ein Dach abzudecken. Die Lebensgeschichte dieses Menschen nimmt eine Wendung, die eine stark werbende Wirkung auf die Umgebung hat. „Vor aller Augen“ kann er sich endlich wieder selbstständig auf den Weg machen. In der Folge geraten alle außer sich, preisen Gott und bestätigen, Ähnliches nie gesehen zu haben.

Grundlegende Erfahrung vermittelt der *eröffnende Vers*: „Der HERR wurde mein Halt, er führte mich hinaus ins Weite …" (Ps 18). Er lenkt den Blick auf das zurückliegende Leben, das durch Engen und Schluchten geführt hat und weitet den Horizont.

Dann hebt die *erste Lesung* aus Hosea 2 die beständige göttliche Treue Gottes gegenüber seiner „treulosen Braut" hervor. Durchwirkt von sehnsüchtig-verbindender Liebeskraft ist der göttliche Zuspruch: „Ich werde Israel, meine reulose Braut, in die Wüste gehen lassen und ihr zu Herzen reden." Drei Mal setzt je ein Satz an mit: „Ich verlobe dich mir …" und gelangt zur Aussagespitze: „Dann wirst du den HERRN erkennen". Eine intime Beziehung wird hier beschrieben, die Sanftheit und Weisheit enthält und einfordernde Liebe trotz der Untreue des Volkes ebenso wie zuverlässig gelebte Treue ihm gegenüber. Die Du-Anrede verdichtet diesen Eindruck, womit die Erkenntnis Gottes personal verankert wird. Im Vergleich dazu steht die heutige Gott-Suche, die sich mehr der Ahnung eines Lebensgottes hingibt, der sich mit dem Dasein der Menschen verbindet.[174] Sie tendiert in gegenwärtiger Lebenswelt mehr dazu, aus persönlicher Erfahrung heraus zu wachsen als zum Ausdruck eines Kollektivs zu werden, das in der Wüste die „unmittelbare Abhängigkeit von Gott" am „idealisierten Ort der reinen Gottesbeziehung" erfuhr.[175] Dort setzt sich Gottes Treue durch, traut sich ewig dem Volk an um den besonderen Brautpreis von Gerechtigkeit, Recht, Liebe und Erbarmen. Es ist letzte Verlässlichkeit, die diese Treue charakterisiert und gemäß dem Talmud „jenseits der Gesetzesnorm" geschieht.

Die Verse des *Antwortpsalms* (Ps 103,1–4.8–13) münden in einen Satz, der zeitlos die Gott-Mensch-Beziehungen verdichtet: „Wie ein Vater sich seiner Kinder erbarmt, so erbarmt sich der HERR über alle, die ihn fürchten." Die Treue Gottes ist das Movens seines Erbarmens gegenüber allen, die sich auf das Menschenmögliche beschränken und nicht in Größenwahn verfallen.

Hier bietet die *zweite Lesung* (2 Kor 3,1b–6) eine weitere Brücke zur intimen Schau in die Beziehung zu Gott. Paulus findet in den Adressaten seines Briefes sein „Empfehlungsschreiben". Alle Menschen können es lesen und verstehen. Das Medium dazu ist nicht eine fixe Schreibtafel, sondern lebendige menschliche Herzen. Das durch Christus geschenkte große Vertrauen zu Gott stammt letztlich von Gott. Und die Fähigkeit, in lebendiger Kommunikation „Diener des Neuen Bundes" zu werden, ist geprägt vom göttlichen Geist, der lebendig macht. Von daher ist es kein großer Schritt zu erkennen, wie spirituelles Suchen auf die Förderung persönlicher Identität und lebensbejahender Religiosität ausgerichtet ist. Mit Fug und Recht gilt dies über den Kreis der eigenen Glaubensgemeinschaft hinaus, da göttlicher und lebendig machender Geist die Grenzen der Religionen überschreitet und den Keim zur Ökumene göttlicher Weite immer wieder antreibt.

Von ähnlicher ‚Leichtigkeit' ist das *Evangelium* (Mk 2,18–22) erfüllt, das eine heitere Grundstimmung in der Vorstellungswelt des Verkünders Jesus erahnen lässt. Was anders als heiter sind die Assoziationen an Hochzeitsgäste, Stoffstücke, und den jungen Wein, der in neue Schläuche gehört? Freudiges und Lebensbejahendes einer Botschaft, die mitten in der Alltagswelt ankommen will.

Neunter Sonntag im Jahreskreis

Die Verse zur *Eröffnung* aus Ps 25 bitten um die Zuwendung Gottes, die der Einsame und Gebeugte benötigt. Ein Grunddatum menschlicher Befindlichkeit ist und bleibt Einsamkeit, die ausgehalten werden muss: „Uns allen gemeinsam ist eine schreckliche Einsamkeit. Tag für Tag geht eine verzweifelte Frage in unserem Kopf herum: Sind wir allein in der Wüste des Ich, allein in diesem stummen Universum, dessen Teil wir sind und in dem wir uns doch als Fremdlinge fühlen?“[176] Gebeugte und gebrochene Existenzen, die sich innerer und äußerer Not gegenübersehen, sind gefordert und fristen mehr in großen Belastungen ihren Alltag, als dass sie den Rhythmus von Arbeiten und Ruhen ausgestalten können. Da spricht die Bemerkung eines Leder-Bearbeiters in einer Vorstadt der Zentralschweiz Bände: „Es muss doch der freie Sonntag noch gelten, sonst bleiben wir nicht Menschen.“

Unter diesem Blickwinkel die *erste Lesung* aus Dtn 5 hören und die Beachtung des Sabbats als Ruhetag aufnehmen, konfrontiert mit unterschiedlichen Aspekten. Zum einen mit der Frage, wo und wie Menschen, die in übermäßig ökonomisierter Lebenswelt stehen, Raum finden können, nicht nur sich zu regenerieren, sondern sich sonntags dem ewig offen gehaltenen Transzendenz-Fenster zu öffnen.[177] Im Licht der Verse 12–15 aus Dtn 5 unterstrich *Abraham J. Heschel* das Wesen des Sabbats. Er sei eine „Erinnerung an das Königtum jedes Menschen, an die Abschaffung der Unterschiede zwischen Herren und Sklaven, zwischen reich und arm, zwischen Erfolgreichen und Versagern. Den Sabbat feiern heißt, die totale Unabhängigkeit von Zivilisation und Gesellschaft, von Leistung und Streben erfahren. Der Sabbat ist die Verkörperung des Glaubens, dass alle Menschen gleich sind und dass die Gleichheit der Menschen untereinander den Adel des Menschen ausmacht … Der Sabbat ist die Bestätigung, dass Gottes Geist größer ist als das Universum; dass hinter dem Guten das Heilige steht.“ Der Sabbat brauche „die Gemeinschaft mit den anderen Tagen. Alle Tage der Woche müssen mit dem siebten Tag in geistigem Einklang stehen … Was der Sabbat unter den Tagen ist, das ist der Geweihte, der talmid chacham, unter uns, den gewöhnlichen Menschen. Der Geweihte weiß, wie man die Zeit heiligt. Er wird nicht geblendet von der Pracht des Raumes, sondern bleibt aufmerksam für die göttliche Tangente am wirbelnden Rad des Lebens. Der Sabbat ist mehr als ein Tag, mehr als der Name für den siebten Teil der Woche. Er ist Ewigkeit in der Zeit, der geistliche Hintergrund der Geschichte.“[178]

Mit dem Sabbat schreibt letztlich Gott an seiner Geschichte mit den Menschen. Die Hinweise von *Heschel* sind daher auch für die christliche

Sonntagskultur von hoher Aktualität:[179] „*Was wir sind*, hängt davon ab, was der *Sabbat für uns* ist. Das Gesetz des Sabbattages ist im Leben des Geistes, was das Gravitationsgesetz in der Natur ist."

Ruhetage wie der Sabbat und der Sonntag tragen Widerstandskräfte in sich gegen das totale Vernützlichen des Daseins – der übermäßigen Ausbeutung der Arbeitskraft ebenso wie der Übernutzung der gesamten Mitwelt. So kann die Einzigartigkeit eines Tages in der Woche, der Ruhe und Öffnung zur Transzendenz verspricht, Grund zum *Antwortgesang* (Ps 81) sein, in dem die Einzigkeit Gottes gelobt wird; jenes Einen, der je aus der Erfahrung der Verknechtung herausführt, die mit der altisraelitischen Zeit in Ägypten verknüpft war.

Die *zweite Lesung* bewegt zu neuer Hinkehr (2 Kor 4,6–13). Gott selbst ist „Licht in unseren Herzen" geworden. Diese innerlich getragene Ausstrahlung eines Menschen bleibt gefährdet. Sie wird in zerbrechlicher Existenz als „Schatz in irdenen Gefäßen" mitgetragen. Trotzdem ist Paulus von der Gewissheit getragen, dass ein Übermaß an Kraft von Gott und nicht aus dem Menschen selbst kommt, auch wenn er absolut in die Enge getrieben wird. Ein weiteres Mal kann die global auftretende Armut der Gegenwart aufgezeigt werden.[180] Denn in der weitverzweigten Arbeitsgesellschaft treten vielfach mehr Menschen in einen zwangsweise verordnet höheren Arbeitsrhythmus. Viele müssen einer Tätigkeit hier und einer anderen Tätigkeit dort nachgehen, um zu überleben.

Als ein kritischer Fokus dazu gewichtet das *Evangelium* (Mk 2,23–3,6) die Sabbat-Frage. Es geht darum, die Balance zu finden zwischen notwendigen Tätigkeiten und überraschenden Momenten, die durch menschliche Begegnungen am Sabbat möglich werden. Wenn Menschen hungern, müssen sie selbst am Ruhetag notwendigerweise etwas dagegen tun. Das Fenster zur Transzendenz wird ‚geerdet', wo im Zwischenhalt des Alltags *und* Sonntags heilende Begegnung durch die Sättigung Hungriger möglich wird. Dazu stärkt nicht zuletzt eine menschennahe Sonntagsliturgie.

Zehnter Sonntag im Jahreskreis

Licht, Heil und Kraft sind die Wesenszüge des Herrn für die Person, welche die *Eröffnungsverse* (Ps 27,1 f.) betet. Weder Erfahrungen von Halluzinationen noch von Illusionen sind angesprochen. Vielmehr menschliche Ahnungen von Licht, Heil und Kraft, die sich wie bei *John Henry Newman* zur Gewissheit verdichten, weil Menschen durch ihr Beten im Einfluss der Transzendenz „durchlichtet" und gestärkt zu tätigem Zeugnis angestiftet sind. Dies bedeutet, das Leben mit anderen zu teilen, es zu schützen und zu fördern.[181] Durch alle Generationen dieser Erde stehen Menschen vor der Auseinandersetzung mit Gut und Böse, wählen auf Grundlage ihrer Freiheit ihren Weg und sind „zum Partner Gottes aufgerufen".[182]

Die *erste Lesung* (Gen 3,9–15) lässt darum spontan fragen: Welchen Glauben hatten Menschen am Anfang? Das hoch intime Einzelgespräch zwischen Gott und seinen Partnern im Garten macht hellhörig für die Tatsache, dass das Abschieben jeglicher Verantwortung die Grundversuchung menschlicher Existenz ist. Die Zuhörfähigkeit ist zerbrochen, sodass seit Anfang der Fall ist, was als Ur-Sünde der Nicht-Kommunikation bezeichnet wurde.[183] Adam und Eva reden je für sich daher und schieben ab, was sie unbedingt angehen will. Sie können einander nicht wirklich Partner*in sein. Das Ganze ist zerbrechlich. Und die Worte und Taten, die folgen, bringen sie auseinander. Eine Freiheit, die sich am anderen misst und ihm gegenüber in Verantwortung steht, ist nicht in Sicht. Innen aber, in den Menschen bleiben die Erinnerung und die trügerische Rückschau in die paradiesische Freiheit. Der bemerkenswerte Schluss der Lesung: Jetzt wird Feindschaft zwischen Tier (Schlange) und Mensch sein. Die Tiere wird es am Kopf treffen, die Menschen an den Fersen. Wird damit für immer Angst in der gesamten Mitwelt herrschen?

Es scheint, dass in jeder Generation die Verdrängung der Schuld zur neuen Herausforderung wird und die Menschen deshalb ihr De profundis (*Antwortpsalm* Ps 130) zu ihrer Zeit rufen lässt.

Daran schließt die Intention der *zweiten Lesung* (2 Kor 4,13–5.1) an, mit welcher Paulus das Vertrauen in den stärkt, der die Menschen wie Jesus auferwecken wird. Gegen alle Vergänglichkeit wird ein neuer Mensch werden, der sein Tun und Lassen nicht allein auf Leistung und Erfolg ausrichten wird. Eine Einsicht, die auch jenen gilt, die sich unermüdlich im kirchlichen Dienst abrackern: „Aber könnte die Kirche auf den Philippinen auch auf andere Weise missionarisch sein? Ich weiß es nicht. Ich weiß nicht, welche Art von Gott wir offenbaren würden, wenn wir nicht den Weg der Bedeutungslosigkeit, der Einfachheit und der Armut einschlügen und auch die Gefahr des Scheiterns in Kauf nähmen. Ich weiß nicht, ob eine Kirche, die immer erfolgreich sein und gute Resultate vorweisen will, ihrer in den Horizont der Inkarnation hineingestellten Mission entspricht. Die Sendung Jesu, die von der Inkarnation ausgeht, macht, kurz zusammengefasst, einen Gott kund, der sich auf die menschliche Geschichte einlässt; der in alle Dimensionen des menschlichen Lebens und Daseins eintreten und darin herrschen kann; und der in der Bedeutungslosigkeit, in der Verborgenheit, im Leiden und in der Armut regiert."[184] Denn Unsichtbares hat Ewigkeitscharakter und wird im Blick auf die Zeit jenseits des Sterbens durch Paulus im Bild festgemacht, da für ewig „im Himmel" ein Haus errichtet ist, das nicht von Menschen stammt. Jetzt aber ist es das Ziel, den Willen Gottes zu erfüllen.

Dies deckt der Schluss des *Evangeliums* (Mk 3,20–25) mit seiner radikalen Kritik am idealisierten Bild von Familien auf. Wer den Willen Gottes erfüllt, ist für Jesus Bruder, Schwester und Mutter. Der Gott Jesu sprengt soziale Vorstellungen von heiler Welt und gleichzeitig bleibt Jesus selbst realistisch. Auch Familien haben keinen Bestand, wenn sie in sich gespalten sind. Die Aussage-Spitze liegt wohl darin, dass Verbindung und Solidarität erst dort wachsen, wo sich tatsächlich etwas tut und sich darin persönliche Gewissheit herausschält: „Dies und das erkennen wir nun als Gottes Wille!" Festgestanzt ist dies nicht, denn die herausfordernde Frage bleibt: Was heißt es gegenwärtig, den Willen Gottes zu verwirklichen? Verantwortung zu übernehmen, enthält gleichzeitig die Gefährdung, etwas verwirken zu können. Dennoch: Frau und Mann, Familien und Gesellschaften sind darauf ausgerichtet, ihr Menschsein in Beziehung zu leben. Dabei Letztgültiges, Transzendenz, Gott außen vorlassen, kann in den geistlichen Tod führen. Generationen von Denkenden mühen sich um das Andenken Gottes, um sein Schicksal im Geschick der Welt. Zwei Gedankengänge zeigen dies, je aus anderem Kontext stammend. *Eugen Drewermann*, sich Sorge machend um den wirklichen Menschen: „Es ‚gibt' keinen Gott, der sich um uns kümmert; doch in unserem Kummer selbst lebt der Gott, der macht, dass es uns gibt: als wirkliche Menschen." Dann *Raimon Pannikar*, für den die Dynamik des Zusammenwirkens von Gott und Mensch elementar ist: „Gott und Mensch stehen sozusagen in einer engen und wesenhaften Beziehung des Zusammenwirkens, um die Wirklichkeit zu gestalten, die Geschichte zu entfalten und die Schöpfung fortzusetzen. Es ist nicht so, dass der Mensch sich hier auf Erden abrackert, während Gott ihn von oben beaufsichtigt und ihm Belohnung oder Strafe in Aussicht stellt. Es gibt eine Bewegung, eine Dynamik, ein Wachstum in dem, was die Christen den mystischen Leib Christi und die Buddhisten *dharmakâya* nennen, um nur zwei Beispiele anzuführen.

Gott, Mensch und Welt sind einem einzigartigen Abenteuer verpflichtet, und diese Verpflichtung macht die wahre Wirklichkeit aus."[185] Durch dieses Abenteuer gehen Menschen weltweit, ausgehend von ihren Kernfamilien, die dies unterdessen angesichts wachsender Spannungen in ihrer Lebenswelt – seien es politische, soziale oder wirtschaftliche Entwicklungen – als große Zumutung erfahren.

Elfter Sonntag im Jahreskreis

Die Tagesliturgie *eröffnet* mit Ps 27,9: „Du Gott meines Heils".

Befremdend und gleichzeitig überraschend spricht in der *ersten Lesung* (Ez 17,22–24) Gott selbst. Eine selbstbewusste Entität. Ein ICH, dessen Identität anerkannt sein will. Er wird zum Baumzüchter im schwierigsten Umfeld und erweist seine Schöpfermacht. Diese selbstbewusste und starke Gott-Person trifft heute – kontrafaktisch – auf Hörende, welche sich selbst als einsam und begrenzt erfahren. Dabei nennen wir Heutigen nicht zuallererst Gott und Transzendenz als unser Glück und unsere Kraft, die uns trägt. So besehen kommt religiöse Erfahrung, die Identität stiftet und nach der Hinreise in die eigene Tiefe mystischer Tradition auch die Rückreise in die Gegenwart antritt, nicht darum herum, neue Anpflanzungen anzulegen und den Glaubensvollzug im Kultur-Kontext zu verankern.[186] Liturgiepraktisch mag sich das so ausdrücken lassen, dass ein kleiner Same bzw. eine kleine Pflanze einem hohen Gewächs gegenübergestellt wird. Die natürliche Mitwelt zeigt in allem, was gesät wird, heranwächst und gedeiht den Drang nach Höhe und Größe, wird aber auch auf unbegrenzte Ausdehnung verzichten müssen.

Der folgende *Antwortpsalm* (Ps 92) schließt mit stärkender Motivik daran an, die im Sprachfluss zu erkennen ist: „Schön ist es, dem HERRN zu danken". Die Verben verdichten, was die betende Person trägt: spielen, verkünden, gedeihen, wachsen, pflanzen, Frucht tragen, voll Saft und Frische bleiben, und schließlich verkünden, dass der „HERR … mein Fels" ist.

Die *zweite Lesung* 2 Kor 5,6–10 leiht entsprechend Worte für einen Glauben, der in seiner griechischen Umwelt Wurzeln zu schlagen beginnt. Unvermeidlich ist es für Paulus, sich „im Leib zu Hause" zu erkennen und damit „fern vom HERRN in der Fremde". Zerrissen und zerstreut ist des Menschen Existenz bis in die Gegenwart. Umso mehr kennt die Gesellschaft heute den Kult um den schönen Körper – letztlich gejagt von pathologischer Selbstbezogenheit. Paulus dagegen gibt mit seinem realistischen Glauben die Grundlage für eine zuversichtliche Ausrichtung.

Diese Intention treibt das *Evangelium* (Mk 4,26–34) weiter, in welcher die Jesus-Rede, literarisch mit obiger Ezechiel-Perikope verknüpft, anschauliche Bilder zeichnet.[187] Wie noch in Ez 17,1–10 die politische Situation, die zum Exil führt, mit Bildern zweier Adler, einer Zeder, von Samen und einem Weinstock spricht, deutet Ez 17,24 die Bäume als die Völker, die das Persongeheimnis JHWHs erkennen werden und zeigt die Eigenschaft von Gott, das Kleine groß und das Große klein zu machen. Was dort zur konkreten

Situation des Exils passt, wird im Evangelium literarisch parallel gesetzt und ironisiert: „Wer … die Differenz zwischen großartiger Zeder und der armseligen Senfstaude wahrnimmt, merkt, dass dieses neue Bild etwas Ironisch-Subversives hat, das Träume von imperialer Größe in ein komisches Licht setzt. Gottesherrschaft ist so keine Gegen-Herrschaft zum bestehenden römischen Reich, sondern ein Blick in die Zukunft, die Hoffnung auf die nicht durch menschliches Handeln herbeiführbare, von Gott verheißene Verwandlung der Welt.“ Menschliches Tun ist es, das im Ackerbau dafür sorgt, den Samen zu säen und am Ende zu ernten. Dem Senfkorn als einem der kleinsten Samen kann niemand etwas vormachen. Es ist der Gleichnis-Träger für das Bild vom keimenden und wachsenden (Be-)Reich Gottes. Gottes Geheimniswelt bleibt abzuwarten. Transzendenzerfahrungen erschließen sich dort, wo – trotz nie eingeholter Zukunft – durch die jeweilige Gegenwart Vertrauen heranwächst. Göttlichkeit wird spürbar durch Menschlichkeit. Die Menschlichkeit der Jesus-Rede ist frappant, wenn dieser sich laut nachdenkend fragt: In welchem Gleichnis sollen wir das Reich Gottes beschreiben?

Zwölfter Sonntag im Jahreskreis

Psalm 28,8 f. als *Eröffnungsvers* setzt die Hoffnung der Versammelten ganz auf den Herrn. Er ist die „Stärke seines Volkes", die durch alle Erfahrungen trägt.

Unerschütterliches Vertrauen macht auch die *erste Lesung* (Jjob 38,1.8–11) fest. Aus dem Wettersturm antwortet der Herr dem Jjob, jenem Menschen, der letzten Bedrohungen ausgesetzt ist: Wer hat dem Meer mit Toren Grenzen gesetzt, mit Wolken als Kleid und dunklem Dunst als Windel? Göttliche Intention gegenüber den Wassergewalten wird spürbar, die autoritativ bestimmt: „Bis hierher und nicht weiter!" Tor und Riegel werden gesetzt.

Nach den Erfahrungen Jjobs mit seinen sprichwörtlichen Höhen und Tiefen kann der *Dankespsalm* (Ps 107) das ersehnte Vertrauen ausdrücken.

Da gibt die *zweite Lesung* (2 Kor 5,14–17) dem einzelnen Menschen mit seinem Hang, sich auf sich selbst zurückzuziehen, eine konträre Dynamik mit. Sie entfaltet sich aus der Verbindung mit Christus. Denn in Christus zu sein, macht es möglich, eine neue Schöpfung zu werden. Das klingt nicht postmodern, wo in westlicher Beliebigkeit die Reinkarnationsfrömmigkeit nach anderen Perspektiven sucht.[188]

Auf diesem Hintergrund kann die Verkündigung des *Evangeliums* (Mk 4,35–41) von der Stillung des Seesturms durch Jesus einer lebensdienlichen Spiritualität den Weg öffnen: Angesichts der Ungewissheit über die Weiterexistenz des Menschen ist es dem Evangelium eher gemäß, sich auf die Lebenswirklichkeit *jetzt* einzulassen und nicht einer neuen Vertröstung nachzuhängen, die sich in entsprechenden Slogans zu erkennen gibt: „Freut euch am Ego-Trip!"

Gegenläufig dazu ist einem Denker des Absurden, dem Schriftsteller *Friedrich Dürrenmatt*, ein besonderes Stück in seinem „Papier eines Wärters" über „Die Stadt" gelungen.[189] Darin heißt es: Menschen brauchen sichere Höhlen, in die sie sich „zurückziehen können, und seien es auch nur jene des Schlafs; erst in den untersten Verliesen der Wirklichkeit werden uns auch die genommen". Der Denker des Absurden kennt und benennt das Suchen nach einem Ort für seine ambivalente Existenz.

Wenn nun, mit der *zweiten Lesung* dieses Tages angetönt, das Alte vergangen und Neues geworden ist, kann gesehen, gehört und erkannt werden, was unmöglich scheint: durchaus eine Stillung der Stürme menschlicher Existenz und des rastlosen Suchens nach Heimat.

So ist auch im Kern des Tages-Evangeliums die lebensdienliche Gewissheit eröffnet: „… der Wind legte sich und es trat völlige Stille ein". Daraus kann sich Grundvertrauen entfalten, kann Bestärkung erfolgen, Konflikten und Zumutungen des Alltages nicht durch Abschottung vom Fremden, dafür in anderer als gewalttätiger Weise zu begegnen. Die Stillung des Seesturms zeigt die Ambivalenz menschlicher Existenz, wie ein weiteres Zeugnis einer Zeitgenossin widerspiegelt, die daran geht, in geistlicher Unterscheidung ihren Weg durch die Zeit ihres Lebens zu finden: „Die meiste Zeit meines Lebens habe ich geschluckt, was mit mir vorging. Ich weinte erst, wenn ich im Bett war, und statt zur angemessenen Zeit, stieß ich spät in der Nacht Flüche aus und schlug auf mein Kissen. Und doch konnte ich nicht zurückerlangen, was ich auf die lange Bank geschoben hatte. Es war gestorben. Ich war gestorben. Ich war so gut im Verleugnen meiner eigenen Wirklichkeit, dass ich mich total darin verlor und nicht zurückkonnte. Wenn ich etwas in mir entdecke, das mir hilft, immer wieder eine Zeitlang die alten Wege zu verlassen, dann fühlt sich das großartig an. Ich fühle mich mir selbst nahe und auch Gott."[190]

Dreizehnter Sonntag im Jahreskreis

Kirchen sind Räume, in denen spirituell Gottes Zuwendung geschehen will, worin die versammelten Menschen dieser Zuwendung Ohr, Stimme und Bewegung leihen. Mit dem *Eröffnungsvers* dieses Sonntags können Menschen in freier Zuwendung Gott laut zujauchzen (Ps 47,2). Gewiss ein steiler Auftakt für einen Gottesdienst, bei welchem es um nicht weniger als den Bauplan des Glaubens geht, und darum, in Freiheit und Solidarität den eigenen Glauben, das eigene Hoffen und Lieben zum Ausdruck bringen zu können.

Die etwas zusammengestückelte *erste Lesung* (Weisheit 1,13–15; 23–24) bestätigt den Zuhörenden: „... Gott hat den Menschen zur Unvergänglichkeit erschaffen und ihn zum Bild seines eigenen Wesens gemacht." (V 2,23) Fragt sich, wieweit sich die Versammelten bewusst sind, was die Gottebenbildlichkeit an befreiender Dynamik für das Menschsein auf dieser Erde tatsächlich enthält? Anspruchsvoll und einfühlsam zugleich bemerkt *Raimon Pannikar*: „Es geht ohne Zweifel auf das griechische Erbe zurück, dass der abendländische Mensch bis heute eine solche Scheu davor hat, das Göttliche im Menschen zu erkennen. Es besteht die Furcht, ja, eine beklemmende Angst, dass das menschliche Wesen damit seine Individualität verlieren würde. Und dennoch, verstümmelt der Mensch sich selbst nicht viel gefährlicher, wenn er sich weigert, dieses innerste Zentrum in sich zu erkennen, das Innerste seines Daseins, das tiefer ist als alles, was er mit seinem bloßen Verstand erreichen kann?"[191] Technischem Verstand wird zugemutet, menschliches Erbgut entschlüsseln zu können und damit dem Bauplan des Lebens auf die Spur zu kommen. Wird es also möglich, angesichts von Krankheit und Vergänglichkeit zu erkennen, wie menschlicher Glaube entsteht? Eine Karikatur in der Zeitung lässt einen Engel zum lieben Gott sagen: „Chef, die Diskette ‚Bauplan Mensch' ist weg." Die Antwort des göttlichen Vaters lautet: „Ist nicht so schlimm. Die paar Daten hab' ich im Kopf." Zwischen Bewunderung und Erschrecken schwanke ich gegenüber der Genforschung. Zur „Unvergänglichkeit erschaffen" hat Gott die Menschen und ihrem Wesen sein eigenes Wesen eingeprägt. Ewiges Leben bei Gott bleibt die große Zumutung, statt der Verstümmelung in biologische Einzelteile. Der Bauplan des Glaubens funktioniert anders und ist nicht rekonstruierbar.

Erneut rühmt der *Antwortpsalm* (Ps 30) den Herrn: „HERR, du zogst mich heraus aus der Tiefe ... Du hast mein Klagen in Tanzen verwandelt". Als einer Person unter anderen sei hier auf *Madeleine Delbrêl* verwiesen. Ihr Lebenszeugnis verdichtet die spezifische abendländische Existenz der Gegenwart. Sie denkt an den tanzenden König David, wenn sie bittet und zum

Tanz aufruft: *„Herr, lehre uns den genauen Platz, / Den in dem endlosen Roman, / Der sich zwischen dir und uns abspielt, / Der Ball einnimmt, dieser seltsame Ball des Gehorsams.“*[192]

Durch „Glauben, Rede und Erkenntnis“ (*zweite Lesung* 2 Kor 8,7.9.13–15) sehen sich Christen in ihrem letzten Gehorsam dem Geist Christi verpflichtet. Christus ist so betrachtet das im gläubigen Menschen eingeprägte Bild für den armgewordenen Gott und damit das spezifisch Soziale im Menschen. Eine christliche Sozialität ohne Christus ist ein hölzernes Eisen, das schließlich niemanden zum Tanzen bringt. So gesehen folgt die Härte, die im Umgang von Personen – auch in kirchlichem Umfeld – gespürt werden kann, diesem „seltsamen Ball des Gehorsams“.[193] Im Kontrast dazu steht Christus für ein Geben und Nehmen unter Menschen und ihren Institutionen. Im Umfeld solcher Rede von Christus und seinem Gott haben das Glauben, Reden und Erkennen den Ausgleich als gesellschaftliches Ziel vor Augen. Danach also hätte sich jeder Gehorsam auszurichten, wo für ein einvernehmliches Zusammenarbeiten aller Mitbeteiligten deren Einstellung ebenso wichtig ist wie die betriebsklimatischen Bedingungen. Darum bleibt es nicht zuletzt für kirchliche Institutionen nötig, auf Leitungsaufgaben vorzubereiten.[194] So richtete sich ein sach- und situationsgemäßes Einfordern von Gehorsam zunächst nach dem Geist Christi und erst sekundär nach juristischen Vorgaben kirchlicher Gehorsamsverpflichtung. Glaubwürdiges Handeln im Geiste Christi müsste den institutionellen Ausgleich unter allen Beteiligten suchen. Auch aus anderem Blickwinkel bestätigt sich diese Sichtweise. Was nämlich Kirche und ihr institutioneller Rahmen in der Öffentlichkeit darstellt, drückt der zeitgenössische Begriff Corporate Identity aus. Durch ihren Bestand in Geschichte und Gegenwart vermitteln Kirchen eine gestaltete Identität.

Um ihrer Glaubwürdigkeit willen sind sie selber herausgefordert, sich am Text des *Evangeliums* wie diesem aus Mk 5,21–43 festmachen zu lassen. Jesus lebt seine Vollmacht über Krankheit und Tod. Als Heilender tritt er auf, der den menschlichen Glauben herausfordert. Die Auferweckung der Tochter des Jaïrus zeigt Jesus aus Nazaret, der mit sich selbst identisch ist. Seine Person bewirkt aktiv eine *Glaubenshaltung*, zu der es wesenhaft gehört, Gott als die schöpferische Ursache allen Seins zu erkennen. Von Jesus angesprochen, berührt zunächst die chronisch kranke Frau dessen Gewand, legt ihren ganzen Glauben in diese Geste. Menschen jeder körperlichen oder geistigen Prägung, die sich in die Beziehung zu Jesus begeben, werden in ihrem Glauben ernstgenommen und von Jesus durch seine markante Zusage gefördert. „Fürchte dich nicht, glaube nur!“ sagt Jesus dem Jaïrus. Dieser schöpft Vertrauen und ist danach kein unbeschriebenes Blatt mehr. Solche Menschen wie Jaïrus haben an sich erlebt, dass dem eigenen Glauben aufgeholfen wird. Einmalig sichtbar wird, wie Glauben entsteht – in der Verbindung von Ermutigen, Zutrauen fassen und sich Anvertrauen, sodass sich in der Beziehung von Jesus zu Jaïrus und seiner Tochter so etwas wie die langsame und stetige „Schöpfung“ des Papiers aus langwierigem Prozess abbildet. Viel Wasser (Vertrauen) muss zugeführt werden, bis sich einzelne Partikel des Papier-Rohstoffes stetig mit diesem verbinden. Dem Papier ist schließlich ein Wasserzeichen eigen, weil eingeprägt während des Vorgangs der Entstehung. Der Bauplan des Glaubens wird prozesshaft sichtbar. Bezogen auf den kirchlichen Gehorsam: Wo Gehorsam eingefordert wird, wird dieser im Zusammenspiel einer organisatorischen Zusammenarbeit auch in den Kirchen erkenn- und nachvollziehbar sein müssen. Die Einforderung blinden Gehorsams kann niemandem zugemutet werden, dies zerstört das Grundvertrauen von Mitarbeitenden ebenso wie es der Reifung im Glauben wenig zuträglich ist. Unabdingbar sind in Arbeitsbeziehungen gegenseitige Akzeptanz und regelmäßige Information. Sie sind die Voraussetzung für die Erreichung von Zielen und die regelmäßige Rückschau und Vorschau auf der Ebene von Aufgaben und deren Lösung. Die Ebenen der Beziehung und der Aufgaben machen den Regelkreis jeder Zusammenarbeit aus. Dass dieses Zusammenwirken kreativ-schöpferische Ergebnisse zeitigt, ist nicht zuletzt davon abhängig, wie Menschen zueinander Vertrauen fassen können, um zu gesellschaftlichem Ausgleich zu gelangen. Dies mit Entschiedenheit besonders im Rahmen kirchlicher Organisation zu tun, bringt letztlich mehr Nähe zu den Menschen und ihren Zusammenschlüssen und ist unerlässlich dafür, dass ein neuer Glaubenssinn in der Gesellschaft wachsen kann.[195]

Vierzehnter Sonntag im Jahreskreis

Wenn der *Eröffnungsvers* ausdrückt, wie Gottes Name und Ruhm bis an die Enden der Erde reichen und seine Hand voll von Gerechtigkeit (Ps 48,10 f.) ist, ist dies wie ein theatralisches „Vorhang auf! Hier wird gezeigt, was auf euch wartet …"

Der Prophet persönlich tritt auf – *erste Lesung* (Ez 1,28b–2,5) –, fällt vor der „Herrlichkeit des Herrn" nieder auf sein Gesicht. Er hört, wie jemand redet und ihn anspricht: „Menschensohn, stell dich auf deine Füße". Die Folge wird ebenso benannt: „Da kam der Geist in mich … und er stellte mich auf meine Füße". Die Vision des Propheten steht als Sendungs- und Wirkungsvorgang vor uns. Aufrecht gehend wird der berufene Menschensohn als „einzelnes Exemplar der Gattung Mensch"[196] den anderen im Volk gegenübertreten müssen, denen „mit trotzigem Gesicht und hartem Herzen".

Mit dem *Antwortpsalm* (Ps 123) scheint sich das Gespräch auf offener Bühne fortzusetzen. Die Augen richten sich auf einen Größeren, um dort Kraft und Unterstützung für sich selbst zu erhalten. Wer sich der Sache mit Christus verschrieben hat (*zweite Lesung* 2 Kor 12,7–10), erfährt mit Gewissheit Zeiten der Prüfung. Wenn Menschen zum Spielball von Einflüssen werden, ermattet ihre Kraft. Die einen sind konfrontiert mit der Hartherzigkeit von Mächten, die sie in die Enge getrieben haben. Andere leiden an persönlicher Ohnmacht. Letztlich bleibt der Vorgang geheimnisvoll, in welchem ein Mensch die Zusage erhält und in Freiheit daraus Kraft schöpft: „Meine Gnade genügt dir, denn sie erweist ihre Kraft in der Schwachheit."[197]

Die Szenerie des *Evangeliums* (Mk 6,1b–6) weist in ähnliche Richtung. Der Zimmermann, Sohn der Maria, wird dort nicht anerkannt, wo man ihn kennt. „Woher hat er das alles? Was ist das für eine Weisheit, die ihm gegeben ist?" (V 2) Einer, der so selbstbewusst auftritt, stört die Bilder und Vorstellungen, die sich Menschen in der Trägheit des Alltages von Gott zu machen gewohnt sind. Im Markus-Evangelium begegnet Jesus aus Nazaret als einer, der alle gängigen Muster durchbricht und in keine Legende passt. Der von biblisch-messianischem Denken geprägte marxistische Philosoph *Ernst Bloch* folgerte, dass es nicht gelingt, „den geschichtlichen Jesus selber in Legende aufzulösen".[198] „Und schließlich noch mehr: als Stallgeburt und Tod am Galgen weist die *Personwirkung* Christi auf seine Jünger Wirklichkeit aus. Wäre Jesus erdichtet, wäre seine Person erst nachträglich in den Mythos interpoliert worden, so wären die früheren Evangelien phantasievoll-spekulativ und erst die späteren historisierend; gerade das Gegenteil ist aber der

Fall. … Vor allem aber die *Lebensdarstellung* des Stifters, aus der Erinnerung so vieler Zeugen gewonnen, findet in keinen Legenden und heiligen Abenteuern von Attis, Mithras, gar Osiris ihresgleichen. Die Realgestalt Jesus zeigt einen Zug, der am wenigsten erfindbar, weil am wenigsten erwartbar: Schüchternheit. Sie ist in seiner frühen Meinung, nur ein Prediger zu sein (Marc. 1,38), in dem abgewehrten, zur Diskretion anbefohlenen Ereignis von Cäsarea Philippi (Marc. 8,27 ff.), das aus dem Prediger den Messias macht." So lebe „christlicher Glaube wie keiner von der geschichtlichen Realität seines Stifters, er ist wesentlich Nachfolge eines Wandels, nicht eines Kultbilds und seiner Gnosis." „Gott, der eine mythische Peripherie war, ist zum menschgemäßen, menschidealen Mittelpunkt geworden, *zum Mittelpunkt an jedem Ort der Gemeinde*, die in seinem Namen sich versammelt." Und: „Ein Mensch wirkte hier als schlechthin gut, das kam noch nicht vor. Mit einem eigenen Zug *nach unten*, zu den Armen und Verachteten, dabei keineswegs gönnerisch. Mit *Aufruhr nach oben*, unüberhörbar sind die Peitschenhiebe gegen die Wechsler und alle, ‚welche die Meinen betrüben'. Es dauert nicht mehr lange, bis die Tafel verkehrt wird und die Letzten die Ersten werden. Armut steht dem Heil am nächsten, Reichtum hindert es, inwendig und auswendig."

Es ist darum ein angemessenes Gebet, welches „Für den Tag und die Woche" in die Schott-Ausgabe des Messlektionars aufgenommen wurde:

> *„Gott, / nicht in Macht und Majestät zeigst du dich. / Unseren Überlegungen und Träumen zum Trotz / bist du machtlos und töricht geworden / in deinem Sohn. / Wir bitten dich, dass wir in diesem Menschen auf der Erde / dein erstes und dein letztes Wort verstehen mögen, / deine Kraft und Weisheit, / den Sinn unseres Lebens.*"[199]

Starker Wille richtet sich aus nach dem, was ihm erstrebenswert erscheint. Der *Eröffnungsvers* setzt persönlich ein: „Ich will in Gerechtigkeit dein Angesicht schauen, mich satt sehen an deiner Gestalt, wenn ich einst erwache.“ (Ps 17)

Nun ist vor allen Aussichten auf Zukünftiges den Allermeisten in der Gegenwart ihr Auskommen vordringlich, welches das Überleben sichert. So versteht sich auch Amos (*erste Lesung* Amos 7,12 ff.), der vom Priester in Bet-El Seher genannt wird. Er sieht sich als einfacher gottverbundener Mensch. Zum Propheten gerufen liegt ihm nun an nichts anderem, als seinen Auftrag zu erfüllen. Das gebietet ihm schlicht und einfach seine Zwangslage, in welche er durch den Herrn geraten ist. Deswegen erntet er schließlich den Widerstand seiner Umgebung, das typische Schicksal des Propheten in seiner Heimat.

Dem göttlichen *Anspruch* stehen alle Propheten gegenüber und haben – hier folgen wir Erläuterungen von *Abraham J. Heschel* – u. a. einen Zug gemeinsam[200]: „Offenbarung geschah für sie überraschend, als plötzlicher Einbruch. Sie waren tiefer betroffen über die Tatsache, *dass* sie hörten, als durch das, *was* sie hörten. Ihr Wahrnehmungsvermögen wurde erst unmittelbar durch die Offenbarung wachgerufen. Die Offenbarung selbst macht den Menschen zum Empfang der Offenbarung fähig. Erst durch die Erfahrung wird er ein Erfahrener.“ Propheten strebten nicht Ziele an und „keiner der Propheten hatte irgendwelche wohlerworbenen Rechte zu schützen oder hegte Macht- oder Prestigewünsche. Keiner war in den Gedanken verliebt, ein Prophet zu sein, oder war stolz auf diese Errungenschaft.“ „Anders als die mystische Erfahrung ist die prophetische nicht für jene bedeutsam, denen sie zuteil wird, sondern nur für die, denen das Wort weitergesagt werden soll. Das Erlebnis selber war ein Anfang, ein Mittel, nicht das Ziel. Der Sinn lag nicht im Hören der Stimme, sondern darin, sie im Leben des Volkes wirksam zu machen“, wie die Tageslesung an Amos besonders verdeutlicht. Religionskritisch bemerkt *Heschel* zudem: „Religion und Frömmigkeit finden sich bei allen Völkern. Die Propheten aber waren es, die im Namen Gottes aufstanden gegen das, was die meisten Menschen bis zum heutigen Tag Religion nennen.“ Nicht theoretisch an die Propheten zu glauben, sondern „Glauben mit den Propheten“[201] wird zum Ziel. Denn „die Seele der Propheten ist ein Spiegel für Gott. Den Glauben der Propheten teilen, heißt mehr als nur wahrnehmen, was der durchschnittliche Menschenverstand nicht wahrnimmt. Es heißt, etwas *sein*, was der Durchschnittsmensch nicht ist: ein Spiegel für Gott. Den Glauben eines Propheten teilen heißt, sich auf seine Existenzebene zu begeben." „Nur wenige Menschen haben in seltenen Augenblicken die Fähigkeit, über ihren eigenen Horizont hinwegzuschauen. Aber in solchen Augenblicken, in denen wir erkennen, dass das *Wesen menschlicher Existenz* ist, *zwischen Himmel und Erde zu schweben*, beginnen wir zu begreifen, was es mit dem Anspruch der Propheten auf sich hat." Und schließlich: „Nicht allen Menschen wird es gewährt, das Göttliche zu erkennen. Vielleicht leuchtet Sein Licht über uns, und wir spüren es nicht. Des Staunens beraubt, bleiben wir dem Erhabenen gegenüber taub. Wir können Seine Präsenz in der Bibel nur dann spüren, wenn wir ihr entsprechen. Einzig wenn wir mit den Worten der Bibel leben, wenn wir mit ihrer ergreifenden Sprache mitempfinden, wird unser Ohr sich ihrer Stimme öffnen. Die Worte der Bibel sind wie die Noten einer göttlichen Musik, die nur die feinsten Saiten der Seele aufnehmen können. Gottes Gegenwart in der Bibel wird nur durch das Empfinden für das Heilige wahrgenommen."

Mit dem *Antwortpsalm* (Ps 85) erinnert man sich an die Europäische Ökumenische Versammlung „Frieden in Gerechtigkeit" (1989) in Basel und sieht sich von der Vision neu angestachelt, dass Gerechtigkeit und Frieden sich küssen (V 11). Auch in postsozialistischen Zeiten ist festzuhalten, dass den Betenden jener Gott begegnet, der durch Menschen eingreifen möchte; der will, dass diese an der Gerechtigkeit, dem Frieden und an der Schöpfung festmachen, was für sie ihre Gottheit ist.[202] In eindrücklichen einhundert Punkten fasste 1989 in Basel das Schlussdokument sein Kernstück mit der sechsmal anhebenden Formel zusammen: „Umkehr zu Gott (Metanoia) bedeutet die Verpflichtung, einen Weg zu suchen …" Die Ziele wurden im Detail konkret aufgezählt, umschrieben mit Solidarität, Vielfalt der Kulturen, Mitverantwortung und Gleichberechtigung aller (Frauen und Männer), Friedensstiftung, Mitgeschöpflichkeit, Versöhnung und Toleranz. Derart machte sich die von konkreten Erwartungen erfüllte Transzendenz-Rede bemerkbar.

Halina Bortnowska rief in ihrer Schlusspredigt dazu auf, Ja zu sagen zum Werk Gottes. In dieselbe Richtung kann der Hymnus aus dem Brief an die Epheser (*zweite Lesung* Eph 1,3–14) gelesen werden. Die Kraft dieses Hymnus treibt mit der Vorstellungskraft der Psalmen ein großflächiges Bild auf den Plan: das Bild des Gottes Jesu Christi, der Urgrund des Menschen ist vor allem anderen, das geschaffen wurde. Schon vor der Erschaffung der Welt ist die Menschheit gleichsam urheberrechtlich geschützt, weil eine ‚auctoritas' am Werk ist, deren Wille es ist, befreiende Erlösung anzustoßen, eine Urheberschaft, die in allem wirkt, was der Geist eingibt. Ihr Wille ist das Geschenk der Erlösung an Menschen, die dadurch in Gottes Eigentum übergehen. Derart urheberrechtlich geschützte Menschen können nicht anders als loben und preisen.

Angesichts des *Evangeliums* (Mk 6,7–13), in welchem die Jesusleute ausgesandt werden, fällt das schlicht Alltägliche, Nüchterne und Klare auf. Jesus rechnet mit dem Einsatz der ganzen Person ohne zusätzlichen Ballast. Denn es wird ein Einsatz, der bis an die persönlichen Grenzen geht. Die archaische Botschaft wird später die Reformen durch die Bettelorden inspirieren. Es liegt der konstitutive Keim in der Jesus-Bewegung darin, dass sich radikale Einfachheit und Offenheit – wie auch Abgrenzung gegenüber ungastlichen Verhältnissen – in mehreren Phasen des Christentums fortsetzen mussten. Wo keine gastliche Aufnahme erfolgt, da scheint der Auftrag radikal unnötig. So will gesagt sein: „Konzentriert eure Kräfte auf das Wesentliche!“ Gleichzeitig und kontrastierend dazu: „Zeigt durch euer eigenes Lebenszeugnis, was euch Gastfreundschaft wert ist!“

Welche fundamentalen Konsequenzen sich aus gelebter Gastfreundschaft für das Selbstverständnis der Kirchen daraus ergeben? Die vergangenen Jahrzehnte haben innerhalb der christlichen Ökumene zum immer dringlicheren Postulat geführt, die Abendmahlsgemeinschaft gegenseitig unter das Zeichen der Gastfreundschaft zu stellen. Es grenzt an eine neue epochale Schuld der christlichen Kirchen, dass sich dieser Mindestkonsens gegenseitiger Einladung in der Gesamtökumene bisher nicht durchgesetzt hat.

Sechzehnter Sonntag im Jahreskreis

Die Verse zur *Eröffnung* (Ps 54,6.8) äußern feste Überzeugungen und drücken aus: Gott ist mein Helfer. Der Herr beschützt mein Leben. Der sprachliche Ausdruck der Gottesbeziehung ist freudig und direkt.[203]

Die *erste Lesung* (Jer 23,1–6) gipfelt im Namen, der dem „gerechten Spross" gegeben sein wird. Er wird der neue Hirt für die zugrunde gerichtete Herde sein und den Namen erhalten „Der HERR ist unsere Gerechtigkeit". Neben der eingangs erfolgten Bekenntnis-Aussage (Gott ist mein Helfer) kommt hier eine zugespitzt prophetisch-selbstkritische Note ins Spiel. Denn der Gerechtigkeit zum Durchbruch verhelfen, können allein jene, die ihr Dasein in Hingabe an die göttliche Gerechtigkeit leben. Wer wo auch immer in der Verantwortung steht, wird dies mit einer Dosis Selbstkritik zu leben gelernt haben. Die Ausrichtung auf die einzigartige Charakterisierung Gottes als *der* Hirte der Gerechtigkeit, als ausgleichende Kraft und Weckruf zur Solidarisierung untereinander wird ihm helfen. Exemplarisch zeigt der Text des *Tagesgebetes* in der hilfreichen Vorlage aus alt-katholischem Fundus, wie dies im Gebet ausformuliert werden kann: *„Gott, du Hirte deines Volkes, du sammelst uns, wenn wir uns zerstreuen. Hole uns zurück, wenn wir in die Irre gehen, nimm von uns alle Ratlosigkeit und Angst und schenke uns allezeit dein Erbarmen …"*[204]

Die Bestimmung des Herrn im *Antwortpsalm* (Ps 23) als Hirte markiert darum den göttlichen Vorrang beim Hirte-Sein: „Der HERR ist mein Hirt …" Einer Darstellung des Hirten durch Menschen, die sich selbst absolut setzt, ist damit ein Riegel vorgeschoben. Zudem äußerte der Schriftsteller Arnold Stadler zu diesem Psalm, er sei der „am meisten ausgeschlachtete". So verstanden könnte er auch als Allerweltspsalm bezeichnet werden. In den Textversuchen für die Gemeinde, die *Wilhelm Gössmann* 1968 vorlegte, findet sich jedoch eine sprachlich sensible Fassung, die als Meditationstext erstaunlich zeitlos ist.[205]

Die Gemeinde als Ganze ist eingeladen, sich auf die Kraft Gottes einzulassen, die sie ruft und formt und den Weg liturgischer Begegnung weitergehen lässt.

Christus Jesus, drückt dann die *zweite Lesung* (Eph 2,13–18) aus, zeigt sich als vermittelnde Person unter Menschen, die weit voneinander entfernt leben. Durch sein Blut kommen sich die Menschen näher. Getrennte werden verbunden: Juden und Nicht-Juden. In seiner Person beginnt ein neues Menschsein. Durch ihn finden alle in der Kraft göttlichen Geistes ihren Zugang zum göttlichen Geheimnis.

Die Worte lesen sich wie beschwörende Formeln, sich um Einheit in der Vielfalt zu mühen. Dass dies tatsächlich als Mühe erfahren wird, benennt das *Evangelium* (Mk 6,30–34), welches vom Ruhe-Bedürfnis der Leute um Jesus erzählt. Es ist Jesus selbst, der sie ausruhen lässt. Der Rückzug in eine einsame Gegend hält jedoch die vielen anderen nicht ab. Sie eilen nach und „waren wie Schafe, die keinen Hirten haben". Wer Hilfe braucht, lässt auf seiner Suche nach Unterstützung selten nach, setzt alles ein, um ans Ende seiner Suche zu gelangen. Dies zeigt sich zu allen Zeiten gleich – mithin bis zur gegenwärtigen mit ihrer facettenreichen Suche nach dem Sinn des Lebens, wie eine lange Liste von Wahrnehmungen erahnen lässt, die *Max Frisch* in sein Tagebuch schrieb. Es schließt seinen *Katalog* mit dem Satz: „Freude (Bejahung) durch bloßes Schauen."[206] Der Anfang der Liebe zur Weisheit ist dieses bloße Schauen. Auf der fast endlosen Suche nach Sinn kann sich Zustimmung einstellen, wie ein Aufblitzen von Freude und Bejahung.

Siebzehnter Sonntag im Jahreskreis

Gott ist hier, an heiliger Stätte, bezeugt der *eröffnende Vers* (Ps 68). Gott versammelt sein Volk in seinem Haus, schenkt ihm Stärke und Kraft. Die Konzentrierung des „Christlichen" auf den „Kirchgang" knüpft an urmenschliche Erfahrungen an: an einer Stätte, in einem Raum Zugang zu finden, um einen spezifischen Hunger zu stillen. Es könnte der religionskritische Blick nicht schärfer anklingen, der mit einer Aussage von *Bert Brecht* die Debatten um Hunger, Gerechtigkeit und Verteil-Ethik auf das einzige Ziel hinrückt: „Erst kommt das Fressen, dann kommt die Moral." Und weil sich Menschen nach der Stillung ihres Hungers sehnen, brauchen sie reale Zeichen, mit anderen Worten Visionen, die in ihre Realität hinein vom gestillten Hunger erzählen. Brot ist im Kontext vieler Kulturen Ur-Symbol der Nahrung für alle.

Als real angebotenes Brot findet es sich in der *ersten Lesung* (2 Kön 4,42–44), in der die Leute auf die Weisung des Gottesmannes Elischa hin erleben, was ihm der Herr gesagt hat: „Man wird essen und noch übriglassen." Welche Kraft ist in diesem Zeichen? Das geschilderte Wunder bringt Brot im Überfluss und bewegt zeitlos zur Frage: Ist *einer*, ist *eine* da, die den Überfluss an Geschenk möglich macht? An die Sättigung aller im Übermaß bindet sich diese Erfahrung von Transzendenz. Hier klingt nicht etwa eine Ausdeutschung des Sprichwortes an *Wes Brot ich ess', des' Lied ich sing*, vielmehr ertönt prophetisch die andere Intention im Zeichen an: Sag mir, wo du Brot findest, und ich sage dir, da ist deine Bleibe – mag sie noch so provisorisch sein.[207] Wo immer neu und gratis eingeschenkt wird, ist dies auf einen ständigen Geber, eine ständige Geberin zurückzuführen.

Der *Antwortpsalm* (Ps 145) verdichtet dies hymnisch: Aller Augen warten auf dich, und du gibst ihnen Speise zur rechten Zeit. Die große Sättigung – das Sattwerden als *das* biblische Ziel. Nach dem Sattwerden wird sich neue Gewissheit einstellen und Zustimmung zum barmherzigen Urgrund möglich, der allem voranliegt und die Bedingung der Möglichkeit zu gerechterem Zusammenleben ist.

Hier liegt die Verknüpfung zur großen Einheit, welche die *zweite Lesung* (Eph 4,1–6) anspricht. Wo das Zusammenleben unter Glaubensgemeinschaften schwierig ist, zeichnet Paulus die einprägsame Kadenz: „*ein* Leib" / „*ein* Geist" / „*ein* Herr" / „*ein* Glaube" / „*eine* Taufe" / „*ein* Gott und Vater aller, der über allem und durch alles und in allem ist". Es ist verdichtete Gotteserfahrung, die alle Vorstellungen übersteigt. An diesem Sonntag kann augenscheinlich über die urmenschliche Sehnsucht nach Gott nicht hinweggegangen werden.

Auch das *Evangelium* (Joh 6,1–15) schildert das Zusammenfinden großer Menschengruppen in der Erfahrung eines neuen Verteil-Wunders, als dessen Initial-Moment gelten mag: „… Jesus nahm die Brote, sprach das Dankgebet und teilte an die Leute aus, soviel sie wollten …" Die Sprengung jeder Enge in Vorstellung und Möglichkeit – ein Zeichen, das bei Mächtigen Widerstand wecken wird. Die Szenerie deckt auf, dass es nicht allein um die Menge, die Überfülle an Lebensmitteln geht. Die Menschenmenge erlebt, wie Jesus das Wenige austeilt. Seine Leute sammeln die Reste in zwölf Körben, damit nichts verdirbt: Sorge um ein Grundnahrungsmittel bereits zu dieser Zeit. Und warum zwölf Körbe? Jeder seiner Leute um ihn wird seinen Korb weiterreichen, wenn er ausgesandt wird, wird weiter berichten, „was Jesus einer Welt bedeutet, die hungert"[208]. Wer „Brot" auch jenseits des Kirchenraumes verteilt, bekommt es unweigerlich mit anderen Interessen und den Verteilmechanismen zu tun. Das schließt folgerichtig nicht aus, sich für gerechteres Wirtschaften einzusetzen. Wie Jesus sich schließlich allein auf den Berg zurückzieht, bleibt die Erfahrung unter den Menschen, dass hier einer ohne Starallüren wirkte und sie selbst großer Schlichtheit begegnet waren, das Zeichen dafür, dass sich Jesus selber verschenkte. Dem zeitgenössischen Dichter und Literaturkritiker *Paul Konrad Kurz* war es gegeben, diese göttliche Gestalt in ihrer Wirkung darzustellen[209]:

Auf dem Berg / Die Leute hielten / ihre Ohren auf / Die Männer gingen / ganz nahe heran / Die Jungen fieberten / vor Erwartung // Die Armen hörten / das Gras wachsen / Die Männer hörten / den Wind flüstern / Die Fischer sperrten / das Maul auf // Die Leute wussten / dass sie das Land nicht besaßen / Die Männer wollten / dass einer sie ansprach / Die Hungrigen nährten / Bilder von Sattsein / Die Männer erinnerten / Worte der Väter / Die Armen verglichen / ihre Erwartung / Den Männern gingen / die Augen auf // Wir wissen nicht / wo die Frauen waren / Wir wissen nicht / ob sie am Herd bleiben mussten / Wir wissen nicht / was ihnen die Männer erzählten // Vielleicht waren / die Marien dabei / Vielleicht waren / Mütter dabei / Vielleicht stiegen / Töchter mit auf den Berg // Jeschua wusste / dass auch Frauen eine Seele hatten / Jeschua wusste / dass auch Mütter selig werden wollten / Jeschua wusste / dass auch Töchter nach Gott dürsten // Er hatte gehungert / bei der Arbeit / Er hatte gedürstet / in der Wüste / Er litt unter der Armut / in den Dörfern // Er kannte die sprachlose / Hoffnung der Leute / Er hatte Jahrzehnte / unter Vertagten gelebt / Er wusste / wovon er sprach / Er konnte / die Welt nicht ändern / Er konnte / die Erde anders schauen / Er sah den aufrechten / Gang von Menschen // Er hatte / den Vater erkannt / Er wusste / dass er Sohn war / Er wollte alle / zu Söhnen und Töchtern machen // Wenn er auch noch nicht den Weg kannte / Wenn er auch / noch nicht die Zukunft wusste / Noch nicht die Nacken derer / die das Band besitzen // Er sprach sie selig / Er legte ihnen seinen Glauben in die Seele / Er pries ihre Trauer / den reinen Blick in diesem Leben / Er versprach den Vergessenen / sie würden Gott schauen // Als er merkte dass er sie getröstet hatte / war er im Frieden / Als er spürte dass er mit ihnen seine Seele / geteilt hatte war er glücklich /Als er sah dass ihr Leib hungerte / gab er ihnen Brot

Dieser Text legt geradezu eine in Rollen aufgeteilte Inszenierung als Besinnung nach einer kurzen Predigt nahe, bei der eine Stimme die Erzählung inklusive ‚Jeschua' voranschreiten lässt, eine Stimme ‚die Männer' markiert und eine ‚die Frauen'. Die Dichte des Textes legt es nahe, ab dem Abschnitt ‚Er kannte die sprachlose Hoffnung der Leute' wiederum die drei vorherigen Stimmen Abschnitt für Abschnitt abwechselnd vortragen zu lassen. Gleich danach soll Stille eintreten und eine von schlichten Gesten begleitete Gabenbereitung kann folgen.

Achtzehnter Sonntag im Jahreskreis

„… zu Hilfe, Gott!" Mag dies mit Ps 70 eine Stimme *zu Beginn* einer Liturgie laut ausrufen, in der Rolle eines verrückten Schauspielers? „Herr, eile mir zu helfen!" Und ein anderer betet im Indikativ: „Meine Hilfe und mein Retter bist du, Herr." Die erste Stimme nochmals: „Säume nicht!" Man kann des Hungers nach Gott heute direkt nicht mehr so sicher sein. Dieser Hunger tritt nicht offensichtlich auf, vielmehr indirekt im Hunger nach spiritueller Nahrung.

Hier setzt die *erste Lesung* ein: „Ich will euch Brot vom Himmel regnen lassen …" (Ex 16,2–4.12–15). Im größten Hunger erfahren Menschen ihre Grenzen: verzweifeln und verbittern. „Wachteln" und „Feines/Knuspriges" fliegen nicht einfach in den Mund. Die Auseinandersetzung untereinander (mit Mose) und mit dem Transzendenten gelangt an ihr Ende, wo in nächster Nähe an Natürliches angeknüpft wird; daran, was unmittelbar der Schöpfung entstammt.

Der *Antwortpsalm* (Ps 78) besingt genau dies. Ihm eignet ein archaisch-agrarisches Bild von Gott und der Welt. Ganz ähnlich dazu stehen in nicht wenigen Bildern heutiger figürlicher Kunst Ansammlungen von Wesen, Menschen gleich. Einzelschicksale und darüber hinaus exemplarisch herausgestellte stumme Kreaturen, die ihren eigenen Hunger zeigen, sei er reell oder spirituell. Dann aber treffen kritische Stimmen die übersteigerten Medien-Auftritte von Männern wie derzeit mit hohen moralischen Ansprüchen ein Papst, und begreifen, dass dieser „wohl Trost bringt, aber kein Stück Brot", wie dies ein luxemburgischer Journalist ausdrückte.

Dazu steht die *zweite Lesung* (Eph 4,17.20–24) in starkem Kontrast. „Zieht den neuen Menschen an, der nach dem Bild Gottes geschaffen ist in wahrer Gerechtigkeit und Heiligkeit." Aus dieser Perspektive entsteht im Hier und Jetzt der jeweiligen Lebenswelt das Projekt der Humanität, verankert im je eigenen Göttlichen des jeweiligen Menschen – seinem Inbild. Es war *Johannes Duns Scotus*, welcher daraus den Schluss zog, Gott suche die Mitarbeit des Menschen, nachgerade als des Mit-Liebenden: *Deus vult condiligentes.*[210] Das Inbild des Menschen wächst aus transzendentaler Kraft und trägt, wie das Beispiel des Fastens in allen Religionen zeigt, ausgeprägt asketischen Charakter.

Auf diesem Hintergrund wirkt das *Evangelium* (Joh 6,24–35) besonders anschaulich und voller Konturen. Jesus stellt mit seiner Person den großen Hunger nach Brot als vergänglicher Nahrung neben die Antwort, die den Menschen über sich selbst hinausträgt. Sie entsteht aus dem tiefsten Durst des Menschen, der sich als Transzendenz-Erfahrung bestimmen lässt. Näher zum Wort Jesu gerückt – das ihn sagen lässt: „Wer an mich glaubt, wird nie mehr Durst haben" – ist der Bestimmung dieser Transzendenz ein besonderes Augenmerk zu schenken. Denn unbeantwortet bleibt die Frage, ob für Menschen heute Jesus der von ihnen bewusst oder unbewusst gesuchte ist.[211] Die zeitgenössische Suche nach Transzendenz-Erfahrung will ernstgenommen werden. Die Antwort darauf muss sich deutlicher als bisher der fundierten Auseinandersetzung mit der neueren Philosophie wie auch dem Buddhismus stellen. Denn für den Bereich christlicher Liturgien bleibt zu sagen, dass sie sich zwar herkunftsgetreu auf die Gestalt Jesu Christi beziehen und dies sprachlich in jedem Umfeld neu konturiert bezeugen, sich aber philosophischen und anderen religiösen Erfahrungen nicht verschließen können. Ansonsten ginge ihr Bezug zum unmittelbaren Erfahrungskontext, in welchem das Zeugnis erfolgt, verloren.

So verstanden, bleibt das Wort *Romano Guardinis* zu Buddha zu bedenken: „Einen Einzigen gibt es, der den Gedanken eingeben könnte, ihn in die Nähe Jesu zu rücken: Buddha. Dieser Mann bildet ein großes Geheimnis. Er steht in einer erschreckenden, fast übermenschlichen Freiheit; zugleich hat er dabei eine Güte, mächtig wie eine Weltkraft. Vielleicht wird Buddha der letzte sein, mit dem das Christentum sich auseinanderzusetzen hat. Was er christlich bedeutet, hat noch keiner gesagt. Vielleicht hat Christus nicht nur einen Vorläufer aus dem Alten Testament gehabt, Johannes, den letzten Propheten, sondern auch einen aus dem Herzen der antiken Kultur, Sokrates, und einen dritten, der das letzte Wort östlich-religiöser Erkenntnis und Überwindung gesprochen hat, Buddha."[212]

Nun findet sich mit *Ernst Bloch* eine anders abwägende Stimme zur Gestalt des Stifters Jesus: „Wären statt der Heiligen Drei Könige Konfuzius, Laotse, Buddha aus dem Morgenland zur Krippe gezogen, so hätte nur einer, Laotse, diese Unscheinbarkeit des Allergrößten wahrgenommen, obzwar nicht angebetet. Selbst er aber hätte den *Stein des Anstoßes* nicht wahrgenommen, den die christliche Liebe in der Welt darstellt, in ihren alten Zusammenhängen und ihren nach Herrenmacht gestaffelten Hierarchien. Jesus ist genau gegen die Herrenmacht das Zeichen, das widerspricht, und genau diesem Zeichen wurde von der Welt mit dem Galgen widersprochen: das Kreuz ist die Antwort der Welt auf die christliche Liebe. Auf die Liebe zu den Letzten, die die Ersten sein werden, zu dem Verworfenen, worin sich das wirkliche Licht ansammelt, zu der Freude, die nach Chestertons scharfem Wort die große Publizität weniger Heiden war und das kleine Geheimnis aller Christen wurde oder sein wird."[213]

Theologen wie *Heinrich Dumoulin* oder *Aloysius Pieris* haben aus unmittelbar kontextueller Erfahrung heraus Wesentliches zu diesem Vorgehen gesagt. Nach Pieris gilt es nämlich, die mönchische Theologie, welche ‚Gottes-Rede geboren aus der Gottes-Erfahrung' bedeutet, und die wissenschaftliche Theologie zu verbinden, welche ‚Gottes-Rede zur Beurteilung von Erfahrung' ist. Buddhistisch gesagt: Die Suche nach dem *Pfad* und die Suche nach der *Wahrheit* können nicht unverbunden bleiben. Der Absturz in ideologische Gräben droht hier wie dort, nachgerade zahnlos würde die Begegnung mit der Lebenswelt des anderen, und ein Zusammenwirken im Dienste der täglichen menschlichen Nöte wäre unvorstellbar. Ein Aphorismus *Kurt Martis* verdeutlicht unübertroffen diese theopraktische Ausrichtung:

> *„Zahnlos – Hoffnung, ob christlich, ob sozialistisch: wenn zahnlos geworden setzt sie ein Dogma als Kunstgebiss ein und säubert es täglich im Wasserglas der Ideologie."*[214]

Neunzehnter Sonntag im Jahreskreis

Die Feier *eröffnend* lauten die Worte aus Ps 74: „Blick hin, o HERR, auf deinen Bund und vergiss das Leben deiner Armen nicht für immer. Erhebe dich Gott und führe deine Sache. Vergiss nicht das Rufen derer, die dich suchen." Wer nach Gott sucht, ruft oft ergebnislos. Wer es etwa in Anlehnung an Simone Weil auf ihrer Suche nach der letzten Realität, voranschreitend von der erfahrenen Leere über die Aufmerksamkeit bis zur Erwartung tut, dem wird nicht wenig abverlangt. Das Beispiel dieser Frau und ihres Denkweges fordert heraus, spricht ebenso von unerwarteter Berührung mit Gottes Schweigen: „Gott hat Gott zu sich hinaufschreien lassen und nicht geantwortet. – Wenn wir bis in die Eingeweide hinein ein Geräusch brauchen, das etwas bedeutet, wenn wir schreien, um eine Antwort zu erhalten und uns diese nicht gewährt wird, dann berühren wir das Schweigen Gottes."[215] Diesem Extrem scheinen sich wenige auszusetzen. In äußerlichem Hören vernehmen sich Menschen meist selbst und sichtlich bemüht um die Illusion des Eigenbildes, des vom Götzen Markt erwarteten Images. Sie scheinen der Initiative des transzendent Nahen und Fernen kaum ein Jota einzuräumen. Doch der zweite Teil des Psalms 74 ist den in realer Armut Lebenden näher. Sie wollen nicht vergessen sein. Es kann als Kennzeichen unserer Zeit gelten, dass die einen einzig auf mystische Einheitserfahrung aus sind, die vielen Anderen aber auf dem Globus in Armut ihr Leben fristen müssen. Die Spannung zwischen dieser nicht imaginären „unio pauperum" und der gesuchten „unio mystica" kann heute nicht deutlicher sein: Die Vergessenen erwarten Gerechtigkeit und fordern sie weltweit ein. Mit anderen Worten gilt die notwendige Kritik an der Globalisierung dem Ziel, ihnen zum Recht zu verhelfen. Die Vergessenen der Globalisierung werden nachgerade zum „status confessionis" christlicher Kirchen. Letztere werden ansonsten ihrer messianischen Wurzeln verlustig gehen. Die anstehenden Fragen sind zeitlos und harren gleichzeitig konkreter Lösung.

So zeigt die *erste Lesung* (1 Kön 19,4–8) die Optik des Elija unter dem Ginsterstrauch. Er will nichts mehr, wünscht sich den Tod und schläft ein. Die Stimme sagt ihm: „Iss und trink. Hier sind Brot und Wasser! Steh auf und iss, sonst ist der Weg zu weit für dich." Über die Zeiten hinaus gefragt: Wartet an den Grenzen des Lebens, wo sich nicht wenigen eine absolute Sinn-Leere zeigt, demnach ein neuer Aufbruch als „transzendentales Doping"? So ergeht es dem Elija nicht auf seiner „Tagesreise weit in die Wüste hinein". Denn er bringt so viel an Geschichte mit sich und gerät in eine existenzielle Krise: „Der Heißsporn Elija, dessen Element das Feuer ist ..., ist dabei zu lernen, dass es bei Gott auch anders geht – sachte wie die Berührung seines Boten, langsam und geduldig, eben den Möglichkeiten des Menschen angepasst, wie er es gerade erlebt hat. Und schließlich erfährt er am Horeb Gottes Wesen selbst still wie die Stimme eines verschwebenden Schweigens. Gott ist größer, tiefer als jedes noch so machtvolle Spektakel. Er ist selbst im scheinbaren Nichts."[216]

Die kontrastreiche *Antwort* des Psalmbeters (Ps 34) ist überdeutliches Lob. Die Armen sollen es hören. Aus Ängsten habe einer ihn gerissen.

Als *zweite Lesung* folgt Eph 4,30–5,2 mit der Warnung, den Heiligen Geist Gottes nicht zu beleidigen. Schließlich trage man „dessen Siegel … für den Tag der Erlösung". In einer neueren Übertragung lauten die Verse 4,30 f.: „Und macht den Heiligen Geist Gottes nicht traurig. Denn durch ihn bleibt ihr wohlbehalten, bis ihr erlöst werdet. Alle Bitterkeit und Wut, Zorn, Geschrei, Lästerreden und überhaupt alle Boshaftigkeit seien ferne von euch." *(Berger/Nord)* Ist mit diesem Aufruf schon der Riegel vorgeschoben vor eine die Menschen von jeher prägende Überreaktion gegenüber Schuldiggewordenen? Besser sei es, Erbarmen zu zeigen und bereit zu sein zu vergeben – weil Gott selbst durch Christus vergeben hat. Die Paulus-Schule, die aus diesen Zeilen spricht, denkt in Sachen Versöhnung radikal und gibt noch einen drauf. Die geliebten Kinder Gottes sollen diesen selber nachahmen bzw. ihm nacheifern (V 5,1). Hier tritt die Mimesis auf den Plan. Nicht etwa die Nachahmung fremden Verlangens, wie uns scheint und wie es im Gespräch mit der Mimesis-Theorie von René Girard durch Raymund Schwager erläutert wird.[217] In den Augen des Epheserbriefes sollen die geliebten Kinder Gottes diesen selber nachahmen. Fragt sich unvermittelt, wer das Bild abgibt, das es nachzuahmen gilt. Für *Walter Jens* als einem starken Jesus-Deuter unserer Zeit ist es der „nahferne Jesus": „Jesus von Nazareth hat Hunger und weint, er wird gepeitscht und ist von jener Todesangst erfüllt, deren Grauen und Entsetzen kein anderer Christ so inständig beschrieben hat wie jener Mann, der selbst von Angst getrieben war: Martin Luther. Jesus stößt Händlertische um und wird geküsst; sitzt am Brunnen, ist müde, geht von Furcht geschüttelt, am Abend aus der Stadt hinaus ins freie Feld; aber wir werden, so genau er uns anvertraut zu sein scheint, seiner nie habhaft."[218]

Damit hat Walter Jens seinem Jesusbild nicht etwa das Kleid eines Sündenbocks übergezogen. Vielmehr liegt in seiner Umschreibung der Ansatz zu einer Sicht auf die subjektive Größe eines jeden Menschen, der sich seiner Lebensaufgabe hingibt – im Falle von Jesus bis zur Hingabe seines eigenen Lebens. Dies hat konkrete Auswirkungen auf die Sicht von der Erlösung als Opfer, wie sie u. a. *Ralf Miggelbrink* diskutiert hat. Er kommt zum Schluss, dass die Gesellschaft von Verteilungskämpfen besessen sei und eine „neue Opferbesessenheit“ im zeitgenössischen Kino sichtbar werde. Dem „Wahn der Selbstviktimisierung“ und des Selbstmitleids kann nach Miggelbrink im christlichen Sinne eigentlich nur das Leben als Geschenk Gottes entgegengehalten werden. Und mit der „christlichen Anamnesis des Opfers“ in jeder Eucharistie werde dazu eingeladen, sich zu fragen, „auf welcher Seite der Linie stehe ich?“ Letztlich bedeutet dies eine Einladung zur „Auseinandersetzung des Subjekts mit sich selbst“. So gesehen ist es bemerkenswert, wie der von Ralf Miggelbrink ebenfalls geschätzte *René Girard* mit seinen kulturanthropologischen Impulsen auf die jüdische Bibel und die Evangelien setzt.[219]

Der transzendent Nahe und der transzendent Ferne zugleich tritt – so das *Evangelium* (Joh 6,41–51) – mit seinem großen Anspruch auf, er sei das Brot, das vom Himmel gekommen ist. Jede Verbindung zum Vater gehe nur über ihn. Jesus regt die geistigen Zirkel seiner Zeit in letzter Radikalität auf. Erregt die Gemüter und die Vernunft jener, die nicht erkennen, was sich Lebendiges für diese Welt regt – durch eine Person mit kaum nachahmbarem Anspruch. Wer antritt, den geistig-geistlichen Hunger zu stillen, regt auf – nicht zuletzt dort, wo sich ein krasser Kapital-Hunger der Welt bemächtigt. Nochmals *Walter Jens* zu Jesus: „Er lebt unter uns – als der Ferne, dessen Mit-uns-Sein sich aus jener Menschlichkeit ergibt (Menschensohn: Inbegriff des wahren, alles nur Humane transzendierenden Doppel-Wesens), einer Menschlichkeit, die sich für mich, mehr und mehr, in der Erwählung des Simon Petrus manifestiert.“ So gesehen ist er für alle Menschen *der* Mensch und Simon Petrus in seiner ganzen Schwäche ahmt ihn nach!

Später wird Augustinus sein Wort zum „Leib Christi“ im Anschluss an 1 Kor 12,27 aufnehmen und verdeutlichen: „Du hörst, was man dir sagt: Der Leib Christi, und du antwortest: Amen. Sei also wirklich der Leib Christi, damit dein Amen wahr ist.“ Fragt sich dann ebenso, wie der radikale Anspruch von Jesus aus Nazaret, das Brot vom Himmel zu sein, in liturgisch verständlicher Sprache mit dem Zuspruch bei der Gabe der Kommunion („Der Leib Christi“) in kongruente Verbindung kommt. Die Zusage lädt die Kommunikation auf und setzt gleichsam jedem und jeder in der kommunizierenden Gemeinde zu. Umso sorgfältiger und einmaliger hat dieser Vollzug zu geschehen. Müssten sich darum nicht bis in den Tonfall des Zuspruchs beim Verteilen des gesegneten Brotes alle in den Dienst eines Prozesses stellen, der auf grundlegende Humanisierung und nicht Abspeisung von oben herab aus ist? Dies verlangt das entsprechende liturgische Rollenverhalten von Männern und von Frauen – m. a. W. einiges an Rollendemut.

Mit den Versen des Ps 84,10 f. erfolgt *eröffnend* die direkte Anrede: „Gott, du unser Beschützer".

Die Sinninstanz ‚Gott' wird als schützende Kraft angesprochen und gelangt aus der Optik der Weisheitsliteratur – *erste Lesung* Spr 9,1–6 – folgerichtig ins liturgische Spiel. In dieser Form bringt sie sich dem „Unwissenden" gegenüber zur Sprache: „Kommt, esst von meinem Mahl und trinkt vom Wein, den ich mischte." Die Zuwendung der göttlichen Weisheit läuft intentional ins Praktisch-Konkrete. Sie sieht sich je realem Hunger gegenüber.

Dem *Antwortpsalm* (Ps 34) eignet darum auch in seinen Versen 3 und 11 eine schichtspezifische Dimension: Arme und Reiche werden unterschiedlich deutlich den leiblichen Hunger spüren. Ein Gott, der bei Armen Freude auslöst, ist für Reiche – wenn auch diese eines Tages darben und hungern müssen – noch zu entdecken. Ohne je spirituellen Hunger zu spüren, geht dies nur zäh vor sich.

Mit der *zweiten Lesung* (Eph 5,15–20) sagt sich's leicht: „Lasst euch vom Geist erfüllen, nicht vom Wein!" Und lasst euch vom Geist anregen mitzusingen.

Auf diesem Hintergrund wird ein offener Blick auf die Vielfalt zeitgenössischer Musikkultur und deren angemessene Integration in gottesdienstliches Handeln und Feiern nötig. Zwar haftet dieser das Etikett „kultureller Anomalie" an, doch hat sich das Spektrum für neue Formen und musikalische Vollzüge erweitert.[220]

Die *Evangeliumsperikope* (Joh 6,51–58) provoziert ebenfalls Gedanken zur kulturellen Vielfalt. Denn die *Praesentia Dei* ist nicht ohne Bezug zum kulturellen Kontext gegeben. Indem sich Jesus als Brot für das Leben der Welt zu erkennen gibt, ist seine ganze Person („mein Fleisch und Blut") im Mahlgeschehen gegenwärtig. Anders gewendet: Bei Speis und Trank ist Jesus mitten unter denen, die gemäß seiner Zusage durch alle Zeiten seine Gegenwart feiern. Zeitgenössisch verständlich gemacht: Alle sind mit Jesus vereinigt, „mit Leib und Seele dabei". Dass dies nicht ohne musikalisch-kulturellen Ausdruck geschehen kann, ist plausibel. Kein Widerspruch dazu ist, dass für den gesamten Bereich liturgischer Musik auch anderen Kulturwelten als dem klassischen Ideal die Mitwirkung im Gottesdienst offenstehen sollte. Neue Musik- und Bewegungsformen lassen es ebenso zu, mit Leib und Seele dabei zu sein, wo das Geheimnis der Inkarnation und der Auferweckung in neues Leben gefeiert wird. Die mystische Schau des Johannes – „wie ich durch den Vater lebe, so wird jeder, der mich isst, durch mich leben“ (V 57) – erträgt es, die Zugehörigkeit zum Vater-Gott durch Jesus Christus in seinem Leib und Blut in erweiterten als ausschließlich den traditionell-musikalischen Formen zum Ausdruck zu bringen.

Der kulturelle Kontext, in welchem im vielsprachigen Europa Liturgie gefeiert wird, erfordert Anschlussfähigkeit an die von Individualisierung, Globalisierung und Migration geprägten Gesellschaften. Ebenso verbindet sich christlicher Gottesdienst an jedem Ort der Welt mit dem je anderen kulturellen Umfeld. Davon ausgenommen ist keines seiner Elemente, weder Sprache, Bild, Ton, noch Stille, die mehr als eine Unterbrechungspause ist. Alle Elemente werden zum menschlichen Träger der Kernbotschaft im christlichen Mahlereignis. Wem dieses Mahl-Geschehen par excellence nicht gleichgültig ist, wird sich darum auch der kulturellen Erweiterung musikalischer Stile in gottesdienstlichen Feiern nicht verweigern können.

Einundzwanzigster Sonntag im Jahreskreis

Keine vorsichtige Träumerin ist diese Person, die mit dem *Eröffnungsvers* (Ps 86,1–3) betet: „Wende dein Ohr mir zu, erhöre mich, HERR … Den ganzen Tag rufe ich zu dir." Sie setzt entschieden ihr ganzes Vertrauen auf Gott und seine Unterstützung in schwieriger Zeit.

Im Tanach wird Josua zu den Propheten gezählt. Als solcher spricht Josua in der *ersten Lesung* (Jos 24,1–2a.15–17.18b) die Entscheidung suchend zum Volk: „Wenn es euch nicht gefällt, dem HERRN zu dienen, dann entscheidet euch heute, wem ihr dienen wollt … Ich aber und mein Haus, wir wollen dem HERRN dienen." Beim Ort Sichem und der dortigen Eiche, wo bereits Abram den ersten Altar errichtete, Jakob später alle fremden Götter seiner Sippe begrub, stellt Josua einen Stein auf.[221] Aufgerufen zur Erinnerung, knüpft das Volk an den Erfahrungen der Befreiung aus dem Sklavenhaus und der großen Wunder an und entscheidet sich neu. Sowohl die Art der Entscheidung wie auch der Zeitpunkt sind dabei zentral. Ich sehe darin einen aus dem Gewissen des Volkes erwachenden gemeinsamen Willen. Abgebildet wird diese Geschichte in der uralten Suche nach Markierung eines Standortes durch Steinmale, dem freien Setzen dieses Ortes, nach dem man sich ausrichtet. Die tiefgreifende Neuorientierung im Volk führt damit zur Entscheidung ebenso wie zum freien Glaubensvollzug. Mit anderen Worten geht es um den in Freiheit gewählten Glauben (= belief) und nicht um allgemeine Gläubigkeit (= faith). In dieser Hinsicht hilfreich erläuterte *Karl Barth* die theologische Existenz mit dem Vorgang von der Verwunderung zur Betroffenheit, von der Verpflichtung zum eigentlichen Glauben.[222]

Die Entscheidung gilt wie im *Antwortpsalm* (Ps 34) formuliert dem „HERRN". Die Versauswahl nennt den Gottesnamen sechsmal: „Der HERR erlöst das Leben seiner Knechte, niemals müssen büßen, die in ihm sich bergen."

Um Entscheidung geht es ebenso in der Beziehung von Frauen und Männern gemäß der *zweiten Lesung* (Eph 5,21–32). Folgt man der Sichtweise des Textes, der sich zunächst allgemein für die gegenseitige Unterordnung „in der gemeinsamen Ehrfurcht vor Christus" ausspricht, sollen sich Frauen ihren Männern unterordnen „wie Christus dem HERRN".[223] Wie Christus das „Haupt der Kirche" sei, sei der Mann auch das „Haupt der Frau". Die Analogie ‚Christus als Haupt des Leibes Christi' und ‚Mann als Haupt der Frau' mag wie eine die patriarchale Struktur der Zeit betonende Strapazierung wirken, ist aber beim Verfasser, einem Paulusschüler, christozentrisch gewichtet. Gemäß *Ulrich Luz* bejaht der Epheserbrief (Vv 22 f.) die Ehe und „vertieft darum die ‚Ehetafel' von Kol 3,18 f. durch seine Hinweise auf Christus". Der Verfasser führe seine „Meditation" (Vv 28b–32) weiter und „meint natürlich nicht, dass eheliche Liebe letztlich Selbstliebe sei, weil die Ehe der Selbstverwirklichung dient". Vielmehr denke er wieder von Christus her: „Weil die Kirche Christi Leib ist, liebt der himmlische Bräutigam dann, wenn er die Glieder seines Leibes liebt (V 30), sich selbst. Von Christus her kommt er also zu der überraschenden Aussage, dass eheliche Liebe eigentlich Selbstliebe sei". Gen 2,24, „den für Juden und Christen klassischen Ehetext", deute der Verfasser auf Christus und die Kirche (V 32). Dies sei „eine neue, allegorische Deutung", die das ‚Geheimnis' von Gen 2,24 enthülle. Damit sei diese Schriftstelle gemeint und „nicht das Geheimnis der Ehe, an das lateinische Übersetzer dachten, als sie das griechische Wort ‚Geheimnis' mit ‚sacramentum' übersetzten". Das Fazit in den Augen von *U. Luz* ist ein doppeltes: „Die ‚Einheit' des Bräutigams Christus mit seinem Leib, der Kirche, in der Frauen und Männer als seine Glieder leben, ist vielmehr der Grund, welcher auch der Einheit von Mann und Frau in der Ehe seine Tiefe und der ehelichen Liebe ihren Halt gibt." Und aktualisierend: Man werde diese Ehetheologie „genauso wie das paulinische Verständnis der Ehe als *das* für alle Zeiten gültige christliche Eheverständnis ausgeben können"; dem Paulusschüler war es offenbar wichtig, „nicht einen großen Bereich des Lebens, nämlich die Ehe, aus dem Wirkungsbereich der Gnade Christi auszuklammern". Er musste eine andere Ehetheologie entwerfen als Paulus: „Vielleicht ermutigt diese Freiheit Paulus gegenüber auch uns heute zur Freiheit gegenüber Paulus *und* dem Epheserbrief". Die Freiheit bestehe nun vor allem darin, nicht erneut in die Falle paternalistischer Verhältnisse zu tappen, in welche eine spätere ekklesiozentrische Christologie geriet. Und die von Getauften verantworteten neuen Partnerschaftsformen unserer Zeit wären im Lichte des Wegfalls aller von Jesus Christus trennenden Unterschiede auch von Frauen und Männern (Gal 3,27 ff.) neu zu werten.

Das *Evangelium* (Joh 6,60–69) zeichnet Jesu Rede nach, die zu einem Positionsbezug im Glauben an ihn auffordert und klar macht: „Lebendig macht doch nur der Heilige Geist" (vgl. V 63). Nicht alle aber, die ihm bisher gefolgt sind, sind bereit anzuerkennen, dass das Geschenk, Jesus zugehörig sein zu können, vom „Vater" gegeben ist: „Niemand kann zu mir kommen, wenn es ihm nicht vom Vater gegeben ist". Für viele wird dies zum Grund, sich nicht mehr zur großen Gruppe um Jesus zählen zu lassen. Maria Magdalena ist eine aus dem Jüngerkreis, sie geht mit ihnen.[224] Simon Petrus aber als Wortführer der Zwölf wirkt zuerst verunsichert, legt seine Worte auf die Waagschale und bekennt sich doch noch zu Jesus: „Du bist der Heilige Gottes". Summa summarum: Der Fall Petrus zeigt, wie Glauben sich entwickeln kann. Bleibt er ein Glauben von Fall zu Fall, gleicht er einem Seifenblasenglauben.[225] Seifenblasen entstehen, werden bestaunt, bis sie platzen und vergehen. Gegenüber dem Setzen von Steinmalen, gegenüber der entschiedenen Wahl, vor der sich die Leute um Jesus sehen, kann Glaube von Fall zu Fall wenig bestehen. Ein durch moderne Anfechtung und Zweifel gegangener Glaube dagegen wird Schritt für Schritt an Glaubwürdigkeit gewinnen – und kann kirchlich besser mit Verständnis begleitet statt domestiziert werden.

Zweiundzwanzigster Sonntag im Jahreskreis

Die Suche nach der gütig-nahen Gottheit geht weiter. Eine verunsicherte Person spricht mit dem *Eröffnungsvers* (Ps 86,3–5): „HERR, du bist gütig und bereit zu verzeihen, für alle, die zu dir rufen, reich an Gnade." Klagend und doch beharrlich sucht sie nach Antworten von Gott, den sie vermisst: „Am Tag meiner Not rufe ich zu dir; denn du wirst mich erhören" (V 7). Im Gebet versunken zu bleiben, wird jedoch die Klagenden nicht weiterbringen.

Sie erhalten in Gottes Weisungen – *erste Lesung* (Dtn 4,1–2.6–8) – eine Leitschnur auf den Weg sowie die Versicherung göttlicher Nähe: „Ihr sollt dem Wortlaut dessen, worauf ich euch verpflichte, nichts hinzufügen und nichts davon wegnehmen; ihr sollt die Gebote des HERRN, eures Gottes, bewahren ..." (V 2). Denn im Unterschied zu anderen Gottheiten ist „der HERR, unser Gott, uns nahe ..., wo immer wir ihn anrufen" (V 7). Nun markiert das jüdische Fest der Thora (Simchat Thora) im Kontinuum der Thoralesung die Dankbarkeit für diese göttliche Nähe: „Denn die Tora ist ewig wie G'tt, der sie uns gegeben hat. Wenn wir der Tora gehorchen, ist unser Volk Israel das dritte Glied in der ewigen Einheit zwischen G'tt, der Tora und Israel."[226] Dessen „Urcredo" (Dtn 6,4 ‚Höre Israel! Der HERR, unser Gott, der HERR ist einzig') dynamisiert dann die Frage nach dem „Warum und Wieso aller negativen Phänomene", denn „der Preis für den kompromisslosen Eingottglauben (ist) die ungelöste Frage nach dem Bösen". Die Weisungen der Thora stehen mit dieser Lesung akzentuiert im Zentrum. Sie sprechen nicht zuletzt den Horizont der Problematik um Gut und Böse an. Und zwischen Gut und Böse zu unterscheiden sowie der damit verbundenen Dynamik kann kein Mensch aus dem Weg gehen. Diese menschheitliche Mitgift bleibt zu allen Zeiten virulent, wo Recht und Unrecht sich manifestieren und mehr oder weniger deutlich im Gespräch sind.

Erneut führen darum erläuternde Gedanken von *Abraham J. Heschel* zur Annäherung an ein vielschichtiges Thema.[227] *Heschel* sieht den modernen Menschen als „ein Wesen ..., das Katastrophen gegenüber abgestumpft ist", als „Opfer einer erzwungenen Brutalisierung" mit zunehmend geringerem „Empfindungsvermögen". Der Unterschied zwischen Recht und Unrecht verschwimme, was geblieben sei „ist das Entsetzen darüber, dass wir nicht einmal mehr imstande sind, Entsetzen zu fühlen". Das Geschick der Menschheit hängt von der Einsicht ab, dass die Unterscheidung von gut und böse, von richtig und falsch vor allen anderen Unterscheidungen kommt. Solange diese Einsicht fehlt, wird etwas Angenehmes, das mit Bösem gepaart ist, einem Unangenehmen, das mit Gutem verbunden ist, vorgezogen werden.

Das Wesen der biblischen Botschaft ist, die Menschheit den Vorrang dieser Unterscheidung zu lehren."

In der Folge dieser Gedanken *Heschels* zeigen sich die biblischen Texte dieses Sonntags wie ein Impuls-Gewebe zur Unterscheidung von Gut und Böse, Rein und Unrein. Noch deutlicher: „Das Böse ist nicht das letzte Problem des Menschen. Sein entscheidendes Problem ist seine Beziehung zu Gott."

Der etwas verkürzte *Antwortpsalm* (Ps 15) beginnt fragend: „HERR, wer darf Gast sein in deinem Zelt?" Eine angemessene Übertragung verdichtet das Thema: *„Herr, wer darf dir begegnen, / wer darf in deiner Gegenwart leben? / Der frei ist von Schuld / und das Gute tut. / Der die Wahrheit sagt / und nicht verleumdet. / Der seinem Freund kein Leid zufügt / und die Fehler anderer nicht weitersagt. / Der die Bösen meidet / und ein Freund der Guten ist. / Der sein Wort hält / und sich nicht nach dem Vorteil richtet. / Der die Not anderer nicht ausnützt / und sich nicht bestechen lässt. / Wer so lebt, lebt in Gottes Gegenwart."*[228]

Auch die *zweite Lesung* (Jak 1,17–18. 21b–22.27) stellt das Fragen nach Gut und Böse in einen größeren Zusammenhang, wie ab Vers 12 mit dem Glücklich-Sprechen jener, die in Bewährungsproben durchhalten, deutlich hörbar wird. Von Gott werde niemand in Versuchung geführt. In heutiger Sprache: „Wer eine Bewährungsprobe durchstehen muss, soll nicht sagen, Gott wolle das so. Denn genauso wenig wie ein Mensch Gott auf die Probe stellen kann, will Gott das mit einem Menschen tun. Wenn man sich zu bewähren hat, dann immer und ausschließlich gegenüber der eigenen Triebhaftigkeit, die an jedem einzelnen zerrt oder ihn ködert" (V 13 f.).[229] Sich im Glauben bewähren bedeutet, dem ‚bösen Trieb' nicht nachzugeben: „Wenn einer meint, fromm zu sein, aber sein Mundwerk nicht im Zaum hält, dann betrügt er nur sich selbst, und seine Frömmigkeit ist nichts wert. Die reine und vollkommene Frömmigkeit vor unserem Gott und Vater besteht darin, sich um Waisen und Witwen zu kümmern in ihrer Not und sich selbst frei zu halten von aller Korruption." (V 26 f.) Die Zusagen der Verse 17 f. bestärken diese Worte laut der Einheitsübersetzung: „Jede gute Gabe und jedes vollkommene Geschenk kommt von oben herab, vom Vater der Gestirne, bei dem es keine Veränderung oder Verfinsterung gibt. Aus freiem Willen hat er uns durch das Wort der Wahrheit geboren ..." Mit anderen Worten: Göttliche Schöpfungskraft hat den Raum geschaffen für ein Ethos der Tat, wie auch eine evangelische Lektüre des Jakobusbriefes hervorhebt.[230] Göttliche Weisungen zeigen seit den Tagen der Schöpfung den Weg. Menschen sind eingeladen, diese Weisungen in mitschöpferischem Sinne zu verwirklichen.

Das *Evangelium* (Mk 7,1–8.14–15.21–23) schließt den Kreis der Reflexionen über die Unterscheidung von Gut und Böse, Rein und Unrein. Der in seiner Art glasklare Lehrgang Jesu bekräftigt die Weisungen der Thora und zeigt, woher Unreinheit, Laster, Bosheiten und Untaten kommen: „All dieses Böse kommt von innen." (V 23) Um Äußerlichkeiten geht es Jesus nicht, vielmehr einzig darum, Freiheit zu ermöglichen, der inneren Überzeugung nachzuleben. Die Befreiung zu innerer Freiheit folgt letztlich dem göttlichen Impuls durch die Weisungen der Thora.

Dreiundzwanzigster Sonntag im Jahreskreis

Für die *Eröffnung* sind dem Psalm 119 mit seiner atemberaubenden Fülle an Gebetsintentionen die Verse 137 und 124 entnommen: „Herr, du bist gerecht und deine Entscheide sind richtig. / Handle an deinem Knecht nach deiner Huld." Göttlich und menschlich gerechtes Tun bleiben nicht abstrakte Theorie, es zeigt sich als Haltung im konkreten Handeln.[231] Die Hinweise auf Gottes Tun und des Menschen Tun sind in diesem Psalm von einem Ton erfüllt, der in immer neuen Anläufen die ganze Palette des konkreten Lebens anspricht[232]: „Tanzen könnt ich aus Freude, dass Du das letzte Wort hast im Leben und Sterben. Für ewig begleitet uns Deine Thora. Trotz Jammer und Elend auf unserer Erde will ich nicht an Dir verzweifeln. Du stellst nochmals alles auf den Kopf und wendest es uns zum Besten" (V 142 f.). Und zuverlässig gar ist Gott im Tun der Gerechtigkeit (V 40). Damit wird deutlich, dass über Gott zu verfügen nicht möglich ist, vielmehr ein starkes Vertrauen in Gott gesetzt wird. Es ist dies wie ein konstanter Umsturz der wahrgenommenen Einschränkungen in der Gegenwart, als ob die betende Person Zug um Zug verlernt, was sie stumm macht und im Vertrauen auf Gott je neue Kraft zum Zuhören gewinnt.

Der vertrauensvollen Haltung gilt die *erste Lesung* (Jes 35,4–7a), in welcher adventliche Stimmung aufkommt, aber auch befremdend Gottes Rache in Anschlag gebracht ist: „Die Rache kommt, die Vergeltung Gottes! Er selbst kommt und wird euch retten" (V 4), konkret werden alle Einschränkungen – Blindheit, Taubheit, Lähmung, Stummheit, Trockenheit, Durst – weggenommen sein. Was ist dann bei viel Skepsis der ‚Rache Gottes' gegenüber gemeint? Etwa, dass das Andauern göttlichen Handelns bald spürbarer einsetzen wird?

Der *Antwortpsalm* (Ps 146) kann in diesem Kontext in ganzer Länge vorgetragen werden. Das Lob Gottes aus dem Innersten, der Seele, hebt sich ab von Menschen, bei denen doch keine Hilfe zu finden ist (V 3) und sieht die Vergänglichkeit des Menschen, wenn es aus ist mit allen seinen Plänen (V 3 f.). Dann verkündet der Psalm Gottes Gerechtigkeit für Unterdrückte, Hungernde, Gefangene, Blinde, Gebeugte, Fremde, Waisen und Witwen (Verse 5–10).

Die *zweite Lesung* (Jak 2,1–5) setzt das Ansehen der Person nicht an die erste Stelle, die Armen sollen im Zentrum stehen. Rhetorisch wird gefragt: Hat Gott nicht die Armen in der Welt auserwählt?

Mit dem *Evangelium* (Mk 7,31–37) tut sich ein weiter Handlungsraum auf, in welchem sich Jesus nach Markus erneut in den Dienst der Sache Gottes stellt. Die Heilung des Taubstummen geschieht auf der anderen Seite der Grenze, im Ausland, jenseits der Heimat Jesu. Da ist einer jener Randständigen, der Jesus noch nie gesehen hat: „Er wird von seinen Freunden einfach genommen und vor einen völlig fremden Mann gestellt.“[233] Nicht zu übersehen ist, dass dieser Mensch nicht gezwungen wird, seinen Glauben zu bekennen. Die allgemeine Steigerung in diesem Evangelium ist bemerkenswert. Die Zeichen und Wunder Jesu werden im Markus-Evangelium von Mal zu Mal deutlicher akzentuiert. Mit dem Bericht dieser Heilung erhalten sie eine besondere Markierung. Wie bereits angesprochen, ist es Gottes Sache, dem Leben gerecht zu werden. Auch Jesus muss sich ihr widmen, um den Hilfesuchenden gerecht zu werden. Bis er sein „Effata – Öffne dich!“ dem Stummen zuspricht, geht er mit diesem zuerst in Distanz zur drängenden Menge. Er ergreift nicht etwa einen Zauberstab vor großer Öffentlichkeit. Vielmehr lässt er sich von der Not des Betroffenen bewegen, berührt ihn diskret als Heiland par excellence – blickt zum Himmel und zeigt mit seinem Seufzen starke Gefühle. Umstürzend an der Geschichte ist, dass sich nicht nur Ohren und Zunge des Behinderten allein öffnen und lösen. Die tiefgreifende Entgrenzung geschieht sowohl gegenseitig unter den beiden Beteiligten wie auch als Öffnung auf die umliegenden Gebiete der Heimat Jesu. Bei Markus ist drei Mal von Ohren die Rede, die nicht hören. Jesus selbst ist daraufhin noch mehr auf Gottes Kraft angewiesen, um die Heilung zum guten Ende zu führen. So sucht er trotz der vielstimmigen Erwartungen die Begegnung am Rand. Gleichzeitig kann er sich kaum dagegen wehren, dass über seinem Tun die Umstehenden erschüttert sind.

Das Heilungswunder hat es in sich. Es löst nicht einfach Verwunderung aus. Das geschilderte Geschehen bringt die Menschen außer sich. Die Begegnung mit Jesus bringt den Taubstummen zu sich selbst, bringt ihm die Möglichkeit, die Botschaft zu hören, von der seine Landsleute bereits angezogen sind. Wunder werden zum Geschenk eines Neuanfangs, sie sind ein Widerhall der Anwesenheit Gottes, die viele in der Gegenwart vermissen: „Es gibt Menschen, die fast nie den Widerhall der Anwesenheit Gottes in sich spüren. Dies alles macht uns bewusst, dass es weder im Gebet noch im Glauben Bevorzugte und Privilegierte gibt. Es ist wahr, zwischen Zweifel und Glaube, zwischen Leere und Fülle, zwischen Angst und Liebe lässt sich keine klare Grenzlinie ziehen.“[234]

Und das Nachdenken über die Möglichkeit von Wundern setzt sich fort bis zur Verwunderung über die eigene Existenz, wie *Kurt Marti* dies in seinem Gedicht *„es ist ein Wunder“* in Worte fasste.[235]

Warum ich bin? Ich weiß es nicht. Warum nicht? Wer stellt solche Fragen, die in jeder Zeit ausgreifen nach dem letzten Wort, das einer vom anderen hört, wo Gott in endlicher Zeit zur Sprache kommt?

Vierundzwanzigster Sonntag im Jahreskreis

In Anlehnung an Sir 36,18.21 f. wird die Feier mit den Versen *eröffnet*: „HERR, gib Frieden denen, die auf dich hoffen, und erweise deine Propheten als zuverlässig. Erhöre das Gebet deiner Diener und deines Volkes." Das Bittgebet ist auf dem Hintergrund der instabilen Verhältnisse im Land zu verstehen und drückt angesichts der Unsicherheit die Hoffnung auf Rettung aus. Für diese liturgische Feier eröffnet sich ein weiter Bogen biblischer Spiritualität, die verschiedene Stränge der Tradition beleuchtet und nach Auseinandersetzung verlangt.

Denn mit der *ersten Lesung* (Jes 50,5–9a) wird erneut die Leidenszeit des Gottesknechtes präsent. Zudem klingt die vor Wochenfrist angesprochene Thematik wieder an: „Gott, der HERR, hat mir das Ohr geöffnet. Ich aber wehrte mich nicht und wich nicht zurück ... Er, der mich freispricht, ist nahe." In jüdischer Tradition gelesen, gibt der Gottesknecht das Bild für das Volk Israel im Exil: „Israel braucht in allem Leiden seine Würde und das Vertrauen in Gott nicht aufzugeben".[236]

Die Versauswahl des *Antwortpsalms* (Ps 116) verstärkt nochmals das zuversichtliche Auslangen nach Rettung: „Ich liebe den HERRN, denn er hört meine Stimme, mein Flehen um Gnade. Ja, er hat sein Ohr mir zugeneigt, alle meine Tage will ich zu ihm rufen ... Ach, HERR, rette mein Leben" (V 1 f., 4b). Die Erhörung durch Gott fundiert die Erfahrung eines Glaubens, der sich bewähren soll.

Mit kritischem Blick bemerkt darum die *zweite Lesung* (Jak 2,14–18), dass Glauben ohne Werke keine befreiende Wirkung haben wird: „Glaube für sich allein, ist tot, wenn er nicht Werke vorzuweisen hat." (vgl. V 17) Die Sicht des Jakobusbriefes wurde im reformatorischen Protest gegen die Werkgerechtigkeit ausufernd diskutiert. Nicht wenige Irritationen unter den Konfessionen folgten. Gute Werke schienen in den Augen Martin Luthers gemäß Paulus nicht nötig, nach dem Jakobusbrief jedoch schon, weil Glaube allein nicht reicht. Luther ging es um die Befreiung aus der Selbstverkrümmung des Menschen *(homo incurvatus in se ipsum)*.[237] Der Perfektion der eigenen Person, die dem Denken des Philosophen Aristoteles aufgrund seiner Tugendlehre entsprang, setzte der Reformator den theologischen Begriff der ‚Gerechtigkeit' gegenüber, wie *Ernstpeter Maurer* vermerkt: „Gerecht ist die Person, wenn sie von dem philosophischen Denkzwang einer quantifizierbaren Gerechtigkeit befreit wurde und aus dieser Freiheit heraus lebt und wirkt – wobei sich diese Freiheit in einer rückhaltlosen Selbstkritik zeigen kann: Keine meiner Taten ist in sich gut, aber in jeder meiner Taten kann Gottes Werk ans Ziel kommen." Die „scheinbare Harmonie von Selbstverwirklichung und Gottesnähe" wird erschüttert. Den Aspekt der Verzweiflung betonend, ging es Luther „nicht um gottgefälligen Masochismus", vielmehr führt uns „die Hingabe Gottes zu der schockierenden Erkenntnis, dass wir Gott nicht ertragen können und Gott ins Leiden bringen. Dieser Erkenntnisschock kann aber zur Befreiung werden." Durch ein gottgefälliges Leben die göttliche Gnade zu ‚verdienen' – „als müsse man mit Gott handeln" – wird aber zur Sünde. Dagegen zielt ‚Glaube' auf „eine Geborgenheit, die strenggenommen nicht einmal mehr als menschlicher Akt zu beschreiben ist. Und in der Tat: Seinen Anfang nimmt der Glaube in jener verzweifelten Finsternis, wo alles menschliche Handeln aufhört. Die Liebe Gottes erweist sich also als schöpferisch – und zwar gerade durch Leiden und Kreuz hindurch. So entfaltet sich Luthers ‚paradoxe' Theologie als Reden *von den schöpferischen Umwegen Gottes*." Das Ringen des Reformators zeitigte Wirkung in der zeitgenössischen Kirche und Gesellschaft, die sich mit einer auf biblischem Hintergrund begründeten Selbstkritik konfrontiert sahen.

Dies verdeutlicht das *Evangelium* (Mk 8,27–35) mit seinem Schluss: „Wer sich selbst als Ziel hat, wird sich verfehlen. Wer sich aber aufgibt für mich und das Evangelium, der wird sich selbst finden" (Mk 8,35). Jesus hatte sich eben scharf gegenüber Petrus geäußert, der nicht das im Sinn habe, was Gott will, sondern was die Menschen wollen. „Für wen haltet ihr mich?", hatte er seine Leute gefragt und sie schließlich zur Selbstkritik aufgefordert, einer Selbstkritik die Maß nimmt an Gottes Liebe, Barmherzigkeit und Gerechtigkeit *(zedaka)*. „Die zedaka ist der komplementäre Liebesfaktor, ohne welchen die Gerechtigkeit vom Vorwurf der Lieblosigkeit nicht freizusprechen, somit auch keine Gerechtigkeit mehr wäre." Denn im biblischen Empfinden, das hier der Jude Jesus vollkommen bezeugt, gehört die Liebe „nicht nur zur Gerechtigkeit, sondern ist Teil der Gerechtigkeit selber".[238] In diesem Beziehungsgeschehen zwischen Gott und Mensch ist jede angestrebte Jesus-Nachfolge verankert.

Fünfundzwanzigster Sonntag im Jahreskreis

Die Ansage des *Eröffnungsverses* (ohne Quelle) spiegelt den göttlich souveränen Willen gegenüber dem Volk: „Das Heil des Volkes bin ich – so spricht der HERR. In jeder Not, aus der sie zu mir rufen, will ich sie erhören. Ich will ihr HERR sein für alle Zeit." Die Weisung motiviert geradezu, skeptische Einstellungen der Gegenwart gegenüber „Gott am Rand" aufzunehmen. Das Phänomen umschreibt *Paul Konrad Kurz* anhand von Romanen unserer Zeit: „Man muss die ‚Gott am Rand'-Notierungen in zwei Richtungen lesen. Einmal, dass auch dort, wo Christen ihn nicht suchen oder vermuten, Gott bewusst wird, allerdings nicht Gemeinschaft stiftend, sondern als Einfall, Begegnung, Augenblick, Zuflucht individueller Sinn- und Heilssuche. Die ‚Gott am Rand'-Geschichten sind aber auch Mitteilungen, dass eine über Generationen christlich geprägte Gesellschaft ihren Gott zunehmend verloren, vernachlässigt, aufgegeben hat. Er stiftet nicht mehr Gemeinschaft, nicht mehr eine orientierende und kultische Mitte."[239]

Diesem „nur mehr am Rand" zugelassenen Gott doch noch in der Gemeinschaft eine Stimme geben kann ein zeitgenössisches Lied. Seine Worte variieren Schlüsselerfahrungen im Fluss der Zeit und führen die Anwesenden in die Nähe des göttlichen Geheimnisses. Achtmal setzt es erinnernd mit ‚Manchmal'[240] an und stellt je eines der Attribute Gottes ins Zentrum. Eine Atmosphäre authentischen Betens in der Gemeinschaft kann gelingen:

> *Manchmal kennen wir Gottes Willen, manchmal kennen wir nichts. Erleuchte uns, Herr, wenn die Fragen kommen. // Manchmal sehen wir Gottes Zukunft, manchmal sehen wir nichts. Bewahre uns, Herr, wenn die Zweifel kommen. // Manchmal spüren wir Gottes Liebe, manchmal spüren wir nichts. Begleite uns, Herr, wenn die Ängste kommen. // Manchmal wirken wir Gottes Frieden, manchmal wirken wir nichts. Erwecke uns, Herr, dass dein Friede kommt.*

Wie dem Frieden Gottes Widerstand entgegensteht, der sich in frevlerischen Gedanken äußert, zeigt die *erste Lesung* (Weish 2,1a.12.17–20). Den Gerechten will man grausam behandeln, seine Sanftmut kennenlernen, seine Geduld erproben. Eine ironisch-provozierende Note schwingt mit, wie in V 18 gesagt wird: „Ist der Gerechte wirklich Sohn Gottes, dann nimmt sich Gott seiner an und entreißt ihn der Hand seiner Gegner." So können nur „skrupellose Machtmenschen"[241] ihre Kontrollsucht begründen. Der Gerechte muss sich Herausforderungen stellen, die ihn an die letzte Grenze bringen, der harten Verurteilung zu „einem ehrlosen Tod“ (V 20). Der Zumutung des Leidens und Sterbens kann dieser exemplarische Mensch nicht entgehen.

Diese Darstellung der Unheilssituation nehmen die Auswahlverse des *Antwortpsalms* (Ps 54) auf: Sie zeigen eine Person, gegen die sich „stolze Menschen“ erheben, „freche Leute“ nach dem Leben trachten, die „Gott nicht vor Augen“ haben (V 5). Dennoch wird sie von Gott aus all ihrer Not herausgerissen und kann auf ihre Feinde herabsehen. Die kämpferische Note kann Anlass sein zur Frage: Was, wenn Wut, Schreien, Rufen und Klagen angesichts skrupelloser Ausbeutung von Mensch und Natur wieder vermehrt auch in Mitteleuropa in Gottesdiensten hörbar würden? Mehr Bezug zur realen Welt würde spürbar, wo doch liturgisches Feiern oft ein allzu beschauliches bis oft beklemmendes Schweigen erfüllt.

Die *zweite Lesung* (Jak 3,16–4,3) setzt die Zuhörenden in die Kontraste der Welt-Realität: Eifersucht, Kriege, Streitsucht. Die „Weisheit von oben“ dagegen ist heilig, friedlich, freundlich, gehorsam, voll Erbarmen, reich an guten Früchten, unparteiisch und heuchelt nicht. Spürbar verfolgt diese Botschaft eine friedliche Linie, genährt aus weisheitlicher Tradition und konkretisiert diese deutlich. Eine Voraussetzung dazu ist die Stiftung von Frieden durch die Menschen, für die Gott „die Saat der Gerechtigkeit“ ausstreut. Bei Gott mit Bitten dafür einstehen wird aber nichts nützen, „weil ihr in böser Absicht bittet, um es in euren Leidenschaften zu verschwenden“ (V 3). Der Text verbindet eine starke Prise Distanz zur Welt mit ebensolchem Pessimismus.

Wie eine Steigerung dazu hört sich das *Evangelium* (Mk 9,30–37) an. Der Menschensohn werde den Menschen ausgeliefert. Sie werden ihn töten, doch „drei Tage nach seinem Tod“ werde er auferstehen. Die Ansagen stoßen bei den Leuten um Jesus auf kein Verständnis. In ihr Blickfeld rückt nun Jesus nach Markus seine andere Sicht der Realitäten dieser Welt, so auch dem Streit um Führerschaft innerhalb seiner Gruppe. Der Größte, Mächtigste, Erste sein zu wollen, ist nicht das Ziel. Sich mit ihm, Jesus, zu verbinden, bedeute vielmehr, es so zu tun, wie er es gegenüber dem Kind „in ihrer Mitte“ tue: „Wer ein solches Kind in meinem Namen aufnimmt, der nimmt mich auf; wer aber mich aufnimmt, der nimmt nicht nur mich auf, sondern den, der mich gesandt hat“ (V 27). Jesus sieht die Welt im Spiegel eines Kindes, setzt auf die radikale Offenheit, das Staunen und den neuen Mut der Nachwachsenden und sieht gleichzeitig darin eine tiefe Verbundenheit mit dem, der ihn gesandt hat. Der Dienst Gottes an jenen, die Jesus nachfolgen, konkretisiert sich und kontrastiert die gesellschaftlichen Größen von Macht und Führerschaft in allen Belangen. Eine Haltung, die zur Solidarität bis an die Grenzen des Leidens und Sterbens geht. Das zeichenhafte Tun mit dem „Kind" ist ebenso ein Verweis auf die Verwandlung von lebensfeindlichen Verhältnissen wie auch die Einwilligung in die von Jesus vorgelebte Rollendemut. Das zu tun, was dem Leben dient – wie Kinder verantwortungsvoll begleiten, Erwerbslose unterstützen oder herrschende Ungerechtigkeiten aufdecken – ist die Umkehr, die Jesus den Seinen ins Stammbuch schreibt.

Sechsundzwanzigster Sonntag im Jahreskreis

Die *eröffnenden Verse* (Dan 3,31.29.30.43.42) geben Worte aus dem Gebet des Asarja wieder. Sie holen die Betenden ab in ihrem Bedürfnis nach Erlösung, sodass sie bekennen können: „Alles, was du getan hast, o Herr, das hast du nach deiner gerechten Entscheidung getan, denn wir haben gesündigt, wir haben dein Gesetz übertreten. Verherrliche deinen Namen und rette uns nach der Fülle deines Erbarmens."

Die *erste Lesung* (Num 11,25–29) wartet auf mit der Austeilung des Geistes, der auf Mose ruht. Gott legt ihn auf die siebzig Ältesten, die darüber in andauernde prophetische Verzückung geraten. Auch auf Eldad und Medad kam der Geist, jedoch nicht beim Offenbarungszelt, sondern im Lager. Die aufkommende Spannung, ob das in den Augen Moses richtig sei, lässt diesen ausrufen: „Wenn nur das ganze Volk des Herrn zu Propheten würde, wenn nur der Herr seinen Geist auf sie alle legte!" (V 29). Mose sehnt sich nach mehr Unterstützung, ob aus Überlastung oder damit verbundener Angst. Man kann darin die „Demokratisierung des Geistes"[242] sehen, müsste diese gleichwohl einschränkend verstehen. Da prophetisches Tun im Sinne der Bibel je eine kritische Funktion hat, schließt dies nicht aus, dass eine relativ kleine Gruppe prophetischer Stimmen gedrängt durch Gott dem Volk als Ganzem den Spiegel vorhält. Kriterium prophetischer Handlung ist dann die spezifische Rollendemut, die exemplarisch, am meisten durch Mose selbst, vorgelebt wird. „Zwei Eigenschaften rühmt die Schrift von Moses: seine einzigartige Gottesnähe, wie seine ebenso unerreichte Demut. In dem Manne Moses, der Gott wie kein zweiter von Angesicht zu Angesicht erkannt, gelangt auch die Demut zu ihrer höchsten Vollendung. Diese Verbindung von letzter menschlicher Demut mit tiefster Gottesschau in Moses verweist auf die Zusammengehörigkeit dieser beiden Vorzüge, die miteinander fortschreiten. An die Stelle von Selbstgefühl und Selbstbewusstsein tritt in der Bibel die Aufhebung des menschlichen Selbst."[243] Eine hohe Anforderung, die von jenen, die sich ihr stellen, die radikale Anerkennung der eigenen Grenzen ebenso verlangt wie das ehrliche Eingeständnis, nicht um alle Welt den eigenen Standpunkt durchsetzen zu müssen. Wohl erst dadurch wird jenen, die dafür offen sind, die Kraft aus Gottes Geist geschenkt, der weht, wo er will.

Der *Antwortpsalm* (Ps 19) führt den Gedanken weiter, gestützt auf den Himmel, der davon erzählt, wie herrlich Gott ist, und die Welträume zeigen, was seine Hände geschaffen haben (V 1).[244] Liturgisch dienlich ist es, die Auswahlverse 7–14 hörbar zu machen, vom Urtext her in neue Sprache gegossen:

„Alles erwacht zum Leben, welche die Sonne umarmt, und jubelt und singt. Das ist ein Bild von ihm selber: / Gerade so weckt er die TORA, SEIN Wort voll Liebe und Ernst. Die Seele kommt wieder zurück, wenn er mit uns spricht, / sie freut sich bis ins Innerste und sieht wieder klar, wenn ER sagt, wohin. / Dann findet man sich wieder im Leben zurecht. / Wenn ER uns umarmt, ist dies keine Laune von ihm, es ist Treue. Das macht einem Eindruck für alle Zeiten. Was er verordnet, hat sich noch immer bewährt und schafft gerechte Verhältnisse, / ist mehr wert als Gold und süßer und besser als Honig. / Ja, auch dein Freund hat es gehört und begriffen, dass es sich lohnt darauf zu hören. / Wer kann es schon merken, wie oft er versagt hat? Vergib mir, wenn ich einfach darüber hinweggegangen bin, und so tat, wie wenn es mich nicht anging. / Das macht mich bescheiden, nicht zu hoch hinaus zu wollen, sonst würde ich in grässlichste Abhängigkeit geraten."

Ähnlich anspielend auf Selbstüberhöhung formuliert die *zweite Lesung* (Jak 5,1–6) herbe Sozialkritik gegenüber den Reichen: „… der Lohn der Arbeiter, die eure Felder abgemäht haben, der Lohn, den ihr ihnen vorenthalten habt, schreit zum Himmel; die Klagerufe derer, die eure Ernte eingebracht haben, sind zu den Ohren des Herrn Zebaoth gedrungen" (V 4).

Diese Perikope wie auch das Evangelium finden liturgisch ihren Ort auch am Donnerstag der siebten Woche im Jahreskreis. Überdeutlich ist darum ein Ausschnitt aus einer Predigt von *Papst Franziskus* im Mai 2016 im Anschluss an die Geschichte vom reichen Prasser und dem armen Lazarus: „Dieser Reiche lebte in seiner Welt, er nahm nicht wahr, dass da auf der anderen Seite der Tür seines Hauses jemand war, der Hunger hatte. Das aber ist schlimmer. Bei jenem Reichen war es wenigstens so, dass der es nicht merkte und es so zuließ, dass der andere des Hungers starb. Das hier aber ist schlimmer: das bedeutet, aus Profitgründen die Leute auszubeuten und in den Hunger zu stoßen! Vom Blut der Leute leben. Und das ist eine Todsünde. Und viel Buße ist notwendig, viel muss zurückerstattet werden, um sich von dieser Sünde zu bekehren." Franziskus erinnerte an den Tod eines habsüchtigen Mannes, als die Leute scherzten: „Die Beerdigung ist schief gegangen", hätten sie gesagt: „Sie konnten den Sarg nicht schließen, weil er alles, was er hatte, mit sich nehmen wollte, was aber nicht ging". Keiner könne seine Schätze mitnehmen, so der Papst abschließend: „Denken wir an dieses Drama von heute: an die Ausbeutung der Leute, das Blut dieser Leute, die zu Sklaven werden, an die Menschenhändler – und zwar nicht nur an jene, die mit Prostituierten und Kindern für die Kinderarbeit handeln, sondern an jenen – nennen wir ihn so – ‚zivilisierten' Handel: ‚Ich bezahle dich bis zu einem bestimmten Punkt. Ohne Urlaub, ohne Krankenversicherung, ohne … alles schwarz … Ich aber, ich werde reich!'"[245] Feurige Worte des Kirchenleiters erinnern daran, dass Reichtum erst Frieden ermöglicht, wenn er im Feuer des Teilens und der Gerechtigkeit geläutert ist.

Die Rede vom Feuer setzt sich fort mit dem *Evangelium* (Mk 9,38–43.45.47–48). Darin zeigt sich Jesus in markigen Worten, die zur radikalen Nachfolge auffordern. Er zieht dabei den Kreis nicht zu eng und erteilt seinen Leuten eine Absage, die Nachfolge allein an ihren eigenen Kreis zu binden. Es kommen Worte dazu, mit welchen Jesus vor der Verführung zum Bösen warnt, ansonsten das nie erlöschende Feuer der Hölle den ganzen Menschen zu zerstören droht. Die Drohbotschaft erschreckt, zeichnet jedoch von Jesus ein Bild besonderer Radikalität, die vor der Tatsache nicht Halt macht, dass durch alle Zeitepochen Menschen einander die Hölle heiß machen.[246] Überspannte Jesus den Bogen? Im besonderen Auftrag für die Erlösung und Befreiung seines Volkes waren die Reden Jesu zwar radikal, jedoch ausgerichtet auf die Entscheidung für das Reich Gottes: „Die Höllenworte in den Reden Jesu haben eine ausschließlich paränetische Funktion; sie sollen den Ernst der Situation, die Radikalität der geforderten Entscheidung verdeutlichen und bewusst machen, dass es bei der Sache der Gottesherrschaft in der Welt ums Ganze geht; denn diese ‚Sache' ist eine Frage auf Leben und Tod für den Menschen, die Völker, ja die ganze Welt."[247] Es macht darum Sinn, die Verse 49 f. aus Mk 9 mit zu verkünden, wie *Klaus Berger*[248] nahelegt: „Nachdem er das Höllenfeuer genannt hat, fährt er fort: *Denn jeder wird mit Feuer gesalzen werden. Salz ist etwas Gutes, wenn aber das Salz seine Würze verliert, womit soll man es salzen? Habt Salz untereinander und habt Frieden untereinander.*" Hier gehe es aber „nicht um die Jünger, die das Salz sind. Steht das Salz … nicht für Gott, für seine Unersetzlichkeit? Ist nicht die Konfrontation mit Gott im Gericht eine Begegnung mit dem Feuer, dem verbrennenden Feuer, das er selber ist? Und gilt nicht auch sonst, dass Frieden untereinander den Menschen unglaubliche Macht verleiht, Gegenwart der Schöpfermacht Gottes?" Treffe dies alles zu, dann werde jeder „Gott selbst begegnen, dem Gerichtsfeuer". Feuer brenne „alle Schlacken aus, sodass nur Gold bleibt". Feuer und Salz sieht *Berger* als Bilder „für die sowohl verzehrende als auch bewahrende Strenge Gottes. Wenn jedoch Menschen Frieden auf Erden schließen, dann haben sie Gottes Gegenwart bereits auf eine milde und freundliche Art unter sich. Dann ist Gott wie ein Herdfeuer gegenwärtig, das alle erwärmt, unentbehrlich wie Salz in der Küche. ‚Radikal' ist dieses Bild, weil es um die unerbittlich ‚scheidende' Kraft des Salzes geht". Unentbehrlich wie das Salz ist die bewahrende Zuwendung Gottes, die sich über die Grenzen irdischen Lebens ganz verzehren kann. Das hält der im Apostolikum gebetete und auf Jesus gemünzte Kernsatz des Hinabstiegs in das Reich des Todes fest. Von diesem Reich als der Hölle zu sprechen, sind wir nicht mehr gewohnt, kommen aber nicht umhin, angesichts der Worte Jesu den Stellenwert des Bildes von der Hölle neu einzuordnen, wie sich u. a. an Ausführungen von *Gisbert Greshake* zeigt: „Gerade an der Wirklichkeit Hölle, die besagt, dass ich mich in Freiheit verfehlen kann, sehen wir, welches Gewicht unser jetziges Leben hat. Unser Leben ist kein gleichgültiges Spiel, das nach seinem Ablauf in den Papierkorb der Weltgeschichte gelegt und vergessen wird. Unser Leben ist kein Spiel, es ist absoluter Ernstfall und Gott nimmt es ernst, weil sich in diesem Leben entscheidet, ob wir in Freiheit ja zu ihm und seinem Heilsangebot sagen. Gott setzt sich nicht gegen unsere Freiheit durch, Gott nimmt uns ernst. Und das gibt unserem Leben ein unvorstellbares Gewicht. Es nimmt niemand den Menschen so ernst wie das Christentum."[249]

Siebenundzwanzigster Sonntag im Jahreskreis

Der *Eröffnungsvers* (Est 13,9.10–11) stützt sich auf die lateinische Vulgata und gilt als Zusatz in griechischer Sprache. Mordechai, Cousin und Vormund von Ester, richtet aus Angst vor der angedrohten Judenverfolgung sein Gebet an Gott: „Deiner Macht ist das All unterworfen, HERR … Du bist der HERR über alles!" Dieser ist überzeugt, dass sich ihm niemand widersetzen kann, wenn er Israel retten will, denn er hat Himmel und Erde gemacht, alles, was „wir unter dem Himmel bestaunen".

Diesem durch die Schöpfungswelt hervorgerufenen Staunen widmet sich die *erste Lesung* (Gen 2,18–24) mit der vieldiskutierten Kernpassage. Wie sich in V 18 zeigt – „Es ist nicht gut, dass der Mensch allein ist. Ich will ihm eine Hilfe machen, die ihm ebenbürtig ist" –, ist göttliche Logik am Werk, wenn es um die Kreatur Mensch geht. Ironisch zu fragen, wann denn ein Mann ein Mensch sei, legt sich hier zwar nahe. Dennoch ist beim Urtext vertiefter nachzufragen. So erläutert in einem gerne zitierten Wort die Talmud-Tradition die Stelle: „Sie ist nicht geschaffen aus seinem Haupt, denn dann könnte der Mann auf die Idee kommen, dass er sie selbst erdacht habe. Sie ist ebenso wenig aus seinen Füßen geschaffen, denn dann könnte er meinen, er sei ihr Meister. Nein es steht geschrieben, dass sie erschaffen ist aus seiner Seite, damit sie nahe an seinem Herzen sei."[250] Das Menschsein in unterschiedlicher Ausprägung ist der Schöpfungskraft wichtig und nicht die Zuordnung in stärker bzw. schwächer, wichtiger oder weniger wichtig. Zentral ist die Ebenbildlichkeit mit Gott, die Frau und Mann gleichermaßen zukommt und „auf beide ‚Seiten' verteilt ist"[251]. Zudem ist *ischa* (Männin) dem *isch* (Mann) als göttliches Gegenüber beigesellt. *Ch. Guski* kommentiert V 23: „‚Da sprach der Mensch: Dieses Mal ist es Gebein von meinen Gebeinen und Fleisch von meinem Fleische. Diese werde genannt Männin, denn vom Manne ist diese genommen worden' – Darum werde sie Männin genannt, weil sie vom Manne genommen wurde, die beiden Namen decken sich, daraus sieht man, dass die Welt in der heiligen Sprache erschaffen wurde". Was *Emanuel Levinas* mit seiner Kategorie der Anerkennung von Anderen als Andere vorgestellt hat, findet so in Gen 2 seine biblische Begründung. Warum also nicht sagen, dass die gesellige Gottheit *(Kurt Marti)* ein ebensolch geselliges Gegenüber in Menschenwesen findet? Denn von Anfang ihres Lebens an sind Menschen Beziehungswesen. Darin konstituiert sich die Sozialität unter den Geschlechtern, die ihr wesentliches Bindemittel untereinander ist.

Im *Antwortpsalm* (Ps 128) kumuliert solche Sicht nur zum Teil. Ein Mann wird gepriesen, der „den HERRN fürchtet, der auf seinen Wegen geht!" (V 1).

Seine Frau sei wie ein fruchtbarer Weinstock in seinem Haus. Der Mann allein wird gesegnet (V 4), der noch die Kinder seiner Kinder sehen wird. Damit rückt die Familie in den Vordergrund, welche im Fokus des zweiten Testaments als ganze in ihrer Zerbrechlichkeit geachtet sein will: „Die Familie ist nicht der Ort jenes idealen Zusammenhalts, von dem wir träumen, und in dem wir uns in einer Offenheit und Transparenz begegnen, die alles sichtbar macht. Und weil wir gegen unseren Willen von diesem Bild leben, stellen wir uns vor, Jesus weise … die Seinen mit schockierender Härte zurück. Jesus aber sagt in Wirklichkeit etwas sehr Wesentliches, das wir nur schwer hören können: ‚Gebt also acht, dass ihr richtig zuhört!' (Lk 8,18)."[252]

Die *zweite Lesung* (Hebr 2,9–11) ist an eine müde Gemeinde gerichtet. Der Text gewinnt an Verständlichkeit in neuer Übertragung: „… wir können Jesus sehen, den Gott für eine kurze Zeit niedriger als die Engel gesetzt hat, denn er hat gelitten und ist gestorben, den er nun aber mit Herrlichkeit und Ehre gekrönt hat. Denn Gott hat es in seiner Gnade so eingerichtet, dass Jesus, als er sterben musste, stellvertretend für jeden von uns gestorben ist. Denn wenn es zutrifft, dass alle Dinge seinetwegen und durch ihn geworden sind, dann ist er doch nicht sinnlos oder nur für sich allein gestorben. Sondern dann war sein Leiden sein Weg in die himmlische Welt. Und auf diesem Weg führt er einen langen Zug vieler Gotteskinder an, die er zu Gottes Herrlichkeit führt, sodass sie ihm ihre Erlösung verdanken. Das ist die Vollendung des Schöpfungswerks. Jesus erlöst die Menschen, indem er sie heilig macht. So können sie Gottes Ansprüchen genügen. Dass aber einer heilig macht und dass Menschen auf diesem Weg heilig werden, das kann nur geschehen, weil beide denselben heiligen Gott haben und weil Gott ihr gemeinsamer Vater ist. Deswegen scheut sich Jesus nicht, die Menschen Geschwister zu nennen."[253] Die Deutung von *Peter Trummer* verdeutlicht zudem weitere Verse im Zusammenhang: „Weil dieser Christus nicht von uns ausgegrenzt ist und unsere ganzen Existenzbedingungen teilt, weiß er um unser Menschsein. Als Sohn und Bruder kann er ‚barmherzig und glaubenstreu' sein, kann er als Hoherpriester ‚die Sache hin auf Gott' besorgen, um die Sünden des Volkes zu ‚versöhnen', und kann durch seine eigen Erfahrung der Versuchung denen, die in Versuchung sind, wirklich helfen (2,17 f.). Diese menschliche Leidensfähigkeit und -erfahrung bedeutet die Vollendung seiner Person (2,10) und ist die Voraussetzung seines Mitleidens und Mitleides mit unseren Schwächen (4,15). Nur die Sünde wird in dieser totalen Gleichung ausgenommen (ebd.), weil einzig sie mit seinem Wesen als Sohn unvereinbar ist."

Auf dem Hintergrund der bisherigen Perikopen dieses Tages bringt das *Evangelium* (Mk 10,2–16) Jesu Sichtweise auf die Frage nach der Ehescheidung zur Sprache sowie seinen Appell, das Reich Gottes anzunehmen wie ein Kind. Jesus geht der Scheidung als Erfahrung nicht aus dem Weg. Trotzdem dynamisiert er das Zugeständnis durch Mose, indem er zurück an den Anfang der Schöpfung verweist und die Maxime formuliert: „Was aber Gott verbunden hat, das darf der Mensch nicht trennen" (V 9). Die Unauflöslichkeit menschlicher Verbindung ist Jesus wichtig und dies in engstem Verbund mit Gott. Vorausgesetzt, Mann und Frau können sich in diesem Verbund selber erkennen und dadurch ein großes Stück transzendenter Sinnerfüllung erfahren, kann die radikale Jesus-Maxime in gegenseitiger Übernahme von Verantwortung durch die Beteiligten Schritt für Schritt realisiert werden. Doch in der offenen Gesellschaft muss sich die christliche Gemeinde sagen lassen, dass sie Jesu Gebot nicht als Gesetz gläubigen Christen aufzwingen darf, „deren Ehe zerbrochen wurde"[254]. Sie „darf Jesu Weisung nicht zu einem Gesetz machen, mit dem sie gutwilligen, aber alleingelassenen Gläubigen ein Joch aufzwänge, mit dem sie den Menschen Lasten auflegte, von denen Jesus sie befreien wollte". Sie „muss Jesu Weisung ernst nehmen, etwa darin, dass sie hilft, ein humanes Klima zu schaffen, in dem die gottgewollte Einheit der Ehe realisiert, in dem ihr Scheitern menschlich und christlich getragen werden kann". Sie „muss Jesu Denken, seinen Appell an unser Herz, unser Gewissen, unsere Liebe übernehmen; sie darf nicht Unschuldige büßen lassen und sich nicht zum harten Richter über Schuldige aufwerfen; sie muss vielmehr zur Vergebung von Schuld und zur Eröffnung von neuem glücklicherem Leben beitragen. Tut sie dies, so hält sie Jesus freie Treue!" Etwas überraschend findet sich die dazu notwendige Grundhaltung im zweiten Teil des Evangeliums mit der weiteren Maxime, die Jesus vorgibt: „Wer das Reich Gottes nicht so annimmt, wie ein Kind, der wird nicht hineinkommen" (V 15).

Achtundzwanzigster Sonntag im Jahreskreis

Die Verse zur *Eröffnung* (Ps 130,3 f.) fragen rhetorisch und bekennen: „Würdest du, HERR, unsere Sünden beachten, HERR, wer könnte bestehen? Doch bei dir ist Vergebung, Gott Israels." Das gesamte Gebet stützt die Glaubenden in ihrem Flehen nach göttlicher Zuwendung und ihrem Verlangen nach Barmherzigkeit.

Dies verstärkt die *erste Lesung* (Weish 7,7–11), indem die Weisheit von der betenden Person, d. h. Salomo als dem literarischen Ich, allem anderen als Reichtum, Gesundheit und Schönheit vorgezogen wird. Ergänzend sollten V 12 ff. mit verkündet werden. Sie heben die geschenkte Weisheit hervor, die lehrt, die unzähligen Reichtümer zu gebrauchen, sowie die Weisheit als „unerschöpflichen Schatz für die Menschen" (V 14) zu sehen. Es kann Weish 10,9 f. hinzugefügt werden: ‚Aber die Weisheit errettet die aus aller Mühsal, die sich an sie halten. Sie leitete den Gerechten geradewegs und zeigte ihm das Reich Gottes und gab ihm zu erkennen, was heilig ist', woraus *Christa Mulack* folgert: „Das Wissen um das Heilige wird als ein zutiefst weibliches Wissen dargestellt. Es drückt sich bis heute in dem bei Frauen weitaus häufiger und stärker zu beobachtenden Bedürfnis nach Religiosität und Spiritualität aus. Ruah, Sophia und die Schechina bilden eine innere Einheit, sie sind sozusagen die weibliche Trinität, die sich unterschwellig durch die Bibel zieht und darauf wartet, entdeckt zu werden."[255]

Der vollständige *Antwortpsalm* (Ps 90) drückt das Gefühl der Vergänglichkeit aus und bittet um göttliche Zuwendung: „Unsere Tage zu zählen, lehre uns! Dann gewinnen wir ein weises Herz. Kehre doch um, HERR! – Wie lange noch?" Die „Güte des HERRN, unseres Gottes" soll über die Betenden kommen und das Werk ihrer Hände gedeihen (V 12 f.).

Die Linie des Weisheitsdenkens wird hier ebenso weitergezogen wie mit der *zweiten Lesung* (Hebr 4,12 f.): „Lebendig ist das Wort Gottes, wirksam und schärfer als jedes zweischneidige Schwert; es dringt durch bis zur Scheidung von Seele und Geist, von Gelenk und Mark; es richtet über die Regungen und Gedanken des Herzens" (V 12).

An einer Schlüsselstelle des *Markus-Evangeliums* (Mk 10,17–30) fällt auf, wie Jesus dem Weisheitsdenken folgt, wo es um den letzten Einsatz für das Reich Gottes geht. Dem reichen Mann, der vor ihm auf die Knie fällt und wissen will, was er tun muss, um das ewige Leben zu gewinnen, begegnet er mit einiger Zuneigung. Jesus möchte ihn für die Nachfolge gewinnen und fordert ihn auf, alles zu verkaufen und das Geld den Armen zu schenken. Dieser vermag nicht über seinen Schatten zu springen und geht traurig davon, da er ein großes Vermögen besitzt. Wie Jesus zwei Mal bedauert, dass es für Menschen, die viel besitzen, schwer ist in das Reich Gottes zu kommen, bestürzt seine Leute (V 23/26): „Meine Kinder, wie schwer ist es, in das Reich Gottes zu kommen! Eher geht ein Kamel durch ein Nadelöhr, als dass ein Reicher in das Reich Gottes gelangt.“ (V 24b f.) Ohne den Reichen pauschal zu verurteilen, bekräftigt nun Jesus, dass für Gott alles möglich ist, auch wenn es für Menschen unmöglich scheint. Mit hintergründigem Humor zeigt Jesus, dass es ihm nicht um eine zwangsweise Hinführung in das Reich Gottes geht. Vielmehr geht es um das Kriterium der Menschlichkeit: „Die Solidarität mit den Geringen ist die Gerechtigkeit Gottes (vgl. Weish 6,6). Wer Solidarität übt, wird der Beziehung Gottes zu den Menschen gerecht.“[256]

Neunundzwanzigster Sonntag im Jahreskreis

Die *Eröffnungsverse* (Ps 17,6.8) sammeln die Gedanken einer Person, die sich in Gefahr sieht: „Ich rufe dich an, denn du, Gott, erhörst mich … Behüte mich wie den Augapfel, den Stern des Auges, birg mich im Schatten deiner Flügel." In derart gefärbtem Beten suchen Menschen innezuhalten, denen der Mut angesichts übermenschlicher Leistungsanforderungen auch im Umfeld unserer Gegenwart abhandenkommt und sie wegen ihrer ‚Gegner' vor Gott deutliche Worte wählen lässt: „Sie haben ihr hartes Herz verschlossen, sie führen stolze Worte im Mund, sie lauern mir auf, jetzt kreisen sie mich ein; sie trachten danach, mich zu Boden zu strecken …" (V 10 f.). Damit klingt an, was sich in den Perikopen des Tages verdichtet: das Ertragen von Leiden und zugleich die Suche nach neuem Sinn und nach Erkenntnis.

Die *erste Lesung* (Jes 53,10–11) erinnert in knappen Zeilen an den Karfreitag und verdichtet die Erfahrung des Gottesknechts: „Was dem Herrn gefällt, wird durch ihn gelingen. Nachdem er vieles ertrug, erblickt er das Licht. Er sättigt sich an Erkenntnis. Mein Knecht, der gerechte, macht die Vielen gerecht; er lädt ihre Schuld auf sich." Eine aus jüdischen Quellen inspirierte Übertragung legt den Akzent auf das Ertragen der Schuld anderer: „Durch sein Wissen wird Recht schaffen der Gerechte, mein Diener, für viele, und ihre Schuld wird er ertragen."[257] So wird der Gottesknecht „andere Menschen nicht meiden, sondern kann sie nehmen, wie sie sind, kann sie eben auch in ihrer Schuldhaftigkeit ertragen und ist gerade dadurch für sie wie für das Gelingen des Plans Gottes ungeheuer hilfreich". Und die Völker unserer Zeit, denen Angst und Unterdrückung durch kriegerische Gewalt ins Gesicht und auf den Leib geschrieben sind, finden im Gottesknecht zu neuer Hoffnung. Auf ihrer Suche nach Gott finden sie Stütze in Gebeten, die allen menschlichen Regungen Raum lassen.

Der *Antwortpsalm* (Ps 33,4–5.18–19.20 u. 22) setzt auf göttliche Verlässlichkeit: „Das Wort des Herrn ist redlich, all sein Tun ist verlässlich" (V 4) und „unsere Seele hofft auf den Herrn; er ist unsere Hilfe und unser Schild" (V 20). Ausgestreckt auf eine veränderte Welt setzt Hoffnung auf das Handeln Gottes. Als sich *Albert Friedlander* zur Hoffnung im Judentum äußert, weist er auf die von Martin Buber als Gottesfinsternis gekennzeichnete Gegenwart und zitiert aus dem bekannten Gespräch Bubers mit einem Philosophen über die Frage, ob man das Wort „Gott" überhaupt noch verwenden könne. Buber kommt zu dem Schluss:

> „Wir können das Wort ‚Gott' nicht reinwaschen, und wir können es nicht ganz machen; aber wir können es, befleckt und zerfetzt, wie es ist, vom Boden erheben und aufrichten über einer Stunde großer Sorge.'"[258]

Wie der Gottesknecht alle Last erträgt, fühlt ‚Gott' mit, begegnet göttliche Gegenwart in Stunden größter Not und Sorge, zeigt an ihrem Namen, dass sie in Stunden der Anrufung Sorge und Nöte aufnimmt.

Mit der *zweiten Lesung* (Hebr 4,14–16) klingt erneut die Karfreitagsliturgie an, welche Jesus als Sohn Gottes erinnert, als Hohepriester, der mit unserer Schwäche mitfühlt und zur Brücke wird, die trotz Scheitern und Erfolgslosigkeit den Zugang zu Gottes Zuwendung offenlässt. Dies ist die Gegengeschichte zum „absoluten Nullpunkt völliger Handlungsunfähigkeit", wo letztlich festgestellt werden muss: „Inmitten einer Kultur des Erfolgs, die noch das Gegenteil des Erfolgs für sich zu verwerten versucht, nimmt der profane, alltägliche, sensationslose Niedergang die paradoxe Gestalt einer erfolglosen Form des Scheiterns an, eines Scheiterns am Scheitern, für das es kaum eine Erzählung, kaum eine Öffentlichkeit, kaum eine Entschuldigung und kaum eine Nachsicht gibt."[259] Wer mit unserer Schwäche mitfühlt, misst nicht mit Ellen der Sensation, vielmehr hofft er wider alle Hoffnung und gibt wie der Menschensohn sein Leben dran.

Das *Evangelium* (Mk 10,35–45) konkretisiert, was die anderen Tagesperikopen ansprechen. Es kulminiert im V 45: „Denn auch der Menschensohn ist nicht gekommen, um sich dienen zu lassen, sondern um zu dienen und sein Leben hinzugeben als Lösegeld für viele." Später in der Feier nimmt der Vers zur Kommunion dasselbe Thema auf. V 45 ist entgegen der Auslegung durch eine pessimistische Sühnetheologie oder daraus resultierender Leidensmystik die starke Antwort Jesu bei Markus. Der Menschensohn „ist dazu da, zu dienen und sein Leben einzusetzen stellvertretend für alle", wie *Berger/Nord* übersetzen. Ob im Süden oder Norden dieser Erde, die Stellungnahmen Jesu gegenüber seinen mit der Macht liebäugelnden Leuten können nur aufschrecken lassen. Wegen spezieller Leistungen einen besseren Posten im Himmel ergattern, bleibt eine andauernde Versuchung. Dagegen nimmt Jesus kein Blatt vor den Mund: „Ihr wisst, dass die berühmten Machthaber ihre Völker unterdrücken und dass ihre Staatsführer ihnen die Freiheit rauben. Unter euch soll es anders sein: Wer groß werden will unter euch, soll allen dienen; wer der Erste sein will unter euch, soll sich allen unterordnen" (vgl. V 42 f.). Die stete Gefährdung des Missbrauchs von Macht erhält mit diesem Evangelium eine Stachelfunktion, da es dem Organismus Kirche in institutioneller wie personeller Hinsicht überdeutlich aufzeigt, was es mit seinem überstrapazierten Dienst-Charakter auf sich hat. „Bei euch aber soll es nicht so sein …“ (V 43) ist als kritischer Stachel die Aufforderung an die Kirchen, sich nach innen selbstkritisch und nach außen kritisch zu zeigen gegenüber Anmaßungen durch „Bevormundung und Entmündigung“ wie gegenüber „Weltanschauungen, Wertkonzepten und Handlungsmaximen …, die zwar für sich einen Humanismus proklamieren, diesen aber nur wenigen Eliten zugutekommen lassen wollen oder die in ihren Strukturen und Prozessen das Selbstwertbewusstsein von Menschen brechen oder erst gar nicht zur Entfaltung kommen lassen wollen“.[260] Das Zeugnis des Jesuiten *Rutilio Grande*, der 1977 in El Salvador aufgrund seines Einsatzes für die Menschen ermordet wurde, gibt diesen Gedanken im liturgischen Kontext eine erweiterte Dimension:

> *Wir gehen alle zum Bankett / zum Tisch der Schöpfung. / Jeder hat, mit seinem Hocker, / einen Platz und einen Auftrag. // Heute stehe ich sehr früh auf, / die Gemeinde wartet schon auf mich; / ich steige fröhlich den Hügel hinauf, / auf der Suche nach Deiner Freundschaft. / Gott lädt alle Armen ein zu diesem Tisch, / der allen gemeinsam ist im Glauben, / wo es keine Unterdrücker gibt, / und niemandem etwas fehlt, um ihn zu decken. // Gott sendet uns, aus dieser Welt einen Tisch zu machen, / wo es Gleichheit gibt, / wo wir gemeinsam arbeiten und kämpfen / und unser Eigentum teilen.*[261]

„Freuen sollen sich alle, die den HERRN suchen. Sucht den HERRN und seine Macht, sucht sein Antlitz allezeit." Der *eröffnende Vers* (Ps 105,3 f.) fordert auf zur Freude auf der Suche nach Gott und seiner Kraft.

Gründe dazu finden sich in der *ersten Lesung* (Jer 31,7–9). Die prophetische Stimme bringt sie prägnant und motivierend zu Gehör. Die V 3–6 miteinbeziehend, liest sich die Übertragung der ‚Gute Nachricht Bibel' als eine ganze Palette von Aspekten, die das Bild von Gott und Welt in neuen Dimensionen zeichnen. Denn von weit her sei der Herr seinem Volk erschienen. Nie aufgehört habe er, es zu lieben: „Ich bin dir treu wie am ersten Tag, / Israel, meine Geliebte, ich gebe dir einen neuen Anfang, deine Städte baue ich wieder auf. Leg die Trauer ab, nimm wieder deine Tamburine und tanze im Festreigen mit! / Pflanzt Reben auf den Bergen von Samaria! Fürchtet nicht, dass Fremde die Früchte genießen!" Der Tag sei nicht fern, da man auf den Bergen Efraims rufen werde: „Zieht hinauf zum Berg Zion, zum HERRN, unserem Gott!" Dieser selbst fordert auf zu singen: „Freut euch mit Israel, dem ersten aller Völker! Preist und dankt, sagt es überall weiter: ‚Der HERR hat geholfen! Alle, die von seinem Volk übriggeblieben sind, hat er befreit.'" Er hole sie heim aus den Ländern des Nordens, sammle sie von den Enden der Erde, „Blinde und Gelähmte bleiben nicht zurück, auch die Schwangeren und Wöchnerinnen bringe ich mit. Alle kehren zurück, eine mächtige Schar. / Ich führe sie auf gebahnten Wegen, sodass niemand fällt, ich bringe sie in wasserreiche Täler. Ich bin und bleibe Israels Vater und Efraim ist mein erstgeborener Sohn".

Das großartige Gemälde einer Rückkehr aus dem Exil legt nahe, die weltweit durch die Jahrhunderte aufbrechenden Menschen aus vielen Völkern in den Blick zu nehmen, da zudem das Volk Gottes als erstes aller Völker genannt wird. Umso gewichtiger wird es, dass die Privilegierten die Heimkehrenden und Fremden mit ihrem Potential ernstnehmen. Ich erachte dies als prioritär trotz der wichtigen Diskussionen um den richtigen Messias-Begriff.[262] Die primäre Klärung des Gottes- und Menschenbildes in einer satten Gesellschaft lohnt sich: Allen, auch Fremden, sollen Solidarität und Gerechtigkeit widerfahren und ermöglicht werden, die Früchte am Ort zu genießen.

Aus dem neuen Selbstbild des Volkes, so in den Versen des *Antwortpsalms* (Ps 126), entsteht ein neues Fremdbild: „Als der HERR das Geschick Zions wendete, da waren wir wie Träumende" (V 1) und „Da sagte man unter den andern Völkern: ‚Groß hat der HERR an ihnen gehandelt.'" (V 2cd) Die Erfahrungen mit Gott tragen nicht für immer den Stempel von Kampf, Not und Leiden. Im Durchstehen derselben wächst paradoxerweise neuer Mut und Lebensfreude. Das neue Zueinanderstehen im Volk ist gepaart mit dem Zueinanderkommen verschiedenster Völker. Aus dem Gegeneinander entsteht ein Miteinander.

Die *zweite Lesung* (Hebr 5,1–6) eröffnet dazu einen weiteren Aspekt. Gott sagt es von Jesus Christus als Hohepriester, der selbst ein Mensch ist wie wir: „Mein Sohn bist du; ich habe dich heute gezeugt." Die Zusage göttlicher Unterstützung an den Sohn ist eine Zusage an einen schwachen Menschen, der mit anderen fühlt, die mehr dem Gegeneinander als dem Miteinander dienen, der sich dabei auch mit eigener Schuldhaftigkeit wird auseinandersetzen müssen. Einmal mehr spürbar wird hier ein biblischer Realismus: Der Menschensohn steht in intimem Verhältnis zu Gott. Wie er ganz in die Natur des Menschen eingegangen ist, hat er sich mit den Kleinen, Geschwächten und von Schuld Beladenen solidarisiert. Dies hat Folgen für eine lebensnahe – wenn auch provozierende – Verkündigung über Gott und die Schöpfung.

Im *Evangelium* (Mk 10,46–52) zeigt sich der blinde Bartimäus, der nicht mehr ein und aus weiß, nahe dem Verzweifeln ist, sodass ihm nichts anderes bleibt, als auszurufen, zu betteln und zu bitten. Der Aufschrei zeigt, dass Augen allein nicht alles sehen. Einen von Zweifeln geprägten Weg muss dieser Mensch gegangen sein. Weil er von Jesus gehört hat, setzt er alles auf eine Karte. Der Aufschrei „Sohn Davids, Jesus, hab Erbarmen mit mir!" zeigt auf seine Weise, wie das Ausrufen allein zur Kontaktaufnahme mit dem als ‚Sohn Davids' bekannten Heiler führt. Das Wort ‚Gott' hat denn auch im Indogermanischen *ghuto-m* und dessen Verbalwurzel *gheu-* rufen/anrufen seine Herkunft.[263] Das, wonach jeder schreit, ist die Liebe, ist Gerechtigkeit und letztlich ein persönlicher gnädiger Gott. Weil sich alles in öffentlicher Sphäre abspielt, gibt die Geschichte auch Anlass zur Frage, wer da eigentlich blind ist?[264] Dem Blinden damals wie heute blüht eine wenig rosige Zukunft. Als sozial Benachteiligter muss er an seinem Schicksal tragen, war damals besonders „hilflos und unfähig, sein Leben selbständig zu gestalten". Ihm wird Jesus schließlich sagen: „Geh! Dein Glaube hat dich geheilt".[265] Jesus geht im direkten Gespräch mit Bartimäus mitfühlend auf dessen Wunsch ein, durchbricht die Haltung seiner Gefolgsleute, die den Typ am Rand anherrschten. Das aufmerksame Ohr Jesu markiert das innerste Organ der Wertfühlung, das sich dem verletzlichen Menschen zuwendet: „Was soll ich dir tun?" In seiner Haut bleiben will dieser Blinde nicht, er möchte, getragen von kräftigem Vertrauen zu Jesus, geheilt werden und wird ihm gleich auf seinem Weg folgen. Die Wirkung des Handelns Jesu ist verblüffend: Er selbst vollzieht mit dem blinden Bartimäus die Wendung, von der Menschen wie *Bischof Romero* von El Salvador erfasst wurden. Nach seiner Bekehrung durch die Armen sagte er über sie: „Sie wissen, wie die Welt zusammenhängt und was die Aufgabe der Kirche in der Welt ist.“ Es ist wünschenswert, mehr von Jesus aus Nazaret und seiner zuwendend-heilenden Haltung zu sprechen. Dem Schriftsteller *Ernst Eggimann* gelang es auf seine Weise:

> *jesus // wir stehen / aber nicht auf eigenen füssen / wir gehen / aber immer die gleiche schleife / wir sehen / aber nur was man sehen darf / wir leben / aber das leben / ist in den dingen / die wir herstellen und wegwerfen // sei unser lehrer / löse die gelenkten gelenke / öffne die verknoteten sinne // verstehe uns / wir müssen alles üben / einen schritt tun / ein wort sagen / einen engel festhalten.*[266]

Einunddreißigster Sonntag im Jahreskreis

In flehend-stammelndem Ton erklingt der *Eröffnungsvers* (Ps 38, 22 f.): „Herr verlass mich nicht, bleib mir nicht fern, mein Gott! Eile mir zu Hilfe, Herr, du mein Heil". Die Worte nehmen die Spannungen und Widerstände auf, die sich auf der Suche nach Gottes Zuwendung unweigerlich in den Weg stellen. Vervielfacht hat sich darum mit der Katastrophe der Shoa das Problem des Leidens, dem sich der Gott-Glaube monotheistischen Zuschnitts gegenübersieht. Die Katastrophe zu deuten oder gar ihr Sinn zu geben, bleibt nach Hans Jonas „ein hilfloses und verzweifeltes Stammeln und Stottern", schrieb *Verena Lenzen.*[267]

Da wirkt die *erste Lesung* (Dtn 6, 2–6) mit dem Schᵉma Israel als dem „Grundbekenntnis des Judentums" wie das aus fernster Urzeit hörbare Echo einer starken Glaubenskraft: „Höre, Israel! der Herr, unser Gott, der Herr ist einzig. Darum sollst du den Herrn, deinen Gott lieben mit ganzem Herzen, mit ganzer Seele und mit ganzer Kraft. Und diese Worte, auf die ich dich heute verpflichte, sollen auf deinem Herzen geschrieben stehen," (V 4–6). Dieser Gott will den ganzen Menschen erfüllen und beanspruchen. Der biblische Mensch schöpft seine Kraft zum Glauben aus der tiefen Mitte seines Wesens, dem Herzen.

Leo Adler schreibt erläuternd dazu: „Der alte Hebräer gehörte dem orientalischen Kulturkreis an, der in Bildern statt Begriffen dachte und jeden Begriff zu einem Bilde wandelte, um das Abstrakte anschaulicher, die Sinne wie das Gemüt miteinbeziehender Weise zu erleben. Deshalb führt uns die Bibel lebendige Menschen statt bloße Denkfiguren vor Augen und überlässt es dem Leser, aus der Schilderung die Absicht des Erzählers herauszulesen." Was „den Griechen als allgemein gültig und zwingend erschien …, musste den auf inneres Erleben ausgerichteten Menschen hebräisch-orientalischer Wesensart wie ein Totengerippe erscheinen". Denn „griechische Philosophie und biblischer Geist sind zwei sich aufs konträrste gegenüberstehende, aus verschiedenem Ursprung kommende Seinsweisen. Während dem Griechen der nous und die dianoia als Zentrum aller Weisheit erscheint, erblickt der Hebräer im leb, im Herzen den Ursprung allen Wissens".[268] In einer Welt der Technik und atemloser Hektik finden unterdessen Pilgernde entsprechende, aus diesem Ursprung schöpfende Worte, so ein Stimme vom Jakobsweg nach langen Tagen strömenden Regens: „Wie freute es mich, so in der Natur Gott zu begegnen."

Die Auswahlverse des *Antwortpsalms* (Ps 18) erklären den Liebenswillen des Individuums Gott gegenüber: „Ich will dich lieben, Herr, meine Stärke,

Herr, du mein Fels und meine Burg und mein Retter; mein Gott, mein Fels, bei dem ich mich berge, mein Schild und Horn meines Heils, meine Zuflucht."

Die *zweite Lesung* (Hebr 7,23–28) schreibt sich in einen ähnlichen Kontext der Suche nach Gott als Zuflucht ein. Denn im größeren Zusammenhang des Hebräerbriefes erhält Jesus die Rolle als spezifischer Priester. Er ist dies nicht unabhängig vom Vorbild Melchisedeks, womit er wie jener den Hohepriesterdienst für immer und ewig übernommen hat. Wenn schon Melchisedek Vorbild ist, dem Jesus Christus nachlebt, so kann in meinen Augen Letzterer nicht ein gegenüber seinem Vorbild überlegenes Priestertum leben.[269] Beide, Melchisedek und Jesus, bleiben verankert in ihrer von Gott gegebenen Verbindung, sodass es sich hier weniger um eine Höherstellung des einen gegenüber dem anderen handelt als vielmehr um eine unterschiedliche Ordnung. Darum überzeugt die Übertragung durch *Berger/Nord*: „Jesus. Er ist Priester nach den Regeln einer Ordnung, die sich nicht nur auf sterbliche Menschen bezieht, sondern auf die Kraft unzerstörbaren Lebens" (V 16).[270] Das Priestersein Jesu wird hier zwar anders qualifiziert, doch steht es – weiterhin geprägt durch die Urbild-Abbild-These – in einer besonderen Funktion, welche durch die Rede vom neuen Bund bei Jer 31,31–34 gestützt – wirklich alle, die sich wie Melchisedek in seinem Handeln an Abram (Gen 14,18 ff.) darauf einlassen, mit in die Beziehung zum göttlichen Geheimnis nimmt: „In der alten Ordnung gibt es viele Priester, weil jeder sterben muss und deshalb nicht bleiben kann. Das Priestertum des Hohenpriesters, der für immer bleibt, ist dagegen unvergänglich. Deshalb kann es alle die für immer zum Heil führen, deren Mittler auf dem Weg zu Gott Jesus ist. Denn er ist immer lebendig und kann für sie eintreten (V 23 ff.)".

Im *Evangelium* (Mk 12,28b–34) bestätigt Jesus gegenüber einem Gelehrten in aller Klarheit das Erste Gebot (Sch^{e}ma Israel) und das dazukommende Zweite. Gott als den Einzigen zu lieben, mit ganzem Herzen, ganzer Seele, allen Gedanken und aller Kraft wie aber auch den Nächsten wie sich selbst zu lieben – die kompakte Antwort überzeugt den Gelehrten, der sie nochmals wiederholt. Damit ist er in den Augen Jesu nicht fern vom Reich Gottes. Was dem Gelehrten hier widerfährt, kann als Motivationsschub gesehen werden, dessen Wirkung nicht weiter beschrieben wird. Das Gespräch über die Einheit von Gottes-, Nächsten- und Selbstliebe ist damit nicht zu Ende. Ihre Konkretisierung hängt davon ab, wie alle drei ineinandergreifen bzw. einander befruchten.

Zweiunddreißigster Sonntag im Jahreskreis

Mit dem *eröffnenden Vers* sammeln sich die Anwesenden zum Gebet: „HERR, lass mein Gebet zu dir dringen, wende dein Ohr meinem Flehen zu" (Ps 88,3). Die Bitte verdichtet das Bedürfnis, dem inständigen Gebet genügend Raum zu lassen, das aus großer Not heraus gesprochen wird.

Dies konkretisiert die *erste Lesung* (1 Kön 17,10–16). Aus der Serie der Elija-Erzählungen berichtet die Perikope über die Witwe von Sarepta, die auf Gottes Geheiß an Elija hin (V 8 f.) in der Hungersnot den letzten Rest ihres Vorrates an Mehl und Öl wird teilen müssen. Ihre Geste der Gastfreundschaft erwächst aus der Not wie gleichzeitig ihrem Vertrauen in das Versprechen Gottes gegenüber Elija: „Sie erweist damit dem fremden Gott der für sie ausländischen Religion Respekt und begegnet dem hungernden Ausländer Elija mit bewundernswerter Solidarität. Die Witwe erscheint durch ihr Handeln als die im eigentlichen, tieferen Sinne Gottesfürchtige".[271] Die wundersame Begebenheit konturiert die Stillung der Grundbedürfnisse, von Essen und Trinken, und akzentuiert das Bild einer umfassend sorgenden Gottheit.

Auf sie allein setzen ihre Hoffnung die Betenden, die im *Antwortpsalm* (Ps 146) ausrufen können: *„Lobe den Herrn, meine Seele."*[272]

Umfassende Sorge ist auch das Grundmotiv der in der *zweiten Lesung* (Hebr 9,24–28) verkündeten Botschaft, die programmatisch beginnt: „Christus ist nicht in ein von Menschenhand gemachtes Heiligtum hineingegangen, in ein Abbild des wirklichen, sondern in den Himmel selbst, um jetzt vor Gottes Angesicht zu erscheinen für uns." Im ‚Für uns' lebt Christus seinen Auftrag weiter – wobei sein Kreuzestod ein Skandalon par excellence bleibt – angesichts fortdauernder Opfer in der Geschichte bis weit über den Holocaust hinaus. Die bis heute befremdenden Worte des Hebräerbriefes quantifizieren nicht das einmalige Opfer Jesu Christi. Menschliches Schmerzempfinden und Leiden werden ebenso nicht aufgelöst, jedoch eine Verständigung über deren Sinn geöffnet. Für die Ausrichtung einer gemeinsamen Feier von Einheimischen und Zugezogenen am ‚Tag der Völker' erschließt dann nachgerade V 28 in einer alternativen Übertragung den Sinn für Solidarität unter allen, die Christus als ihren Heiland ersehnen: „Einmal wurde er geopfert, um die Sünde aller wegzutragen. Wenn er ein zweites Mal kommt, muss er sich um die Sünde der Menschheit nicht mehr kümmern. Dann kommt er für die, die ihn als ihren Heiland ersehnen".[273] So gilt das österliche Geheimnis der Erlösung „nicht nur für die Christgläubigen, sondern für alle Menschen guten Willens, … in deren Herzen die Gnade unsichtbar wirkt“ (Gaudium et spes 22,5). Je schon sind darum Menschen vor Gottes Geheimnis mit ihm allein und gleichzeitig mehr als Einzelfiguren unter Nationalflaggen. Die übernationale Verbindung im Gedächtnis an Leben, Tod und Auferstehung Christi verstärkt die Verständigung auf gemeinsame Werte wie die Solidarität mit Fremden, Witwen und Waisen und den Einsatz für Gerechtigkeit angesichts zahlloser Gewaltopfer in Geschichte und Gegenwart.

Darauf führt ebenfalls das *Evangelium* (Mk 12,38–46) hin, indem Jesus die Maßstäbe unter Menschen zurechtrückt, einerseits die Überheblichkeit von Schriftgelehrten, anderseits am Beispiel der armen Witwe den Überfluss von Reichen kritisiert. Wenn jemand alles gibt, gibt er sich ganz wie jene Witwe, von der Alexander Solschenizyn in ‚Matrjonas Hof‘[274] am Ende erzählt: „Unverstanden, alleingelassen, sogar von ihrem Mann, hatte sie sechs Kinder begraben, ihr hilfsbereites Wesen aber nicht eingebüßt; ihren Schwestern und Schwägerinnen fremd, eine lächerliche Person, die dumm genug war, für andere ohne Entgelt zu arbeiten, hatte sie sich am Ende ihres Lebens keinen Besitz erspart. Eine schmutzige weiße Ziege, eine lahme Katze, Gummibäume … Wir alle haben neben ihr gelebt und nicht begriffen, dass sie jene Gerechte war, ohne die, wie das Sprichwort sagt, kein Dorf leben kann. Und keine Stadt. Und nicht unser ganzes Land.“

Dreiunddreißigster Sonntag im Jahreskreis

Prophetische Verkündigung aufnehmend lautet der *Eröffnungsvers* (Jer 29,11.12.14): „So spricht der HERR: Ich sinne Gedanken des Friedens und nicht des Unheils. Wenn ihr mich anruft, so werde ich euch erhören und euch aus der Gefangenschaft von allen Orten zusammenführen."

Daran erinnernd fügt sich mit der *ersten Lesung* (Dan 12,1–3) die Antwort aus einer der späten Schriften der hebräischen Bibel. Sie thematisiert den Auftritt Michaels als Engelfürst. Der *Wer-Ist-Wie-Gott?* tritt ein für „die Söhne deines Volkes" und weist auf „eine Zeit der Not, wie noch keine da war". Dann wird sein Volk gerettet, „jeder, der im Buch verzeichnet ist", indem viele, die „im Land des Staubes schlafen", erwachen werden – entweder zum ewigen Leben oder zu ewiger Abscheu. Diese Ankündigung ist zugleich „Ermutigung und Warnung".[275] Erstmals in der Bibel ist dann der Gedanke der Auferstehung angetönt: „Die Verständigen werden glänzen wie der Glanz der Himmelsfeste und die Männer, die viele zum rechten Tun geführt haben, wie die Sterne für immer und ewig" (V 3). Die Nicht-Nennung von Frauen im Text ist etwas verstörend, weshalb der Begriff ‚Männer' mit ‚Menschen' ersetzt werden kann. Zudem kann angesichts der biblisch verbürgten Rolle von Engelsgestalten die Verkündigung in einer liturgischen Feier mit Familien mit einer zeitgenössischen Legende veranschaulicht werden:

> *„Am späten Abend gingen Solomon und Mangaliso spazieren. Der Alte führte den Jungen an der Hand. Die Sterne über ihnen leuchteten hell und klar. Kein Wind bewegte die Bäume. Die Vögel schliefen alle, nur einige Frösche quakten. / ‚Warum sieht man die Sterne nur in der Nacht?' fragte Mangaliso. / ‚Weil am Tag die Sonne zu hell ist.' / ‚Wo kommt das Licht der Sterne her?' / ‚Gott hat den Engeln befohlen, den Boden des Himmels mit Nadelstichen zu durchlöchern, damit etwas Licht von seiner Wohnung auf unsere Erde fällt.' / Mangaliso rief: / ‚Oh, wenn die Löcher doch etwas größer wären!'"*[276]

Auch dem *Antwortpsalm* (Ps 16) eignet eine solch transzendierende Dimension. Die betende Person verlässt sich ganz auf Gott und traut ihm über den Tod hinaus: „Ich sagte zum HERRN: ‚Mein Herr bist du; mein ganzes Glück bist du allein'" (V 2).

Die *zweite Lesung* (Hebr 10,11–14.18) bestätigt erneut, dass Jesus Christus „durch ein einziges Opfer … die, die geheiligt werden, für immer zur Vollendung" geführt hat. In dieser eschatologischen Akzentuierung ist die

Letzthingabe Jesu im Durchgang vom Leben durch den Tod in seine Auferweckung als einzigartig-einmaliger Einsatz Jesu zu verstehen. Sein totales Engagement für alle, die durch ihn geheiligt und in die Vollendung geführt werden, ist jedoch nicht unabhängig von der Zusage des Bundes, mit welchem sich Christen und Juden verbunden wissen. Der Lesungstext braucht darum die Ergänzung der Verse 15 f., hier in alternativer Übertragung: „Das bestätigt uns auch der Heilige Geist in der Schrift. Denn dort heißt es: ‚Der neue Bund, den ich später mit dem Volk Israel schließen werde, sieht so aus: Ich lege ihnen meine Gebote ins Herz, schreibe sie in ihren Verstand. Ihre Sünden und Übertretungen von früher will ich vergessen'".[277] Dieser Dynamik göttlicher Großzügigkeit können sich alle aussetzen, die das Wort Gottes in ihrem Innersten wirken lassen.

Kurz vor dem Ende des Kirchenjahrs nimmt das *Evangelium* (Mk 13, 24–32) wie bereits alternativ am ersten Adventssonntag (plus V 24–37) die zukünftigen Ereignisse „nach der großen Not" in den Blick. Die „Kräfte des Himmels werden erschüttert werden", der Menschensohn wird „die Engel aussenden". Die Ansage Jesu verweist darauf, dass „das Ende vor der Tür steht". Doch kenne niemand jenen Tag und jene Stunde, „auch nicht die Engel im Himmel, nicht einmal der Sohn, sondern nur der Vater". Jesus kann darum seine Leute lediglich nochmals (drei Mal) aufrufen, wachsam zu bleiben. Damit ist ein bestimmter Telos der Zeit angesprochen – auf ein Ende hin, das die Worte Jesu jedoch nicht versiegen lassen wird: „Himmel und Erde werden vergehen, aber meine Worte werden nicht vergehen" (V 31). Die Spannweite dieser Botschaft ist nicht leicht auszuloten. Die Perikope schildert nach *Thomas Söding*[278] „die Parusie des Menschensohnes in den Farben des Danielbuches", spricht dabei „nicht vom Jüngsten Gericht (eher Mk 14,61 f.), sondern von der Sammlung der Erwählten auf der ganzen Erde. Dies entspricht der Grundrichtung des Wirkens Jesu. Zwischen dem universalen Horizont der Suche und der Erwählung besteht eine Spannung, die nicht aufgelöst werden kann – und fragen lässt, wen Gott denn erwählt hat. Die Antwort gibt das ganze Evangelium. Wäre nicht von Erwählung die Rede, wäre die Rettung nicht Gnade … Das Gleichnis vom Feigenbaum (Mk 13,28 f.) lädt dazu ein, die Zeichen der Zeit zu deuten und ins Verhältnis zur Zukunftshoffnung zu setzen. Im Sonntagsevangelium fehlt allerdings der Bezug zu ‚all dem', was ‚geschehen ist' (Mk 13,29) und was die prophetische Zeitdiagnose Jesu in Mk 13,5–23 aufdeckt: die menschlichen Katastrophen von Hunger, Krieg und Elend … Mk 13,30 ff. sind drei unterschiedliche Logien zum Thema Eschatologie, die einen großen Spannungsbogen aufbauen: Mk 13,30 ist eines der härtesten Naherwartungslogien der Bibel (neben Mk 9,1). Mk 13,32 formuliert einen theozentrischen Vorbehalt, der jede Terminspekulation durchkreuzt. Mk 13,31 spricht vom Bleibenden im Wandel: den Worten Jesu."

Im Wesentlichen öffnet Markus „die Perspektive einer Katastrophen-Theologie, die erfahrenes Unheil – durch Menschen verursacht (Krieg) oder natürlich (Erdbeben) – mit Gott in Verbindung bringt und als Phänomene der endlichen, dem Tod verfallenen Welt betrachtet. Also gilt es, wachsam zu sein und die Zeichen der Zeit zu deuten … Die Tempelzerstörung zeigt nicht das Ende des Judentums, sondern den Höhepunkt der Unheilsgeschichte, unter der auch die Christen leiden." Und im Blick auf die Erwählung fügt *Söding* hinzu: „Die von Gott Erwählten sind für Jesus eine prinzipiell unbegrenzte Zahl. Im Rückblick auf sein irdisches Wirken lässt sich erkennen: Es gibt keinen Punkt eines gelebten Lebens, von dem aus nicht der Weg zu Gott beginnen könnte. Es gibt keinen Weg zu Gott, der nicht durch eine tiefe Krise führte. Es gibt keine Krise, die Gott nicht zum Heil wenden könnte. Im Ausblick auf die Parusie lässt sich sagen: Es gibt keinen Punkt dieser Erde, an dem der Menschensohn keinen von Gott Erwählten finden könnte. Es gibt keine Erwählung, die nicht ins Gericht führte. Es gibt kein Gericht, das Gott nicht zum Guten wenden könnte."

Mit der Drohung vor dem Weltuntergang hat diese Botschaft ebenso wenig zu tun wie mit dem Schüren eines Gotteswahns, in den sich Gewaltbereite jeder Couleur hineinsteigern. Das Bild eines gewalttätigen Gottes formte sich aus einer Gerichtstheologie, die über Generationen den Menschen die Hölle heiß machte. Das Gerichtsgeschehen als Heilsgeschehen zu verstehen und den richtenden Gott nicht als strafenden, sondern „zugleich rettenden und heilenden Gott" zu sehen, hat darum *Ottmar Fuchs* vorgeschlagen. Es liegt diesem an der Deutung des Gerichts als „Durchsetzung der Option für die Armen" ebenso wie daran, weiterhin nicht „über das abgrundtiefe Böse, das in der Welt faktisch existiert, hinwegzusehen".[279]

Macht, Reichtum, Weisheit, Kraft und Ehre empfangen soll das Lamm, das geschlachtet ist: „Ihm sei die Herrlichkeit und die Herrschermacht in Ewigkeit." Derart schaut der Seher auf Patmos gleichzeitig in die verworrene Zeit und die verheißene Ewigkeit. Die vorliegenden Verse der *Eröffnung* (Offb 5,12; 1,6) stehen in einem größeren Kontext. In V 6 wird auf Jesus Christus Bezug genommen, der „uns zu Königen gemacht hat und zu Priestern vor Gott, seinem Vater". Dem geschlachteten Lamm wird Würde zugesprochen, somit erneut die Symbolik für die Letzthingabe Jesu in Passion und Hindurchgang in die Auferweckung angesprochen. Doch nicht beziehungslos, da er „uns zu einem Königsvolk gemacht [hat] und zu heiligen Priestern vor Gott, seinem Vater".[280] Die heilsgeschichtlichen Verbindungen des Königsvolks reichen umfassend in die von Katastrophen geprägten Verhältnisse der Zeit wie in die Wirklichkeit des kommenden Reiches Gottes.

Sowohl in der Entstehungszeit der Offenbarung des Johannes wie in jener der *ersten Lesung* (Dan 7,2a.13b–14) ist die Sprache der Vision das Mittel, tastend die Räume einer größeren Wirklichkeit mehr symbolisch zu erahnen als analytisch zu beschreiben. Ich schaute in meiner Vision während der Nacht und siehe: Da kam mit den Wolken des Himmels einer wie ein Menschensohn. Er gelangte bis zu dem Hochbetagten und wurde vor ihn geführt." Der Menschensohn erhält Königsmacht: „Sein Reich geht niemals unter." Die geschichtliche Wirklichkeit der Zeitenwende vor und nach Christus hat ihren Niederschlag im Buch Daniel und in der Offenbarung des Johannes gefunden.[281] Dies berücksichtigend, kann gesagt werden: Katastrophen und die Brutalität von Weltmächten lösen regelmäßig in der Geschichte die Sehnsucht nach gerechten und friedlichen Verhältnissen aus. Das Erscheinen eines Menschensohnes vermittelt dieser unsterblichen Hoffnung nicht weniger als ein Gegenbild, dem das oben erwähnte Königsvolk nachleben soll, indem es einsteht für die Umkehr ungerechter, unfriedlicher Verhältnisse.

Im Rücken hat dieses Volk von Verlierern seinen „HERRN", wie in der alternativen Übertragung des *Antwortpsalms* (Ps 93) hier leichter zum Ausdruck kommt:

> *„ER hat die Herrschaft übernommen, / jetzt geht nichts mehr einfach so. / SEIN Kleid ist voller Menschlichkeit. Sein Gürtel voller Standfestigkeit. / Unsere Welt steht jetzt solide. / Da gibt es nichts mehr daran zu rütteln. / DEIN Thron steht fest seit eh und je, / du bist von Uranfang schon da. / Fluten*

wüten, welch ein Sturm! / DU bist da – / Völker toben, welch ein Lärm! / Wie jener von Fluten und wütigen Wassern, / wie Brandung des Meers. / DU bist da – / Wort aus dir, schau wie still! Wahr und bewährt. / DU bist da – / im heiligen Geheimnis / immer und ewig.“[282]

Die *zweite Lesung* (Off 1,5b–8) verdeutlicht die Verse der Eröffnung: „Jesus Christus ist der treue Zeuge, der Erstgeborene der Toten, der Herrscher über die Könige der Erde. Ihm, der uns liebt und uns von unseren Sünden erlöst hat durch sein Blut, der hat uns zu einem Königreich gemacht hat und zu Priestern vor Gott, seinem Vater: Ihm sei die Herrlichkeit und die Macht in alle Ewigkeit.“ Nimmt man V 5a dazu, wo Gott als „Herr“ genannt ist, verdichtet V 8 diese Aussage: „Ich bin das Alpha und das Omega, spricht Gott, der HERR, der ist und der war und der kommt, der Herrscher über die ganze Schöpfung“. Die visionäre Sprache stärkt die Hoffnung der Empfänger dieses Schreibens, die der Seher auf Patmos an sie richtet.

Die *Lesungen des Christkönigtages* haben in hoffnungsarmer und heilloser Zeit ihre spezifische Funktion. Weil zudem der Festtag auf mehreren Ebenen den „Herrn der Geschichte“ anspricht, drängen sich einige Erläuterungen dazu auf. Auch darum, weil ihm eine Tendenz zu übermäßig triumphaler Darstellung des Christentums nicht abzusprechen ist. Der Festtag selbst vermittelt von seinem Ursprung im Heiligen Jahr 1925 her Hoffnung für jene, die sich auf der Verliererseite des Lebens finden. Die tiefgreifenden Verunsicherungen während des und nach dem Ende des Ersten Weltkriegs führten zum Verlust an Glaubenskraft in der Gesellschaft. Mit wenig Aussicht auf Besserung der Lage sehnten sich die Menschen danach, ihre Hoffnung in Gott zu verankern. Wie etwa die Schriften von *Franz Kafka* zeigen, lebte dieser seinerseits in einer Art Zwischenwelt.[283] Am 6. August 1914 notiert Kafka zu seinen Lebensumständen:

„Der Sinn für die Darstellung meines traumhaften inneren Lebens hat alles andere ins Nebensächliche gerückt, und es ist in einer schrecklichen Weise verkümmert … Nichts anderes kann mich jemals zufriedenstellen … vielleicht kommt sie doch noch einmal über mich, meine Lebensumstände sind ihr allerdings nicht günstig. So schwanke ich also, fliege unaufhörlich zur Spitze des Berges, kann mich aber kaum einen Augenblick oben erhalten. Andere schwanken auch, aber in unteren Gegenden, mit stärkeren Kräften; drohen sie zu fallen, so fängt sie der Verwandte auf, der zu diesem Zweck neben ihnen geht. Ich aber schwanke dort oben, es ist leider kein Tod, aber die ewigen Qualen des Sterbens.“

Ebenso nimmt *Gotthard Fuchs* auf Kafka Bezug und skizziert an dessen Aphorismen das verlorene Gefühl für den „Herrn der Geschichte", dem man sich neu öffnen solle: „Ein erstes Zeichen beginnender Erkenntnis ist der Wunsch zu sterben. Dieses Leben scheint unerträglich, ein anderes unerreichbar. Man schämt sich nicht mehr, sterben zu wollen; man bittet aus der alten Zelle, die man hasst, in eine neue gebracht zu werden, die man erst hassen lernen wird. Ein Rest von Glauben wirkt dabei mit, während des Transportes werde zufällig der Herr durch den Gang kommen, den Gefangenen ansehn und sagen: ‚Diesen sollt Ihr nicht wieder einsperren. Er kommt zu mir.'"[284] Wo Heidegger allgemein vom ‚Sein zum Tode' spricht, hebt Kafka in seinen Erzählungen und Parabeln aus dem allgemeinen Dasein die Vereinzelung seiner Akteure hervor. Zwischen real Erlittenem und der vielfach an Traumwelten erinnernden Schilderungen erzählt er die Lebensumstände einer schillernden und in Szenerien der Einsamkeit gefangenen Gesellschaft – in Form und Inhalt vielfach verknappt und aphoristisch, sprichwörtlich kafkaesk-absurd. Die Wirklichkeit mit wachtraumartigen Darstellungen transzendierend, tun sich bei Kafka Räume der individuellen Sinnsuche in eigenartigen Schwebezuständen auf – „Ich aber schwanke dort oben, es ist leider kein Tod, aber die ewigen Qualen des Sterbens". Seit den Zeiten Kafkas schwingt gleichsam als Kernspruch der Moderne eine Haltung mit, die sich so formulieren lässt: „Man ist nicht so wie man ist. Man ist auch anders!" Man weiß zwar um die Vielfalt und hebt sich gleichzeitig ab von der Behauptung der anderen, die einem auf ein Muster festlegen: „Du bist nun einmal so, wie wir dich sehen!"

Ähnlich die Gestalten bei Kafka. Sie stehen in einsamem Schwebezustand, unentschieden meist und in gebrochener Hoffnung. Wirksam darin wurde ein jüdisch-biblischer Hintergrund, der die Lebensumstände des Schriftstellers mitbestimmte und aus ihm sowohl einen Dulder wie auch einen Kritiker der Gegenwart in ihrer spezifischen Heillosigkeit machte. In diesem Sinn sah einer seiner Interpreten, *Franz Baumer,* das ganze Leben Kafkas als einen „Opfergang" und zitierte aus dessen ‚Landarzt' – „Verbraucht ihr mich zu heiligen Zwecken, lasse ich auch das mit mir geschehen" – und dazu erläuternd: „Aber das Opfer wäre sinnlos. Ein Arzt kann in dieser heillosen Zeit nicht mehr helfen. Deshalb wird der Gesang, den die Kinder dem fliehenden Landarzt nachschicken, *Freut euch, ihr Patienten, Der Arzt ist euch ins Bett gelegt!* als *‚der neue, aber irrtümliche Gesang'* bezeichnet." Es sei das Fehlen des ‚Gesetzes', welches auch in dieser Erzählung die Katastrophe bedinge: „Der Rückfall zur magischen Lebensstufe, zum Zauber- und Wunderglauben ist ein Abfall vom ‚Gesetz' geistiger Ordnungen: *„Den alten Glauben haben sie verloren; der Pfarrer sitzt zu Hause und zerzupft die*

Messgewänder, eines nach dem andern; aber der Arzt soll alles leisten mit seiner zarten chirurgischen Hand." Auch der Arzt könne nicht mehr helfen, wo „der echte Glaube fehlt, die überkommenen Formen des religiösen Lebens brüchig geworden sind".[285] Die vielgestaltige Brüchigkeit der Existenz ist darum die bleibende Herausforderung für Seelsorge und ärztliche Heilkunst.

Nun steht Kafkas Christus formal auf gleicher Ebene wie die Menschheit: „Seine christologische Pattsituation trifft eine Zuordnung von Einzelnen, nicht aber von Gott und Mensch. Dessen uneingedenk fehlt ihm die ontologische Grundlage eines Leidens-Für, da es keinen Ort für eine Wir-Verfasstheit gibt."[286] Dafür aber eröffnet die Gestalt des „Herrn" einen auch inhaltlich bedeutsamen Zugang zum Fest Christkönig. Auf denselben Aphorismus wie *Gotthard Fuchs* verweist *Steffen Köhler* und erläutert: „Der Herr rettet den Gefangenen des Daseins vor dem Zurückkehren in die irdische Hülle nach dem Tod, er erlöst ihn aus der Welt, aus dem Wiedergeborenwerden. Gegenüber dem Christus hat der Herr eine exponierte Stellung: Er zersprengt die Kreisbewegung der Geschichte, die nur leiden macht. Er interveniert und durchbricht." Kafka jongliert demnach „mit Endgestalten. Sie werden zu Wendemarken. Ihre Verwendung ist dem traditionell Christlichen enthoben. Kafka füllt die Titel selbst auf mit eigenen Inhalten und integriert sie in sein Denken. Der Messias für das Volk behält weitgehend den Sinn des jüdischen Denkens, wenn auch seine Ankunft nie kommen wird, und wenn, dann als Ankunft „nach" der Ankunft. Er bewegt sich auf der linearen Zeitachse. Der Christus betrifft den Einzelnen, vermag ihn aber nicht aus seiner Isolation zu befreien. Er ist eine Kategorie der Existenz. Der Herr hat als einziger eine wirkliche Erlöserfunktion: Er befreit von der ewigen Wiederkehr der gleichbleibenden Geschichte. Den unterschiedlichen Ebenen kommen unterschiedliche christologische Konzepte zu, die allein durch Kafkas Systematik geeint sind."

In einer seiner Deutungen rückte dann *Gotthard Fuchs*[287] die Reflexionen Kafkas etwas gewagt in die Nähe des Christkönigsfestes. In Christus sei ‚alles erneuert' und ‚aus der Gefangenschaft befreit' zum wahren Leben, auf Hoffnung hin und überall doch schon im Gange. Doch habe dieses österliche Bekenntnis allzu oft „einen triumphalistischen Klang – als wäre die karfreitagliche Not vergessen. Ein merkwürdiger ‚König' ist das, der als Verlierer am Kreuz endet und so dann doch göttliche Voll-Endung findet – und schenkt. Auf dieser Spur ist zu einem Jubelchristentum kein Anlass, aber auch nicht zu fast suizidaler Weltbeurteilung. Ganz biblisch notierte Kafka: ‚Es ist sehr gut denkbar, dass die Herrlichkeit des Lebens um jeden und in ihrer ganzen Fülle bereit liegt, aber verhängt, in der Tiefe, unsichtbar, sehr weit. Aber sie liegt dort, nicht feindselig, nicht widerwillig, nicht taub. Ruft man sie mit dem richtigen Wort, beim richtigen Namen, dann kommt sie. Das ist das Wesen der Zauberei, die nicht schafft, sondern ruft.' Es ist das Wesen christköniglicher Hoffnung."

Diese konzentriert sich an Christkönig mit dem *Evangelium* (Joh 18,33b–37) auf den von Jesus gewählten eigenartigen Königsweg mit seinen geradezu kafkaesken Zügen. Die Pilatus-Frage an Jesus „Bist du König der Juden?" kontert Jesus schließlich mit: „Mein Königtum ist nicht von dieser Welt … ist nicht von hier." Darum kämpfen seine Leute auch nicht dafür. Vielmehr steht hier wie auf dem Schachbrett[288] der Geschichte ein König, der dazu geboren und in die Welt gekommen ist, „für die Wahrheit" Zeugnis abzulegen. Und: „Jeder, der aus der Wahrheit ist, hört auf meine Stimme." Es ist sprichwörtliche ein eigener bzw. eigenartiger Königsweg, eine Via Regis, die das Gegenbild einer Welt abgibt, die alle und alles in Schach hält. Aus dieser Wahrheit zu sein und auf sie zu hören, lässt auf seine Stimme hören. In der Realität der Welt, die in machtvollem Gegeneinander alles und jeden, der nicht auf sie hört, schachmatt setzt, in der die Großen und Mächtigen jeden Schachzug beherrschen, steht einer hier, der sich selbst keinen Königstitel verpasst hat. Viele Male in den Evangelien spricht Jesus von sich als Menschensohn. Er ist kein Schachmeister, geht seinen Weg in keiner Königsklasse, vielmehr aber mit denen, die sich nie eine Krone werden aufsetzen können. Als sei es die Stimme von Jesus, die zu Pilatus spricht, formuliert *Max Feigenwinter*:

> *Ich kann dir nicht sagen, / was du tun musst, / was du sagen musst, / wie du sein musst, / die Wahrheit liegt in dir. // Wir können einander sagen, / was uns berührt, / was uns quält, / was uns wichtig scheint. / So dem Wesentlichen näher kommen. // Wir können miteinander lernen: / ruhig werden, / das Laute meiden, / ja sagen zum Leben, / damit die Seele atmen kann. // Ich darf dir nicht sagen, / was du tun musst, / was du sagen musst, / wie du sein musst, / die Wahrheit liegt in dir.*[289]

Teil 3

Reden von Gott auf dem Prüfstand

Das Böse und die Hoffnung auf Allversöhnung

Nach dem Durchgang durch die Texte des Lesejahres B blicken wir zurück auf weite Fächer an theologischen und spirituellen Dynamiken. Dabei schien mehrfach die dem Menschen eigene Ambivalenz auf. Vor allem sehen sich Menschen auf ihrer Suche nach Sinn und Transzendenz mit dem Faktum des Bösen in seinen verschiedensten Aspekten konfrontiert. Dem soll hier eingehend und aus psychotherapeutisch grundierter Sicht nachgegangen werden. Es ist dies ein für die Seelsorge in unserer Zeit unabdingbarer Zugang, denn ohne ein entsprechendes Gespür können Glaubensäußerungen – seien sie ausdrücklich beim Beten und Feiern oder unausgesprochen im rituellen Vollzug gewagt – leicht ihr Ziel verfehlen. Zudem wollen Menschen weiterhin in Gottesdiensten auch über ihre existentiellen Fragen nachdenken können. Nicht zu verdrängen bleibt dabei das explizite Nachdenken darüber, ob am Ende der Zeiten die Hoffnung auf Allversöhnung eingelöst wird. Dass sich damit fixe Bilder von Gott und die Reden darüber verändern können, ist der Theologie einiges an Überlegung wert. Darum handelt schließlich der dritte Teil dieses Buches darüber, wie bei der Verkündigung des Wortes Gottes von Gott besonders in den Brüchen der Welt zu sprechen möglich bleibt.

1 Über das Böse aus psychotherapeutisch grundierter Sicht

Nüchtern festgestellt, kennzeichnen die Macht des Bösen, die Verstrickungen in Schuldzusammenhänge und die Übernahme von Verantwortung das menschliche Dasein. Letztere gehört zur Auseinandersetzung um das Böse, das in der realen Welt entweder verdrängt wird oder im Falle der Freizeit- und Unterhaltungskultur in hohem Ausmaß fasziniert.[1] Wiewohl nun vor dem Bösen der Verstand zu kapitulieren droht, sticht ins Auge, dass das Böse meist auf das Thema des ‚Exorzismus' eingeengt wird. Dies verzerrt den ganzheitlichen Blick auf das Dasein von uns Menschen, wie nachfolgend dargestellt wird.

So findet sich ein breites Spektrum an Reflexionen in den psychotherapeutisch grundierten Arbeiten von *Albert Görres* (1918–1996).[2] Die Bewältigung des Bösen betreffend stellte der für theologisches Denken offene Psychoanalytiker auf die Pflicht zur „tätigen Nothilfe" ab. Dieses „schlichteste aller Rezepte" sei „so unersetzlich wie unfehlbar". Für Görres bleiben den Menschen ihre Rechte, gut oder böse handeln zu können. Sie sind darin frei, auch (!) im Falle von terroristischen Handlungen, die als „objektives Unrecht" gesehen werden, subjektiv aber etwa wegen fehlender Einsicht oder „unverschuldetem Irrtum" nicht böse seien. Nun kommt es darauf an, wie das Böse aus psychotherapeutischer Sicht umschrieben wird, nachdem grundsätzlich das ‚Böses-Tun' an die Entscheidungsfreiheit und Verantwortlichkeit gebunden bleibt. Görres differenziert und sieht das Böse als *„das Freiheitswidrige", „das Rücksichtslose", „das Gottwidrige"*, als „immer eine *Abweichung von der Bestimmung* des Menschen" – mit Verweis auf die Studie ‚Der Moses des Michelangelo' von Sigmund Freud, „der Künstler habe die Gestalt des Moses zum Ausdrucksmittel gemacht für die „höchste psychische Leistung, die einem Menschen möglich ist, für das Niederringen der eigenen Leidenschaft zugunsten und im Auftrag einer Bestimmung, der man sich geweiht hat". Moses aber habe seine Bestimmung angenommen. Religiös besehen sei nun das Böse die „freiwillige und vermeidbare Auflehnung gegen den erkannten Willen Gottes". Görres lag (noch) daran, das Christentum als „psychologische Religion", als „eine lebenslange Übung von verstehender Psychologie" in seine Reflexionen zu integrieren. Darum begriff er das Böse als *„das Sinnwidrige"*. Für den Menschen müsse dabei ein Sinnhorizont gegeben sein, „zum dem er sich in Widerspruch setzen" könne. Grundsätzlicher als Freud definiere dann Thomas von Aquin: *„Gott wird durch nichts beleidigt als durch das, was wir gegen unser eigenes Wohl (bonum) tun"*.

1.1 Ein weiter Motivhorizont

Warum aber tun wir Böses? Nach Görres lauten die Gründe dafür, „weil es dem Täter etwas bringt"[3], ihn seine „Selbstherrlichkeit" genießen lässt, bis zum bösartigen Gedanken: „Es ist gut, dass es andere gibt, denen es schlechter geht als mir". Immer sei es „scheinbar glücksfördernd – sonst würde es nicht getan". Als Unterlassung oder als Protest, das Böse zeigt sich als „falsche Souveränität und Rechthaberei", wie sich am drastischen Beispiel einer Filmszene mit einer Frau des Lagerorchesters von Auschwitz zeigt, worauf A. Görres rekurriert: Hungernd und unterernährt kommt sie „mit einer gefüllten Milchschale des Wegs. Ein wenig schwappt aus Versehen über. Die anderen mahnen zur Achtsamkeit. Nun sagt sie wütend: ‚Ist das meine Milch oder ist es nicht meine Milch?' und kippt vor den Augen der Hungernden den Rest auf den Boden. Die anderen können es kaum fassen ..."

Görres lag daran, das Böse als überflüssig und vermeidbar zu kennzeichnen. Dagegen zu suggerieren, das eigentlich Böse existiere gar nicht, lähme „unsere Widerstandskraft". So trägt das Böse das Gesicht der Verzweiflung, da man „die tiefste Sehnsucht, die höchste Möglichkeit, die schönste Berufung", die man in sich spüre, „traurig als eine Illusion" verwerfe. Und wie „das Gute ... das Sinnvolle, *das Böse das dem Sinn des Menschseins Widersprechende*" ist, ist auch „das Gerücht von Gott", „das allein eine Befreiung vom Bösen verspricht" für den, der danach fragt, ein sinnvolles Motiv, tiefe Zweifel und Schwierigkeiten zu bewältigen.

1.2 Wo Böses beginnt und der Versuchung widerstanden wird

Görres betonte besonders, das Böse sei personal, nicht ein Naturgesetz, wie Freud meinte.[4] Eher sei das Böse „im Bereich des Ich angesiedelt ... wo die Alternativen sich zeigen, wo die Güterabwägung erfolgt, ... das Vernunftgewissen" zu Wort komme, ... „die Freiheit wohnt und die Entscheidungen gefällt werden". Daher sei die Wurzel des Bösen „in der Unwilligkeit" zu sehen, „jene Grenzen des Begehrens anzuerkennen, die sich aus den Rechten und berechtigten Interessen anderer ergeben; ferner aber in der Unwilligkeit, sich mit jenen Grenzen abzufinden, die aus der Macht des Unabänderlichen folgen". Böses beginne, wo durch Unzufriedenheit Ungerechtes geschieht oder wo man „mit falscher Zufriedenheit" sich mit unannehmbaren Zuständen abfinde. Daraus resultiert ein überzeitlicher Fingerzeig aus der gelegentlich ironischen Feder von Görres: „Die Kapitulation vor dem scheinbar Unabänderlichen ist das Laster des ‚friedfertigen' Christen, der das Talent seiner Aggressivität feige, träge und vitalschwach vergräbt. Er ist gutmütig statt gut – auch eine Form des Bösen, nicht einmal die harmloseste."

Allen Sichtweisen auf das Böse eigen ist laut Görres „das Wissen, dass dem Bösen die Versuchung vorausgeht". Kollidieren dabei die Pflicht zum Richtigen und die Neigung bzw. „für einige schier unwiderstehliche Versuchungen", sind es immer „*zwei gefühlte Neigungen*, selbst wenn die Pflicht oft harte, unbequeme, schmerzhafte Seiten haben mag". Mit Verweis auf die „urbildlichen Versuchungssituationen" der Bibel zeigte Görres, wie Jesus „den Teufel und das Böse" nicht tabuisiert, alles auf die Karte der stärkeren Argumentation setzt und sich schließlich scharf vom Bösen abgrenzt. Solche Entkräftung der Versuchung stützt sich auf neue Motive oder „Änderung in der Motivierbarkeit der Person" und in Aufwertung oder Überbietung durch humane Werte. Für Görres sind dies aus der Psychoanalyse wie aber auch dem Evangelium als „Lehrbuch des Tauschhandels" resultierende Angebote, die den „falschen Glanz der Versuchung" abwerten – nicht ohne „intime Vertrautheit mit dem wirklich Guten" und „sorgsame Prüfung in jedem Einzelfall". Dann aber auch nicht ohne eine spirituelle und asketische Haltung, die Görres im Rekurs auf einen Satz von Martin Luther anmahnte: „Das christliche Leben ist oratio, temptatio, meditatio". Der menschlichen Natur eingeschrieben ist ein „stures Programm der Selbstdurchsetzung", die „gegen jede spirituelle Weisung" agierend allen Versuchungen eigen ist. Diese treffende Diagnose wäre etwa anzuwenden im Falle kirchenintern stur durchgesetzter Blockaden, die sich abstrakten Konzepten in der Ämtertheologie verschrieben haben – geschweige dem Theologoumenon des gemeinsamen Priestertums aller im Volk Gottes im Zusammenhang des Rechts auf die Eucharistie überhaupt eine Chance einräumen können.

1.3 Von Grund auf böse und schuldbeladen?

Dem realistischen Blick des Psychologen entgeht nicht, dass es einen „innersten Zustand der rücksichtslosen ichhaften Sorge um uns selbst, eine Spontaneität der Selbstbevorzugung mit einer abwehrenden Reserve gegen den Anspruch der anderen und damit auch gegen den Anspruch Gottes" gibt.[5] Görres erschien dieser „Unrechtsdrall" als „schlichte Erfahrungstatsache" und die „Flugbahn unseres Lebens" habe eine „Unrechtsneigung im Erkennen und Streben wie der Kompass eine Missweisung". Solch „unkorrigierter Wille zum Selbstsein" führe „zur Rücksichtslosigkeit, zum Unrecht und muss böse enden". Optimistisch sah jedoch Görres „unter allem Unrechtsdrall ... die Begabung jedes Menschen zur Güte und zum Guten" und untermauerte dies durch eine theologische Auskunft bei Karl Rahner: „Die Hoffnung aber auf eine Allerlösung ist dem Christen nicht verboten".

Nun ist in der „indirekten Begegnung" der Psychotherapie mit dem Bösen die „moralische Betrachtung des Neurotischen" nicht prioritär. Sie wird sogar eher vermieden.[6] Sichtbar werde meist „keine fröhliche Bosheit aus vollem Herzen, kein Genuss ohne Reue; sondern eine gequälte, zwangshafte und suchthafte oder angst- und triebgejagte, eine *leidvolle Reaktion auf unerträgliche Verwundungen und Entbehrungen*, ein Außer-sich-Geraten wie bei einem zum äußersten getriebenen Kind, dem mit der Besonnenheit auch die Freiheit genommen wurde". Weiter sah Görres, dass der Begriff der Schuld ein lästiger sei. So ist für ihn der Versuch, durch die Analyse Schuldgefühle aufzulösen, im Fall „wirklich schuldhafter Fehlentscheidung" nicht angemessen – bei der Bewältigung wirklicher Schuld aber die Zuständigkeit der Psychotherapie überschritten.

1.4 Mit kritischem Blick auf das Christentum

Albert Görres hat sich in seltener Klarheit der Kritik am Christentum gestellt. Die Welt empfinde die Christenheit, besonders die in Kirchen verfasste, etwa so wie Jesus die Pharisäer erlebt habe: „professionell Fromme, die viel von Gott und seinen Gesetzen reden, aber wenig Herzenswärme ausstrahlen, weder Güte noch Freude. Das seelische Klima der Christenheit ist oft unwirtlich, kalt wie ein schlechtes Caritasheim." Das Ärgernis und die Lächerlichkeit im frommen Milieu sei „wegen des hohen Anspruchs greller, das Böse durch seine heuchlerische Verleugnung noch böser, das Neurotische durch die Last der Schuldgefühle noch neurotischer". Folgerichtig konnte Görres von den ekklesiogenen Neurosen erzählen als einer „großen Gruppe unter der noch weit größeren Zahl der ‚Evangeliumsgeschädigten'". Die provozierende Seite an der Botschaft von Jesus, die etwa mit dem radikalen Aggressionsverbot (Mt 5,22) oder dem maßlosen Aufruf so vollkommen zu sein, „wie euer Vater im Himmel", vergifte „das Leben mit beständigen Gefühlen des Versagens und des Schuldigbleibens". Schließlich aber lautet das Grundrezept der Psychoanalyse ‚Erinnern, Wiederholen, Durcharbeiten'.[7] Schon immer sei es auch jenes des Evangeliums: „Was menschlich und was religiös bedeutsam sein soll, muss in der Regel einfach und wiederholbar sein." Und dennoch: Charakterfehler aufzulockern, erfordert „Jahre der *Seelenarbeit des Einfühlens* in die Gesinnung des und der Heiligen", mit einem Wort *„Meditation"*.

1.5 „Wer lernen will, muss glauben"[8]

Hier tritt für Görres das Gewissen auf den Plan – und zwar „*nach* seiner Ablösung vom Überich". Dabei entwickle sich die elementare moralische Intuition (moral sens) im Kindesalter „nicht später, sondern eher früher als das Überich, oder gleichzeitig". Dieses Sensorium ist „ein Ursprung von Autonomie", das Überich hingegen „vorwiegend heteronom". Das sittliche Urteil enthalte neben viel Richtigem auch „Irrtümer der anderen, den Geist und Ungeist der Familie, der Zeit und ihrer vielen Schlagworte". So gesehen ist das Böse „*falsches Bewusstsein bis zur Vergiftung des Unbewussten durch das Überich* – das freilich auch gesunde Anteile enthält". Und auch beim moralischen Lernen zeigt sich die Ausrichtung auf Wege zum geglückten Leben. Die Kraft menschlichen Glaubens aber kollidiert in diesem Prozess mit der bis zum Zerreißen spannungsreichen Botschaft des Christentums, die mit dem johanneischen Jesus-Wort weit in die Geschichte hinein radikalisierend wirken musste: „*Wer nicht glaubt, ist schon gerichtet*" (Joh 3,18). Angesichts dieser Provokation wirkt Görres analytischer Blick einigermaßen ernüchternd und dennoch reinigend: „*Das Böse* des radikalen Unglaubens ist der Mangel an Sachlichkeit. Es *ist das Bestehen des Subjekts auf der Bestimmung des Erkenntnisinhalts*". Mit anderen Worten: Hier stehen die Hybris der Selbstbestimmung über das Leben und die Einstellung auf eine spirituelle Weisung einander unversöhnlich gegenüber. Es mache Angst, von sich wegzugehen (sich verlassen) und das Wagnis einzugehen, „mit den Augen eines Anderen zu sehen, sich der Verfügung eines Anderen zu überlassen". Görres stützt sich dann auf die für ihn provozierenden Gerichtsworte des Propheten Micha: „Ich will Dir sagen, Mensch, was gut ist und was der Herr von Dir fordert: nämlich das Rechte tun und die Liebe üben und sorgsam umgehen mit Deinem Gott" (Mi 6,8). In diesem Sinne gelte: „*Micha ist überall*". Mit psychologischem Gespür kritisiert Görres die „Gottesverleumdung" durch die Kirchen in ihrer Geschichte und vermerkt gleichzeitig, wie das Hauptgebot (Mk 12,29) anzustreben, angesichts unermesslichen Leids, das Menschen angetan wird, an die Grenze der „Unbegreiflichkeit Gottes" stoßen lässt.[9] Nicht überraschend konfrontiert der Christentum-affine Psychologe in einmaliger Weise das Böse mit der Glückshoffnung und vermerkt gegen Freuds Worte, (dass der Mensch glücklich sei, sei im Plan der Schöpfung nicht vorgesehen): „Glücklich werden und bleiben ist ein ‚Zweck des Lebens'. Dass der Mensch glücklich sei, ist nicht nur im Plan der Schöpfung vorgesehen, es ist der Schöpfungsplan selbst. Das Leben ist ein Laboratorium beatitudinis, sagt Ernst Bloch …" Gut und Böse kennzeichnen das Welterleben seit den Tagen des Sündenfalls, durch dessen Mythos die Ambivalenz menschlicher Existenz sichtbar wird. Das anthropologische Problem des Bösen besteht denn auch in den Augen des Exegeten *Josef Blank* darin, „dass man sich gegen die Sinn-Verheißung des Lebens, die dem Leben selbst immanent ist und mit diesem verbunden ist, absperren kann; dass man sich der Aufgabe, das eigene Leben bewusst zu ergreifen und daraus etwas Gutes zu machen, verweigert".[10] Denkt man hier weiter, drängt sich die Frage nach der Hoffnung auf, welche den Menschen auf dem Weg durch ihr Lebenslabyrinth, durch erfahrenes Glück und erlittenes Böses noch bleibt – bis hin zu einer Hoffnung auf Allversöhnung. Bleibt diese ein Versprechen, bleibt sie eine im Transzendenten aufgehobene letzte Möglichkeit? Angesichts von Opfergeschichten und ihrer Umstände – angesichts von Tätergeschichten und ihrer oft kaum mehr erklärbaren Ursachen, bleiben spannungsvolle und anspruchsvolle Fragen.

2 Hoffnung auf Allversöhnung?

Das Böse in den Blick zu nehmen, bedeutet mehr als ein heißes Eisen vor sich zu haben – anthropologisch wie theologisch. Zwischen gut und bös hin und her gerissen können Menschen im Dilemma sein. Kaum mehr findet sich heute ein ausgeprägtes Sündenbewusstsein. Man frönt der Kunst, es nicht gewesen zu sein und fragt sich, ob man unterdessen mit der Kirche am „verhängnisvollen Unschuldswahn in unserer Gesellschaft beteiligt" ist.[11] Oder man überlegt sich andere Wege wie etwa *Peter Handke*, der mit einer rätselhaften Frage provoziert: „Wusstest du, dass die Staus des Guten in der Wechselwirkung die Staus des Bösen produzieren?"[12] Das will wohl heißen, Gutes reibt sich unaufhaltsam und kompromisslos am Bösen und umgekehrt. So gesehen lohnt es sich, dass Menschen im Sinne der Goldenen Regel dem Tun des Gerechten den Vorzug geben und selbstkritisch individuellem und kollektivem Egoismus begegnen. Geschieht dies nicht, stellt sich die Frage nach den faktischen Möglichkeiten eines humanen Ethos und am Ende der Zeiten einer Einlösung der Hoffnung auf Allversöhnung. Dies jedoch wirft einige Probleme auf.

2.1 Mit dem eigenen Dilemma in bester Gesellschaft

Zunächst bringt der Blick zurück in biblische Zeiten entlastende Einsicht. Man ist mit dem eigenen Dilemma in bester Gesellschaft: Man will – laut Paulus im Römerbrief 7,19 – das Gute tun, treibt dennoch das Böse voran, was man nicht will. Das bedeutet, dass im Umgang mit dem Bösen durch die Geschichte hindurch von Mal zu Mal ein Schwarzer-Peter-Spiel beginnt – vom schrägen Blick des Kain auf seinen Bruder Abel bis zum bösen Spielball präsidialer Twitter-Manie, die alle schachmatt zu setzen scheint. Zudem verdrängt schnelles Beurteilen von Situationen ein anspruchsvolles, von Rechtsgrundsätzen begründetes Urteilen. Ob eine ethische Pflicht zur Nothilfe etwa gegenüber Opfern von Gewaltverbrechern und gleichzeitig (!) Angehörigen von Tätern besteht, macht die Sache auch nicht leichter. Oder – lässt sich weiter fragen: Wer schreitet beispielsweise ein bei willkürlicher Vorverurteilung von Fehlbaren und Straftätern? Wer bei überhartem Durchgreifen gegenüber zugegeben renitenten Demonstrierenden? Wie kann schließlich noch angemessen von Sühne gesprochen werden?

2.2 „Gott braucht keine Sühne"

Der theologische Gedanke eines in sich selbst zerrissenen Gottes markiert im Blick auf die merkantil gefärbte und nicht mehr verständliche Sühneopfertheologie eine Wende. Denn die in Gott und seinem Beziehungsgeschöpf ‚Mensch' vorhandene Potenz zur gegenseitigen Zuwendung ist grundlegend von Freiheit geprägt. Darum ist die Überwindung des Bösen nicht in der Projektion einer Sühneleistung zu suchen – denn „Gott braucht keine Sühne"[13]. Wer nämlich versöhnt, ist *Gott* selbst. Im kultischen Geschehen beispielsweise der Eucharistie, damit also der Hingabegeste des Spendens ‚par excellence', ist Gottes Nähe das eigentliche Movens. Hier entscheidet sich, in welche Richtung trinitarisches Denken geht, wenn nach Röm 3,25 „Gott … das Kreuz Jesu zur ‚Kapporet' (griech.: *hilastérion*)" bzw. „zum definitiven Sühneort" gemacht hat. Nur wäre hier bei *Christian Link* der Begriff ‚Sühne' besser mit ‚Vergebung' zu ersetzen, was eine auf Verständlichkeit bedachte Übersetzung so durchführt: „… Jesus Christus hat die Menschen befreit. Wie und warum? Den gewaltsamen Tod Jesu hat Gott als Anlass genommen, um Jesus Christus für alle und öffentlich zum Ort der Vergebung zu machen. So hat Gott bewiesen, dass er selbst gerecht ist, indem er die Sünden, die die Menschen vorher begangen hatten, nachsichtig vergeben hat. Diese Vergebung wird dem einzelnen dadurch zuteil, dass er an Jesus als ihren Vermittler glaubt“ (Röm 3,24bf.). Deutlicher wird so, dass die Leidensgeschichten der Menschen Gott nicht kalt lassen. Die Göttlichkeit Jesu und die Nähe seiner Geistkraft markieren nämlich die radikale Öffnung einer fernen Gottheit, die in ihrer ‚Herrlichkeit‘ gefangen nach Sühne verlangte, hin zu einer Realität des Heiligen, die das besondere weibliche Wissen in die jeweilige Not der Zeit integriert. So konnte *Christa Mulack* folgern: „Das Wissen um das Heilige wird als ein zutiefst weibliches Wissen dargestellt … Ruah, Sophia und die Schechina bilden eine innere Einheit, sie sind sozusagen die weibliche Trinität, die sich unterschwellig durch die Bibel zieht und darauf wartet, entdeckt zu werden.“ Kontrastierend dazu muss die jüdische Stimme gehört werden, welche mit *Melissa Raphael* die Not und das Böse der Zeit stärker hervorhebend auf Gottes Antlitz in Auschwitz blickt: „Wenn Fürsorge und Güte im täglichen Leben Gottes Namen schon im ‚normalen‘ Leben heiligen, um wie viel mehr dann in der grausamen Realität der Lager! In einer Welt, in der die Ebenbildlichkeit des Juden und der Jüdin physisch und psychisch zerstört werden sollte, wurde Gott als Shekhinah in der Fürsorge und Mütterlichkeit gegenwärtig. Indem Frauen sich gegenseitig halfen, Ebenbild Gottes zu sein und zu bleiben, wurde auch Gottes Weiblichkeit wiederhergestellt. Wird Gott so verstanden, ergibt es keinen Sinn, von Gott das Eingreifen in die Geschichte zu erwarten, das der patriarchale Gott im Holocaust nicht geleistet hat.“[14] Darum kann sich solches Wissen um das Heilige und die innere Einheit in der Trinität nicht vom existenziell „erlittenen Bösen“, den „Sackgassen der Schuld“ und der „Macht zu vergeben“ distanzieren.[15] Dem ist hier in einem weiteren Schritt nachzugehen.

2.3 Vergeben bedeutet ‚gehen lassen‘

Denn Böses zu erleiden, schmerzt und schlägt mit den Worten von *Lytta Basset* „böse Wunden“. Es kann stumm machen. Die Theologin folgt hier den abgründigen Erfahrungen aus der Ijob-Lektüre und hält fest: „Das erlittene Böse lässt das Leben in einen Un-Sinn fallen, der das Leid vervielfacht.“ Am Anfang der Bibel (Gen 1,1) stehe der Abgrund, dann aber (Gen 2) blickt man in einen „Garten“ als „einen geschützten Ort“. Dort stehen die zwei entscheidenden Mahnmale (Gen 2, 9), der Baum des Lebens und der Baum der Erkenntnis von Gut und Böse – beides mythische Realsymbole. Der zweite Baum wird die Gattung Mensch besonders reizen, da mit ihm die Versuchung einhergeht, es mit Gott aufnehmen zu können im ‚Herr-Sein‘ über Gut und Böse. Dort – im autonomen Entschluss, sich selbst die Schuld am

Bösen zu geben, eröffnet sich nach L. Basset ein Weg, das Erleiden eines Übels abzuwehren. Diese Reaktion ist als „furchtbares Überlebenssystem“ zu sehen, als „trügerische Erkenntnis“, die entgegen der Bibel, die „Menschen sensibel machen (will) für das, was schmerzlich ist“, das Böse verharmlost, verdrängt und schließlich leugnet [z. B. wo ein Kind sich selbst die Schuld für die Scheidung der Eltern gibt oder das Opfer einer Vergewaltigung sich selbst verantwortlich sieht für das, was geschehen ist … Abwehr erlittenen Übels, das man bereits mit der Geburt vorfindet (Ijob 3,10)].

Was nun führt aus diesem trügerischen System heraus? Mit Jesajas leidendem Gottesknecht (Jes 52,13–53,12) steht der Weg frei zur Ermutigung an alle, „schweigend und ohnmächtig das ‚Böse ihres Lebens‘ zu hören und das Wort zu erwarten, das jedem Gerechtigkeit widerfahren lässt … (Jes 53,11)“. Geradezu provokant offen wirkt der „Königsweg zur Vergebung, den Jesus bis zum Ende gehen wird“, da Jesus selbst Gut und Böse nicht beherrsche, jedoch „das leidende Ich jener verstehen (konnte), die ihn ans Kreuz schlugen: Vergib ihnen, denn sie verwechseln Gut und Böse, sie wissen nicht, dass sie ihr eigenes leidendes Ich verleugnen, verachten und verstoßen“. Hier bestätigt sich der christliche Modus einer „verstehenden Psychologie“ (A. Görres).[16] Mit diesem Angebot gewinnen die Menschen – gestützt auf Jesu Weisungen in Mt 18 über vorbildliches Verhalten, die Rettung der Verlorenen und den Umgang mit jenen, die unrecht gewesen sind – „Zugang zur ‚königlichen‘ Macht zu vergeben“. Die Provokation lautet demnach, dass man selbst frei wird, den Schuldner ‚gehen zu lassen‘ – was laut L. Basset die wörtliche Bedeutung ist für *aphiénai* (vergeben).

2.4 Dramatische Steigerung im Endgericht

Viel entscheidet sich in der Folge daran, ob sich der Weg zum Vergeben von Schuld und zur angestrebten Versöhnung sowohl unter freien Subjekten wie im Miteinander der Menschen nicht doch noch dramatisch steigert. Blicken wir nämlich auf Gottes Gerechtigkeit am Ende der Zeiten und seine Barmherzigkeit, stellt sich mit *Dirk Ansorge* die Frage nach der Vergebung auf Kosten der Opfer.[17] Wie sich etwa an *Simon Wiesenthal* zeigte. Dieser sah sich ‚in extremis‘ zu einer stellvertretenden Vergebung nicht imstande, um die ihn der im Sterben liegende und ihm beichtende SS-Offizier bat. Verlagert sich also ein mögliches Versöhnungsgeschehen in das jenseitig vorgestellte Jüngste Gericht, kann dieses „nur in der Form eines ‚dramatischen Begegnungsgeschehens‘“ gesehen werden. Denn Gerechtigkeit werde in jener Begegnung von freien Subjekten in hohem Masse strittig sein, wie *Dirk Ansor-*

ge meint und zur Konklusion gelangt: „Den Opfern widerfährt Gerechtigkeit darin, dass sie von Gott zu freien Subjekten in einem Geschehen eingesetzt werden, das ihnen eine neue Zukunft in der Gemeinschaft untereinander und mit Gott eröffnet. Diese Gerechtigkeit werden sie zugleich als Barmherzigkeit Gottes erfahren. Den Tätern widerfährt Gerechtigkeit dadurch, dass sie aus ihrer Biographie der Schuld nicht entlassen, vielmehr mit ihr und mit ihren Opfern konfrontiert werden. Dass diese Konfrontation nicht heillos ist, sondern gerade angesichts der göttlichen Liebe die Möglichkeit einer Neubestimmung der verfehlten Freiheit beinhaltet, werden sie als Barmherzigkeit Gottes erfahren.“[18]

2.5 Und angesichts ethischer Ohnmacht?

Gar nicht abwegig ist nun die Erfahrung, dass man nicht vergeben kann, d. h. „ethisch ohnmächtig (wird), Vergebung zu schenken“, worauf *Edward Schillebeeckx* sensibel aufmerksam machte.[19] Stehen wir also vor einem Dilemma? Und alle Traumatisierten vor einer unüberwindbaren Grenze? Man denke nur an das kaltblütige Morden des *Anders Behring Breivik* im Juli 2011 in Oslo. In der Folge wurden die Angehörigen der 77 Opfer tiefgreifend traumatisiert – mussten von diesem gar vernehmen, er fühle sich nicht schuldig. Die von A. Görres hervorgehobenen Charakteristika des Bösen, nämlich falsche Souveränität und Rechthaberei, treffen hier in hohem Ausmaß auf den Täter zu. Selbst nach einigen psychiatrischen Gutachten musste das Gerichtsurteil auf Schuldfähigkeit bestehen. Noch heute können die langzeittraumatisierten Angehörigen nur durch therapeutische Unterstützung mit ihrer Situation einigermaßen umgehen. Kann denn je ‚in extremis‘ Vergebung möglich werden? Schließlich gestützt auf eine Allversöhnungshoffnung am Ende der Zeiten?

Besonders psychisch verletzte Menschen sind es, welche eine eigentliche ethische Ohnmacht empfinden. Sie können nicht ohne Weiteres Vergebung schenken. Als frei entscheidende Subjekte sind sie in ihrer Würde ernst zu nehmen. Insofern wirkt für derart verletzte Menschen ein traumatisches Widerfahrnis wie ein Widerhaken gegen die Überhöhung einer endzeitlichen Allversöhnungshoffnung. Zwar hatte Karl Rahner vermerkt, dass die Hoffnung auf eine Allerlösung über dieses Leben hinaus dem Christen nicht verboten sei. Dagegen geben Heilungskonzepte der Psychotraumatologie zu bedenken, dass jenen, die *in* diesem Leben tiefgreifend traumatisiert werden, keine Vergebung gegenüber jenen möglich ist, von denen sie verletzt wurden.[20] Auch stehen Täter kaum zu ihrer Verantwortung oder suchen durch

Wiedergutmachung den Schaden zu begrenzen. Da bleibt den Opfern nur der Weg, ihre Ohnmacht im eigenen Heilungsprozess zu überwinden. Eine Versöhnung wird meist Wunsch bleiben und kommt allenfalls nur als Kompromissangebot zustande.

2.6 Bleibt allein Hoffnung

Es sind die Psychotraumatologie und die Eschatologie, die helfen, sich mit dem eigenen Leben zu konfrontieren. Für Opfer und Täter macht es aber einen Unterschied, wie sie ihre Leiden bzw. ihre Taten im Diesseits erfahren bzw. ausüben und sich diesen im geglaubten Jenseits nochmals gegenübersehen. Verständlicherweise möchten die Opfer, die eine Tat überleben, wie auch die vom Geschehen traumatisierten Angehörigen, dass ihr erfahrenes Unheil noch während des Lebens entlastend gestillt wird. Sie geraten jedoch mit ihrer Hoffnung auf eine Versöhnung an Grenzen. Hier halten Theologie wie Psychologie fest, dass eine Heilung „immer als etwas Unverfügbares gedacht“ und „letztlich nur erhofft werden“ könne.[21] Theologisch besehen, öffnet erst die Vorstellung eines Endgerichts den Blick auf Jesus Christus als „Hoffnungsträger für die Rettung aller Menschen“. Eine letzte Einschränkung gilt es zu beachten, die dieses von *Florian Kleeberg* entworfene Konzept offenhalten muss. Es muss nämlich einer universalen Hoffnung auf Allversöhnung auch das Reden von der „Hölle als Zustand der selbstgewählten Gottesferne“ plausibel bleiben. Wie ein Stachel im Fleisch der Allversöhnungshoffnung bleibt nämlich neben der Ohnmacht der Opfer und Traumatisierten das Dilemma aller am Gerichtsgeschehen Beteiligten. Opfer und Täter bleiben „vom Leben gezeichnete Subjekte“ und Gott steht durch Jesus Christus gegenüber seinen Geschöpfen als die in größter Freiheit handelnde Schöpferkraft, die beiden Seiten gerecht werden möge – so die vom christlichen Glauben trotz allem vertretene Hoffnung. Und seitens koranischer Überlieferung schimmert ebenfalls Hoffnung auf, wie *Peter Handkes* Notiz festhält: „Der Prophet sagte: ‚Auch des Bösen sich enthalten, ist ein Almosen‘ (Koranische Überlieferung)“.[22] Sich also nicht an das Böse zu hängen und stattdessen großherzig zu sein, verändert viel. Denn am Bösen selbst hängt der Ruf, dass es im Drama mit der Freiheit die Rolle als Widerpart spielt und viel daran liegt, gegen alle Hoffnung das letzte Wort zu haben. Inwieweit sich auf diesem (anspruchsvollen) Hintergrund ein weniger idealistisches Gottesbild aufdrängt, soll hier schließlich an einem neueren Ansatz dargelegt werden.

3 Von Gott sprechen in den Brüchen der Welt

Eine zentrale Frage bei der Weitergabe des christlichen Glaubens lässt sich nicht verdrängen. Sie hat in säkularen Zeiten an Bedeutung nicht abgenommen und lautet: In welchen Bildern soll *von* ‚Gott' gesprochen werden, nachdem das Reden *von* und *über* ‚Gott' großer Skepsis begegnet? Anregungen und Provokationen zu dieser eigentlichen Test-Frage finden sich in der von *Ottmar Fuchs* ausgearbeiteten, neuen *Theologie der Sühne*, die sich auf das trinitarische Gottesbild in den Brüchen der Welt konzentriert.[23] Dieser Theologie geht es um Gottes eigene Sühne. Ihre Rede vom *zerrissenen Gott* ist als Synonym für „ein ganz bestimmtes Gottesbild" zu sehen, das am Kreuz zerreißt. O. Fuchs findet damit „ein Bild für die Offenheit Gottes für ganz bestimmte Erfahrungen des Zerrissenseins der Menschen nicht nur in der Gegenwart, sondern zu allen Zeiten." „Bis zum Äußersten seiner selbst" geht dieser Gott „mit uns solidarisch" um. Im Blick auf das „Gericht" erfährt solche Rede von Gott ihre Nagelprobe in der Auseinandersetzung mit dem Bösen „als Fatum, das von Gott über Menschen verhängt wurde". Nichts anderes sagt O. Fuchs, als: „Die ganze Theologie kommt in die Melancholie." So ist diesem Ansatz die eigene Sprachlosigkeit angesichts heutiger „Gottesfragen"[24] ebenso eingeschrieben, wie die vertiefte Auseinandersetzung mit den Erfahrungen der Kontingenz, also der Möglichkeit zu sein oder nicht zu sein, wie auch der Frage, „warum etwas so ist, wie es ist, und warum es nicht anders ist". In diese von Unglück und Glück geprägten Grundbedingungen menschlicher Existenz musste sich der Menschensohn selbst hineinbegeben. Nicht abwegig ist darum die „Gottesrede als Geschehen ‚glücklicher Kontingenz'" in den Blick zu nehmen, zu der *Eva-Maria Faber* proaktiv in die Verkündigungssituation hinein bemerkt hat: „Ob Gottesrede im Heute gelingt, steht nicht allein in unserer Macht. Wenn sie gelingt, wird dies als ‚glückliche Kontingenz' erfahren: als gnadenhaftes Zuspiel von Möglichkeiten".[25] Zu diesen Möglichkeiten müssen auch die in den Augen von O. Fuchs in den Brüchen der Welt genannten Einstellungen bzw. Haltungen zählen, die sich im Gegenüber von Mensch und Gott in Zorn, Ablehnung und Fluch zeigen.[26] Davon betroffen ist eine (neue) Sprache des Glaubens, die schwach und offen (46/51), suchend, stotternd und hilflos (70) wird. Sie stellt sich ebenso der „ewigen" Hölle als Dogma, das dort zum Ziel kommt, wo „sie als Reueschmerz *in* der ewigen Liebe Gottes begriffen wird" (53). Und weil Jesus selber, „die Klage gegen Gott" anführt (54 zu Mk 15,34), vollzieht sich schließlich am Kreuz ein „spannungsintensives" Szenario, worin es um die Schattenseiten der Schöpfung, um die Untiefen Gottes (59) geht: „In den

Schreien und Klagen der Menschen schreit und klagt Christus …" (59 f.) Da ist „Gott nicht nur der ganz *andere*, sondern der ganz *unheilvolle* Gott." Und „am Kreuz begegnet Gott der Menschheit an ihrer verwundbarsten Stelle, verwundbar in dem Sinn, dass das menschliche Leben nicht nur an Freude, sondern auch an unvorstellbares Leid gebunden ist." (61) Gott selbst ist gottverlassen und kann damit „an der Entstehung von Hoffnungslosigkeit und Atheismus … einen erheblichen Anteil haben, insofern man sagen muss, dass er selbst sein wahres Antlitz eher verhüllt als offenbart" (63 f. zu GS 19).

3.1 Vom Sühneleiden eines guten Gottes

Inwiefern es sich um eine *Theologie der Sühne Gottes* selber handelt, erläutert O. Fuchs am „Sühneleiden eines guten Gottes", den es – wie biblisch oft bezeugt – „*reut*, … dass er Leid zulässt und zugelassen hat. Sühne entschuldigt Gott nicht, Gott und das Leid banalisierend, sondern belangt diesbezüglich gerade einen *guten* Gott" (65). Im Zorn Gottes gegenüber seinem Volk ist „ein Mitleidsvorgang im Horizont des Reuevorgangs" (ebd.) zu erkennen.[27] M. a. W. prägen Mitleid, Reue und Sühne die Verbindungen in Gott selbst, weshalb die Kraft des Geistes Gottes mit der Schöpfung seufzt. So hält Fuchs dafür, „vor allem das Motiv der Reue Gottes, durchaus auf das neue Motiv der unvertretbaren Sühne Gottes hin" weiterzuführen: „herausgetrieben von der neuen praktisch-hermeneutischen Lage angesichts der höllischen Erfahrungsseiten in dieser Welt, die mit der Shoah eine neue traumatische Wucht erhielten" (67). Das bedeutet radikal gesprochen: „Gewissermaßen stirbt Christus für Gottes ‚Verbrechen'. Zugleich protestiert er für alle Opfer gegen diesen Gott" (ebd. Anm. 53). Und trinitarisch konsequent: Gott selbst setzt sich durch den tobenden Konflikt um Jesus „in seinem eigenen Sohn aus, setzt sich der von Anfang an von Elend und Tod durchkreuzten und durch die Schuld von Menschen gefallenen Schöpfung aus". So werde er selbst zum Klagenden (68).

Hier nimmt O. Fuchs mit M. Striet Bezug auf *Navid Kermanis* Bildansicht zu Guido Renis ‚Kreuzigung' in San Lorenzo/Lucina/Rom[28]. N. Kermani hebt nach O. Fuchs „punktgenau" das stellvertretende Klagen des Gekreuzigten hervor, weil Jesus nicht leide, sondern anklage: „Nicht, warum hast du mich, nein, warum hast du uns verlassen?" Nun bleibt Gott auch für Kermani, der sich dem Sufismus nahe weiß, „unbegreiflich". Befragt, ob er Momente erfuhr, in denen er an seinem Glauben verzweifelt sei, antwortet er: „Nicht in meiner persönlichen Gottesbeziehung, denn diese bezieht auch den Schrecken mit ein. All das, was zur Welt gehört, gehört für mich auch zur Religion. Das ist ja das Faszinierende an der Bibel, dass sie – stärker noch als der Koran – die ganze Bandbreite der Erfahrungen mit aufnimmt, das Schreckliche und die Gewalt ebenso wie die Tröstung und das Glück. Die Theodizee-Frage – also warum ein guter Gott das Böse zulässt – stellt sich für mich nicht. Mein Gottesbild ist nicht so positiv oder so gefällig, dass es das Leid ausschließen würde. Ein Schicksalsschlag würde vielleicht zu einem Hadern mit Gott führen, aber vermutlich nicht zum Atheismus – wobei das auch nur eine Spekulation ist, weil ich noch keinen solchen Schlag erlitten habe." Das Credo Kermanis bleibt eines, das die Ränder zur christlichen Theologie überschreitet und mit ihr sympathisiert, weil sein Auge auch die Not sieht: „Vielleicht hört die Theologie erst dort auf, wo nicht einmal der Protest eine Stimme findet. Für das innere Erleben der Menschen, deren Leichen in Kriegen und Eroberungsstürmen, Pogromen und Vernichtungslagern aufeinander geworfen worden sind, reicht meine Vorstellungskraft nicht aus. Vorstellen kann ich mir des Menschen Verlassensein von Gott nur in Schicksalen alltäglicher Not, in Erfahrungen, die ein jedes Leben bergen kann."[29] Nach O. Fuchs kann jedoch „gebetshermeneutisch … nichts aus der Gottesbeziehung ausgeschlossen werden, solange sie doxologischer Ausdruck der Anerkennung des universalen und guten Gottes ist" (70 f.), sodass ich folgern kann: Das Gemenge von Glück und Unglück der Welt findet im göttlichen Geheimnis sein letztes Ohr.

3.2 Von der Verantwortungseinsicht Gottes

In Weiterschreibung der Karsamstags-Theologie (71 ff.), wie sie H. U. v. Balthasar in seiner Theologie der drei Tage entwickelt hat[30], sagt *O. Fuchs* mit M. Striet, dass Gott sein eigenes Sühneleiden in Christus ausleidet (72). Ins Zentrum rückt die göttliche Empathie, die sich einzig aus der unerfindlichen Liebe Gottes zu seiner Schöpfung und Menschheit verstehen lässt. Dies ist auch pastoralliturgisch betrachtet ein brisanter Weg, gleichsam im Ersatz die schwer verständliche Satisfaktionstheorie des Anselm von Canterbury in ihrem Anliegen annähernd nachzuvollziehen: „Von den Erfahrungen der Menschen her, mit denen er sich solidarisiert, erfährt Christus die Dunkelheit Gottes, leidet er selbst an dieser Gottverlassenheit in der Gottesbeziehung zum Vater und klagt vom Menschen her so etwas wie die Sühne Gottes für diese dunklen Seiten ein, die er zugleich in seinem stellvertretenden Mitleiden dieser Gottverlassenheit vollzieht." (73 f.) Der Gottessohn repräsentiere die „Verantwortungseinsicht Gottes" (74). Hat also Gott im Kreuzesgeschehen, dem Jesus unterworfen war, selbst eingesehen, dass er Verantwortung übernehmen muss? Der Ansatz, den Fuchs wählt, lässt ihn Sätze in einer Dichte schreiben, die das Verstehen des Geschehens am Kreuz schmerzlich an Grenzen treten lässt. Dem Horizont der je konkreten Klage entspreche die Sühne (77), welche Christus stellvertretend auf sich nehme. In ihm begegnen sich Opfer und Täter, das Leid und das Böse: „Christi Sühne ist … ein menschenbezogenes und ein gottbezogenes Ereignis, es geht um die Sanierung von beiden, um das Heil beider, der Menschen in der Hinsicht, dass sie derart Gottes Heil empfangen *können*; und Gottes, dass er das Heil in dieser ihn selber bis im Innersten betreffenden Weise gibt. Die Schmerz- und Sühnebewegung angesichts der Opfer und der Leiden aller Menschen bricht in Gott selber auf." (77 f.) Gott selber also ist angewiesen auf „seine eigene Läuterung im Purgatorium des Mitschmerzes" (78). Mit dieser Diktion durchbricht O. Fuchs in meinen Augen das alte augustinische Konzept. Dessen Gottesbild war durch die Memoria-Lehre geprägt. Augustinus konzentrierte sich darin vorab auf das Individuum und dessen innere Beziehung zu Gott (interior intimo meo)[31]. Sie blieb idealistisch darauf beschränkt und blieb „hinter den elementaren Grundlagen der biblischen Erinnerungs- und Erzählkultur"[32].

Es ist darum wohl nichts weniger als biblisch konsequent, das Schöpfungswerk kritisch zu betrachten. Denn dem ‚Reueschmerz' darüber, dass diesem Werk trotz seiner anfänglichen Qualifizierung durch das göttliche *‚und siehe, es war gut!'* radikale Unvollkommenheit, Melancholie und damit verbunden Gefühle der Zerrissenheit und Ambivalenz mitgegeben sind, macht aus der Sicht auf das göttliche Geheimnis Sinn – wie eindrücklich *Ottmar Fuchs* mit seinem Entwurf darlegt. Gott und Mensch tragen in ihrem Zusammenwirken die Verantwortung für das Gelingen von Freiheit ebenso, wie für das Gelingen von Gerechtigkeit und Frieden. Wo diese sich küssen (Psalm 85, 11), erhält die Schöpfung ihre notwendigen Impulse, mit dem Ziel, allen Wesen Chancen zuzugestehen und diese getragen von Verantwortung in allen Arten von Institutionen zu realisieren.

3.3 Literarische Inspirationen

O. Fuchs lässt sich zudem in seiner bibeltheologisch gefärbten Sichtweise von *William Blakes „Hochzeit"* literarisch inspirieren. Dieser sei als Visionär zu verstehen und biete „durch seine Werke hindurch ein poetisches und künstlerisches Beispiel unorthodoxer kirchenkritischer Bibelinterpretation" (88). Ein weiterer von Blakes Texten („Das Lamm" 90 ff.) zeigt stellvertretendes unschuldiges Leiden (96), wobei dann auch von einer „Hochzeit von Himmel und Hölle" (97) gesprochen werden kann.[33] In der Blake'schen Dreifaltigkeitssicht Gottes wechsle Christus seine Identitäten: Einmal sei er der Milde, Demütige und Sanftmütige, dann wieder der Rebell, der mit Gewalt spreche. Einmal sei er mehr der Sohn, dann wieder mehr der Satan. Beider Beziehung könne man als einen mythischen Vater-Sohn-Konflikt auffassen. Für Blake ist „nicht die Stimme des Gehorsams, sondern die Stimme aufrichtiger Empörung Gottes Stimme" (100). Fuchs lässt sich von Blake den Begriff ‚Hochzeit' schenken (102 ff.), und beleiht ihn im Kontrast zu diesem „auch für eine für die Menschenwelt heilende und heilsame Projektion über die Todesgrenze hinaus, mit der Hoffnung, dass uns ‚etwas' von diesem transzendenten Gott im Diesseits zu tangieren vermag" (105). In der Begegnung mit dem Dichter Blake erscheine dann *H. U. v. Balthasar* als „der radikalere Theologe, vielleicht auch deshalb, weil auch er seine Gedanken nicht ohne Kontakt mit Visionen denkt." (108)[34] Balthasar geht von einer Trennung in Gott aus. Darum meint O. Fuchs: „Gott riskiert sich in sich selbst ewig neu in die Liebe hinein. Und empfängt sich darin neu, als eine solche Gottheit, in der Gottheit und Liebe identisch sind." (111) Und: „Mit der Schöpfung hat Gott auf sich genommen, derart in sich selbst zerrissen zu werden, weil der Sohn nicht nur *sein* Ja an den Vater zurückgibt, sondern darin auch das Nein und die Klage der Schöpfung in das Herz Gottes hineintreibt." (112) Mit und in Christus finde der Höllenabstieg auch in Gott selber statt: „Alles, was ‚außerhalb' Gottes stattfindet, und das er in Liebe berührt, ereignet sich auch in ihm selber. Die Hölle ist Gott selber innerlich, wenn es denn dieses heilsökonomische Außen des rettenden Höllenabstiegs Christi gibt". (113) Die Einschränkung zeigt, wie auch dieser Versuch theologischer Umschreibungen fragmentarisch bleiben muss. Dennoch: Christus „übernimmt nicht die Rolle des Satans und auch nicht die Nein-Rolle der Menschen, kommt ihnen aber so unverwechselbar nahe, dass er bei seinen Gegnern für verrückt, verbrecherisch, blasphemisch und teuflisch gehalten wird (vgl. Mt 9,34)." (115) In der Folge stellen sich drängende Fragen (115), etwa: „Aber ist es anständig, ein Kind zu schlagen, um ihm dann erlösend, kontrastreich Liebe und Mitgefühl zu zeigen und zu geben? Was ist das für ein pathologischer Wirrwarr!" „Der Mensch muss Humor haben, wenn er daran glauben soll, dass Gott diese Welt erschaffen hat! Dass ein Mensch an Gott glaubt, zeigt zuweilen sogar, dass der Mensch durchaus bitteren ‚Galgenhumor' haben muss. An diesem ‚Humor' kann man schier zerbrechen." (115 f.) Bei Balthasar bleibe „der Fragerest zurück, warum sich Gott diesen ‚Humor' eigentlich leistet, warum er nicht gleich die größere Freiheit genehmigt. Dieser Rest ist als Klage gegen Gott einzubringen und als Einklage

Gottes eigener Sühne zu realisieren. Christus tat das in Gott auch tatsächlich, nämlich die Klage zu formulieren und für diesen Anteil Gottes an der Schöpfung die entsprechende Sühne zu leisten. Sodass Jesus um der Liebe zur ‚gefallenen' Menschheit willen in Gott den schmerzlichen Anteil der Negation gegen Gott übernimmt. Aber nicht aus Selbstzentriertheit, sondern genau aus der Liebe heraus, die vom Vater im Heiligen Geist permanent dem Sohn gegeben und von ihm wieder beantwortet wird." (116)[35] Nochmals im Anschluss an William Blake: „Im Kreuz prallen Gut und Böse, Gottessohn und Satan ‚zusammen'. In dieser staurologischen (kreuzestheologischen) Coincidentia oppositorum beginnen beide die Hochzeit für den Schmerz der Liebe öffnend und dafür sich öffnend. Dies ist die Bedingung der radikalsten und umfassendsten Erlösung vom Bösen und vom Leid." (121) „Man *muss* … nicht von Gottes Sühne für seine eigenen dunklen Anteile sprechen, aber *kann* es, und vor allem angesichts von Auschwitz entwickelt diese Vorstellung mehr Bedeutungskraft, als sie Ambivalenz hat." (121)

3.4 Kontroverses Sühne-Thema

Das Thema, dem sich O. Fuchs engagiert verschrieben hat, wird kontrovers diskutiert. Die an der Debatte Beteiligten lehnen besonders die Vorstellung der Satisfaktion ab, welche im Willen des göttlichen Vaters gelegen habe, durch den Kreuzestod seines Sohnes den Ausgleich (Satisfaktion) für die Sünde seit Adam zu erreichen. Ergänzend dazu vermerkt *Karl-Heinz Menke*, wer außerdem für möglich halte, „dass der Vater den unschuldigen Sohn ersatzweise für die Sünder sterben ließ, obwohl er dies hätte verhindern können, der vertritt nicht nur eine antibiblische Theologie, sondern auch eine theologische Rechtfertigung von Gewalt".[36] Von Erlösung zu reden und diese einzig auf das Geschehen am Kreuz einzuschränken, müsste nun in meinen Augen nicht nur von N. Kermani zur Kenntnis genommen werden. Denn die heilsgeschichtliche Bedeutung des ganzen Lebens Jesu liegt darin, dass seinem Wirken eine freiheitliche Dynamik zugrunde lag. Wo immer er in seinen Zeichen nicht verstanden wurde oder Widerstand gegenüber ihm heranwuchs, wurde sein Freimut und die Hingabe an das Reich Gottes geprüft. Nicht zuletzt darum stehen wir – am Beispiel des Lebens Jesu und seiner Reich-Gottes-Botschaft sichtbar geworden – vor dem Rätsel des Bösen, dem ‚mysterium iniquitatis' (2 Thess 2,7), bei dem es laut *Rüdiger Safranski* in erster Linie um das Drama der Freiheit geht. Dann aber argumentiert *Terry Eagleton* akzentuiert theologisch: Der Sündenfall sei „eine Art glücklicher Fall, der nicht nach unten, sondern nach oben führt … der uns aus der reinen Tierhaftigkeit hinaufführt zur Geschichtlichkeit, Sprache und Zivilisation – alles das, was unsere Freiheit und das, was wir sind, ausmacht" und: „Die Geschichte vom Sündenfall besagt, dass die Kreativität an der Wurzel beeinträchtigt ist durch die Neigung, Böses zu tun. Sie ist also fragil".[37] Wobei diese Feststellungen im Diskurs über Evolution und Schöpfung eine zusätzliche Brisanz gewinnen.

Wenn wir nämlich Evolution als schrittweisen und artgerechten Vorgang betrachten, wird gemäß *Stefan N. Bosshard* der Sündenfall zum „*theologischen Sinnbild* dafür …, wie der Mensch sein eben erlangtes Selbstbewusstsein, die Ähnlichkeit mit dem göttlichen Erkennen, so maßlos überschätzt, dass er sich geradezu in den Solipsismus einkerkert und der verblendeten Egozentrik bleibend verfällt … Die Zuwendung zum andern bricht das Ich auf und löst eine Bewegung aus, die Gott nicht verfehlt, wenn sie sich nicht wieder in eine kollektive Egozentrik verirrt. Solche Selbstweggabe kann *Heilsbedeutung* annehmen und hat sie angenommen im Sühnetod von Jesus Christus, der den Altruismus zu seiner tiefsten Radikalität gebracht hat. Der Tod des Sohnes Gottes holt den sich selbst verfallenen Menschen aus seinem Kerker heraus und versetzt ihn in die Lage und fordert ihn auf, die gestörte Heilsbeziehung wieder zu beleben, um so den Tod als Strafe der Anmaßung zu überwinden. Jesus Christus, der nach der stellvertretenden Zerstörung aller Selbstbezogenheiten zum Leben auferweckt wurde, ermöglicht jedem die Rückkehr zur verlorenen ‚Unsterblichkeit'".[38] Aus schöpfungstheologischer Warte kommt darum *K.-H. Menke* zur Aussage: „Die Allmacht des trinitarischen Gottes *ist* identisch mit der Liebe des Gekreuzigten. Der biblisch bezeugte Gott kann nichts, auch das Beste nicht, nicht einmal die Heiligkeit eines einzigen Menschen, erzwingen. Der biblisch bezeugte Gott will Mit-Liebende. Der Grund seiner Schöpfung ist der Bund mit den Menschen. Und der Inbegriff der Bundespartnerschaft mit Gott ist Freiheit, wirkliche (formal unbedingte) Freiheit. Der Schöpfer hat sich mit dem kontingenten Faktum seiner Schöpfung unwiderruflich selbst dazu bestimmt, sich von den Folgen der Freiheit seiner Geschöpfe real bestimmen zu lassen. Er hat sich deshalb nicht zu einem ohnmächtigen Zuschauer degradiert. Aber sein Handeln in Welt und Geschichte ist ein *Bundes*handeln, das die einmal gewährte Freiheit bzw. Eigenständigkeit des geschöpflichen Bundespartners in keiner Weise revozieren oder gar aufheben kann."[39]

Das Konzept der ‚Zerrissenheit' in Gott selbst, welches *Ottmar Fuchs* vorgelegt hat, überzeugt in besonderem Masse. Denn im *göttlichen* Zerrissen-Sein selbst wandelt sich die *menschliche* Sehnsucht nach Erlösung *mit* zu einer Eigendynamik. Unsere menschliche Solidarität wird somit primär durch die Hingabe Jesu am Kreuz ins Geheimnis Gottes eingeprägt und aufgehoben.

Anmerkungen

Teil 1
Zur Suche nach Sinn und Transzendenz in gottesdienstlichen Versammlungen

1 Hier und im Folgenden: *Leo Adler* (1965), 69 ff.

2 Vgl. die Titelfrage *Verschwindet Jesus?,* in: Diak 22 (1991). Unterschiedliche Stimmen bejahten die Frage. Im Gegensatz dazu *Eugen Biser*, ebd., 373–379.

3 *Dorothee Sölle,* Feministische Suche nach den Namen Gottes, in: *dies.* (1992), 44–63, hier: 49 und 55.

4 Ebd., 61 f. Vgl. auch Sölles Aussage „Die Transzendenzfähigkeit des Menschen macht, dass wir in jeder Heimat nicht ganz zu Hause sind“, in: *dies.* (1995), 24; *Nikolaus Klein* (2003), 106–108, mit Klarstellungen Sölles nach der Kritik an ihrem Buch ‚Stellvertretung‘. Sölle ging es um ideologiekritische Anfragen an die „Möglichkeiten theologischer Sprache“ (ebd. 107).

5 Anstöße dazu gaben *Teresa Berger / Albert Gerhards* (1990). Vgl. *Teresa Berger* (1993); *dies.* (1997) 62–72. „Das geistig-geistliche Potenzial der Christinnen“ reflektierte *Albert Gerhards* (2004), 82.

6 Zur Bibellektüre *Ottmar Fuchs* (2004). Vgl. *Joachim Kügler* (2004) 214–217. Die „Anbindung“ von Exegetinnen und Exegeten „an das Gottesvolk ist … nicht länger als zeitraubendes Hobby einzustufen und von der wissenschaftlichen Arbeit abzutrennen. Es ist auch konzeptionell in die Wissenschaft einzuspeisen“ (ebd.). Vgl. *ders.* (2015) sowie *Eva-Maria Faber* (2018) Betr. des Eigennamens „Herr“ als Ersatzwort für das Tetragramm vgl. *Erentrud Kraft* (1999) 15–27. Zur Debatte um die neue Einheitsübersetzung vgl. *Franz Kogler* (2018) und zur Kontroverse um den Eigennamen „Herr“ div. Beiträge in: SKZ 187 (2019/12).

7 Vgl. *Stephan Schmid-Keiser* (1999) 315 f. Wie schwebend die Ausdrücke Liturgie und Gottesdienst gebraucht werden, wird sichtbar an der Publikation von *Arno Schilson / Joachim Hake* (Hg.) (1998).

8 *Josef Andreas Jungmann* (1964) 113. Nach der Liturgiereform musste die Liturgiewissenschaft deutlich näher zur Praxis rücken. Zwar bevorzugt u. a. *Reinhard Messner* das historische und systematische Interesse in seiner Einführung in die Liturgiewissenschaft (2001) 18. Die „liturgische Praxis als Forschungsfeld der Liturgiewissenschaft“ erläutert hingegen *Birgit Jeggle-Merz* (2004) 131–164.

9 Mein Beitrag sieht sich in Kongruenz zur Aufgabe der Kulturwissenschaften, wie sie *Jürgen Manemann* mit Verweisen auf Johann Baptist Metz darstellt in *ders.* (2006) 38–43, 42 f. sowie zu *Ottmar Fuchs* (2002) 118–153.

10 Vgl. *Jungmann* (1964) und die Darstellung in *Stephan Schmid-Keiser* (1985) 317–351. Besonders Jungmann, Volk, Lengeling, Schmidt, Jossua und Congar fragten nach der theologisch-spirituellen Grundlage der beginnenden Liturgiereform. Ein „Versuch, das Wesen der christlichen Liturgie zu beschreiben“, gelingt *Albert Gerhards* wie folgt: „Liturgie ist der von der Kirche als Versammlung der Gläubigen gebildete geistgewirkte Raum …“: *Gerhards* (2005) 10 f.

[11] *Joris Geldhof* (2019) 191. Ein grundlegend „kenotisches Paradigma“ prägt das Christentum und damit die Theologie der Liturgie.

[12] Vgl. *Knut Wenzel* (2003). Zum Begriff des sakramentalen Selbst ebd. 55–65.

[13] Vgl. *Richard Schaeffler* (1986) 88. Zur Verknüpfung neuer Rituale mit traditionellen Liturgien vgl. die Analyse von *Dietrich Wiederkehr* (1997) 181–204, wonach sich die neue Vitalität religiöser Rituale als Chance für die Verlebendigung der „alten“ Sakramente anbietet, die in ihrer überstarken Ver-„Formung“ zu erstarren drohen. Bezogen auf Frauengottesdienste vgl. *Silvia Strahm Bernet* (2000) 13 f.

[14] Beides ist verankert im gemeinsamen Priestertum, welches die lokale liturgische Feier prägt. Kritisches zum Begriff bei *Clemens Leonhard* (2016) 134–148, mit provokantem Schluss: „Der Begriff des Gemeinsamen Priestertums aller Getauften diente so oft der Verschleierung von theologischen und kirchenorganisatorischen Problemen, dass sich sein einzig legitimer Platz in einem historischen Repertoire nutzloser Theologoumena findet.“

[15] Selbst aus zweisprachiger Herkunft stammend, verweise ich auf das Denken von Maurice Zundel. Vgl. *Alois Odermatt* (1998).

[16] Vgl. die theologisch-ästhetischen Thesen zur Sprache im Gottesdienst von *Benedikt Kranemann* (2000) 89–91; *Alois M. Haas* (1998). Handlungsimpulse finden sich bei *Gotthard Fuchs* (1987).

[17] Dazu fordert *Navid Kermani* (2005) 220–282 eigens auf.

[18] *Dorothee Sölle* (1992) 62. Zu Sölles ausgereiftem Mystik-Verständnis *Klaus Aschrich* (2006) 257–270. Anknüpfend an Sölle und kritisch zum verkürzten Begriff der ‚Einheitsmystik‘ bei Peter Sloterdijk vgl. *Christoph Benke* (2006) 204–215.

[19] Vgl. dazu *Josef Sudbrack* (1989) 367–370 und *ders.* (1977) 73–89 zur Gotteserfahrung in Meditation und Mystik. Weiterführend *Hildegund Keul* (2006): „Die Sprache der Mystik gibt dem rational betriebenen Diskurs der Theologie einen konkreten Ort in den Umbrüchen der Zeit“ (ebd., 70). Zum Gebet *Peter Dyckhoff* (1994). Zur Mystik als Ausdrucksraum der Theopraxis vgl. die Anregungen bei *Heinz Robert Schlette* (1999) 50–53 bzw. 63–66 und *Klaus Berger* (2000) 228–241.

[20] Das erfordert eine Reintegration der Spiritualität in die Theologie, postuliert *Joris Geldhof* (2019) 190.

[21] *Joris Geldhof* (2019) 178–181, hier 179 (eigene Übersetzung) mit Bezug auf *Constantin Andronikof* (2009). Zu Odo Casels Begriff „Mysterium“ als Lebensprozess vgl. *Stephan Schmid-Keiser* (1985) 230–234 und zu Franz Xaver Arnolds Begriff „gott-menschlicher Synergismus“ ebd. 278–283. Vgl. zudem *Pinchas Lapide* und *Raimon Panikkar* (1994) 57–60.

[22] *Gabriella Hofer* (2016) 18.

[23] Zu ‚ruach‘ vgl. *Knut Wenzel* (2003) 130–136. Zur „konkreten Pneumatologie“ *Gotthard Fuchs* (1989) 235–247.

[24] Vgl. *Albert Gerhards / Andreas Odenthal* (2000) 41–53. Zum Verhältnis von Theorie und Praxis *Andrea Grillo*: (2000) 143–165. Am Vollzug liturgischer Rituale interessiert: *Michael Meyer-Blanck* (2011) 291 ff. und *Wolfgang W. Müller* (2012) 125–148. „Die Glaubenden leben ihren personal wie kollektiv artikulierten Glauben in symbolischen Strukturen und symbolischer Prägnanz, die die Grundlage der christlichen Lebensweise repräsentiert. Im Glauben ‚ergreift‘ der Einzelne die Hoffnung, die sein Leben trägt“ (*Müller*, 136).

[25] *Johann Baptist Metz* (1977) (Seitenverweise im Text). Mit besonderem Interesse für *Mystik und Poesie* auch *Reinhold Bärenz* (1996) und (1998).

[26] Vgl. *Johann Baptist Metz* (2001) 5. Näher beim Dialog der Religionen befindet sich *Aloysius Pieris* mit Verwendung des Begriffs „Theopraxie" in *ders.* (1989) 60 u. ö. Pieris will, „dass Theologen ihren Dialog mit christlichen Mönchen, die nachdrücklich am östlichen Ethos *teilnehmen*, wieder aufnehmen. Dies würde dazu beitragen, die Kluft zu schließen zwischen Theologie und Theopraxie, zwischen Philosophie und Religion, zwischen Betrachtung über zeitgenössisches Denken und Teilnahme an zeitgenössischer Wirklichkeit, zwischen mönchischer Theologie, die ‚Gottes-Rede geboren aus der Gottes-Erfahrung' bedeutet, und wissenschaftlicher Theologie, die ‚Gottes-Rede zur Beurteilung von Erfahrung' ist, oder, wie die Buddhisten sagen würden, zwischen der Suche nach dem *Pfad* und der Suche nach der *Wahrheit*." ebd. 60 f.

[27] Vgl. *Metz* (1977) 120–135: § 8 Kirche und Volk. Vom vergessenen Subjekt des Glaubens.

[28] Ebd., 159–211: Teil III zu den Kategorien Erinnerung, Erzählung und Solidarität. Anregend bleibt der seinem Lehrer Karl Rahner gewidmete „Exkurs: Theologie als Biographie?" (ebd., 195–211). Vgl. *Stephan Schmid-Keiser* (2015) 407 f. Eine angemessene theologische Bibellektüre tritt darum in enge Verbindung mit lebensgeschichtlichen Prozessen. Dies heraushebend meinte *Thomas Philipp* in Auseinandersetzung mit den Ansätzen von *Françoise Dolto*, *Eugen Drewermann*, *Anselm Grün* und *Hartmut Raguse* und dessen Akzent auf die Wirkungsgeschichte von Texten: „Theologische Bibelauslegung kann heute nicht mehr objektiv sein wollen; an einer reflektierten Subjektivität führt kein Weg mehr vorbei": *ders.* (2002) 139, vgl. ebd. 127–131 und 137–140.

[29] Vgl. Themenheft ‚Neue Rituale' der ThPQ 164 (2016/2). Bereits die Rituale im jüdischen Kontext tragen die Kraft in sich, „den empirischen Zeitkontext, der den Menschen seine Ordnung zu diktieren versucht, aufzusprengen und zu transzendieren" und zeigen in ihren Gebeten einen dialogischen Charakter, so *Daniel Hoffmann* (2002) 42 f.

[30] Vgl. bereits *Helmut Gollwitzer* (71976) und *Kaspar Hürlimann* (1976) 227–244. Zu ‚Religion/Religiosität' vgl. *Hans-Joachim Höhn* (2015) und *Volker Gerhardt* (2014) 61.

[31] Grundlegend *Ottmar Fuchs* (1990) 209–223. Weiterführend *ders.* (1993) 33–42 über die doppelte Präsenz Christi in seiner Kirche und die Bemerkung zum Herzstück des Zweiten Vatikanischen Konzils, dessen Ziel es war, „Dogma und Pastoral, Sakramente und Erfahrung zusammen zu buchstabieren" (ebd. 39).

[32] Vgl. die Darstellung der biblischen Grundlagen von *Dorothea Sattler* und *Theodor Schneider* (1992) zur Gotteslehre 51–119, bes. 54–81.

[33] Die Spannweite von Zugängen zeigt sich von *Pius Merendino* (1969) bis *Ottmar Fuchs* (2014); vgl. auch *ders.,* (1999) 16–27. Bibeltheologie im Dienst der Liturgie *und* Diakonie hat eine eminent glaubenspraktische Ausrichtung. Zentral ist gemäß *Ottmar Fuchs* die „Verkündigung tragender Gottesbeziehung", *ders.* (1990) 206–208.

[34] Zum Stichwort ‚Modernismus' vgl. *Richard Schaeffler* (1980) 514–534 und *Hubert Wolf* (Hg.) (1998). Zur Erweiterung der Problematik um die Dimension interkultureller Erfahrung und die spirituellen Notwendigkeiten zeitgenössischer Gesellschaft abwägend vgl. das Gespräch zwischen *Fritjof Capra* und *David Steindl-Rast* (1991). Kritisch dazu *Gotthard Fuchs* (1991) 392.

[35] Vgl. *Joachim Track* (1977), zusammenfassend *Stephan Schmid-Keiser* (1985) Teil I 450–456. Es geht um jene „dritte Phase des religiösen Bewusstseins", welche Dorothee Söl-

le als „eine *bewusste* religiöse Entscheidung" bezeichnet hat, die „kritisch, nicht naiv" erfolge, *dies.*, (1992), 109. Sölle konkretisierte in spätem Reflex auf eine Antwort durch einen Arbeiter: „Bin ich denn Jesus?" Sie hatte ihn einst nach der Uhrzeit gefragt: „Stellen Sie sich doch mal vor: Sie und ich und Ihre Schwiegermutter und Ihr Boss – sind Jesus. Was würde sich ändern? Es steckt doch etwas in uns … von Gott". Sie würde an den „merkwürdigen Ausdruck ‚das von Gott in dir'" denken, welchen die Quäker verwenden (113).

[36] *Joachim Track* (1977) 325, Hervorhebungen Schmid-Keiser.

[37] Exemplarisch dazu *Stephan Winter* (2012) 149–176. Liturgie sei von ihrer eschatologischen Dimension her „keine ästhetizistische Spielerei, sondern Rezeptionsgestalt der Basileia-Verkündigung Jesu …" Prinzipiell sei sie „für *alle* Menschen zugänglich" und mit Paul M. Zulehner im Anschluss an Gal 3,28: „Es gibt … nichts Revolutionäreres als die Anbetung" (zit. 167). Wo immer Kirche feiere, lade sie dazu ein, „dass Menschen *aus ihrer konkreten Situation heraus* in dieser biblisch bezeugten Heilsgeschichte von den Leitgestalten der normativen Heilszeit zitierend eine Rolle übernehmen" (175).

[38] Nach Anregungen von *Hanspeter Ernst* anlässlich der Fortbildungstage im Bistum Basel 1999 zum Thema „Sich (k)ein Bildnis machen". Zur Entdeckung der „Weite biblischer Gottesbilder" vgl. *Johanna Jäger-Sommer* (2007) 191–195

[39] *Eckhard Nordhofen* (2018) 117–126, bemerkt zur Singularität von „der ‚Name'" in der hebr. Bibel, dass dieser durch „lautes Lesen" in seiner „Heiligkeit" hörbar gemacht wird (ebd. 125). Zur „Zimzumtheorie der kabbalistischen Mystik *Isaak Lurias'* vgl. den jüdischen Philosoph *Hans Jonas* (1987); dazu *Bernhard Grümme* (2002) 222 und *Ralf Miggelbrink* (2005) 335 f. sowie *Christoph Schulte* (2014).

[40] Hier und im Folgenden *Abraham Joshua Heschel* (1980/2000) 20, 147–153.

[41] *Fridolin Stier* (1993) 26 f.

[42] *Max Seckler* (1981) 75–87. Folgendes ohne weitere Seitenverweise. *Eckhard Nordhofen* spricht vom „göttlichen Abstandsblick der Reflexion", der die Freiheit erzeuge, sich zum Bestehenden zu verhalten. Erst durch diesen Blick seien wir in den Stand gesetzt, „uns vom Status quo abzustoßen. Das Weltverhältnis des Monotheisten ist ungesättigt" (2018) 306.

[43] Vgl. *Helmut Gollwitzer*, der von der ‚Stimme' statt vom ‚Wort Gottes' sprach: *ders.* (^{7}1976) 345–382. Ähnlich argumentiert *Daniel Hoffmann* (2002) 28 f.

[44] So *Stephan George* (2019) 15.

[45] *Leo Adler* (1965) 13, 67. Vgl. *Matthias Krieg* (2011) 8–11.

[46] Vgl. *Elmar Nübold* (1995) 29–49. Nübold schließt nach dem Referieren mehrerer Vorschläge mit der Forderung nach passenderer Ausgestaltung der Schriftlesungen.

[47] Ein vom feu sacré geprägtes Vortragen *und* Auslegen von Bibeltexten in Liturgien ist auf eine in das Ereignis des Tages führende Methode angewiesen, die zu konzentrierter Orientierung der Lesenden und Hörenden führt. Dazu die informative Übersicht bei *Thomas Meurer* (1999) 104–107. Wegleitend auch *Horst Klaus Berg* (1991).

Teil 2
Die biblischen Texte im Lesejahr B

1 Kyrios meint den Ehrennamen bzw. Titel ‚Herr' und hat „den Klang des Bestimmten im Sinne des Vermittelnden und Einenden. Die Interpretationsgemeinschaft Kirche ist in ihrer Vielsprachigkeit im Heiligen Geist ausgerichtet auf den Verkündeten", erläutert *Thomas Ebneter* (2012) 263. Vgl. im Konzentrat *Gianni Vattimo* (2002) 77.

2 Vgl. *Leo Adler* (1965) 15 f.

3 Dazu *Hermann Stenger* (1995) 359–373. Stenger postulierte für das Gottes-Dienst-Feiern ein dreifaches Ethos: Betroffenheit, Verbindlichkeit und Wachsamkeit (ebd. 370–373).

4 *Winfried Bader* (2011) 36–40. 38 u. 39

5 Vgl. *Abraham Joshua Heschel* (1980/2000) 8; 61–66. *Dorothee Sölle* (1992): „Wir alle sind von Gott beteiligt, Gott tröstet uns und wir bereiten Gottes Weg. Gottes Stimme ruft uns und wir antworten. Gottes Geist will uns mutig und wahrheitsfähig machen. Gott will in uns geboren werden" (159 f.).

6 Darauf aufmerksam macht *Alex Stock* (2010) 57. Die im doppelten Sinne des Wortes ‚ausgefallenen' Verse könnten einer in der Feier selbst auftretenden zweiten Stimme zugeordnet und damit die liturgische Performanz erhöht werden.

7 *Béatrice Acklin Zimmermann* (2014).

8 Hier wie anderswo vermag die ausschnittweise Textauswahl nicht zu genügen. Ab November 1997 leistete die SKZ für die Sonn- und Feiertage der Lesejahre bibeltheologische Unterstützung, öfters mit begründeten Vorschlägen für Alternativen, SKZ 165 (1997/47). Zuerst orientierten sich Kurzkommentare von *Thomas Staubli* am Lektüre-Dreieck lateinamerikanischer Basisgruppen: Bibel (Text), Kirche (Kontext), Welt (Prätext), vgl. ebd. 700. Zur Kürzung kritisch vgl. *Dieter Bauer* in: Siebzig Gesichter LjB (2011) 41–45. Zum Evangelium *Marie-Louise Gubler*: Der Zeuge SKZ 173 (2005/48)

9 *Dieter Bauer* in: Siebzig Gesichter LjB (2011) 43 f.

10 *Benedikt Kranemann* (1999) 129–131.

11 Vorläufer sein, fremd und allein, © *Peter Gerloff*, www.glauben-singen.de.

12 *Peter Zürn* in: Siebzig Gesichter LjB (2011) 46–50, 47 f.

13 *Annemarie Schimmel* (1996) 149. Vgl. *Franz Josef Stendebachs* Einbezug einer außerbiblischen Stimme in *ders.* (1999/3) 109 f. sowie *ders.* (1986/3). Vgl. aus praxisnaher Begleitung *Stephan Schmid-Keiser* (1992/1) 8–12.

14 So *Joseph Wresinski* (1983/1998) 46, 47 f. (Hervorhebung SSK). Dazu exemplarisch *Giancarlo Collet* (1988).

15 *Winfried Bader* in: Siebzig Gesichter LjB (2011) 51–55, 52, 53.

16 *Gunda Brüske* vom Liturgischen Institut Fribourg/CH am 20.12.2017 an den Autor.

17 Vgl. *Ina Praetorius* (2009) 134–138 und *dies.* (2011) 83–87. Den radikal auf die Gottesfrage hin ausgerichteten Johannesprolog reflektiert *Claus-Peter März* (2014) 169 ff.

18 So *Dieter Bauer* in: Siebzig Gesichter LjB (2011) 56–59, 59 Anm. 17.

19 So Ansagen *Paul Michael Zulehners* und *Michael Schibilskys* in einer Kirchenfunk-Sendung des BR von *Norbert Bischofberger* (1997) 11–13.

20 Vgl. *Wilhelm Zauner* (1992).

21 Vgl. *Silja Walter* (1992) 12 f. *Joseph Wresinskis* Lebenszeugnis zeigte, wie sich weder die praktische Seite des Glaubens noch der gefeierte Transzendenzbezug allein einseitig ‚betreiben' lassen.

[22] Zur Verknüpfung mit Jes 55 vgl. *Adrian Schenker* (2015a) 669 f. Den Text „unter Auslassung der Stellen über den Täufer" präsentiert *Ansgar Wucherpfennig* (2003) 486–494 als „Tora-Paraphrase" in Parallele zu Gen 1, mit der Formulierung ‚und das Wort wurde Fleisch und *zeltete* unter uns' (Vers 14), ebd. 488 f., 490.

[23] *André Flury-Schölch* in: Siebzig Gesichter LjB (2011) 65–69, 69 f. Vgl. Themenausgabe ‚Familie' der SKZ 186 (2018/15).

[24] Vgl. *Stephanie Klein* (Hg.) (2018); *Stephan Schmid-Keiser* (1994) 397–399.

[25] *Ursula Rapp* in: Siebzig Gesichter LjB (2011) 70–74, 72, Ps 67 erläuternd.

[26] Zur Weisheits-Tradition vgl. *Silvia Schroer* (1986) 197–225; *dies.* (1989) 20–25; *Christa Mulack* (1988) 67–87, 75 f.; Themenausgabe der Zeitschrift Bibel heute 26 (1990/103) Sophia. Gott im Bild einer Frau. Zudem *Reinhold Bärenz* (1998) 7–22; *Johannes Marböck* (1994).

[27] *Thomas Schipflinger* (1986) 195–210, 208; vgl. *Bernhard Sill* (1989) 66–68.

[28] Da Jesus Sirach als „misogyne Schrift" (Silvia Schroer) erkannt wird, wäre es nötig, die Auswahl der Lesetexte aus der Weisheitsliteratur zu überprüfen. Vorarbeiten leistete *Silvia Schroer* (1996) und *dies.* (2004/4) 195–202. Vgl. auch *Walter Groß* (1999b) 105–107. Andere Bezeichnungen für GOTT bzw. HERR am Beispiel der ‚Bibel in gerechter Sprache' nannte *Othmar Keel* (2007).

[29] Zu einzelnen Aspekten *Hanno Loewy* (2017a). „Die Möglichkeit einer weiblich definierten Dimension Gottes kommt in der hebräischen Bibel, in außerkanonischen Schriften sowie in der rabbinischen Literatur vor. Explizit lebt sie vor allem in der jüdischen Mystik fort": *ders.* (2017b).

[30] Vgl. *Toni Brühlmann-Jeckle* anlässlich einer Fortbildung im Bistum Basel 1999: „Sich (k)ein Bildnis machen", und *Peter Schellenbaum* (1981). Die Männerdominanz beim Feiern von Liturgien mit weiblichen Ordensgemeinschaften verlangt nach Klärung.

[31] *Ursula Krechel*: Jetzt ist es nicht mehr so, aus: dies., Die Da, © 2013 Jung und Jung, Salzburg und Wien; vgl. *Hermann Stenger* (1995). Chance und Grenze eines therapeutischen Ansatzes umschreibt *Alfred Ehrensperger* (2005).

[32] *Winfried Bader* in: Siebzig Gesichter LjB (2011) 75–78, 77.

[33] Vgl. *Richard Blättel* (2016) 511–533 mit Erläuterung des „bahnbrechenden interreligiösen Beitrages" von Abraham J. Heschel zur Entstehung der Konzilserklärung *Nostra Aetate* (520 ff. u. 525 ff.). Ähnlich *Ottmar Fuchs* (2014) zum zerrissenen Gott in den Brüchen der Welt und mit Verweis auf Martin Buber. *Dorothee Sölle* (1973) 179 und aktualisierend „Vielleicht ist die Schekinah, Gottes Anwesenheit, die das Volk ins Exil begleitet, heute die Gestalt Gottes, die uns am meisten über Gott verrät", in: *dies.* (1992) 21–43, 42 bzw. 75–106, 81 f.

[34] *Peter Zürn* in: Siebzig Gesichter LjB (2011) 79–83, 81 f.

[35] Jes 55,1–11 wird dies als fünfte Lesung in der Osternacht aufnehmen.

[36] Grundlegend *Silvia Schroer* (1986) 213 f. mit Fazit 223 f. zu einem weiblichen Gottesbild christlicher Tradition. Zu Maria vgl. *Elmar Gruber* (1998) 74–82.

[37] Vgl. *Anton Rotzetter* (1983): Anregungen zum Gebet, ebd. 130–170; Der ganze Mensch mit seiner Einbildungskraft (Gedächtnis), seinem Verstand und Willen will zur Entfaltung kommen (ebd. 155–160).

[38] Vgl. *Walter Groß* (1999a) 47–85; *Jan-Heiner Tück* (2002) 59 zu *Ralf Miggelbrink* (2002).

[39] *Ralf Miggelbrink* (2003) 96 f.

[40] Vgl. *Winfried Bader* in: Siebzig Gesichter LjB 116–119, 118.
[41] Rückübertragung der Vorlage aus dem Zürich-Deutsch von *Josua Boesch* (1988) 55
[42] *Dieter Tomä* (2009).
[43] Vgl. auch *Joachim Negel* (2016/1) 157–173, 165 zum ‚Organ des Denkens'.
[44] Vgl. zum Folgenden *Verena Lenzen* (2015) 35–41. „Im Judentum lautet der traditionelle Titel der Erzählung … Adeqat Jitzachq, die Bindung Isaaks, denn die Opferung wird ja letztlich nicht vollzogen. Abrahams Opfer erfüllt sich in seiner Opferbereitschaft, seiner Haltung zur Hingabe im Sinne eines absoluten Gottvertrauens" (ebd. 36). Der Germanist *Hans-Georg Pott* (2010) scheint kein Verständnis für diese exegetischen Grunddaten zu haben. Er folgt „Kierkegaards Unterscheidung der Gewalttat Abrahams in *Furcht und Zittern*", dem „Gründungsmythos der drei großen Schriftreligionen" und schreibt: „Ethisch ist Abraham ein Mörder, religiös die höchste Gestalt des Gläubigen", (ebd. 143).
[45] *Helgard Jamal* (2007) 26 ff. Quellen finden sich im jüdischen Midrasch und im Koran, vgl. *dies.* (2006).
[46] Rückübertragung aus dem Zürich-Deutsch der Vorlage von *Josua Boesch* (1988) 217.
[47] *Adrian Schenker* (2015b) 59.
[48] *Thomas Staubli* (2000) 159 mit Hinweis auf den Roman „Durcheinandertal" von Friedrich Dürrenmatt.
[49] *Christian M. Rutishauser* (2015) 65–72, 69.
[50] *Marie-Luise Kaschnitz* (1965) 49.
[51] Das ließe sich an einem paraphrasierenden Dialog zwischen Zippora und Mose darstellen – vorgeschlagen hier als Einschub in ein konkretes Predigtwort; vgl. dazu *Siegfried Arends* (2012).
[52] *Jan-Heiner Tück* (2014) mit Bezug auf das Gespräch von *Jose Maria Bergoglio* mit *Abrham Skorka* „Über Himmel und Erde", München 2013.
[53] Hier und im Folgenden vgl. *Dieter Bauer* (2012) 112 mit Literatur.
[54] *Max Horkheimer, Theodor W. Adorno* (1944/1969) 5.
[55] Vgl. *Winfried Bader* in: Siebzig Gesichter LjB (2011) 130–134, 132 mit Hinweis auf Jer 25,12 u. 133 mit Hinweis auf Esr 1,2 f.
[56] Vgl. *Klaus Berger / Christiane Nord* (1999) 215.
[57] *Simone Weil* (1947/1952) IV 335.
[58] Vgl. ausführlich *José Comblin* (1995/1996) Bd. 2, 711–724, zit. 713, 720, 721, 722, 723, 724. Vgl. zudem *Josef Amstutz* (1982) 81–109 mit ausführlicher Analyse von Texten des Zweiten Vatikanischen Konzils und den Konsequenzen für ein gewandeltes Missionsverständnis.
[59] Vgl. Vorlage von *Heriburg Laarmann* (2006) 42–47.
[60] *Gonsalv K. Mainberger* (2000) 257–262. Zit. 261, 262. Auf die enge Beziehung von Ritus und Mythos verweist *Klemens Klünemann* (2019) in seiner Kritik an *Neil MacGregor,* Leben mit den Göttern, München 2018: „Womöglich liegt in dieser Beschränkung auf Objekt und Ritus der blinde Fleck dieses großartigen Panoramas der Religionen. Der Ritus kann in der Tat die Gemeinschaft stabilisieren. Aber ohne den dialektischen Bezug zum Mythos – im Sinne einer Erzählung von Gott als dem Jenseits im Diesseits – läuft die Beschränkung auf den Ritus Gefahr, das Wagnis des Glaubens zu ignorieren."
[61] Vgl. entspr. akzentuiert *Dieter Bauer* in: Siebzig Gesichter LjB (2011) 135–139, 139 mit Verweis auf die Verwurzelung des christlichen Testaments im jüdischen bei Röm 11,18: „Nicht du trägst die Wurzel, sondern die Wurzel trägt dich."

[62] Abdruck in *Hubertus Halbfas* (2001) 249.

[63] *Klaus Berger / Christiane Nord* (1999) 183 mit klärender Bemerkung: „Die Schrift (unser ‚Altes Testament') ist Typos des Neuen." Verglichen werden dabei auch Mose und Jesus.

[64] Vgl. Lektüre-Kriterium bei *Hanspeter Ernst* (oben S. 31).

[65] Vgl. *Klaus-Peter Jörns* (2010/3); *ders.* (2008) 102–153, bes. 110–142. Ähnlich schon *Gonsalv K. Mainberger* 2000.

[66] *Harry Tacken* (2012/2) 33.

[67] © *Christoph Stender,* www.christoph-stender.de/ein-unentschiedenes-gebet-zum-palm sonntag/.

[68] Anregungen aus Exegesen von *Erik van den Borne* (2012/3) 3–5 und *Franz Annen* (2012a) 179.

[69] Vgl. hier folgend *Peter Zürn* in: Siebzig Gesichter LjB (2011) 140–144, 141, 142, 143.

[70] Siehe unten zum Vortrag der Passion. Zur Thematik und Spannungen in der Praxis *Birgit Jeggle-Merz* (2017) 162 f.

[71] *Gerd Theissen* (2010). Vgl. auch *Thomas Ebneter* (2012) 178–191, über die Theologie der drei Tage bei H. U. von Balthasar.

[72] *Dorothee Sölle*: (1992) 125 und 140, wo die Autorin die herrschende Mentalität der Wissenschaftsgläubigkeit als „eigentliche Religion" taxiert, wogegen sie an Gott als die schöpferische Kraft glaube, „die ‚dem Nichtseienden ruft, dass es sei' (Röm 4,17), die gut ist und uns gut, das bedeutet ganz und blühend in unserer Fähigkeit, Gott zu spiegeln, will". Vgl. *dies.* (1973) 97 sowie über die Angst davor, Religion zu haben, in *dies.* (1975) 25–38.

[73] *Romano Guardini* (^{18}2000) 415 ff.

[74] *Dieter Bauer* in: Siebzig Gesichter der Schrift LjB (2011) 145–149

[75] Vgl. zum Folgenden *Clemens Leonhard* (2003) 233–260: Ex 12 als vielschichtiger Text (ebd. 252 ff.), der zudem christlich allegorisiert wurde.

[76] *Matthias Konradt* (2003) 209–229, 204–213 mit Fazit 228 f.: Christlicher Gottesdienst ist nicht nur ein „von Alltagsvollzügen abgehobener Ort", sondern „zugleich ein Ort, an dem eine neue Form von Gemeinschaftsbeziehungen, die auf das Wohl des/der anderen ausgerichtet ist und … soziale Hierarchien überwindet, erfahrbar wird und … auf das Alltagsverhalten der Christen (… auf die Gesellschaft) ausstrahlt."

[77] Vgl. ebd. 214–221, 215. 220.

[78] *Hanspeter Ernst* (2010) 220.

[79] *Meinrad Limbeck* (1991) und *Hanspeter Ernst* (2012) 180.

[80] Vgl. auf das Gedächtnismahl bezogen *Salvatore Loiero* (2017) 164 f.

[81] Vgl. Darstellung Stichwort ‚Urgemeinde' auf http://gege.arpa-docs.ch mit *Georges Gessler Nachlass*. Ein in einem dunkel gehaltenen Raum projiziertes Bild unterstützt das Mitfeiern.

[82] Nach *Karin Derks-Hanff* in: Z.I.D. (2012/3) 5–8.

[83] Vgl. Leitartikel von *Thomas Ribi* (2018) sowie *Dorothee Sölle* (1992) 126 mit Kritik an Martin Scorseses „Last Temptation", den sie als „miserabelste Theologie" und als „extrem frauenfeindlich" taxierte, weil die wirkliche Auseinandersetzung mit dem Leiden unterbleibe.

[84] Hier und folgend vgl. u. a. *Thomas Ebneter* (2012) 181 bezogen auf die ‚Theologie der drei Tage' bei H. U. v. Balthasar.

[85] Vgl. *Simon Peng-Keller* (2010).

[86] Hier und im Folgenden: *Simone Weil* (1953) 104, 110, 111, 114, 119, und *dies.* (1952) 182 f. Vgl. *Dorothee Sölle*: „Es ist nicht der Sinn des Kreuzes, Gott mit dem Elend zu versöhnen und uns im Paradox abzuspeisen. Die Einheit von Kreuz und Auferstehung, Scheitern und Sieg, Weinen und Lachen macht die Utopie eines besseren Lebens erst möglich. Wer nicht weint, hat sie nicht nötig, und wer nur weint, dem bleibt Gott stumm". Sölle zitiert aus russischer Liturgie: *„Jeder, der einem andern hilft, / ist Gethsemane, / jeder, der einen andern tröstet, / ist Christi Mund"*, in *dies.* (1973) 202 f., 217. Vgl. *Manfred Oeming* (2013) 245–257.

[87] Vgl. *Dieter Bauer* (2007) 196 und *Winfried Bader* in: Siebzig Gesichter LjB (2011) 151–154.

[88] *Peter Trummer* (1992/95) 66–69, 66, 67.

[89] *Detlef Hecking* (2017) 166, 171.

[90] Vgl. *Walter Kirchschläger* (2004) 280–284 mit Kritik an der dt. Übertragung „es ist vollbracht" (284 Anm. 13).

[91] Ansage der Sternstunde Religion auf SF, So 05.04.2009, im Gespräch mit Daniel Hell. Vgl. *Daniel Hell* (2007) 126–165 und *ders.* (2016/6) 19 f. Folgendes aus *Daniel Hell* (2017). Vgl. zudem *Felizia Merten* (2016) 44–47, worin Scham als hochsoziales Phänomen bezeichnet wird, leider ohne Bezug auf die produktiven Beiträge von Daniel Hell.

[92] Vgl. *Eric Roovers* (2009) 4 f.

[93] Vgl. *Gunda Brüske* (2017) 172.

[94] *Peter Zürn* (2009) 252, *ders.*, in: Siebzig Gesichter LjB (2011) 155–159, 158 f. zit. *Georg Steins* (2007) 235. Vgl. zum Diskurs über die Auferstehung, die nicht vom Kreuz getrennt werden darf, *Dorothee Sölle* (1992) 124–136, 133: „Ohne die Ur-Geschichte aus der Hebräischen Bibel, vom Auszug der Kinder Israels aus dem Sklavenhaus in Ägypten, kann man auch den Auszug Jesu aus dem Totenhaus nicht verstehen."

[95] Vgl. zum Folgenden *Detlef Hecking* (2014) 203.

[96] Vgl. unter ähnlichen Vorschlägen hier http://www.steyler-mission.de/media/svd/docs/Dokumente-anregung/Ostern-In-der-Nacht---Liturgie--kompletter-Text.pdf, wo mit Beginn in der dunklen Kirche der Vortrag der Genesis-Schöpfungstage, dem Anzünden je einer Kerze pro Tag und später unter Löschung derselben die ‚verkehrte Welt' in liturgischer Performance kontrastreich ausgestaltet wird.

[97] So *Ulrike Metternich* (2002) 100–111, 104.

[98] *Ursula Rapp* (2012) 182. Die Übertragung in leichter Sprache lässt V 8 weg und bleibt im Dilemma: „… allein deshalb, weil das Schweigen der Frauen im Text mit ihrem Schrecken und Entsetzen, also mit Hilfe negativer Empfindungen, begründet wird. Menschen mit Lernschwierigkeiten verstehen die Osterbotschaft jedoch durchweg positiv; die Ängste der Frauen würden diese positive Perspektive unnötig zerstören". Dazu http://www.evangelium-in-leichter-sprache.de/osternacht.

[99] Z. B. auf Handzettel reproduziert das ‚Sechstagewerk' als Metallschnitt aus der Lateinischen Bibel Lyon 1515 und ‚Gott über und inmitten der Schöpfung' als Holzschnitt 1483.

[100] Vgl. dazu den Holzschnitt von *Max Dentler* in: Bibel heute 16 (1980/61) 99.

[101] *Ralf Miggelbrink* (2005) 350.

[102] *Jan-Heiner Tück* (2005) 64. *Thomas Ebneter* (2012) nennt ausgehend von der von H. U. v. Balthasar vorgelegten Kenosis-Theologie das „Bild vom geöffneten Herzen" als Ausdruck der Hingabe (ebd. 190).

[103] In den Augen von *Thomas Ebneter* (ebd.) tendiert der Aspekt der Entleerung bei Balthasar zur Überbetonung. Zit. ebd. 191. Dem Werk Ebneters verdanke ich neue Einsichten.

[104] *Franz Kafka* (1980) 54.

[105] *Nelly Sachs* (1961) 267.

[106] *Gopal Singh* (1972).

[107] *Jacob Kremer* (1966) 127, nennt zudem Röm 10,9 und Lk 24,34.

[108] Vgl. *Kremer* (1966) 92.

[109] *Gonsalv K. Mainberger* (2000) 261.

[110] Vgl. *Walter Kirchschläger* (2004) 284. Vgl. *Jacob Kremer* (1966) 133. Mit systematischem Blick *Ingolf U. Dalferth* (1998) 379–409. Betr. der Leiblichkeit gehe es um die „wiederidentifizierbare Identität des Auferweckten mit dem Gekreuzigten, an der die eschatologische Bestimmtheit Gottes als bedingungsloser Liebe hängt" (ebd. 405).

[111] Vgl. zum Folgenden mit Bezug auf das Kunstwerk „Reflecting Absence" am New Yorker Ground Zero, Ort tausendfachen Todes (11. Sept. 2001) *Hildegund Keul* (2006) 69–72, 70 ff. „Die Ostergeschichten ringen um eine Sprache, in die sich das Geheimnis der Auferstehung einschreibt. Sie formen eine Gottesrede, die verschwiegen, aber gerade in ihrer Verschwiegenheit beredt ist; denn sie markiert das Unsagbare des Geheimnisses, vor dem die Sprache versagt" (71). Fundamentaltheologisch reflektiert diese Spracherschütterung *Johannes Hoff* (1999b) 116-119/130–132.

[112] Vgl. *Ivone Gebara* (2002) 32–52, 47 f.

[113] Vgl. mit Bezug auf diese Stelle *Konrad Farner* (1947) 28 ff. und *ders.* (1969) 23–35 über Urgemeinde und Apostolische Väter bemerkend, „dass ein prinzipiell ‚negativer' Kommunismus, der in der Gedankenwelt Jesu und seiner ersten Gefolgschaft Gestalt gewann, auch einen ‚positiven' Kommunismus zeitigen konnte, ja zeitigen musste … Die erste jerusalemische Gemeinde und die Schar um Jakobus war positiv kommunistisch gerichtet, wenn auch nicht im modernen Verständnis des Wortes" (ebd. 29 f.).

[114] *Klaus Berger / Christiane Nord* (1999) 71

[115] *Luzia Sutter-Rehmann u. a.* (Hg.) (2002). Diese Publikation vollzieht die von *Klaus Berger* geforderte Klärung nach „Umsetzung des Christentums in das Verständnis gegenwärtiger Menschen … in erster Linie auf der Basis der Alltagssprache", in: *ders.* (1986) 194: Thesen 4 und 5.

[116] Siehe weiter unten unsere Auseinandersetzung mit einer alternativen Theologie der Sühne nach *Ottmar Fuchs* (2014).

[117] Wohl könne der „paulinische Repräsentanzgedanke, der im Gekreuzigten dem (sündigen) Menschen seine wahre Identität vor Augen führt", deutlich machen, dass Sühne nicht der eigenen Verantwortung entfliehen und Schuld auf einen anderen abwälzen lässt, meint *Helmut Merklein* (2006) 1098–1102, 1101. Ebenso befreit gemeinsam getragene Verantwortung „die Frage nach dem Bösen aus der destruktiven Atmosphäre einseitiger Schuldzuweisung und Verurteilung" und „verweist auf die Notwendigkeit von Solidarität, Vergebung und Versöhnung", erläutert *Karl-Wilhelm Merks* (2006) 604–609, 608f, 609.

[118] Vgl. Edelman Trust Barometer für 2018 auf https://www.edelmanergo.com/newsroom/studien-insights/edelman-trust-barometer–2018/ und *Reinhard K. Sprenger* (2002) 11, 24, 31 f., 80, 93.

[119] *Frank Jehle* (2015) 285–295, 285 mit Hinweis auf *Emil Brunner*: Unser Glaube, Zürich 1947, 142.

[120] Vgl. *Andrej Holm* (2010).
[121] Die Übertragung von *Berger/Nord* (1999) 336 f. wirkt verständlicher als die Einheitsübersetzung.
[122] *Klaus Berger / Christiane Nord* (1999) 68 f.
[123] Hier und im Folgenden *Hans Weder* (1991) 65 f.
[124] Aus *Ursula Krechel*, Die Da, © 2013 Jung und Jung, Salzburg und Wien.
[125] Vgl. *Edmund Arens* (2015).
[126] Vgl. *Regina Polak* (2018) über das nicht neue Gottesbild Jesu und die Option für die Armen als eigentlich politischer Revolution.
[127] Zur Exegese *Detlef Hecking* (2015) 222.
[128] *Gregor von Nyssa*, De deitate Filii et Spiritus Sancti, Migne, Patrologia Graeca, 46, 564, C. Zit. *Ralf Miggelbrink*: (2005) 327, 332. 356.
[129] *Andrea Schwarz* (2009) 154 f.
[130] *Peter Wittwer* (2013) 126.
[131] *Joris Geldhof* (2019) 193 mit Bezug auf *Paul Valadier*: La condition chrétienne: du monde sans en être, Paris 2003.
[132] *Josef Zmijewski* (2001) 1094 ff. und 1097.
[133] Vgl. zum Folgenden *Eberhard Jüngel* im Gespräch zum 80. Geb. 05.01.1985 https://freedomchatter.wordpress.com/tag/eberhard-jungel–80/.
[134] Vgl. *Michael Böhnke* (2017).
[135] Vgl. die kritischen Darlegungen zu *Jonathan Sacks*: The Dignity of Difference. How to Avoid the Clash of Civilizations, London 2002/03 durch *Edmund Arens* (2003) 257–261, 258, zit. ebd. Vgl. auch *Christoph Gellner* (2008) 603–616, 607 f.
[136] Vgl. verständlicher *Klaus Berger / Christiane Nord* (1999) 217 f.
[137] So der Sprachwissenschaftler *Jürgen Trabant* im Kipa-Interview 31.05.2009. *Eckhard Nordhofen* (2018) 224, sieht Pfingsten als „Fest der Geistesgegenwart", welches einen „inkarnatorischen Medienwechsel" bezeugt, d. h. ein Vorgang, der über die Buchstaben der Schrift hinaus sich ereignet.
[138] Vgl. *Gunda Brüske*: Der Heilige Geist und das „Standing" der Christen, http://www.liturgie.ch/liturgieportal/liturgische-zeichen/musik/217-veni-sancte-spiritus-pfingstsequenz.
[139] Zit. Joh 3,8 in *Dag Hammarskjöld* (1965) 71.
[140] http://www.perikopen.de/Lesejahr_B/Pfingsten_ABC_Joh20_19–23_Weidemann.pdf.
[141] *Guido Kalberer / Peter Sloterdijk* (2009) 45.
[142] Mit Hinweis auf Mt 25 der Passauer Pastoralplan 2000.
[143] *Rüdiger Safranski* (NLZ 09.05.2005) 10.
[144] *Adi (Adolf) Winiger* (2001) 103.
[145] Vgl. *André Flury-Schölch* in: Siebzig Gesichter LjB (2011)160–164.
[146] Vgl. *Michael Böhnke* (2004) 193–201; *Sabine Pemsel-Maier* (2016).
[147] Vgl. KatBl 129 (2004) u. a. 174–181: *Rainer Oberthür / Alois Mayer*: 1 und 1 und 1 gleich „eins"?
[148] Vgl. *Bernd J. Hilberath /Bernhard Nitsche* (2005) 360–375, 363.
[149] *Raimon Pannikar* (2005) 376–381, 379, 380, 381. Zu Person und Denken Pannikars vgl. *ders.* (1993) Vorwort und Einführung (7–32). Zur Diskussion *Bernhard Nitsche* (Hg.) (2005) mit Stellungnahmen von Pannikar, sowie *Bernhard Nitsche* (2008) 556–

563 zur „trinitarischen Kenose als Grund aller Kreuzestheologie" und 615–671 Teil E: Ausblick. Aus kulturell ähnlicher Perspektive *Francis X. D'Sa,* ebd. 253–267.

[150] *Jürgen Werbick* (2006) 261 f., betr. *Raimon Pannikar* (1993) 72–98.

[151] Zum Begriff ‚Enklave' bzw. ‚Sprung' vgl. die Einordnungen bei *Peter L. Berger / Thomas Luckmann* (1980) 28 f.

[152] *Rupert Berger* (1999/2005) 155 f.

[153] *Peter Zürn* in: Siebzig Gesichter LjB (2011) 165–169. Die Debatte um die richtige Übersetzung des ‚pro multis' (Mk 14,24) ist zweitrangig. Dazu *Klemens Richter*: „Der lateinische Wortlaut heißt ‚für viele', doch der Sinn dieser Stelle ist eindeutig ‚für alle', so dass nach unserer theologischen Erkenntnis diese Übertragung völlig korrekt ist": *ders.* (1989) 102 f.

[154] *Peter Zürn* (2012) 348

[155] Vgl. *Stephan Schmid-Keiser* (2016) 662, 667

[156] *Eugen Walter* (1974) 35 f.

[157] Vgl. *Peter Zürn* in: Siebzig Gesichter LjB (2011) 84–88, 85 f.

[158] Für Newman ist die Gewissenserfahrung der Königsweg zu Gott und zum Gott Jesu Christi. So *Bernd Trocholepczy* (1998) 51. Erhellende Beiträge in *Günter Biemer* (Hg.) (1998) von *Lothar Kuld* (65–72) und *Günter Biemer* (174–193) sowie aktualisierend *Roman Siebenrock* (213–226). 1958 äußerte *Walter Lipgens*: „Newman gibt nicht einen ‚Katholizismus des mündigen Gewissens', sondern einen existenziellen als Glied der Kirche …", in: *ders.* (1958) 18. Vgl. auch *Eva-Maria Faber* (2015b) 191–199, 192 f. „Gewissen zu haben" definiere den Menschen, betont in seiner philosophisch geprägten Reflexion *Jörg Splett* (2019) 262–267 und meint 266 f.: „Es lässt sich zeigen, dass Gewissenhaftigkeit den ‚Sitz im Leben' und den Kern jedes Gottes-Arguments darstellt".

[159] Erhellend dazu der Abschnitt ‚Religiöse Vertiefung der Liebe' in: *Jürg Willi* (2002) 103-122. Willi gewann dem Trauungsritual der katholischen Kirche bedeutende Wirkung ab.

[160] Vgl. *Johannes Beutler* (2006) 623 f.; *Manfred Lurker* (1990) 270 f. zum Ziegenbock, aztekischen Menschenopfern und dem symbolischen Essen von Christi Fleisch und Blut als Erfahrung des Numinosen.

[161] Titel des Abschnitts bei *Anton Rotzetter* (1983) 95–106.

[162] Dazu *Magnus Striet* (1999) 74–79 und Bibel heute 27 (1991) 105: Jona als Typ unsterblich mit Bildern und Texten von Roland Peter Litzenburger in: *Rainer Russ*: IONA, Stuttgart 1973.

[163] *André Flury-Schölch* in: Siebzig Gesichter LjB (2011) 89–93, 91 f.

[164] Vgl. *Anton Rotzetter* (1986) 63–66.

[165] *Nelly Sachs* (1961) 92. Zur prophetischen Stimme vgl. *Irmtraud Fischer* (2018) 80–85.

[166] So *Eva-Maria Faber* (2015a) 43, vgl. *Frère Roger* (1973).

[167] Gegen die Benennung „Haut-Aussatz" stellt sich mit guten Gründen *Dieter Bauer* in: Siebzig Gesichter LjB (2011) 103–106 mit dem Vermerk, das Buch Levitikus sei mit einem Text „einmal im Jahr" vorgesehen, dazu „noch total zerstückelt" (ebd. 104).

[168] Die Übertragung durch *Klaus Berger / Christiane Nord* (1999) 110 setzt die abschließenden Verse in Verben und für Mithörende zugänglicher: „Sagt euch immer: Ich will versuchen, das Wohlwollen aller zu erreichen. Nach Kräften suche ich nicht, was mir, sondern was allen nützt. Eifert mir nach, so wie ich Jesus dem Messias, nacheifere". Der

einleitende Überblick dieser Übersetzung (ebd. 11–40) überzeugt aus der Sicht praktisch-liturgischer Anwendung, besonders die Darlegung des Prinzips ‚Verstandene Fremdheit' (ebd. 22 f.).

[169] „Jesus – der ist kristallklares Judentum", sagte der jüdische Professor *David Flusser* vor seinem Tod im Jahr 2000 in Jerusalem zu seinem Freund und christlichen Judaisten Professor *Clemens Thoma*. Jesus habe als vollkommener Jude gelebt. Diese Aussagen zeichnen ein neues, nicht mehr diskriminierendes Bild im Verhältnis von Judentum und Christentum.

[170] Zur problematischen Ausblendung der Sündenthematik vgl. u. a. *Béatrice Acklin Zimmermann* (2003) 823–833.

[171] *Peter Zürn / Thomas Markus Meier* in: Siebzig Gesichter LjB (2011) 107–111.

[172] Vgl. *Paul Konrad Kurz* (2003a) 198–210, 209.

[173] Vgl. *Stephan Schmid-Keiser* (2000) 233–234 und *Irmgard Pahl* (1998) 76–82.

[174] Vgl. *Paul Konrad Kurz* (1998).

[175] *Winfried Bader* in: Siebzig Gesichter LjB (2011) 170–174, 171, 173.

[176] *Abraham Joshua Heschel* (1980/2000) 10. Zur von Romano Guardini prognostizierten Einsamkeit im Glauben vgl. *Stephan Schmid-Keiser* (2012) 33 f.

[177] Vgl. *Alois Müller* in: *A. M. Altermatt u. Th. Schnitker* (1986)

[178] *Abraham Joshua Heschel* (1980/2000) 42. Der Geist des Judentums: ebd. 318–322, 320, 321.

[179] Vgl. *ders.* (1990) 70.

[180] Vgl. *Joseph Wresinski* (1983/1998).

[181] Das Schlüsselgebet *John Henry Newmans* gründete in Licht-Erfahrung. Vgl. die Neuübertragung von ‚Lead kindly Light' durch *Reinhard Feiter* in *Günter Biemer* (Hg.) (1998) 11 f. In ähnlicher Metapher *Stephan Schmid-Keiser* (1990) 201 f.

[182] Vgl. *Leo Adler* (1965) zur „Freiheit als Grundlage der biblischen Botschaft": ebd. 23–27, 27.

[183] Vgl. *Francine Carrillo* (1994) 99–108.

[184] *Luis Antonio Gokim Kardinal Tagle* (2018) 63. Diesen Hinweis verdanke ich Markus Thürig, Generalvikar des Bistums Basel (10.08.2018).

[185] Erstes Zitat bei *Wolfgang Pauly* (2000) 5–10. Abschnitt zu Drewermann ebd. 7–10. Folgendes Zitat *Raimon Pannikar* (1993) 103 f. Vgl. die schon 1973 vorgelegten Gedankengänge in Vorwort und Einführung ebd. 7–32.

[186] Vgl. Texte und Interpretationen ‚Zum Problem der Identität' von *Dorothee Sölle* (1975) 121–185.

[187] Vgl. zum Folgenden *Winfried Bader* in: Siebzig Gesichter LjB (2011) 184–188.

[188] Vgl. zur Reinkarnations- bzw. Wiederverkörperungstheorie die Kleinstudie von *Frank Jehle* (1996). Im Kontrast dazu bricht herbe Wirklichkeit ein, wo Stimmen zur Wanderungsbewegung hörbar werden, die dem realen Leben begegnen. Dazu vgl. *Navid Kermani* (2016b).

[189] Der Text erschien erstmals 1952 im Sammelband „Die Stadt. Prosa I–IV", Zürich 1952.

[190] *Suzanne Zuercher* (1995) 152.

[191] *Raimon Pannikar* (1993) 101. Mithin ist GOTT postpatriarchal zu denken, wie dies *Ina Praetorius* u. a. im Blick auf die Gottebenbildlichkeit des Menschen (männlich/weiblich) vorgeschlagen hat. Vgl. *dies.* (2009a) 27–31, 29.

[192] Text in: *Anton Rotzetter* (1986) 157–160; *Madleine Delbrêl* (1975) 67 ff.

[193] Vgl. dazu *Teresa Berger* (1985). Zum Gehorsam vgl. *Alois Müller* (1964). Aktualisierend *Stephan Schmid-Keiser* (2013) 674, 679 f.

[194] Vgl. *Stephan Schmid-Keiser* (2000) 142–147.

[195] Vgl. schon *Romano Guardini* (1950) 128–133.

[196] *Winfried Bader* in: Siebzig Gesichter LjB (2011) 197–201, 198.

[197] Das ist bedeutsam in der Begegnung zwischen Buddhismus und Christentum. Dazu entspr. Art. v. *Horst Bürkle* (2006) 766 f., zit. *Heinrich Dumoulin* (1991) 149 f.: „Der Christ kann nicht davon abgehen, dass die Wahrheit, die Gott ist u. die Gott den Menschen mitteilt, ein Absolutes ist. Doch wenn er verstanden hat, dass die Kraft in der Schwachheit vollendet wird, weiß der Christ, dass er als Mensch die Wahrheit in menschlicher Weise besitzt". *Bürkle* (2006) ergänzt: „Das chr. Zeugnis an den buddhist. Menschen lässt dieser tiefen Einsicht in besonderer Weise gewahr werden": ebd. 767.

[198] Zum Folgenden vgl. *Ernst Bloch* (1977) 1485–1487.

[199] Schott-Messbuch (1983/1996) 514.

[200] *Abraham Joshua Heschel* (1980/2000) 24. Eine Untersuchung über die Propheten: ebd. 167–180, 168 f., 173, 173 f., 177.

[201] *Ders.* (1980/2000) 26. Glauben mit den Propheten: 191–197, 191, 193. Vgl. *ders.* (1990) 4, wo Heschel vom höheren Ziel geistigen Lebens handelt – nämlich „heilige Augenblicke zu erleben". Bei religiöser Erfahrung dränge sich dem Menschen „nicht ein Ding auf, sondern eine geistige Präsenz". Das sei einer der Aspekte, „der die religiöse Erfahrung von der ästhetischen" unterscheide (ebd. Anm. 5).

[202] Frieden in Gerechtigkeit (1989) 43–84. Schlussdokument mit genannter Aufzählung 61–63 sowie 313–315: Predigt von *Halina Bortnowska* anlässlich der Schlussfeier vom 21.05.1989.

[203] Lohnend ist die ‚relecture' von *Wilhelm Gössmann* (1965) und *ders.* (1968). Im gleichen Jahr begann die Überarbeitung der Texte aller liturgischen Bücher. Vgl. *Mathijs Lamberigts* (2014) 80–105, Ergebnisse 94 ff. sowie zu neuen Übersetzungen 101 ff.

[204] *Katholisches Bistum der Alt-Katholiken in Deutschland* (Hg.) (1995/97) 264. Dieser Band gibt gehaltreiche, für gegenwärtiges Verstehen hilfreiche Textvorschläge zur Nutzung in den deutschsprachigen Kirchen.

[205] *Arnold Stadler* anläßlich der Tagung zu „Sprache und Liturgie" vom 24.02.2000 auf Burg Rothenfels. Zu Strängen und ‚Fallen' des Werkes von Stadler vgl. *Stefan Heil* (1999) 256–261. Zum Text „Nach Psalm 23" vgl. *Wilhelm Gössmann* (1968) 47 und Nachdichtungen aus der Literatur, in *ders.* (1965) 88–104 sowie zwei Kernsätze des an genannter Tagung engagierten Forschers: „Weil durch das Christentum die Welt entgöttert, entmythologisiert und profanisiert worden ist, gehören diese Umwandlungen mit in den Begriff der sakralen Sprache." „Sakrales Sprechen soll nicht eine Heiligkeit festhalten, die es im letzten gar nicht gibt, es soll den Menschen sich aussprechen lassen, so wie er ist, wie er sich in der profanen Welt erkennt. Nicht das Numinose, sondern das Menschliche ist der Ausgangspunkt der sakralen Sprache." ebd. VII. Meditation und Sprache 124–132, 124 und 126.

[206] *Max Frisch* (1975) 246–248.

[207] Vgl. *Josef Amstutz* (2015).

[208] *Maarten Lemmers* Z.I.D. 47 (2012/4) 33 f.

[209] Ohne Quellenangabe zit. AnzSS 112 (2003/7–8) 54 f.

[210] Vgl. Kap. „The Contribution of John Duns Scotus to the Theology of a Christian Church" in *James B. Torrance / Roland C. Walls* (1992).

[211] Das Schott-Messbuch (Anm. 59) Ausgabe 1996 zit. 538 *Ulrich Horst*: „Jesus ist der von den Menschen bewusst oder unbewusst Gesuchte": Anzeiger für die kath. Geistlichkeit (1979).

[212] *Romano Guardini* (1997), 360. Vgl. *Armin Münch* (1998), Abschn. C: Der Buddhistisch-christliche Dialog, 96–154. Zur Gegenüberstellung von Jesus und Buddha vgl. *Ulrich Luz / Axel Michaels* (2002) sowie *Aloysius Pieris* (1989) 60 f.

[213] *Ernst Bloch* (1977) 1489.

[214] *Kurt Marti* (1979) 76.

[215] Vgl. *Karl-Dieter Ulke* (2003) 153–157, 156. Zit. aus *Simone Weil*: Cahiers. Aufzeichnungen. Erster bis vierter Band. Hg. u. übers. V. E. Edl u. W. Matz, München Wien, 1991–1998, III: 351 f.

[216] *Rita Bahn* in: Siebzig Gesichter LjB (2011) 222–225, 224.

[217] Kritisch zu Girards Wende und Schwagers Pessimismus äußerte sich *Georg Baudler* (1997) 212–223 und *ders.* (1999) 54–79. Vgl. auch die gekürzte dt. Fassung eines Gesprächs von *Robert Rogue Harrison* mit *René Girard* (2019) 44 f.

[218] *Walter Jens* zur Frage: Wer ist Jesus für mich? (1992) 7 und *Ralf Miggelbrink* (Skript o. J.), 1–15, 14 f.

[219] *Robert Rogue Harrison / René Girard* (2019) 45.

[220] *Gerhard Aeschbacher* (1985) 123–125.

[221] *Winfried Bader* in: Siebzig Gesichter LjB (2011) 231–235, 232.

[222] *Karl Barth* (1962/1968) 6. bis 9. Vorlesung, 53–84. Vgl. die Spuren des als Theologe und religiöser Sozialist nicht unumstrittenen Barth nachzeichnend *Eberhard Busch* (2009) 1, 16–19 sowie *Friedrich Wilhelm Graf* (2019) 48 f.

[223] Mit kritischem Einspruch einordnend *Regula Grünenfelder* (2003), 572. Ergänzend vgl. *Ulrich Luz* (1998) 105–180, bes. 169–174, 171, 173, 174.

[224] Dazu *Andrew Doole* https://www.feinschwarz.net/maria-magdalena-eine-der-zwoelf/ wie bereits *Elisabeth Moltmann-Wendel* (1982) 67–95, 78: „Maria Magdalena gilt als der (sic!) erste Apostel. Als erste hat sie das Evangelium vom auferstandenen Jesus verkündet."

[225] *Karl Schlemmer* (2009) 549–552, 550.

[226] https://de.chabad.org/library/article_cdo/aid/5427/jewish/Simchat-Tora.htm hält fest: „Die Toralesung ist an Simchat Tora zu Ende, aber wir beginnen sofort wieder von vorne. Damit wollen wir zeigen, dass die Tora kein Ende hat und dass wir sie immer wieder lesen und studieren müssen." Zum Folgenden vgl. *Walter Kirchschläger* (2018) 30 f., 30.

[227] Zum Folgenden vgl. *Abraham Joshua Heschel* (1980/2000) 36. Das Problem des Bösen: ebd. 282–293, 284, 285, 285 f., 286 f., 289, 290, 292 f.

[228] *Severin Schneider* (1973) 26. Kann auch an ungewohntem Ort im Kirchenraum in fragender Diktion vorgetragen werden.

[229] *Berger/Nord* (1999) 75 f., 76.

[230] Vgl. *Klauspeter Blaser* (1973) 146–150.

[231] *Diethelm Michel* (1991) 795–798, 797.

[232] Rückübertragung aus dem Zürich-Deutsch der Vorlage von *Josua Boesch* (1988) 234 und 224.

[233] Vgl. *Daniel Haase* (2012).

[234] Vgl. *Roger Schutz*: Gespräch mit Jugendlichen 1974 nach Erhalt des Friedenspreises des Deutschen Buchhandels www.friedenspreis-des-deutschen-buchhandels.de/sixcms/media.php/1290/1974_frere_roger.pdf.

[235] *Kurt Marti* (2004) 11.

[236] *Peter Zürn* in: Siebzig Gesichter LjB (2011) 246–250, 249.

[237] Zum Folgenden vgl. *Ernstpeter Maurer* (1999) 2. Kap. ‚Durchbruch': 28–66, 33, 35, 36.

[238] *Leo Adler* (1965) 27–36, 34. Häufige Verbindung beider Begriffe im stehenden Ausdruck mischpat (Gerechtigkeit) und zedaka (Liebe), ebd.

[239] *Paul Konrad Kurz* (2003b) 52–62, 61.

[240] KG-Nr. 184, Text 1.–3. Str. v. *Kurt Marti*; 4. Str. von *Armin Juhre* in: KG (1998).

[241] *André Flury-Schölch* in: Siebzig Gesichter LjB (2011) 251–255, 254.

[242] *Winfried Bader* in: Siebzig Gesichter LjB (2011) 256–260, 259.

[243] *Leo Adler* (1965) 41–49.

[244] Hier und im Folgenden Rückübertragung der Vorlage aus dem Zürich-Deutsch von *Josua Boesch* (1988) 46 f.

[245] Vgl. *Armin Schwibach* (2016).

[246] Im August 2018 stand der Bibelsonntag unter dem Motto „Wie nur umgehen mit ‚dem Bösen'?". Die Predigtskizze thematisiert u. a. die Unheimlichkeit des Bösen, die unfriedliche Koexistenz mit ihm und die Hoffnung auf das Endgericht. Vgl. https://www.die-bibel.ch/fileadmin/user_upload/PDF/Bibel/Bibelsonntag2018/Predigtskizze_2018.pdf. Ebenfalls hielt das Philosophicum Lech lt. https://www.philosophicum.com/programm–2018.html mit philosophisch-kulturwissenschaftlichem Akzent den 22. Kongress zum Thema ‚Die Hölle. Kulturen des Unerträglichen' durch. Vgl. *diverse Autoren* in: LThK (2006/5) 230–236 u. zur religionspädagogischen Position *Monika Jakobs* (2016) Pkt. 5: „Zurück zur Hölle oder weiter mit der Kuschel-Eschatologie?"

[247] *Thomas u. Gertrude Sartory* (1974) 167 f. in der überarb. Fassung des 1968 heftig diskutierten Bandes ‚In der Hölle brennt kein Feuer'

[248] *Klaus Berger* (1999) 52.

[249] *Gisbert Greshake* (1985) 41 f.

[250] *Harry Tacken* (2012/6) 3 f.,4. Mit ‚Seite' statt ‚Rippe' übersetzen bevorzugt u. a. Rabbi Samuel bar Nachman in Genesis Rabba, so *Dieter Bauer* in: Siebzig Gesichter LjB (2011) 261–265, 263 f.

[251] *Dieter Bauer,* ebd. 264.

[252] Vgl. *Francine Carrillo* (1994) 107.

[253] *Klaus Berger / Christiane Nord* (1999) 185 f. und zum Kontext der Stelle *P. Trummer* (1992/95) 67.

[254] Zum Folgenden vgl. *Rudolf Pesch* (1971) 76.

[255] *Christa Mulack* (1988) 82.

[256] *Peter Zürn* in: Siebzig Gesichter LjB (2011) 266–270, 269.

[257] *Rita Bahn* in: Siebzig Gesichter LjB (2011) 271–274, zit. 272; *Roland Gradwohl* (1989), 255.

[258] *Albert Friedlander* (1997) 80–88, 87.

[259] *Sighard Neckel* (2015) 57 f., 58.

[260] *Salvatore Loiero* (2015) 511.

[261] Nach *P. Rutilio Grande SJ* (2014/3) 3.

[262] Zur Diskussion vgl. *Dieter Bauer* in: Siebzig Gesichter LjB (2011) 275–279.
[263] https://de.wikipedia.org/wiki/Gott.
[264] *Gerard Beckers* (2012) 13 ff.
[265] *Franz Annen* (2012b) 651 übersetzt mit ‚heilen', statt mit ‚geholfen' das griechische Wort ‚sozein' zu bagatellisieren.
[266] *Ernst Eggimann* (1972) 33.
[267] Vgl. *Verena Lenzen* (2012) 372–375, 375 und 373.
[268] *Leo Adler* (1965) 73, 74. Dies bestätigend vgl. die Ausführungen zu ‚Leb/Herz' bei *Knut Wenzel* (2003): leb meint den in seinem Innersten bezeichneten und von Gott beanspruchten Mensch 122–130, 128.
[269] Kritisches dazu auf http://www.bibelwissenschaft.de/bibelkunde/neues-testament/paulinische-briefe/hebraeer/.
[270] *Berger/Nord* (1999) 192.
[271] *André Flury-Schölch* in: Siebzig Gesichter LjB 285–290, 288. Vgl. *Ulrike Bechmann* (2010).
[272] Eine empfehlenswerte Übertragung bietet *Arnold Stadler*: „Die Menschen lügen. Alle" und andere Psalmen. Frankfurt a. M. 1999, 103 f.
[273] Übertragung *Klaus Berger / Christiane Nord* (1999) 196.
[274] *Alexander Solschenizyn* (1970) 56.
[275] *Harry Tacken* (2012/6) 25 f.
[276] Aus *Albert Herold* (1979).
[277] Übertragung *Klaus Berger / Christiane Nord* (1999) 196 f. mit erneutem Bezug auf Jer 31,33.
[278] Siehe *Thomas Söding*: Mk 13,24–32, Stichworte zur Exegese auf http://www.kath.ruhr-uni-bochum.de/imperia/md/content/nt/nt/dasmarkusevangelium/mk_13_24–32.pdf und *Ulrich Knellwolf* (2017) 85–88.
[279] Bibeltheologisch begründet bei *Joachim Kügler* (2007) 219–221; 219 ff. zu *Ottmar Fuchs* (2007). Vgl. *Ottmar Fuchs* (2017).
[280] Vgl. die alternative Übertragung von Offb 1,6 bei *Klaus Berger / Christiane Nord* (1999) 362.
[281] Vgl. *Rita Bahn* in:Siebzig Gesichter LjB 295—298 und *Patrick Chatelion Counet* (2012/6) 28 f.
[282] Rückübertragung der Zürich-Deutsch-Vorlage von *Josua Boesch* (1988) 177.
[283] Vgl. Nachwort von *Peter Höfle* (Hg.) (2004) 239–243, 240 f.
[284] *Gotthard Fuchs* (2017) 171 nimmt Aphorismen Kafkas auf. Vgl. *Franz Kafka* (2006). Ausführlicher *Otto Betz* mit ähnlichem Eintrag Kafkas zum ‚Rest des Glaubens', in: *ders.* (2012) 341–357, 347 ff.
[285] *Franz Baumer* (1965) 111 mit Bezug auf den Text ebd. 30–35, 34 u. 35.
[286] Vgl. *Steffen Köhler* (2001) 114 f., 115 f. Vgl. *Werner Hoffmann* (1984) 276 f.
[287] Erstmals *Gotthard Fuchs* (2014) 527 o. Q. Vgl. Kafkas Tagebucheintrag v. 18.10.1921.
[288] Zum Schach-Bild vgl. *Gabi Ceric* (1997).
[289] © *Max Feigenwinter*, www.maxfeigenwinter.com.

Teil 3
Reden von Gott auf dem Prüfstand

1 Vgl. *Peter F. Schmid* (2001) 77–83. Zur Verdrängung des strukturell Bösen vgl. *Siegfried Wiedenhofer* (2006) 607 f. 608. Erlebnisse, „die weitergegeben werden müssen", erzählt mit eindringlichem Blick der Arzt *Lukas Fierz* (2016).

2 Bei *Peter F. Schmid* nicht erwähnt ist die hier beigezogene Arbeit von *Albert Görres* (1982) Teil 1, 11–198, Zit. 18, 25, 26, 27, 32, 33 (Verweis auf S. Freud: Ges. Werke X, 198), 34, 35, 40 mit Verweis auf Thomas v. Aquin, Summa contra gentiles III, 122. Dazu *Viktoria Vonarburg* (2018a) u. *dies.* (2018b) 106 f.

3 *Görres* (1982) 42, 43, 48 ff., 52 f. (bzw. 237 f. Anm. 11 mit Kritik an E. Fromm und C. G. Jungs „Pseudometaphysik" und „gnostisch-dualistischer Deutung des Bösen" sowie seiner Lehre von der ‚Integration des Schattens'), 62, 66 f.

4 Ebd. 76, 81, 87, 88, 95, 96, 104 ff., 108 bzw. 247 ff. in Anm. 10 bemerkend: „Spiritualität ist ein herzzerreissendes Geschäft, es braucht oft viele tausend Tage des Sich-lösen-Lassens."

5 Ebd. 113 f. (zum Unrechtsdrall 116 u. 125, 250 f.).

6 Ebd. 128–144, 134 f. mit drei Beispielen und Hinweis auf den ‚Brief an den Vater' von Franz Kafka) 138 f., 148, 150, 152 f.

7 Ebd. 159 f., 161 f., 164, 168.

8 Aristoteles ebd. 170 (bzw. 253 Anm. 14), 173 ff., 176 f.

9 Ebd. 183 f. Görres' Analysen müssen hinsichtlich dieser Unbegreiflichkeit ergänzt werden. Dazu etwa *Lucia Scherzberg* (2006) 13–32, u. a. mit Verweis auf *L. Fackenheim* (1982) 73–110 und *Ivone Gebara* (2000). Das folgende Zitat aus *Görres* (1982) 195–198, 196 (bzw. 254 zit. aus S. Freud: G. W. XIV, 433 f.).

10 *Josef Blank* (1982) Teil I 44–47; Teil II 56–59, 56.

11 *Jan-Heiner Tück* (2008) 579–589, 583 Anm. 12. Den Beitrag Tücks diskutiert *Florian Kleeberg* (2016) 93–103.

12 *Peter Handke* (2016) 293.

13 *Christian Link* (2005) 410–417, 411 f. und 423 f. mit Präzisierung des umstrittenen Begriffs des ‚Opfers' durch den Begriff der ‚Stellvertretung'. Zur Übersetzung von Röm 3,24b f. vgl. *Klaus Berger / Christiane Nord*: (1999), 155. *Adrian Schenker* sieht die Forschung einig darüber, dass Sühne „von Gott ausgehende, geschenkte Möglichkeit der Versöhnung ist". Damit bleibt der freiheitliche Ansatz gewahrt, entweder durch Gott Vergebung erfahren zu dürfen, wo Schuldhafte bei Opfern um Vergebung gebeten haben oder gar bis ans Ende der Zeiten damit konfrontiert werden, dass Opfer das Verzeihen verweigern. Vgl. *ders.* (1999) 720–727, 726.

14 Vgl. *Christa Mulack* (1988) 82 und kontrastierend *Lucia Scherzberg* (2006) 27 f. mit Verweis auf *Melissa Raphael* (2003) und *dies.* (1999) 53–78.

15 *Lytta Basset* (2005/4) 403–410, 404, 406, 409 f. Folgendes Zitat ebd. 404 f., 406, 408 f.

16 Vgl. *Albert Görres* (1982) 35.

17 Vgl. die eingehende Studie von *Florian Kleeberg* (2016) bes. zu *Dirk Ansorges* Ansatz 184–260, 259 f. mit Konklusion. Zu *Wiesenthal* ebd. 218 ff. Auch Ansorge kritisiert die „hochproblematische Stellvertretertheologie, die nicht nur leid-, sondern auch gewaltunsensibel" gewesen sei ebd. 192 ff., 199. Folg. Zit. 221 aus *Dirk Ansorge* (2009), 529 sowie *ders.* (2002) 36–58, 47

[18] *Dirk Ansorge* (2009) 581 zit. bei *Florian Kleeberg* (2016) 259 f.

[19] *Edward Schillebeeckx* (1977) 581 als Ankerzitat in *Florian Kleeberg* (2016) 273, diskutiert ebd. 272–276.

[20] *Florian Kleeberg* (2016) 408 ff.

[21] *Florian Kleeberg* (2016) 429, 435, 443.

[22] *Peter Handke* (2016) 208.

[23] Vgl. *Ottmar Fuchs* (2014) folg. Zit. 17, 18, 21, 23.

[24] Vgl. dazu *Hildegund Keul* (2007) 72–86 und zur Kontingenzerfahrung *Detlef Pollack* (2007) 19–52, 24 sowie *Johannes Hoff* (1999a) mit Verarbeitung der Impulse bei Michel de Certeau, Jacques Derrida und dem Hohelied 5, 6–8: „Die Wahrheit des Glaubens liegt jenseits der Mauern, in deren Schutz die Wächter des Evangeliums ihr Werk verrichten. Denn seine Spur hat keinen bleibenden Ort. Der Weg nach draußen wird stets unter dem Blick eines Wächters enden. Blossgestellt vor den Augen der Welt, wird er den *Idiotus* des Glaubens zu der schmerzhaften Einsicht führen, dass der Grund seiner Liebe verschwunden ist …" (326). Im Kontrast dazu zeigt sich die Rede *von* und *zu* Gott, wie sie im Werk der Dichterin Silja Walter sichtbar wurde, weniger melancholisch.

[25] *Eva-Maria Faber* (2007) 96–133. In ihrem Durchblick nimmt Faber ausdrücklich Bezug auf von O. Fuchs formulierte Postulate (100, 110 f.) und plädiert wie länger schon O. Fuchs für eine lebensweltliche Theologie mit notwendigen Präzisierungen in der Dogmatik, Fundamentaltheologie und der praktischen Theologie. Vgl. erläuternd zur Kontingenz auch *Hans Kessler* (2019) 55–63, 57 f.

[26] *Ottmar Fuchs* (2014) 40–44, im Folgenden Seitenverweise im Text.

[27] Diese Sicht (ebd. 66 f.) stützt *Magnus Striet* (2012a) 165 f., 166 und *ders.* (2012b) 11–31. Kritisch fragt *J.-H. Tück* (2012): „… verzeichnet die Aussage, dass Gott selbst sein riskantes Schöpfungswerk auf Golgotha gesühnt habe, nicht die Sinnrichtung der biblischen Aussage – *pro nobis* – und verkehrt sie in ihr Gegenteil, als ob Christus für Gott selbst – *pro semetipso* – Sühne geleistet habe?" ebd. 33–58, 48.

[28] Vgl. *Navid Kermani* (¹⁰2016) 63–77, 66. Ursprüngliche Fassung der Bildansicht in NZZ 24.03.2009 auf https://www.nzz.ch/warum_hast_du_uns_verlassen__guido_renis_kreuzigung-1.2195409. Folgende Zitate aus dem Gespräch mit Navid Kermani (Januar 2016) 4–9, 6 und 6 f.

[29] *Ders.* (2005) 277. Zur Kontroverse um N. Kermani vgl. *Jan-Heiner Tück* (2009) 220–233.

[30] Vgl. *Thomas Ebneter* (2012) 178–191.

[31] *Cornelius Petrus Mayer OSA* (o. J.) erläutert zur vielzitierten Stelle bei Augustinus: „… was der Kontext der Stelle ib. 3,11 verdeutlicht: „et longe peregrinabar abs te exclusus … tu autem eras *interior intimo meo et superior summo meo*" [5]. (kursiv durch SSK) Anm. 5: „Mustergültig zeigt A. den Weg von außen nach innen und von innen nach oben ib. 10,6–38."

[32] *Christof Müller* (2003). Vgl. auch *Bernhard Welte* (1980) 39–126, 98 f.

[33] *Ottmar Fuchs* (2014) 98 spricht von „Gegensätzen in gegenseitiger Immanenz", gestützt auf *David V. Erdman* (1974) 897.

[34] *Ottmar Fuchs* (2014) 109–126.

[35] *Ottmar Fuchs* (2014) 306 mit Verweis auf H. U. v. Balthasars Theodramatik. Auf die „Hilfskonstruktion" des ‚Satan' aufmerksam macht *Walter Kirchschläger* (2018) 30 f., 30.

[36] *Karl-Heinz Menke* (2012) 101–125, 101 mit Hinweis auf *Thomas Pröpper* (2001) 288–293. Zur nicht mehr verständlichen Satisfaktionslehre nochmals *Florian Kleeberg* (2016) 192 ff., 199, 223 f., 440 (unmöglich ist der Ersatz eines verantwortlichen Subjekts) sowie *Leandro Luis Bedin Fontana* (2016) 104–122.

[37] Vgl. *Rüdiger Safranski* (1997). Kritisch dazu *Andreas Platthaus*: Da staunte der Alte. Rüdiger Safranski belehrt über Böses, Frankfurter Allgemeine 14.10.1997. Vgl. ebenfalls Gespräch mit *Terry Eagleton*: „Wozu ist das Böse eigentlich gut?“ in: TA 06.05.2011, 29.

[38] *Stefan Niklaus Bosshard* (1980) 87–127, 114; 115;. 117: „Nimmt die egozentrische Anlage überhand, so tritt der Fall selbstzerstörerischer Anmaßung ein, in der der Mensch sich despotisch über die Kreatur erhebt, um zu sein ‚wie Gott‘. Der paradiesische Sündenfall wäre in diesem Kontext die theologische *Figur*, d. h. die Deutung der Tatsache, dass der Mensch dazu neigt, sich in sich selber zu verstricken und dass er um sein sittliches Gleichgewicht schwer – aber nicht erfolglos – ringen muss.“ So kann auch die Erbsünde „im Sinne einer pervertierten Ichbezogenheit aufrecht erhalten werden“. Ebd. 120.

[39] *Karl-Heinz Menke* (2012) 105.

Literaturverzeichnis

Acklin Zimmermann Béatrice (2003): Sünde aus der Sicht feministischer Theologie, in: StdZ 128, 823–833.

Acklin Zimmermann Béatrice (2014): Ist die Privatsphäre noch zu retten, in: NZZ 7. 11. 2014 https://www.nzz.ch/meinung/debatte/ist-die-privatsphaere-noch-zu-retten–1.18419949.

Adler Leo (1965): Der Mensch in der Sicht der Bibel, Basel.

Aeschbacher Gerhard (1985): Gottesdienst – eine kulturelle Verhaltensanomalie? JLH 29, 123–125.

Amstutz Josef (1982): Über die Allgegenwart der Gnade NZM 38, 81–109.

Amstutz Josef (2015): Weitersagen, wo es Brot gibt. Spirituelle Impulse zu kirchlichen Festen – mit einem Essay zu Mission, Luzern

Andronikof Constantin (2009): Le sens de la liturgie. La relation entre Dieu et l'homme, Paris.

Annen Franz (2012a): Der König auf dem Esel – zu Mk 11,1–11, in: SKZ 180, 179.

Annen Franz (2012b): „Hab nur Mut, steh auf, er ruft dich!", in: SKZ 180, 651.

Ansorge Dirk (2002): Vergebung auf Kosten der Opfer? Umrisse einer Theologie der Versöhnung, in: Salzburger Theologische Zeitschrift 6, 36–58.

Ansorge Dirk (2009): Gerechtigkeit und Barmherzigkeit Gottes. Die Dramatik von Vergebung und Versöhnung in bibeltheologischer, theologiegeschichtlicher und philosophiegeschichtlicher Perspektive. Freiburg.

Arends Siegfried (2012): Gipfeltreffen für ein Leben in Freiheit / Dialog in Anlehnung an Exodus 20, 1 ff., in: Werkheft Gottesdienste, Kampagne Fastenopfer Brot für alle.

Arens Edmund (2003): Die Würde und Bürde der Differenz, in: Orien 67, 257–261.

Arens Edmund (2015): Raus aus der Selfie-Church, auf: https://www.feinschwarz.net/raus-aus-der-selfie-church/ [28.05.2018].

Arens Edmund (Hg.) (2012): Gegenwart. Ästhetik trifft Theologie, QD 246, Freiburg.

Aschrich Klaus (2006): Theologie schreiben: Dorothee Sölles Weg zu einer Mystik der Befreiung, Berlin.

Bader Winfried (2011), Beiträge in: Schweizerisches Katholisches Bibelwerk (Hg.), Die Siebzig Gesichter der Schrift. Auslegung der alttestamentlichen Lesungen – Lesejahr B, Freiburg/Schweiz.

Balthasar Hans Urs von (1980): Theodramatik, Dritter Bd. Die Handlung, Einsiedeln.

Bärenz Reinhold (1996): Von der Frage „Wer ist Gott?" zur Frage „Wo ist Gott?" Ermutigung zu einer neuen Praxis in der Kirche. Antrittsvorlesung in Luzern 25. 4. 1996, in: Jahresbericht der Hochschule Luzern 1995/96, 90–104.

Bärenz Reinhold (1998): Frisches Brot. Seelsorge, die schmeckt. Freiburg.

Barth Karl (1962/1968): Einführung in die evangelische Theologie, Zürich / München.

Basset Lytta (2005): Art. ‚Versöhnung/Vergebung' (A. Fundamentaltheologisch), NHThG, Bd. 4, München, 403–410

Baudler Georg (1997): Jesus – der vollkommene Sündenbock? Zu René Girards Revision seines Opferbegriffs, in: LebZeug 52, 212–223

Baudler Georg (1999): Die Befreiung von einem Gott der Gewalt. Erlösung in der Religionsgeschichte von Judentum, Christentum und Islam. Düsseldorf.

Bauer Dieter (2007): Die Umkehr der „Opferer", in: SKZ 175, 196.

Bauer Dieter (2011), Beiträge in: Schweizerisches Katholisches Bibelwerk (Hg.), Die Siebzig Gesichter der Schrift. Auslegung der alttestamentlichen Lesungen – Lesejahr B, Freiburg/Schweiz 2011.

Bauer Dieter (2012): Glaube als Erinnerung, 3. Fastensonntag: Joh 2,13–25, in: SKZ 180, 112.

Baumer Franz (1965): Franz Kafka: Sieben Prosastücke, München.

Baumgartner Konrad u. a. (1991): Unfähig zum Gottesdienst? Liturgie als Aufgabe aller Christen. Regensburg.

Bechmann Ulrike (2010): Die Witwe von Sarepta. Gottes Botin für Elija, Stuttgart.

Beckers Gerard (2012): 30. Sonntag im Jahreskreis B, in: Z.I.D. 47/6, 13 ff.

Benke Christoph (2006): Sloterdijk und die Mystik, in: GuL 79, 204–215.

Berg Horst Klaus (1991): Ein Wort wie Feuer. Wege lebendiger Bibelauslegung. München-Stuttgart.

Berger Klaus (1986): Exegese und Philosophie, SBS 123/124, Stuttgart.

Berger Klaus (1999): Wer war Jesus wirklich? Gütersloh.

Berger Klaus (2000): Was ist biblische Spiritualität? Gütersloh.

Berger Klaus / Nord Christiane (1999): Das Neue Testament und frühchristliche Schriften. Frankfurt a. M./Leipzig.

Berger Peter L. / Luckmann Thomas (1980): Die gesellschaftliche Konstruktion der Wirklichkeit, Frankfurt.

Berger Rupert (1999/2005): Art. ‚Fronleichnam', in: Pastoralliturgisches Handlexikon, Freiburg i. Br.

Berger Teresa (1985): Liturgie und Tanz. Anthropologische Aspekte, historische Daten, theologische Perspektiven. St. Ottilien.

Berger Teresa (1993): Liturgie und Frauenseele. Die Liturgische Bewegung aus der Sicht der Frauenforschung, Stuttgart.

Berger Teresa (1997): Frauen als Fremd-Körper im Leib Christi? Ein Blick auf den gottesdienstlichen Lebenszusammenhang der Frauen, in: FrauenGottesDienste. Modelle und Materialien. Bd. 1, hg. von Anneliese Knippenkötter, Christel Voss-Goldstein, Ostfildern 1997, 62–72.

Berger Teresa / Albert Gerhards (Hg.) (1990): Liturgie und Frauenfrage. Ein Beitrag zur Frauenforschung aus liturgiewissenschaftlicher Sicht, Pietas Liturgica 7, St. Ottilien.

Betz Otto (2012): „Meine Welt stürzt ein, meine Welt baut sich auf". Franz Kafka und die Transzendenz, in: GuL 85, 341–357.

Beutler Johannes (2006): Art. ‚Lamm Gottes', in: LThK 6, Sp. 623 f.

Biemer Günter (1998): Autonomie und Kirchenbindung: Gewissensfreiheit und Lehramt nach J. H. Newman, in: ders. (Hg.), Sinnsuche und Lebenswenden, Frankfurt, 174–193.

Biemer Günter (Hg.) (1998): Sinnsuche und Lebenswenden, Frankfurt.

Bischofberger Norbert (1997): Evangelische Perspektiven. Christentum im 21. Jahrhundert? Bausteine für einen Glauben der Zukunft. Bayerischer Rundfunk, 15.06.1997, Man.

Biser Eugen (1991): Zur Neuentdeckung Jesu im heutigen Glaubensbewusstsein, in: Verschwindet Jesus? Diak 22, 373–379.

Blank Josef (1982): Aspekte des Bösen, in: Orien 46, Teil I/II 44–47; 56–59.

Blaser Klauspeter (1973): Tathörer. Evangelisches Missions Magazin 117, 146–150.

Blättel Richard (2016): Im Geiste der Tiefentheologie: Abraham J. Heschel als spiritueller Vordenker unserer Zeit Jud 72, 511–533

Bloch Ernst (1977): Prinzip Hoffnung, Gesamt-Ausgabe Bd. 5, Kap. 43–55, Frankfurt a. M.

Boesch Josua (1988): D Psalme. Us em hebrèische uf züritüütsch überträit. Zürich.

Böhnke Michael (2004): Kirchenglaube und Kinderglaube: Zum Verhältnis von Dogmatik und Religionspädagogik, in: KatBl 129, 193–201.

*Böhnke Michael (*2017): Wer Ostern laut jubelt, weiß nicht, was er Pfingsten feiern soll, auf: http://www.feinschwarz.net/wer-ostern-laut-jubelt-weiss-nicht-was-er-pfingsten-fei ern-soll/.

Borne Erik van den (2012): Zum Palmsonntag, in: Z.I.D. 47/3, 3–5)

Bosshard Stefan Niklaus (1980): Evolution und Schöpfung, in: CGG 3, hg. von Franz Böckle u. a., Freiburg i. Br., 87–127.

Brüske Gunda (2017): Dies ist die Nacht, in: SKZ 185, 172.

Bürkle Horst (2006): Art. ‚Buddhismus und Christentum', LThK 2, Sp. 766 f.

Busch Eberhard (2009): Die Akte Karl Barth. Zensur und Überwachung im Namen der Schweizer Neutralität 1938–1945, in: Neue Wege 109/1, 16–19.

Capra Fritjof / Steindl-Rast David (1991): Wendezeit im Christentum. Perspektiven für eine aufgeklärte Theologie. In Zusammenarbeit mit Thomas Matus Dt. Bern u. a.

Carrillo Francine (1994): Die Familie – Ort des Weghörens und des Hinhörens, in: Hans-Balz Peter u. a. (Hg.): Familie. Sieben Beiträge. Studien und Berichte 46 aus dem Institut für Sozialethik des SEK. Bern, 99–108.

Ceric Gabi (1997) Kommentar zu Jo 18, 33b–37 https://www.predigtforum.com/index.php?id=800.

Chatelion Counet Patrick (2012): Christkönigfest (B), in: Z.I.D. 47/6, 28 f.

Collet Giancarlo (Hg.) (1988): Der Christus der Armen. Das Christuszeugnis der lateinamerikanischen Befreiungstheologen. Freiburg.

Comblin José (1995/1996): Art. ‚Gnade', in: Jon Sobrino / Ignacio Ellacuría (Hg.), Mysterium Liberationis. Grundbegriffe der Theologie der Befreiung, Bd. 2, Luzern, 711–724.

D'Sa Francis X. (2008): Der trinitarische Ansatz von Raimon Pannikar, in: Bernhard Nitsche Gottesdenken in interreligiöser Perspektive: Raimon Panikkars Trinitätstheologie in der Diskussion, Frankfurt, 253–267.

Dalferth Ingolf U. (1998): Volles Grab, leerer Glaube? Zum Streit um die Auferweckung des Gekreuzigten, in: ZThK 95, 379–409.

Delbrêl Madleine (1975): Wir Nachbarn der Kommunisten. Diagnosen, dt. Einsiedeln.

Derks-Hanff Karin (2012): Weitere Texte zur Liturgie, in: Z.I.D 47/3, 5–8.

Dumoulin Heinrich (1991): Begegnungen mit dem Buddhismus, Freiburg.

Dyckhoff Peter (1994): Kosmisches Gebet. Einübung nach Origenes, München.

Ebneter Thomas (2012): Christliche Hoffnung im säkularen Zeitalter. Im Gespräch mit Gianni Vattimo, Wien.

Eggimann Ernst (1972): Jesus-Texte, Zürich.

Ehrensperger Alfred (2012a): Die sinnstiftende Funktion des Gottesdienstes http://liturgiekommission.ch/customer/files/II_C_02_Sinnstiftung.pdf.

Ehrensperger Alfred (2012b): Die seelsorgerlich-therapeutische Funktion des Gottesdienstes, www.liturgiekommission.ch/customer/files/II_C_04_seels-therap.pdf.

Erdman David V. (1974): The Illuminated Blake. William Blake's Complete Illuminated Work with a Plate-by-Plate Commentary, New York.

Ernst Hanspeter (2010): Die Fusswaschung, in: SKZ 178, 220.

Ernst Hanspeter (2012): Wenn ihr das wisst – selig seid ihr, wenn ihr es tut, in: SKZ 180, 180.

Faber Eva-Maria (2007): Gottesrede als Geschehen „glücklicher Kontingenz", in: Peter Walter (Hg.): Gottesrede in postsäkularer Kultur, QD 224, Freiburg, 96–133.

Faber Eva-Maria (2015a): Anderswohin! In: SKZ 183, 43.

Faber Eva-Maria (2015b): Gott ist wie ein Trost, so wie ein Kissen, auf dem du schlafen kannst, in: SKZ 183, 191–199.

Faber Eva-Maria (2018): „Hinter mich!" – Zur ungezähmten Sprache der Bibel, auf: http://www.feinschwarz.net/zur-ungezaehmten-sprache-der-bibel/#more–11738.

Faber Eva-Maria (2018): „Sich ausstrecken auf das Kommende". Plädoyer für eine antizipatorische Struktur der Ökumene, in: André Birmelé, Wolfgang Thönissen (Hg.): Auf dem Weg zur Gemeinschaft. 50 Jahre internationaler evangelisch-lutherisch/römisch-katholischer Dialog. Paderborn / Leipzig, 209–234.

Fackenheim Emil L. (1982): Die gebietende Stimme von Auschwitz, in: Michael Brocke / Herbert Jochum (Hg.), Wolkensäule und Feuerschein. Jüdische Theologie des Holocaust, München, 73–110.

Farner Konrad (1969): Theologie des Kommunismus? Frankfurt.

Farner Konrad (Hg.) (1947): Mensch und Gesellschaft, Bd. XII: Christentum und Eigentum bis Thomas von Aquin, Bern

Feigenwinter Max (1993): Wage zu leben – trotz allem, Oberegg/Schweiz

Fierz Lukas (2016): Begegnungen mit dem Leibhaftigen. Reportagen aus der heilen Schweiz, Hamburg.

Fischer Irmtraud (2018): Der prophetische Mund als Resonanzraum Gottes, in: BuK 73, 80–85.

Fontana Leandro Luis Bedin (2016): Wegen unserer Sünden gestorben? Neue Zugänge zur soteriologischen Bedeutung des Todes Jesu, in: Teocomunicação 46, 104–122.

Frère Roger (1973): Lutte et contemplation. Journal 1970–1972, Taizé.

Frieden in Gerechtigkeit (1989): Dokumente der europäischen ökumenischen Versammlung. Hg. im Auftrag der Konferenz Europäischer Kirchen und des Rates der Europäischen Bischofskonferenzen. Basel/Zürich.

Friedlander Albert (1997): „Du, Herr, bist die Hoffnung Israels" (Jeremia 17,13), in: Karin Finsterbusch / Helmut A. Müller (Hg.): Was aber bleibt, stiften die Hoffenden. Hoffnung in den fünf großen Weltreligionen, Stuttgart, 80–88.

Frisch Max (1975): Stich-Worte. Ausgesucht von Uwe Johnson. Frankfurt a. M., 246–248.

Fuchs Gotthard (1987): Deus semper minor. Auf der Suche nach dem roten Faden, in: BiLi 60, 4–16.

Fuchs Gotthard (1989): Wenn nur der Herr seinen Geist auf sie alle legte (Num 11,29) Der Glaube an den creator spiritus und die Kreativität in der Kirche, in: BiLi 62, 235–247.

Fuchs Gotthard (1991): Der arme Jesus und der Reichtum der Wissenden. Negative Christologie und moderne Gnosis, in: Diak 22, 388–399.

Fuchs Gotthard (2014): Verdrängte Hoffnung, in: CiG 66, 527 (o. Quellenangabe).

Fuchs Gotthard (2017): Eröffnung, in: CiG 69, 171.
Fuchs Ottmar (1990): Heilen und befreien. Der Dienst am Nächsten als Ernstfall von Kirche und Pastoral, Düsseldorf.
Fuchs Ottmar (1993): Ämter für eine Kirche der Zukunft. Ein Diskussionsanstoß. Luzern.
Fuchs Ottmar (1999): Es wird uns leid tun! Plädoyer für eine Schärfung des Glaubens im Horizont der Solidarität in: Rundbrief Nr. 60 der Theologischen Bewegung für Solidarität und Befreiung (im Gedenken an Anton Peter/SMB) Luzern, 16–27.
Fuchs Ottmar (2002): Der Ort der Liturgie in der Pastoral – Erfahrungen und Wünsche, in: Martin Klöckener u. a. (Hg.): Gottes Volk feiert … Anspruch und Wirklichkeit gegenwärtiger Liturgie, Trier, 118–153.
Fuchs Ottmar (2004): Praktische Hermeneutik der Heiligen Schrift, Stuttgart.
Fuchs Ottmar (2007): Das Jüngste Gericht – Hoffnung auf Gerechtigkeit, Regensburg.
Fuchs Ottmar (2014): Der zerrissene Gott. Das trinitarische Gottesbild in den Brüchen der Welt, Ostfildern.
Fuchs Ottmar (2018): https://www.feinschwarz.net/das-wunder-von-karsamstag/.

Gebara Ivone (2000): Die dunkle Seite Gottes. Wie Frauen das Böse erfahren, Freiburg.
Gebara Ivone (2002): Erinnerungen an Zärtlichkeit und Schmerz – Auferstehung vom Alltag des Lebens her denken, in: Luzia Sutter-Rehmann u. a. (Hg.): Sich dem Leben in die Arme werfen: Auferstehungserfahrungen, Gütersloh, 32–52.
Geldhof Joris (2019): Les défis actuels pour une théologie de la liturgie, in: MD 295/1, 171–199.
Gellner Christoph (2008): Christsein inmitten der Weltreligionen. Eine biblisch-christliche Sicht auf die Religionen der Anderen, in: StdZ 133, 603–616.
George Stephan (2019): „Wort des lebendigen Gottes“ in: Gd 53, 13–15.
Gerhards Albert (2004): 40 Jahre Liturgiekonstitution – eine kritische Bilanz der Reform im Hinblick auf eine menschengerechte Liturgie, in: FrauenGottesDienste, Bd. 17, hg. von Marie-Luise Langwald, Düsseldorf, 74–82.
Gerhards Albert (2005): Art. ‚Liturgie‘, in: NHThG, Bd. 3, München, 7–22.
Gerhards Albert / Odenthal Andreas (2000): Auf dem Weg zu einer Liturgiewissenschaft im Dialog. Thesen zur wissenschaftstheoretischen Standortbestimmung, in: LJ 50, 41–53.
Gerhardt Volker (2014): Wissen und Glauben. Über das Göttliche und den Sinn des Sinns, in: NZZ 6. 12. 2014, 61.
Gerloff, Peter: www.glauben-singen.de.
Gessler Georges: http://gege.arpa-docs.ch Nachlass Stichwort ‚Urgemeinde‘.
Gollwitzer Helmut(⁷1976): Krummes Holz – aufrechter Gang. Zur Frage nach dem Sinn des Lebens, München.
Görres Albert (1982): Das Böse und die Bewältigung des Bösen in Psychotherapie und Christentum, in: Albert Görres / Karl Rahner: Das Böse. Wege zu seiner Bewältigung in Psychotherapie und Christentum, Freiburg, Teil 1, 11–198.
Gössmann Wilhelm (1965): Sakrale Sprache, München.
Gössmann Wilhelm (1968): Wörter suchen Gott. Gebets-Texte. Mit einem religionspädagogischen Nachwort von Günter Stachel, Einsiedeln 1968
Gradwohl Roland (1989): Bibelauslegung aus jüdischen Quellen Bd. 4, Stuttgart.
Graf Friedrich Wilhelm (2019): Gott ist das, was wir uns nicht vorstellen können, in: NZZ 1. 6. 2019, 48 f.

Grande P. Rutilio SJ (2014): Blickpunkt Lateinamerika 2014.

Greshake Gisbert (1985): Das theologische Verständnis (der Hölle) heute, in: zur debatte 15 Nr. 4 Juli/August 1985, 41 f.

Grillo Andrea (2000): ‚Intellectus fidei' und ‚intellectus ritus'. Die überraschende Konvergenz von Liturgietheologie, Sakramententheologie und Fundamentaltheologie, in: LJ 50, 143–165.

Groß Walter (1999a): Zorn – ein biblisches Theologoumenon, in: Wolfgang Beinert (Hg.): Gott – ratlos vor dem Bösen, Freiburg, 47–85.

Groß Walter (1999b): Die Weisheit, ‚Hauch der Kraft Gottes', in: Bibel heute 35, 105–107.

Gruber Elmar (1988): Stärker als der Hass. Geistliche Übungen zu Schuld und Versöhnung. München.

Grümme Bernhard (2002): Gottes Nähe im Leiden? Überlegung zur Bedeutung des theologischen Unveränderlichkeitsaxioms, in: Orien 66, 221–224.

Grünenfelder Regula (2003): Erinnere dich an die Gegenstimmen!, in: SKZ 171, 572.

Guardini Romano (1950): Das Ende der Neuzeit. Ein Versuch zur Orientierung, Basel.

Guardini Romano (1997): Der Herr. Betrachtungen über die Person und das Leben Jesu Christi, Mainz.

Haas Alois M. (1998): Anfänge christlicher Introversion in Kirche, Kultur, Kommunikation. Festschrift zum 70. Geburtstag von Peter Henrici, Zürich, 167–182.

Haase Daniel (2012): Die Heilung eines Taubstummen. Jesu Öffnung zu den Heiden www.bibelwissenschaft.de/bibelkommentar/beitraege-im-obk, aktual. 7. 3. 2012.

Halbfas Hubertus (2001): Die Bibel. Erschlossen und kommentiert, Düsseldorf.

Hammarskjöld Dag (1965): Zeichen am Weg, München.

Handke Peter (2016): Vor der Baumschattenwand nachts. Zeichen und Anflüge von der Peripherie 2007–2015, Salzburg/Wien.

Harrison Robert Rogue / René Girard (2019): Warum kämpfen wir? Und wie können wir aufhören? in: NZZ 9. 3. 2019.

Hecking Detlef (2014): Wasser – Licht – Leben. Die Lesungen der Osternacht: Ein Glaubenskurs an der Seite Israels, in: SKZ 182, 203.

Hecking Detlef (2015): Christi Himmelfahrt: Abschied und Neubeginn, in: SKZ 183, 222.

Hecking Detlef (2017): Karfreitagsliturgie mit Johannespassion, in: SKZ 185, 166, 171.

Heil Stefan (1999): Vergegenwärtigung durch klingende Symbolik. Zur Epik Arnold Stadlers und deren religio- und theopoetischer Relevanz, in: Orien 63, 256–261.

Hell Daniel (2007): Ein therapeutisches Grundproblem – die beschämte Scham, in ders.: Seelenhunger. Vom Sinn der Gefühle, Freiburg, 126–165.

Hell Daniel (2016): „Der Sündenfall ist eigentlich ein Schamfall", in: bref 6, 19 f.

Hell Daniel (2017): „Scham ist die Türhüterin unseres Selbst" Interview Felix Reich und Stefan Schneiter mit Daniel Hell, in: reformiert.info 27. 4. 2017 https://www.daniel-hell.com/index_html_files/Scham_ist_die_Tuerhueterin_unseres_Selbst.pdf.

Herold Albert (1979): Die Geschichte des Mangaliso, Würzburg.

Herten Joachim, Krebs Irmgard, Pretscher Josef (Hg.) (1997): Vergegenwärtigung. Sakramentale Dimensionen des Lebens, Würzburg.

Heschel Abraham Joshua (1980/2000): Gott sucht den Menschen, Eine Philosophie des Judentums, dt. Neukirchen/Berlin, Erstausgabe engl.: God in Search of Man, 1955.

Heschel Abraham Joshua (1990): Sabbat. Seine Bedeutung für den heutigen Menschen, Information Judentum Bd. 10, Neukirchen.
Hilberath Bernd J. / Nitsche Bernhard (2005): Art. ‚Trinität A. Dogmatisch', in: NHThG Bd. 4, München, 360–375.
Hofer Gabriella (2016): Tun, was mir guttut, in: Tages-Anzeiger 15. 2. 2016, 18.
Hoff Johannes (1999a): Spiritualität und Sprachverlust. Theologie nach Foucault und Derrida, Paderborn.
Hoff Johannes (1999b): Erosion der Gottesrede und christliche Spiritualität. Antworten von Michel Foucault und Michel de Certeau im Vergleich, Teil I/II in: Orien 63, 116–119 / 130–132.
Hoffmann Daniel (2002): „Im neuen Einband Gott gereicht". Liturgische Poesie in der deutsch-jüdischen Literatur des 20. Jahrhunderts, Berlin.
Hoffmann Werner (1984): „Ansturm gegen die letzte irdische Grenze". Aphorismen und Spätwerk Kafkas, Bern/München.
Höfle Peter (Hg.) (2004): Franz Kafka, Die großen Erzählungen, Frankfurt.
Höhn Hans-Joachim (2015): Gewinnwarnung. Religion nach ihrer Wiederkehr, Paderborn.
Holm Andrej (2010): Privare heißt rauben. Zur Ökonomie von Wohnungsprivatisierungen, in: Z. Zeitschrift marxistische Erneuerung Nr. 83: http://www.zeitschrift-marxistische-erneuerung.de/article/65.private-heisst-rauben.html.
Horkheimer Max, Adorno Theodor W. (1944/1969): Dialektik der Aufklärung. Philosophische Fragmente, New York.
Hubert Wolf (Hg.) (1998): Antimodernismus und Modernismus in der katholischen Kirche. Beiträge zum theologiegeschichtlichen Vorfeld des II. Vatikanums, Bd. 2: Programm und Wirkungsgeschichte des II. Vatikanums, Paderborn.
Hürlimann Kaspar (1976): Zur Sinnfrage in der Philosophie, in: Hans Krömler (Hg.): Horizonte des Lebens. Zur Frage nach dem Sinn des Lebens, Zürich, 227–244.

Jäger-Sommer Johanna (2007): Gibt es ‚das' christliche Gottesbild? in: Orien 71, 191–195.
Jakobs Monika (2016): Art. ‚Eschatologie' auf https://www.bibelwissenschaft.de/stichwort/100164/.
Jamal Helgard (2006): Abraham. Mit Kindern Gott entdecken. Hamburg.
Jamal Helgard (2007): Abraham im Islam – Prophet und ‚Freund Gottes' Überlegungen und Anregungen zum interreligiösen Lernen im Kinderalltag, Themenhefte Gemeinde.
Jeggle-Merz Birgit (2004a): Im Feiern erst erschließt sich die Liturgie, in: Helmut Hoping / Birgit Jeggle-Merz (Hg.): Liturgische Theologie. Aufgaben systematischer Liturgiewissenschaft. Paderborn 2004, 131–164.
Jeggle-Merz Birgit (2004b): Liturgische Theologie. Eine Bibliographie, in: Helmut Hoping / Birgit Jeggle-Merz (Hg.), Liturgische Theologie. Aufgaben systematischer Liturgiewissenschaft. Paderborn 2004, 165–178.
Jeggle-Merz Birgit (2017): Palmsonntag: Dominica in Palmis de Passione Domini, in: SKZ 185, 162 f.
Jehle Frank (1996): Wie viele Male leben wir? Seelenwanderung oder Auferstehung. Zürich/Düsseldorf.
Jehle Frank (2015): Eucharistische Gastfreundschaft I, in ders.: Von Johannes auf Patmos bis zu Karl Barth. Theologische Arbeiten aus zwei Jahrzehnten, Zürich, 285–295.

Jens Walter (1992): Wer ist Jesus für mich?, in: Diak 23, 7.
Jonas Hans (1987), Der Gottesbegriff nach Auschwitz. Eine jüdische Stimme, Frankfurt.
Jörns Klaus-Peter (2008): Notwendige Abschiede. Auf dem Weg zu einem glaubwürdigen Christentum, Gütersloh, 102–153.
Jörns Klaus-Peter (2010): Warum musste Jesus sterben? Zur Debatte um den Sühnetod Jesu, Deutsches Pfarrerblatt: http://www.pfarrerverband.de/pfarrerblatt/archiv.php?a=show &id=2784.
Jungmann Josef Andreas (1964): Der Liturgiebegriff der Constitutio de sacra Liturgia und seine Auswirkungen, in: LebSeels 15, 113–117.

Kafka Franz (1980): Hochzeitsvorbereitungen auf dem Lande und andere Prosa. Aus dem Nachlass. hg. von Max Brod, Frankfurt/M.
Kafka Franz (2006): Die Zürauer Aphorismen, hg. v. Roberto Calasso, Frankfurt (= https://de.m.wikipedia.org/wiki/Die_Zürauer_Aphorismen Zitat 13).
Kalberer Guido / Peter Sloterdijk (2009): ‚Der Feigling will nicht beim Namen genannt werden', TA 6. 4. 2009, 45.
Kaschnitz Marie-Luise (1965): Überallnie. Ausgewählte Gedichte 1928–1965, Hamburg.
Katholisches Bistum der Alt-Katholiken in Deutschland (Hg.) (1995): Die Feier der Eucharistie, Bonn.
Katholisches Gesangbuch (1998) (= KG), hg. i. A. der Schweizer Bischofskonferenz.
Keel Othmar (2007): Wie männlich ist der Gott der Bibel? Überlegungen zu einer unerledigten Frage, in: NZZ 30. 6./1. 7. 2007, B4.
Kermani Navid ([10]2016): Ungläubiges Staunen, München.
Kermani Navid (2005): Der Schrecken Gottes. Attar, Hiob und die metaphysische Revolte. München.
Kermani Navid (2016a): „Friede auf Erden!" Gespräch in: Publik-Forum Dossier, Januar 2016.
Kermani Navid (2016b): Einbruch der Wirklichkeit Auf dem Flüchtlingstreck durch Europa, München.
Kessler Hans (2019): Was bleibt vom Heiligen? Wie sich Religion gegen eine naturalistische Weltsicht behaupten kann, in: StdZ 144, 55–63.
Keul Hildegund (2006): Reflecting Absence. Gravuren der Mystik in heutigen Gottesfragen, in: Orien 70, 69–72.
Keul Hildegund (2007): Verschwiegene Gottesrede in postsäkularer Kultur. Eine Replik auf Wolf Krötke, in: Peter Walter (Hg.): Gottesrede in postsäkularer Kultur, QD 224, Freiburg, 72–86.
Kirchschläger Walter (2004): Das Ostergeschehen als Brennpunkt der christlichen Gottesoffenbarung, in: SKZ 172, 280–284.
Kirchschläger Walter (2018): Gott, das Böse und die Bibel, in: SKZ 186, 30 f.
Kleeberg Florian (2016): Bleibend unversöhnt – universal erlöst? Eine Relecture von römisch-katholischen Konzepten zur Frage der Allversöhnung im Gespräch mit psychotraumatologischen Ansätzen, Münster.
Klein Nikolaus (2003): Weggefährtin im Glauben. Zum Gedenken an Dorothee Sölle (30. 9. 1929 – 27. 4. 2003) in: Orien 67, 106–108.
Klein Stephanie (Hg.) (2018): Familienvorstellungen im Wandel. Biblische Vielfalt, gesellschaftliche Entwicklungen, gegenwärtige Herausforderungen, Zürich.

Klünemann Klemens (2019): Menschen erzählen der Welt von den Göttern, und die Götter erklären den Menschen die Welt, in: NZZ 13. 2. 2019.

Knellwolf Ulrich (2017): Rede Christenmensch! Wie den reformatorischen Kirchen die mündigen Christen abhandenkamen, und dass die Predigt nur soll, was sie kann, Zürich.

Kogler Franz (2018): Übersetzung, Interpretation, Verrat? Die „neue" Einheitsübersetzung www.feinschwarz.net/uebersetzung-interpretation-verrat-die-neue-einheitsuebersetzung/#more–11940.

Köhler Steffen (2001): „Unsere Rettung ist der Tod, aber nicht dieser." Kafka in eschatologischer Perspektive, Lindau: https://opus.bibliothek.uni-wuerzburg.de/opus4-wuerzburg/frontdoor/deliver/index/docId/6/file/dissertation.pdf

Konradt Matthias (2003): Die gottesdienstliche Feier und das Gemeinschaftsethos der Christen bei Paulus, in: JBTh 18, 209–229.

Kraft Erentrud (1999): ‚Bedeutungswandel des Wortes Herr' in: Sigisbert Kraft / Erentrud Kraft Lobpreis von Generation zu Generation. Liturgische Sprache heute. Rothenfelser Schriften Bd. 9, Burg Rothenfels, 15–27.

Kranemann Benedikt (1999): Zwischen Heilsgeschichte und Lebenswirklichkeit. Anmerkungen zur Theologie des Gottesdienstes heute, in: Gd 33, 129–131.

Kranemann Benedikt (2000): „Am Rande des Verstummens ...", in: Gd 34, 89–91.

Krechel Ursula (2013): Die Da, Salzburg – Wien.

Kremer Jacob (1966): Das älteste Zeugnis von der Auferstehung Christi, SBS 17, Stuttgart.

Krieg Matthias (2011): Alles in einem Spiegel. Biblische Gottesbilder, in: Schritte ins Offene 41/4, 8–11.

Kügler Joachim (2004): Vom Verstehen zum Handeln. Eine ‚Praktische Bibelhermeneutik' und die Zukunft der Exegese, in: Orien 68, 214–217.

Kügler Joachim (2007): Letztes Gericht ohne Höllenangst, in: Orien 71, 219–221.

Kügler Joachim (2015): Bibel und Bibelwissenschaft im Volk Gottes: www.feinschwarz.net/bibel-und-bibelwissenschaft-im-volk-gottes/.

Kuld Lothar (1998): Konversion und autobiographische Kontinuität in Newmans Apologia, in: Günter Biemer (Hg.), Sinnsuche und Lebenswenden, Frankfurt, 65–72.

Kurz Paul Konrad (1994): Der Fernnahe, Mainz.

Kurz Paul Konrad (1998): Wer ist Gott?, in: LebSeels 49, 67–69.

Kurz Paul Konrad (2003a): Gott am Rand. Zunehmende Entfernung aus gesellschaftlicher Präsenz, in: StdZ 128, 52–62.

Kurz Paul Konrad (2003b): Ist Lobpreis noch möglich? Literarische Beobachtungen, in: StdZ 128, 198–210.

Laarmann Heriburg (2006): 4. Fastensonntag. Total umsonst geliebt, in dies., Wir feiern das Leben. Gottesdienstmodelle von Aschermittwoch bis Pfingsten, Freiburg, 42–47.

Lamberigts Mathijs (2014): Die Reform der Liturgie, in: Martin Kirschner / Joachim Schmiedl (Hg.): Liturgia. Die Feier des Glaubens zwischen Mysterium und Inkulturation, Freiburg.

Lapide Pinchas / Panikkar Raimon (1994): Meinen wir denselben Gott? Ein Streitgespräch. München.

Lenzen Verena (2012): Der eine Gott Israels. Gottrede und Gottesvorstellungen im Judentum, in: SKZ 178, 372–375.

Lenzen Verena (2015): Genesis 22,1–18: Das Opfer von Abraham, in: Tag des Judentums. Wegleitung, hg. v. d. jüdisch/römisch-katholischen Gesprächskommission der Schweiz, 35–41.

Leonhard Clemens (2003): Die Erzählung Ex 12 als Festlegende für das Pesachfest, in: JBTh 18, 233–260.

Leonhard Clemens (2016): Nonne et Laici Sacerdotes Sumus? Zur Problematik des Begriffs des Gemeinsamen/Allgemeinen Priestertums aller Getauften, in: Kim de Wildt / Benedikt Kranemann / Andreas Odenthal (Hg.): Zwischen-Raum Gottesdienst. Beiträge zu einer multiperspektivischen Liturgiewissenschaft, Stuttgart, 134–148.

Levinas Emmanuel (1988): Wenn Gott ins Denken einfällt. Diskurse über die Betroffenheit von Transzendenz, Freiburg/München.

Limbeck Meinrad (1991): Art. ‚Fusswaschung', in: Manfred Görg (Hg.): Neues Bibel-Lexikon I: A– G, Zürich, Sp. 716 f.

Link Christian (2005): Art. ‚Versöhnung/Vergebung' (B. Dogmatisch) I. Versöhnung als Sühne, in: NHThG, Bd. 4, München, 410–417.

Lipgens Walter (1958): John Henry Newman. Auswahl und Einleitung. Frankfurt a. M.

Loewy Hanno (2017a): „Was passiert, wenn wir uns Gott vorstellen?": https://tachles.ch/news/und-wenn-gott-eine-frau-ist.

Loewy Hanno (2017b): Die weibliche Seite Gottes: https://tachles.ch/news/die-weibliche-seite-gottes.

Loiero Salvatore (2015): „Unterwerfung …" oder: Von der verführerischen Kraft fundamentalistischer Grundoptionen, in: SKZ 183, 511.

Loiero Salvatore (2017): MahnMahl befreiender Gegenwart Gottes, in: SKZ 185, 164 f.

Lurker Manfred (1990): Die Botschaft der Symbole in Mythen, Kulturen und Religionen, München.

Luz Ulrich (1998): Der Brief an die Epheser. Übersetzt und erklärt, in: J. Becker / U. Luz, Die Briefe an die Galater, Epheser und Kolosser, NTD 8/1, Göttingen, 105–180.

Luz Ulrich / Michaels Axel (2002): Jesus oder Buddha. Leben und Lehre im Vergleich, München.

Mainberger Gonsalv K. (2000): Karfreitage des christlichen Europa. Beobachtungen zum Mythos und Ritus der Passion, in: Orien 64, 257–262.

Manemann Jürgen (2006): Theologie als Kulturwissenschaft – ein Plädoyer, in: Orien 70, 38–43.

Marböck Johannes (1994): Art. ‚Weisheit', in: Johannes B. Bauer (Hg.), Bibeltheologisches Wörterbuch, Graz, 586–590.

Marti Kurt (1979): Zärtlichkeit und Schmerz. Notizen. Darmstadt.

Marti Kurt (2004): Leichenreden, München.

März Claus-Peter (2014): „Sinn durch Gott" Neutestamentliche Reflexionen, in: Martina Bär / Maximilian Paulin (Hg.), Macht Glück Sinn? Theologische und philosophische Erkundungen, Ostfildern, 166–180.

Maurer Ernstpeter (1999): Luther, Freiburg i. Br.

Mayer Cornelius Petrus OSA (o. J.), Interior intimo meo: https://www.augustinus.de/einfuehrung/texte-von-augustinus-mit-online-uebers/aphorismen/224-interior-intimo-meo o. J.

Meister Eckharts mystische Schriften. Übertragen von Gustav Landauer, Berlin 1903

Menke Karl-Heinz (2012): Gott sühnt in seiner Menschwerdung die Sünde des Menschen, in: Magnus Striet / Jan-Heiner Tück (Hg.), Erlösung auf Golgota? Der Opfertod Jesu im Streit der Interpretationen, Freiburg i. Br.

Merendino Pius (1969): Der unverfügbare Gott. Biblische Erwägungen zur Gottesfrage. Düsseldorf.

Merklein Helmut (2006): Art. ‚Sühne' II. Biblisch-theologisch, in: LThK 9, Sp. 1098–1102.

Merks Karl-Wilhelm (2006): Art. ‚Böse, das Böse' IV. Theologisch-ethisch, in: LThK 2, Sp. 604–609.

Merten Felizia (2016): Rückkehr der Scham. Schuld- und Schamkategorien in der interkulturellen Verständigung, in: HK 70, 44–47.

Messner Reinhard (2001): Einführung in die Liturgiewissenschaft, Paderborn.

Messner Reinhard u. a. (Hg.) (1995), Bewahren und Erneuern: Studien zur Messliturgie. Festschrift für Hans Bernhard Meyer zum 70. Geburtstag, Innsbruck.

Metternich Ulrike (2002): Auferstehung ist ansteckend. Heilungserfahrungen im Neuen Testament, in: Luzia Sutter-Rehmann u. a. (Hg.): Sich dem Leben in die Arme werfen: Auferstehungserfahrungen, Gütersloh, 100–111.

Metz Johann Baptist (1977): Glaube in Geschichte und Gesellschaft. Studien zu einer praktischen Fundamentaltheologie. Mainz.

Metz Johann Baptist (2001): Das Christentum im Pluralismus der Religionen und Kulturen. Vortrag an der Thomas-Akademie der Theologischen Fakultät/Universität Luzern 25. 1. 2001, Skript.

Meurer Thomas (1999): Die Methode des Fehllesens. Harold Blum, Richard Rorty und die Exegese, in: Orien 63, 104–107.

Meyer-Blanck Michael (2011): Gottesdienstlehre. Neue theologische Grundrisse, Tübingen.

Michel Diethelm (1991): Art. ‚Gerechtigkeit' (I) AT, in: Manfred Görg (Hg.): Neues Bibel-Lexikon, Bd. 1: A–G, Zürich, Sp. 795–798.

Miggelbrink Ralf (2002): Der zornige Gott. Die Bedeutung einer anstößigen biblischen Tradition, Darmstadt.

Miggelbrink Ralf (2003): Gott Israels und Gott Jesu Christi im Polytheismus der Gegenwart, in: ThG 46,) 96–106.

Miggelbrink Ralf (2005): Die Lebensfülle Gottes. Ein systematisch-theologischer Versuch über die biblische Rede vom Himmel, in: JBTh 20, 325–357.

Miggelbrink Ralf (o. J.): Erlösung durch Opfer? Zur Problematik des soteriologischen und eucharistietheologischen Opferbegriffes, Skript, 1–15.

Moltmann-Wendel Elisabeth (1982): Ein eigener Mensch werden. Frauen um Jesus, Gütersloh.

Müller Alois (1964): Das Problem von Befehl und Gehorsam im Leben der Kirche. Einsiedeln.

Müller Alois (1986): Sonntagstheologie von unten. Der Sonntag in seinem Beziehungsfeld von Anthropologie, Soziologie und Theologie, in: Der Sonntag. Anspruch – Wirklichkeit – Gestalt. Festschrift für Jakob Baumgartner, hg. von A. M. Altermatt / Th. Schnitker, Würzburg, Freiburg/Schweiz, 236–247.

Müller Christof (2003): Die augustinische ‚memoria' als Ort der Vermittlung von Welt, Selbst und Gott. Vortrag im Haus der Begegnung, Ulm, 13. 10. 2003: https://www.augustinus.de/einfuehrung/86-texte-ueber-augustinus/205-die-augustinische-memoria-als-ort-der-vermittlung-von-welt-selbst-und-gott.

Müller Wolfgang W. (2012): Zur sakramentalen Struktur christlicher Existenz, in: Edmund Arens (Hg.), Gegenwart. Ästhetik trifft Theologie, QD 246, Freiburg, 125–148.

Münch Armin (1998): Dimensionen der Leere, Gott als Nichts und Nichts als Gott im christlich-buddhistischen Dialog. Studien zur systematischen Theologie und Ethik Bd. 16.

Mulack Christa (1988): Im Anfang war die Weisheit. Feministische Kritik des männlichen Gottesbildes, Stuttgart, 67–87.

Neckel Sighard (2015): Scheitern am Scheitern. Über die Erfolgsgesellschaft und die Erfolglosigkeit, in: NZZ 30. 5. 2015, 57 f.

Negel Joachim (2016): Gottes Stimme sehen. Synästhesie der Christuserfahrung als Herausforderung für das interkonfessionelle Gespräch, in: FZPhTh 63/1, 157–173.

Nitsche Bernhard (2008): Gott – Welt – Mensch. Raimon Pannikars Gottesdenken – Paradigma für eine Theologie in interreligiöser Perspektive?, Zürich.

Nitsche Bernhard (Hg.) (2005): Gottesdenken in interreligiöser Perspektive: Raimon Panikkars Trinitätstheologie in der Diskussion, Frankfurt.

Nordhofen Eckhard (2018): CORPORA. Die anarchische Kraft des Monotheismus, Freiburg.

Nordhofen Eckhard (2019): Allein mit der Schrift muss der Glaube ertrinken, in: NZZ 20. 4. 2019, 50.

Nübold Elmar (1995): Die Ordnung der Messperikopen an den Sonn- und Wochentagen, in: Reinhard Messner u. a. (Hg.), Bewahren und Erneuern. Studien zur Messliturgie. Festschrift für Hans Bernhard Meyer zum 70. Geburtstag, Innsbruck, 29–49.

Odermatt Alois (1998): Welchen Menschen und welchen Gott meinen wir? Der Westschweizer Theologe Maurice Zundel (1897–1975) und die schwierige Kommunikation zwischen französischem und deutschem Sprachraum, in: Kirche, Kultur, Kommunikation. Festschrift zum 70. Geburtstag von Peter Henrici, hg. von Urban Fink, René Zihlmann, Zürich, 647–670

Oeming Manfred (2013): Paul Ricoeur als Ausleger des Alten Testaments – unter besonderer Berücksichtigung seiner Interpretation des Buches Hiob, in: Evangelische Theologie 73, 245–257.

Pahl Irmgard (1998): Kyrie und Bußakt im Eröffnungsteil der Eucharistiefeier. FrauenGottesDienste. Modelle und Materialien Bd. 5, hg. von Anneliese Knippenkötter, Christel Voss-Goldstein, Ostfildern, 76–82.

Pannikar Raimon (1993): Trinität. Über das Zentrum menschlicher Erfahrung, München.

Pannikar Raimon (2005): Art. ‚Trinität B. Spirituell', in: NHThG, Bd. 4, München, 376–381.

Pauly Wolfgang (2000): Die Suche nach dem Fundament. Fundamentaltheologische Fragen an neuere Ansätze zum Theodizeeproblem, in: Orien 64, 5–10.

Pemsel-Maier Sabine (2016): https://www.bibelwissenschaft.de/wirelex/das-wissenschaftlich-religionspaedagogische-lexikon/lexikon/sachwort/anzeigen/details/dreifaltigkeittrinitaet/ch/cd0ca9fb145e4adcea3a41f07c7072f1/.

Peng-Keller Simon (2010): Warten in Achtsamkeit. Simone Weil als Lehrerin kontemplativen Betens: http://christliche-kontemplation.ch/pdf/medit2010_04_s08 ff.pdf.

Pesch Rudolf (1971): Freie Treue. Die Christen und die Ehescheidung, Freiburg.
Philipp Thomas (2002): In Beziehung mit dem Text. Psychologische Auslegungen und deren Reichweite, I/II in: Orien 66, 127–131 / 137–140.
Pieris Aloysius (1989): Liebe und Weisheit. Begegnung von Christentum und Buddhismus. Aus dem Engl. übers. u. hg. von Wolfgang Siepen, Mainz.
Polak Regina (2018): Das Gegenteil der Liebe und der Gerechtigkeit sind Ignoranz und Gleichgültigkeit: https://www.feinschwarz.net/das-gegenteil-der-liebe-und-der-gerechtigkeit/
Pollack Detlef (2007): Religion und Moderne. Versuch eine Bestimmung ihres Verhältnisses, in: Peter Walter (Hg.): Gottesrede in postsäkularer Kultur, QD 224, Freiburg, 19–52.
Pott Hans-Georg (2010): Kultur und Gewalt. Robert Musil und die Kulturkritik der zwanziger Jahre, in: Konflikt und Kultur, Bd. 8, hg. von Mattioli Aram u. Enno Rudolph, Zürich, 131–159.
Praetorius Ina (2009a): Für eine nützliche Religion. GOTT denken in postpatriarchaler Perspektive, in: Orien 73, 27–31.
Praetorius Ina (2009b): Was bedeutet es, geboren zu sein? Nachdenken über Geburtlichkeit, in: Orien 73, 134–138.
Pröpper Thomas (2001): Allmacht Gottes, in: ders., Evangelium und freie Vernunft, Konturen einer theologischen Hermeneutik, Freiburg, 288–293.

Raphael Melissa (1999): When God Beheld God. Notes Towards a Jewish Feminist Theology of the Holocaust, in: Feminist Theology 21, 53–78.
Raphael Melissa (2003): The Female Face of God in Auschwitz. A Jewish Feminist Theology of the Holocaust, London u. a.
Rapp Ursula (2012): Menschliches Unvermögen vor der Größe Gottes, in: SKZ 180, 182.
Ribi Thomas (2018): Die Stille nach der neunten Stunde, in: NZZ 31. 3. 2018.
Richter Klemens (1989): Was ich von der Messe wissen wollte. Freiburg.
Roovers Eric (2009): Z.I.D. 44/3, 4 f.
Rotzetter Anton (1983): Selbstverwirklichung des Christen, Zürich.
Rotzetter Anton (1986): Beseeltes Leben. Briefe zur Spiritualität. Freiburg i. Br.
Rutishauser Christian M. (2015): Die Verklärung Jesu in den synoptischen Evangelien, in: Tag des Judentums. Wegleitung, hg. v. d. jüdisch/römisch-katholischen Gesprächskommission der Schweiz.

Sachs Nelly (1961): Fahrt ins Staublose. Gedichte, Frankfurt am Main.
Safranski Rüdiger (1997): Das Böse oder Das Drama der Freiheit. München.
Sartory Thomas u. Gertrude (1974): Nach dem Tod – die Hölle? Überarb. Fassung, München.
Sattler Dorothea / Schneider Theodor (1992): HDog, Bd. 1 Abschnitt zur Gotteslehre 51–119, hg. von Theodor Schneider, Düsseldorf.
Schaeffler Richard (1980): Der ‚Modernismus-Streit‘ als Herausforderung an das philosophisch-theologische Gespräch heute, in: ThPh 55, 514–534.
Schaeffler Richard (1986): Schlussbemerkung zu A. Lorenzer „Zerstörung der Sinnlichkeit“, in: Ausdrucksgestaltungen des Glaubens. Zur Frage der Lebensbedeutung der Sakramente, Hohenheimer Protokoll der Akademie der Diözese Rottenburg-Stuttgart, 87–90.

Schellenbaum Peter (1981): Stichwort: Gottesbild. Stuttgart.
Schenker Adrian (1999): Art. ‚Sühne', in: Manfred Görg (Hg.), Neues Bibel-Lexikon III. O – Z, Zürich, Sp. 720–727.
Schenker Adrian (2015a): Von Epilog zu Prolog: Jes 55 und Joh 1, in: SKZ 183, 669 f.
Schenker Adrian (2015b): Römer 8,31–34, in: Tag des Judentums. Wegleitung, hg. v. d. jüdisch/römisch-katholischen Gesprächskommission der Schweiz.
Scherzberg Lucia (2006): Gott und das Böse. Impulse aus der feministischen Theologie und der Theologie nach Auschwitz, in: theologie.geschichte. Zeitschrift für Theologie und Kulturgeschichte Bd. 1, 13–32 (= http://universaar.uni-saarland.de/journals/index.php/tg/article/viewArticle/75/82).
Schillebeeckx Edward (1977): Christus und die Christen. Die Geschichte einer neuen Lebenspraxis, Freiburg i. Br.
Schilson Arno / Hake Joachim (Hg.) (1998): Drama „Gottesdienst". Zwischen Kult und Inszenierung. Stuttgart, 13–67.
Schimmel Annemarie (1996): Jesus und Maria in der islamischen Mystik. München.
Schipflinger Thomas (1986): Die Sophia bei Jakob Böhme, in: US 41, 195–210.
Schlemmer Karl (2009): Perspektiven einer spirituellen Pastoral, in: SKZ 177, 549–552.
Schlette Heinz Robert (1999): Was bedeutet „die Frage nach Gott" heute? Religionsphilosophische und religionswissenschaftliche Überlegungen, I/II in: Orien 63, 50–53 / 63–66.
Schmid Peter F. (2001): „Puzzling you is the nature of my game". Von der Faszination und dem Verdrängen des Bösen, in: Diak 32, 77–83 (= http://pfs-online.at/1/papers/paper-dasboese.htm).
Schmid-Keiser Stephan (1985): Aktive Teilnahme. Kriterium gottesdienstlichen Handelns und Feierns. Zu den Elementen eines Schlüsselbegriffes in Geschichte und Gegenwart des 20. Jh., Bern.
Schmid-Keiser Stephan (1990): Wenn Mission und Liturgie fusionieren, in: SKZ 158, 201 f.
Schmid-Keiser Stephan (1992): Religionen – Kraft für eine solidarische Welt. Mit Menschen aus anderen Kulturen und Religionen Begegnungen in der Schweiz wagen. Hinwege und Hinweise für die Erwachsenenbildung, in: kageb erwachsenenbildung Luzern 29/1, 8–12
Schmid-Keiser Stephan (1994): Familien angstfrei begegnen, in: SKZ 162, 397–399.
Schmid-Keiser Stephan (1999): Miteinander Gottesdienst feiern (I) in: AnzSS 108, 315–322.
Schmid-Keiser Stephan (2000): Auf Leitungsaufgaben vorbereiten – eine Notwendigkeit, in: SKZ 168, 142–147.
Schmid-Keiser Stephan (2000): Was Heilbäder als neue Pilgerstätten mit Kirchen und Reinigungs-Riten verbindet. Oder: Zur ‚inneren Uhr' von Gottesdienst und Architektur, in: AnzSS 109, 233–234.
Schmid-Keiser Stephan (2012): „Einsamkeit im Glauben" in: SKZ 180, 33 f.
Schmid-Keiser Stephan (2013): Blankoscheck zum Ungehorsam? SKZ 181, 674, 679 f.
Schmid-Keiser Stephan (2015): Entschieden auf der Seite der Leidenden, in: SKZ 183, 407 f.
Schmid-Keiser Stephan (2016): Hostie mit personaler Zeichenwirkung, in: SKZ 184, 662, 667.
Schneider Severin (1973): dich suchen wir. Psalmengebete, Würzburg.
Schott-Messbuch für die Sonn- und Festtage des Lesejahres B. Originaltexte der authentischen deutschen Ausgabe des Messbuches und des Messlektionars. Mit Einführungen hg. von den Benediktinern der Erzabtei Beuron. Freiburg/Basel/Wien 1983/1996.

Schroer Silvia (1986): Der Geist, die Weisheit und die Taube, in: FZPhTh 33, 197–225.
Schroer Silvia (1996): Die Weisheit hat ihr Haus gebaut. Studien zur Gestalt der Sophia in den biblischen Schriften. Mainz.
Schroer Silvia (2004): Die personifizierte Weisheit als bibeltheologische Schlüsselfigur, in: BiKi 59/4, 195–202.
Schroer Silvia: Gott Sophia und Jesus Sophia, Biblische Grundlagen einer christlichen und feministischen Spiritualität, in: BiLi 62 (1989) 20–25
Schulte Christoph (2014): Zimzum. Gott und Weltursprung, Berlin 2014.
Schwarz Andrea (2009): Eigentlich ist Ostern ganz anders. Hoffnungstexte, Freiburg, 154 f.
Schwibach Armin (2016): Die Todsünde der Ausbeutung der Arbeiter durch die Reichen. Franziskus I.: http://www.kath.net/news/55244
Seckler Max (1981): I. Was heißt „Wort Gottes?“ und II. Wort Gottes und Menschenwort, in: CGG 2, Freiburg i. Br., 75–83 / 84–87.
Seckler Max (2006): Art. ‚Atheismus‘ III, in: LThK 1, Sp. 1135–1139.
Siebenrock Roman (1998): Christsein im Zeitalter der Beliebigkeit. Christlicher Glaube und Kirche ‚nach‘ John Henry Newman, in: Günter Biemer (Hg.), Sinnsuche und Lebenswenden, Frankfurt, 213–226.
Siebzig Gesichter LjB (2011): Schweizerisches Katholisches Bibelwerk (Hg.), Die siebzig Gesichter der Schrift. Auslegung der alttestamentlichen Lesungen des Lesejahres B, Redaktion: Katharina Schmocker Steiner, Freiburg.
Sill Bernhard (1989): Art. ‚Böhme‘, in: Wörterbuch der Mystik, hg. von Peter Dinzelbacher, Stuttgart, 66–68.
Singh Gopal (1972): Der Mensch der niemals starb, Wuppertal.
Sloterdijk Peter (2016): Starke Beobachtung. Für eine Philosophie der Raumstation, in: NZZ 20. 2. 2016, 51 f.
Sloterdijk Peter (2018): Wo sind die Freunde der Wahrheit?, in: NZZ 29. 12. 2018, 43–46.
Söding Thomas (o. J.): Mk 13,24–32 auf http://www.ruhr-uni-bochum.de/imperia/md/content/nt/nt/dasmarkusevangelium/mk_13_24–32.pdf.
Sölle Dorothee (1973): Leiden, Stuttgart.
Sölle Dorothee (1975): Die Hinreise. Zur religiösen Erfahrung. Stuttgart.
Sölle Dorothee (1976/1978): Der Wunsch, ganz zu sein. Gedanken zur neuen Religiosität, in: Der unverbrauchte Gott, hg. von Ingrid Riedel, Bern/Zürich, 7–16.
Sölle Dorothee (1978): Sympathie. Theologisch-politische Traktate, Stuttgart.
Sölle Dorothee (1982): Der neue Hunger nach Gott, Christentum ohne Kirche? in: Publik-Forum 8.10.1982, 17 f.
Sölle Dorothee (1992): Es muss doch mehr als alles geben. Nachdenken über Gott. Hamburg.
Sölle Dorothee (1995): Der Vogel Wunschlos fliegt nicht weit – ein Tag mit Dorothee Sölle, 22. 2. 1995, in: Romerohaus-Protokoll 66, Luzern.
Solschenizyn Alexander (1970): Matrjonas Hof, in: Im Interesse der Sache, Neuwied/Berlin, 5–56.
Splett Jörg (2019): Gott? Anthropo-Theologie, in: ThPh 94, 262–267.
Sprenger Reinhard K. (2002): Vertrauen führt. Worauf es im Unternehmen wirklich ankommt. Frankfurt a. M.
Stadler Arnold (1999): „Die Menschen lügen. Alle“ und andere Psalmen. Frankfurt a. M.
Staubli Thomas (2000): In der Wolke, in: SKZ 168, 159.

Steins Georg (2007): Den anstößigen Text vom Durchzug durchs Schilfmeer (Ex 14) neu lesen, in: BuK 62/4, 235.

Stenger Hermann (1995): Die eschatologische Qualität liturgischen Geschehens. Voraussetzungen für die Erfahrung des Letztgültigen, in: Reinhard Messner u. a. (Hg.), Bewahren und Erneuern. Studien zur Messliturgie. Festschrift für Hans Bernhard Meyer zum 70. Geburtstag, Innsbruck, 359–373.

Stier Fridolin (1993): Vielleicht ist irgendwo Tag, Freiburg.

Stock Alex (2010): Liturgie und Poesie, Zur Sprache des Gottesdienstes, Kevelaer.

Strahm Bernet Silvia (2000): Mehr Sinnlichkeit im Gottesdienst? Traditionelle Gottesdienste und Frauengottesdienste im Sinn(en)wettbewerb? in: FAMA 10 (März), 13 f.

Striet Magnus (1999): Eine Lanze für Don Quijote. Unzeitgemäße Bemerkungen zum Problem endlicher Existenz, in: Orien 63, 74–79.

Striet Magnus (2012): Der vermisste Gott, in: CiG 64, 165 f.

Striet Magnus (2012): Erlösung durch den Opfertod Jesu? in: Magnus Striet / Jan-Heiner Tück (Hg.): Erlösung auf Golgota? Der Opfertod Jesu im Streit der Interpretationen, Freiburg i. Br.

Sudbrack Josef (1989): Art. ‚Mystik', in: Wörterbuch der Mystik, hg. von Peter Dinzelbacher, Stuttgart, 367–370.

Sutter-Rehmann Luzia u. a. (Hg.) (2002): Sich dem Leben in die Arme werfen: Auferstehungserfahrungen, Gütersloh.

Tacken Harry (2012): 23. Sonntag im Jahreskreis B, in: Z.I.D: 47/6, 25 f.

Tacken Harry (2012): in: Z.I.D 47/2, 33.

Tagle Luis Antonio Gokim Kardinal (2018): GOTT. Vom Wagnis der Hoffnung, Freiburg i. Br.

Theissen Gerd (2010): Predigt über Phil 2,5–11, Palmsonntag 28. 3. 2010, Peterskirche Heidelberg: http://www.theologie.uni-heidelberg.de/universitaetsgottesdienste/2803_wsf2010.html

Tomä Dieter (2009): Auch die Wirtschaft lebt von Voraussetzungen, über die sie selbst nicht verfügt. Joseph Alois Schumpeter hat die ‚Böckenförde-These' in einer ökonomischen Variante vorweggenommen, in: NZZ 21./22. 2. 2009, B3.

Torrance James B. / Walls Roland C. (1992): John Duns Scotus in a Nutshell. Edinburgh.

Track Joachim (1977): Sprachkritische Untersuchungen zum christlichen Reden von Gott, Göttingen.

Trocholepczy Bernd (1998): Gewissen: Befähigung und Herausforderung zur Conversio continua, in: Günter Biemer (Hg.), Sinnsuche und Lebenswenden, Frankfurt, 51–64.

Trummer Peter (1992): Art. ‚Hebräerbrief' in: Manfred Görg (Hg.): Neues Bibel-Lexikon II: H–N, Zürich 1992/95, Sp. 66–69.

Tück Jan-Heiner (2002): Unbehagen am ‚lieben Gott'. Ralf Miggelbrink rehabilitiert den Zorn Gottes, in: NZZ 11. 7. 2002, 59.

Tück Jan-Heiner (2005): Höllenabstieg Christi und Hoffnung für alle. Hans Urs von Balthasars eschatologischer Vorstoß, in: NZZ 13./14. 8. 2005, 64.

Tück Jan-Heiner (2008): Die Kunst, es nicht gewesen zu sein. Die Krise des Sündenbewusstseins als Anstoß für die Soteriologie, in: StdZ 133, 579–589.

Tück Jan-Heiner (2009): Religionskulturelle Grenzüberschreitung? Navid Kermani und das Kreuz. Nachtrag zu einer Kontroverse, in: IKaZ Communio 38, 220–233.

Tück Jan-Heiner (2012):Am Ort der Verlorenheit. Ein Zugang zur rettenden und erlösenden Kraft des Kreuzes, in: Magnus Striet / Jan-Heiner Tück (Hg.): Erlösung auf Golgota? Der Opfertod Jesu im Streit der Interpretationen, Freiburg i. Br.

Tück Jan-Heiner (2014): „Freundschaft mit den Kindern Israels“, in: NZZ 16. 5. 2014: https://www.nzz.ch/feuilleton/freundschaft-mit-den-kindern-israels–1.18303169.

Ulke Karl-Dieter (2003): Das wirkliche und das Imaginäre. Zum geistigen Weg von Simone Weil, in: Orien 67, 153–157.

Vattimo Gianni (2002): Wirklichkeit, wo ist deine Wahrheit? Das Christentum im Zeitalter der Interpretation, in: NZZ 15./16. 6. 2002, 77.

Vonarburg Viktoria (2018): Ohne Gutes kein Böses, in: SKZ 186, 106 f.

Vonarburg Viktoria: De origine mali. Die biblisch-philosophische Herkunft des Bösen insbesondere bei Thomas von Aquin und Rabbi Moshe ben Maimon, Bd. 33 Studien zu Judentum und Christentum, Paderborn 2018

Walter Eugen (1974): Eucharistie – Bleibende Wahrheit und heutige Fragen. Theologie im Fernkurs, Freiburg.

Walter Silja (1992): Wer ist Jesus für mich? in: Diak 23, 5–13.

Walter Silja (2003): Lyrik, Silja Walter Gesamtausgabe Bd. 8, Freiburg Schweiz.

Weder Hans (1991): ‚Ich bin allen alles geworden …‘ Neutestamentliche Überlegungen zum Verhältnis von Glaube und Kultur, in: NZZ 14./15. 9. 1991, 65 f.

Weil Simone (1952): La Pesanteur de la grâce, Paris 1947. Dt. Schwerkraft und Gnade, München.

Weil Simone (1953): Das Unglück und die Gottesliebe, München.

Welte Bernhard (1980): Christentum und Religionen der Welt CGG 26, 39–126.

Wenzel Knut (2003(: Sakramentales Selbst. Der Mensch als Zeichen des Heils, Freiburg.

Werbick Jürgen (2006): Art. ‚Trinitätsmystik‘, in: LThK 10, Sp. 260–262.

Wiedenhofer Siegfried (2006): Art. ‚Böse, das Böse‘ III. Systematisch-theologisch, in: LThK 2, Sp. 607 f.

Wiederkehr Dietrich (1997): Vom isolierten zum integrierten Sakrament. Schritte liturgischer Erneuerung und Einübung, in: Joachim Herten / Irmgard Krebs / Josef Pretscher (Hg.), Vergegenwärtigung. Sakramentale Dimensionen des Lebens, Würzburg, 181–204.

Willi Jürg (2002): Psychologie der Liebe. Persönliche Entwicklung durch Partnerbeziehungen. Stuttgart.

Winiger Adi (2001): clown sein möcht ich, Dallenwil.

Winter Stephan (2012): Gestaltwerdung des Heiligen. Liturgie als Ort der Gegenwart Gottes, in: Edmund Arens (Hg.), Gegenwart. Ästhetik trifft Theologie, QD 246, Freiburg, 149–176.

Wittwer Peter (2003): Der Wind weht, wo er will. Die zeitlose Botschaft des Johannes, Freiburg i. Ü.

Wresinski Joseph (1998): Die Armen sind die Kirche. Gespräche mit Joseph Wresinski über die Vierte Welt (Orig. frz., Paris 1983), Zürich, 46.

Wucherpfennig Ansgar (2003): Tora und Evangelium. Beobachtungen zum Johannesprolog, in: StdZ 221, 486–494.

Zauner Wilhelm (1992): Leben im Morgengrauen, in: Diak 23, 1–4.
Zmijewski Josef (2001): Art. ‚Welt' in: Manfred Görg (Hg.): Neues Bibel-Lexikon, Düsseldorf/Zürich, Sp. 1094 ff. u. 1097.
Zuercher Suzanne (1995): Neue Wege zur Ganzheit. Die Spiritualität des Enneagramms, Freiburg i. Br.
Zürn Peter (2009): Tränen lachen, in: SKZ 177, 252
Zürn Peter (2012): Nur alle können alles. Fronleichnam Lesejahr B, in: SKZ 180, 348.

Andreas Wollbold
PREDIGEN
Grundlagen und praktische Anleitung

408 Seiten, kartoniert
ISBN 978-3-7917-2890-2
auch als eBook

Wer die christliche Botschaft zeitgemäß verkünden will, wird sich immer wieder fragen: Wie predige ich richtig? Wie predige ich so, dass das Wort beim Hörer als Gottes Wort ankommt und ihn zum Glauben ruft? Nach einer theoretischen Grundlegung wendet sich der Autor der Predigtpraxis zu. Er greift auf den reichen Erfahrungsschatz der klassischen Rhetorik zurück und nimmt auch die Debatten in der evangelischen Homiletik auf. Die Vielfalt der Predigtsituationen, Persönlichkeiten und Predigtformen wird nicht auf eine Einheitspredigt zurechtgestutzt. Das Buch hilft, jeweils einen eigenen, treffenden und ansprechenden Stil zu finden. Schritt für Schritt wird die Predigtarbeit entwickelt. Zitate in Textkästen, Literaturhinweise, Denkanstöße sowie Übungen zur praktischen Umsetzung vertiefen die Ausführungen.

Verlag Friedrich Pustet
Unser komplettes Programm unter:
www.verlag-pustet.de

Tel. 0941 / 92022-0
Fax 0941 / 92022-330
bestellung@pustet.de

Andreas Wollbold
TAUFE – FIRMUNG – EUCHARISTIE – TRAUUNG
Grundlagen und Gestaltung der Sakramentenpastoral

480 Seiten, kartoniert
ISBN 978-3-7917-3205-3
auch als eBook

Sakramente sind Brücken zu Gott. Manchmal scheinen sie wie abgebrochen: schöne Feiern ohne echten Glauben. Kann eine verantwortliche Pastoral zu Taufe, Firmung, Eucharistie und Trauung Menschen, so wie sie sind, neu zu Gott führen?
Dieses Handbuch führt umfassend in die Grundfragen der Sakramentenpastoral und in die einzelnen Sakramente ein. Pastorale Fragestellungen werden theologisch fundiert, doch stets in den Dienst der konkreten Praxis gestellt. Das Buch will Freude an der Begegnung mit Menschen in entscheidenden Momenten ihres Lebens wecken.

Verlag Friedrich Pustet
Unser komplettes Programm unter:
www.verlag-pustet.de

Tel. 0941 / 92022-0
Fax 0941 / 92022-330
bestellung@pustet.de

Christliche Meisterwerke für alle Lesejahre

Wolfgang Vogl
MEISTERWERKE DER CHRISTLICHEN KUNST
zu den Schriftlesungen der Sonntage und Hochfeste

LESEJAHR A

2. Auflage, 576 Seiten, durchg. farbig bebildert
Hardcover mit Lesebändchen, ISBN 978-3-7917-2829-2

LESEJAHR B

608 Seiten, durchg. farbig bebildert
Hardcover mit Lesebändchen, ISBN 978-3-7917-2912-1

LESEJAHR C

680 Seiten, durchg. farbig bebildert
Hardcover mit Lesebändchen, ISBN 978-3-7917-2999-2

Verlag Friedrich Pustet
Unser komplettes Programm unter:
www.verlag-pustet.de

Tel. 0941 / 92022-0
Fax 0941 / 92022-330
bestellung@pustet.de